PARA:

_____

FECHA:

_____

DE:

_____

Amor sin límites

Descubra el Amor que no conoce límites, y llena su fe a diario.

paciente, el amor es amable. No es envidioso, presumido ni orgulloso. No deshonra a
busca lo suyo, no se enoja con facilidad, no guarda rencor. El amor no se deleita en el
se regocija con la verdad. Siempre protege, siempre confía, siempre espera, siempre perse

Un devocional para 365 días
Por Kenneth & Gloria Copeland

KENNETH
COPELAND
PUBLICATIONS

A menos que se indique lo contrario, las citas bíblicas fueron tomadas de la versión *Reina Valera 1960*.

Las citas marcadas con las siglas *NVI*, fueron tomadas de la *Nueva Versión Internacional*.

Las citas marcadas con las siglas *LBLA*, fueron tomadas de *La Biblia de las Américas*.

Las citas marcadas con las siglas *AMP* son traducciones libres de *The Amplified Bible*.

Las citas marcadas con las siglas *NAS* son traducciones libres de *New American Standard Bible*.

Amor sin límites
Un devocional para 365 días

Limitless Love
A 365-Day Devotional

ISBN 978-1-60463-239-2   21-0030S

17 16 15 14 13 12   6 5 4 3 2 1

Traducido y editado por KCM Guatemala

Kenneth Copeland Publications
Fort Worth, TX 76192-0001

Para obtener más información acerca de los Ministerios Kenneth Copeland, visite www.kcm.org o llame al 1-800-600-7395 (dentro de E.U.A.) o al 1-817-852-6000 (fuera de E.U.A.).

Amor
sin límites

Día 1 **Amor** sin límites

Una vida digna de vivir

«Y en esto sabemos que nosotros le conocemos, si guardamos sus mandamientos. El que dice: Yo le conozco, y no guarda sus mandamientos, el tal es mentiroso, y la verdad no está en él; pero el que guarda su palabra, en este verdaderamente el amor de Dios se ha perfeccionado; por esto sabemos que estamos en él. El que dice que permanece en él, debe andar como el anduvo»
(1 Juan 2:3-6).

Muchas personas afirman conocer a Dios, se autodenominan cristianos, y expresan: "Dios me indico esto…" o "el SEÑOR me dijo aquello…". Ahora bien, no sólo lo que decimos prueba que conocemos a Jesús; sino también, la manera en que vivimos. En la Biblia se nos afirma que si permanecemos en Jesús, viviremos como Él vivió.

¿Cómo **vivió** Jesús? En primer lugar, vivió una vida de amor.

Jesús no vivió para Él mismo, ni buscó hacer Su propia voluntad. Él vivió para llevar a cabo la voluntad de Su Padre, y para dar Su vida por los demás.

En otras palabras: Jesús vivió para entregarse a Sí mismo.

Los impíos no entienden ese tipo de vida, dirán cualquier cosa en contra de esa forma de vida. Expresarán: "Si usted vive así, será un miserable…. Nunca se divertirá…. Nunca llegará a ningún lado…. Será débil, y ¡lo humillarán! Pero no los escuche, pues no saben lo que dicen.

¡Jesús vivió para entregarse a Sí mismo, y Su vida fue maravillosa! Anduvo en la Tierra en total victoria. Jesús venció a Satanás, y destruyó todas sus obras. A dondequiera que fue, amó a las personas. Jesús sanó al ciego, al sordo y al cojo; echó fuera demonios y resucitó a los muertos. Con todas esas obras, Jesús dio a conocer el amor de Dios.

Sin importar cuánto el mundo trate de convencernos que es más provechoso vivir en pecado y egoísmo que en amor y obediencia, Jesús ya nos comprobó que no es así. Pues Él vivió en amor y obediencia, y gozó de la vida más gratificante de la historia.

Si usted vive por fe una vida de amor en Jesús, tendrá las mismas experiencias que Él tuvo. Jesús dijo en Juan 14:12 que usted también realizará las obras que Él hizo. Usted no se perderá de lo bueno de la vida, al contrario, disfrutará la más emocionante vida de victoria que jamás haya imaginado. Experimentará el derramamiento del poder de Dios a través suyo. Conocerá el gozo del SEÑOR.

¡A eso le llamo: una vida digna de vivir!

Día 2

Amor
sin límites

Un sencillo secreto sobrenatural

«El que tiene mis mandamientos, y los guarda, ése es el que me ama; y el que
me ama, será amado por mi Padre, y yo le amaré, y me manifestaré a él....
Este es mi mandamiento: Que os améis unos a otros, como yo os he amado»
(Juan 14:21, 15:12).

Hay algo indescriptible acerca de la manifestación de la presencia de Dios. Aunque sabemos que Él está siempre con nosotros —cuando sentimos Su presencia y cuando no la sentimos— los que hemos experimentado la tangible presencia de Dios, tenemos cada vez más y más hambre de ésta.

Por esa razón, muchos creyentes oran de la siguiente manera: ¡SEÑOR, quiero más de Ti! Y cuando experimentan la dulce presencia de Dios, la buscan con mayor fervor que antes. Quieren permanecer cerca del SEÑOR, y escuchar Su voz. No sólo desean conocer hechos teológicos acerca de Dios, sino también ¡quieren entablar una relación viva con Él.

Algunos, tratan de sentir Su presencia, y van de servicio en servicio buscando señales y maravillas. Otros oran por horas, rogando y suplicándole a Dios que se revele ante ellos. Ciertamente, las reuniones de la unción del Espíritu Santo son maravillosas, y la oración es esencial. Pero Jesús nos dio la llave para abrir la puerta que nos lleva hacia la manifestación de Su presencia. Y tristemente, muchas personas no la toman en cuenta: **es la llave del amor**. Pues Él expresó de manera clara: "Yo me manifestaré a aquellos que creen en Mí, y obedecen el mandamiento del amor".

Vivir en amor es fundamental si usted quiere mantener una comunión vital con Dios. Cada paso que dé en amor, lo acercará al SEÑOR; y cada paso que dé fuera del amor, lo alejará de Él.

Años atrás, Rufus Moseley recibió la revelación de que al vivir bajo el mandamiento del amor, la presencia de Dios estaría todo el tiempo con nosotros. El declaró:

«Yo sabía que el secreto era vivir en amor. Si permanecemos en Su amor y siempre andamos conforme a éste —sintiendo, deseando y dándole todo el amor posible a todas las personas y a todas las cosas—; estaremos todo el tiempo en Él y bajo Su unción. Supe que si yo podía escribir editoriales en amor, también podía hacer todo lo demás conforme a ese amor. Incluso podría estar en lugares celestiales, aunque tuviera que arar con una mula, podar árboles, estar en salas de audiencia, estar en la celda de los condenados a muerte, y estar en cualquier lugar de necesidad, siempre y cuando lo haga mediante el Espíritu de amor».[1]

¡Qué sencillo secreto sobrenatural tan maravilloso! Mientras más vivamos en amor, más experimentaremos la manifestación de la presencia de Dios. Andar en amor, aumentará nuestra capacidad de sentir a nuestro SEÑOR Jesús caminando con nosotros adondequiera que vayamos. ¡Y debido a que Su presencia nos trae plenitud de gozo (Salmos 16:11), nos deleitaremos en todo lo que hagamos!

---

[1] Rufus Moseley, *Manifest Victory* (Plainfield, NJ: Logos International, 9171) p. 117.

Amor
sin límites

No está solo

"El amor lo soporta todo, es paciente y amable; no es envidioso, no pierde el control con celos, no es jactancioso o presumido, no se muestra arrogante. No es pretencioso (arrogante y lleno de orgullo); no es grosero (o descortés) y no actúa de manera indecorosa. El amor (de Dios en nosotros) no busca lo suyo; pues no es egoísta, no es rencilloso, irritable o rencoroso, no toma en cuenta el mal que le han hecho [no le presta atención a sufrimientos vanos]. No se goza en la injusticia, sino que se goza cuando el derecho y la verdad prevalecen. El amor todo lo soporta, siempre cree lo mejor de cada persona, su esperanza no mengua bajo ninguna circunstancia, todo lo tolera [sin debilitarse]. El amor nunca falla [nunca se desvanece o se vuelve obsoleto, nunca llega a su fin]"
(1 Corintios 13:4-8, *AMP*).

Cuando usted lee en la Biblia lo que en realidad significa vivir en amor, tal vez su primer pensamiento sea que nunca podrá lograrlo. Y se cuestiona: "¿Cómo podría ser generoso y amable todo el tiempo con aquellos que son malos y desconsiderados conmigo? ¿Cómo podría de continuo pasar por alto los insultos y maltratos, rehusándome a tomar en cuenta el daño? Es muy difícil hacerlo".

Seguramente, usted tiene razón. Vivir en amor **es** muy difícil para los seres humanos. De hecho, cuando tratamos de hacerlo en nuestras propias fuerzas, nos percatamos de que es imposible.

Pero, gracias a Dios, ¡no estamos solos! Si hemos nacido de nuevo, Jesucristo —El Gran Yo Soy— vive en nosotros por medio de Su Espíritu. Él nos da la habilidad. De hecho, mientras más confiamos en el Espíritu Santo, fluirá más Su amor a través de nosotros.

Mientras que los débiles intentos humanos de vivir en amor siempre fallan, el amor de Jesús en nuestro interior vencerá cada reto, cada situación, cada daño y cada ofensa. Su amor derramado en nuestra vida estará cumpliendo perfectamente la descripción de 1 Corintios 13. ¡Su amor en nosotros nunca fallará!

¿Qué podemos hacer para vivir conforme a ese amor? Meditar en lo que la Biblia nos enseña acerca de éste. Tenga comunión con Dios basado en la verdad de estos versículos, y declare: *Te doy gracias SEÑOR, porque Tú amor en mí todo lo soporta, es paciente y bondadoso. Tú amor en mí nunca es envidioso, presuntuoso o egoísta. No se irrita ni es resentido, sino cree en lo mejor de cada persona...* (ver 1 Corintios 13:4-5,7, *AMP*).

Al renovar nuestra mente de esta forma, el amor de Dios empezará a gobernar nuestros pensamientos. La fe se fortalecerá en nuestro corazón, dándonos confianza; no en nosotros mismos, sino en Quien mora en nuestro interior. Al actuar conforme a esa fe, seremos investidos de poder para responder en amor a cualquier clase de maldad, egoísmo, persecución y daño que venga en nuestra contra.

Al vivir en amor, descubriremos que todo lo que era imposible para nuestra carne, nuestro espíritu lo hará de manera natural; pues éste ha nacido de nuevo a la imagen de Jesús. ¡Nos percataremos de que somos realmente capaces de amar a otros con Su poderoso amor!

Amor
sin límites

Permanezca pegado a la vid y produzca fruto

"El fruto del (Santo) Espíritu [la obra que Su presencia realiza en su interior] es amor, gozo (contentamiento), paz, paciencia [un temperamento moderado y paciente], gentileza, bondad [benevolencia], fidelidad, amabilidad, [mansedumbre-humildad], dominio propio [autocontrol...]" (Gálatas 5:22-23, *AMP*).

Cuando se enfoque en vivir una vida de amor, le animará saber que no debe luchar por conseguirla. El amor no vendrá como resultado de sus propios esfuerzos. Pues éste es el primer fruto del espíritu, y se produce gracias a la vida de Dios que se encuentra en usted.

En realidad, desde el momento en que usted nace de nuevo, recibe todo el fruto del Espíritu en su interior. Siempre será parte de su espíritu renacido, pues su espíritu está hecho a la imagen de Dios. El SEÑOR le otorgó Su propia naturaleza divina, y el fruto del Espíritu forma parte de Su naturaleza.

Usted se preguntará: "Si eso es cierto, entonces ¿por qué no he visto más evidencia de esa verdad en mi vida? Me he esforzado mucho por ser amoroso y generoso. He luchado, y pareciera que no puedo lograrlo".

Esto se debe a que el fruto no se produce actuando en nuestras propias fuerzas. ¿Ha visto alguna vez la rama de un árbol de manzana luchando, esforzándose y tratando con todas sus fuerzas de producir manzanas? ¡Seguro que no! Pues la rama sólo debe conectarse al árbol. El mismo proceso natural que le da vida a la rama del árbol, es el que se lleva a cabo para que se produzcan las manzanas.

De acuerdo con las palabras de Jesús, lo mismo ocurre con nosotros. Él dijo: *«Yo soy la vid y ustedes son las ramas. El que permanece en mí, como yo en él, dará mucho fruto; separados de mí no pueden ustedes hacer nada»* (Juan 15:5, *NVI*).

A medida que permanezcamos en Jesús, –invirtiendo tiempo en Su presencia y teniendo comunión con Él en oración y en Su Palabra–. Su vida fluirá a través de nosotros y daremos fruto en nuestra vida. ¡La fuerza de Su Espíritu hará que el amor en nuestro interior se desarrolle en el exterior!

¡Alabado sea Dios!, **podemos** vivir una vida de amor —no en nuestras propias fuerzas, sino con sólo permanecer en Jesús—. Cuando nos enfoquemos en hacer lo necesario para permanecer en unión y comunión con el SEÑOR, produciremos frutos en abundancia. Así como la uva es el resultado natural de estar conectado a la vid, el amor es el resultado sobrenatural de permanecer conectados a Jesús. ¡Él es la vid del amor!

Amor
sin límites

Su prioridad No. 1

«Permanezcan en mí, y yo permaneceré en ustedes. Así como ninguna rama puede dar fruto por sí misma, sino que tiene que permanecer en la vid, así tampoco ustedes pueden dar fruto si no permanecen en mí»
(Juan 15:4, *NVI*).

Cuando comprenda que el amor, como un fruto del espíritu, solamente crecerá en su vida al permanecer en Jesús; usted será más diligente en invertir tiempo en Su presencia. Comenzará a tener comunión con Dios todos los días, y no sólo los domingos. Se acercará al SEÑOR a diario, siendo consciente que la vida sobrenatural del amor sólo proviene de una comunión constante con Él.

La verdadera e inquebrantable comunión con el SEÑOR, sólo se produce al permanecer en comunión con Él durante todo el día. He descubierto que cuando aparto un tiempo para enfocarme exclusivamente en Dios, puedo sintonizarme con facilidad en mis otras actividades. Si cada mañana me ocupo primero de mi unión con Jesús, me es más fácil mantener esa unión durante todo el día.

Esto es muy importante, pues Jesús dijo: *«El que no permanece en mí es desechado y se seca, como las ramas que se recogen, se arrojan al fuego y se queman»* (Juan 15:6, *NVI*). La palabra **secar** significa: "Marchitarse, perder o causar perdida de energía, fuerza o frescura".

Al cortar una rama de la vid, ésta empieza a morir. No importa que tan cerca esté de la vid, si no está unida a la vid; no habrá vida que sustente esta rama. La savia de la vid no fluirá hacia la rama.

Lo anterior ejemplifica muy bien, lo que podría sucedernos si no permanecemos en comunión con el SEÑOR. Cuando nos ocupamos tanto que ya no tenemos tiempo para estar con Dios en oración y en Su Palabra, y cuando comenzamos a preocuparnos por las cosas naturales de ésta Tierra, y nos desconectamos de la comunión con Él; inmediatamente, empezamos a secarnos.

Aún le pertenecemos a Dios. Todavía tenemos Su vida dentro de nosotros, pero Su energía ya no está fluyendo a través nuestro. Por tanto, no podemos producir ningún fruto.

¡Yo no quiero vivir de esa forma, ni siquiera por un día! ¿Y usted?

¡Alabado sea Dios, no tenemos por qué vivir así! Si nuestro tiempo con el SEÑOR se vuelve nuestra prioridad número uno todos los días, produciremos fruto en Él. Como resultado, no sólo seremos bendecidos, sino también compartiremos la bendición con quienes nos rodean. Cuando ellos estén necesitados de amor, siempre lo encontrarán fluyendo a través de nosotros.

Día 6 **Amor** sin límites

La decisión es suya

«Ni tampoco presentéis vuestros miembros al pecado como instrumentos de iniquidad, sino presentaos vosotros mismos a Dios como vivos de entre los muertos, y vuestros miembros a Dios como instrumentos de justicia. Porque el pecado no se enseñoreará de vosotros...»
(Romanos 6:13-14).

Aunque la vida de Jesús produce en nosotros el fruto del amor, no cometamos el error de pensar que podemos quedarnos sentados, y dejar que el SEÑOR haga todo. Así como el árbol de manzana no adquiere la responsabilidad de la rama, produciendo las manzanas directamente de su tronco; Dios tampoco tomará la responsabilidad de producir el fruto en usted.

Jesús es quien le provee el poder y la vida, sin embargo, usted es quien debe rendirse a esa vida. Por voluntad propia, deberá permitir que el fruto que Dios depositó en su interior, se manifieste por sí solo en el exterior.

Por ejemplo, si alguien le dice algo desagradable, usted tendrá dos opciones: Rendirse al enojo de su carne y contestar algo desagradable, o rendirse a su espíritu y responder en amor.

La opción que tome, se determinará por dos factores. La primera, por supuesto, es la decisión que usted tome. La segunda es la condición de su corazón.

Si usted ha descuidado su tiempo con Dios por pasar horas frente al mundo del entretenimiento, en lugar de ponerle atención a la PALABRA; se encontrará muy débil para obedecer la voz del Espíritu. Aunque el deseo de su corazón sea actuar en amor, su carne ganará la lucha contra su desnutrido espíritu, y usted arremeterá en enojo contra la persona que le hizo daño.

Pero, si ha permanecido en comunión con el SEÑOR, su corazón estará fuerte y lleno de la energía espiritual necesaria para gobernar su carne, y dejar que el amor fluya. ¡Podrá hacer la elección correcta, y el amor de Jesús alcanzará a otros a través de su vida! Ese amor puede ser la ruta por la cual las personas descubran el amor de Jesús por sí mismas. Somos cartas vivientes del amor de Dios para los demás (2 Corintios 3:2-3).

Día 7 **Amor**
sin límites

Atrévase a creer en el amor de Dios

«Todo aquel que confiese que Jesús es el Hijo de Dios, Dios permanece en él, y él en Dios. Y nosotros hemos conocido y creído el amor que Dios tiene para con nosotros. Dios es amor; y el que permanece en amor, permanece en Dios, y Dios en él…Y nosotros tenemos este mandamiento de él: El que ama a Dios, ame también a su hermano»
(1 Juan 4:15-16,21).

Para amar a los demás de manera eficaz, primero debe creer que Dios lo ama a usted.

Usted podría argumentar: "Ése no es el problema, sé que Dios me ama".

Tal vez sea así, pero de acuerdo con estos versículos, saberlo no es suficiente. También necesitamos creerlo. **Creer** significa: "Tener una fe firme en algo; aceptar algo como verdadero, genuino o real; tener una convicción inquebrantable de su bondad, eficacia y capacidad".

Como cristianos, no sólo debemos tener un entendimiento mental de que Dios nos ama. Es importante que nos cimentemos firmemente en ese amor. Debemos creer que ese amor es tan bueno y genuino, y tan confiable y fuerte que nos mantendrá a salvo en cualquier situación que nos pueda dañar. Sin importar lo que nos hagan o nos digan, podremos descansar confiados sabiendo que por siempre seremos amados a plenitud.

Quizá la confianza en esa clase de amor no venga de manera fácil a su vida. Tal vez lo maltrataron y lo criticaron demasiado en el pasado, al punto en que usted piensa que no es digno de ser amado. Si es así, permita que la Palabra de Dios cambie cómo se ve usted mismo. En lugar de llenar sus pensamientos con las crueles palabras que le han dicho, llene su mente con las hermosas palabras de Dios.

Medite en versículos como 1 Juan 3:1: *«Mirad cuál amor nos ha dado el Padre, para que seamos llamados hijos de Dios»*. Luego, base su comunión con Dios en la verdad de estos versículos, y después agradézcale a Él por amarle con ese gran amor. Alábelo porque Dios lo cuida, y lo ha llamado a ser Su propio hijo.

Crea la PALABRA, y visualícese como el Padre lo ve. Reconozca que a pesar de sus experiencias pasadas, la única verdad en su vida es lo que Él diga de usted como Su hijo. Y si el Señor afirma que lo ama, créalo.

Mientras más crea en Su amor, más comenzará a ver por medio de la revelación del Espíritu que Dios en realidad es su Padre, y que cuida de usted. Podrá decir lo que el apóstol Juan expresó: "¡Soy consciente y creo en el amor que Dios tiene para mí!".

Como resultado, Su amor será real en su vida. Descubrirá que el amor de Dios no sólo se manifestará en usted, sino también fluirá **a través** suyo… y antes de que se dé cuenta, ¡estará viviendo una vida de amor!

Amor
sin límites

Dos razones para perdonar

«Pero yo os digo: amen a sus enemigos, bendigan a los que los maldicen, hagan el bien a los que los aborrecen, y oren por los que los ultrajan y los persiguen; para que seáis hijos de vuestro Padre que está en los cielos»
(Mateo 5:44-45).

Uno de los obstáculos más comunes que el diablo usa para bloquear el camino del amor, es el dolor que sentimos cuando otras personas nos maltratan. Él enemigo hará que siempre recordemos todo el daño que nos han hecho. Tratará que nos volvamos amargados y resentidos; pero cuando él lo haga, debemos **reprenderlo**. Necesitamos tomar la decisión de olvidar esas ofensas, de perdonar a los que nos han hecho daño y de rechazar la amargura.

Si le han hecho mucho daño, quizá le parezca algo imposible de lograr. Pero no es así, el poder del perdón es maravilloso. ¡Este poder proviene de Dios, y Él se lo ha otorgado! Por tanto, ese poder le ayudará a ser libre del resentimiento.

Cuando perdone, no importará cuán terrible el dolor de esas experiencias haya sido, usted descubrirá que el amor de Dios es más poderoso. A medida que empiece a andar en amor y perdón, dejando el resentimiento que albergaba en contra de los que lo dañaron, el amor de Dios superará el daño que esos malos tratos le hayan causado.

Usted podría argumentar: "Pero hermana Gloria, esas personas me hicieron demasiado daño. Por culpa de ellos mi vida ha sido miserable. ¿Por qué no debo sentir resentimiento y perdonarlos?".

En primer lugar, porque Jesús hizo lo mismo por usted. Incluso antes de que usted se arrepintiera y lo aceptará como su Salvador, Jesús fue a la Cruz y derramó Su sangre; a fin de que usted no tuviera que pagar el castigo de sus propios pecados. Aun cuando usted era culpable, el SEÑOR quitó los cargos en su contra para que fuera libre. Esa debería ser razón suficiente para que usted pueda perdonar a los demás.

Sin embargo, existe otra razón más. Debe perdonar a quienes le han hecho daño, pues si no lo hace; usted será quien sufra, y no la gente que lo ha dañado. No perdonar es como tomar veneno, y esperar que alguien más muera. En realidad, la única persona perjudicada es la que no perdona.

Por otro lado, si usted perdona y deja que el amor de Dios fluya quitando ese resentimiento de su vida, entonces ese amor lo restaurará en espíritu, alma y cuerpo.

A medida que continúe rindiéndose al amor, vivirá de continuo en victoria. Y cuando el diablo regrese para tratar de herirlo de nuevo, no habrá lugar en usted para esa herida. ¡El amor de Dios lo protegerá y lo mantendrá libre, libre, libre!

Amor
sin límites

Los enemigos del amor

«No os ha sobrevenido ninguna tentación que no sea humana; pero fiel es Dios, que no os dejará ser tentados más de lo que podéis resistir, sino que dará también juntamente con la tentación la salida, para que podáis soportar»
(1 Corintios 10:13).

El amor es el mandamiento del Nuevo Pacto. Es la llave infalible para nuestro éxito sobrenatural. Por esa razón, Satanás trabaja fuertemente, día a día, para engañarnos y presionarnos; a fin de que andemos fuera del amor. De continuo, nos envía dificultades a nuestro camino para tentarnos, a fin de que cedamos ante el egoísmo, el orgullo, los celos, la envidia y las peleas.

Por lo general, no nos gusta ser conscientes de esas artimañas del enemigo. Pero la Biblia habla acerca de ellas, y es importante que recordemos lo que ahí establece. No podemos darnos el lujo de ignorar las maquinaciones del diablo (2 Corintios 2:11), pues si las ignoramos o no somos conscientes de ellas, seremos presa fácil para nuestro enemigo. Necesitamos estudiar la PALABRA, a fin de que podamos discernir qué proviene del amor, y qué proviene del enemigo. Entonces cuando el diablo nos tiente, podremos de inmediato reconocer sus estrategias, y declarar: *No diablo, no haré lo que tú quieras. ¡Vete en el Nombre de Jesús.* Al hacerlo, estamos decidiendo vivir en victoria".

Algunas personas no se dan cuenta que resistir la tentación es así de sencillo. (Observe que no dije fácil, sino sencillo). ¡Y así es!

La tentación no es más que una solicitud para hacer el mal. Ésa es una de las definiciones del diccionario para esta palabra.[2] Cuando el diablo quiere tentarnos, se presenta como un solicitante, o vendedor, y nos muestra sus productos. Ejerce una influencia en su vida, y le presenta una oportunidad para pecar.

Por ejemplo, es usted quien decide **sí** compra o **no** lo que algún vendedor le esté ofreciendo. Y de la misma forma, es usted quien puede aceptar o rechazar las oportunidades que le presenta el diablo.

Una de las razones por las que a veces caemos en la trampa del enemigo, es porque no reconocemos que estamos siendo tentados. Compramos lo que el diablo nos ofrece, antes de percatarnos que él nos está vendiendo algo. Por esa razón, necesitamos estudiar a los enemigos del amor. Mientras más conozcamos a esos enemigos, y mientras más llenemos nuestro corazón con lo que la Palabra enseña acerca de ellos; más fácil nos será detectar las maquinaciones del diablo.

Entonces, en lugar de caer en su trampa, tomaremos otra ruta. Buscaremos a Dios como nuestra vía de escape; evitaremos a los enemigos del amor, y permaneceremos en el camino que nos conduce hacia el éxito de lo sobrenatural.

---

[2] Noah Webster, *American Dictionary of the English Language* (New York: S. Converse, 1828).

Amor
sin límites

Ciérrele la puerta a la contienda

«¿Quién es sabio y entendido entre vosotros? Muestre por la buena conducta
sus obras en sabia mansedumbre. Pero si tenéis celos amargos y contención
en vuestro corazón, no os jactéis, ni mintáis contra la verdad; porque esta
sabiduría no es la que desciende de lo alto, sino terrenal, animal, diabólica.
Porque donde hay celos y contención, allí hay perturbación y toda obra perversa»
(Santiago 3:13-16).

Al estudiar las Escrituras para encontrar cuáles son los enemigos del amor, me percaté de que **la contienda** es la más dañina y común de todos. **Contienda** significa: "Conflicto fuerte o amargo, discordia y antagonismo, pelear, luchar o entrar en conflicto, competencia o rivalidad".

Según Santiago 3:16, cuando le damos lugar a la contienda, cualquier otro enemigo del amor podrá obrar. La contienda le abre la puerta al diablo, y le da autorización para que traiga confusión y maldad a nuestra vida. Por esa razón, siempre está buscando que entremos en conflicto unos con otros, a fin de que nos ofendamos y critiquemos. ¡Y de esa manera, pueda obtener acceso a nuestra vida!

Satanás no quiere que usted disfrute de LAS BENDICIONES que son suyas en Cristo Jesús. No quiere que usted sea sano, feliz y próspero; pues de esa manera, las otras personas lo notarán y querrán la misma calidad de vida que usted posee. Rendirán su corazón a Dios al ver Sus bondades en su vida.

Para evitar que eso suceda, el diablo tratará de robar sus bendiciones. Intentará engañarlo, a fin de que usted le abra la puerta de su vida, y le presentará una oportunidad para que entre en conflicto con alguien más. El diablo sabe que desde el momento en que usted entre en contienda, puede empezar a ganar dominio sobre su vida, y controlarla. Pero si usted vive en amor, él no podrá lograrlo.

No deje que él tome el control. Tome hoy la decisión de calidad de cerrarle la puerta a la contienda. Rehúsese a entrar en contienda con las personas. No pelee cuando las personas lo critiquen o le hagan daño. En lugar de eso, tome la determinación de responder en amor al no tomar en cuenta el daño que le hicieron. Cuando se equivoque y diga palabras ásperas, sea pronto para arrepentirse; pues de esa manera, el diablo no podrá entrar a su vida.

Puedo asegurárselo, no sólo porque está escrito en la PALABRA; sino por experiencia propia. Rechazar la contienda será una de las mejores decisiones que usted pueda tomar. Se requerirá de esfuerzo, pero, a través de la gracia de Dios, usted lo logrará. Es un pequeño precio el que debe pagar para desatar la BENDICIÓN… y siempre estará agradecido de haberlo pagado.

Amor
sin límites

Piense en el costo

«De manera que yo, hermanos, no pude hablaros como a espirituales, sino como a carnales, como a niños en Cristo. Os di a beber leche, y no vianda; porque aún no erais capaces, ni sois capaces todavía, porque aún sois carnales; pues habiendo entre vosotros celos, contiendas y disensiones, ¿no sois carnales, y andáis como hombres?»
(1 Corintios 3:1-3).

Ya es bastante malo que la contienda sea uno de los principales enemigos del amor y que ésta le abra la puerta a la confusión y a las obras del diablo. Lo anterior debería ser suficiente para que nos determinemos a resistir la contienda. Pero eso no es todo lo que la Biblia nos enseña acerca de ésta.

En su carta a los Corintios, el apóstol Pablo nos dio más información acerca de los efectos dañinos de la contienda. Uno de ellos es que nos mantendrá viviendo conforme a la carne. Los cristianos carnales son personas miserables. Ellos ya saben bastante de Dios como para no deleitarse en el pecado, pero no están lo suficientemente comprometidos a permanecer alejados de éste.

Si no quiere quedar atrapado en esa condición (y sé que usted no quiere), entonces manténgase alejado de la contienda. La contienda detendrá su habilidad de digerir la carne de la Palabra, y sin esa carne, no podrá crecer en amor. No podrá ser un cristiano victorioso y fuerte. Si usted hace escándalo y discute con los demás, su crecimiento espiritual se detendrá. Se mantendrá en un continuo estado de infancia espiritual, ¡y el diablo lo arrollará cada vez que pueda!

Recuerde esto la próxima vez que se sienta irritado con alguien por algo; cuando sea tentado a rendirse ante el enojo y a ceder ante la contienda, piense en el costo. Pregúntese: "¿Estoy dispuesto a actuar conforme a la carne a causa de esta situación? ¿Deseo debilitarme espiritualmente, y entregarle al diablo el poder sobre mi vida?".

Si usted piensa de esa forma, la respuesta será la misma todo el tiempo: "¡No, no estoy dispuesto!". Y en lugar de pararse dentro de una turbulenta corriente de contienda, escogerá cederle el paso al pacífico fluir del amor. Le contestará de manera amable, a la persona que lo haya irritado en lugar de responderle de manera áspera.. En Proverbios 15:1 leemos: *«La blanda respuesta quita la ira; mas la palabra áspera hace subir el furor»*.

Cada vez que usted tome la decisión de vivir conforme al amor de Dios, se asemejará más a la imagen de Jesús. Dejará la infancia espiritual atrás, y avanzará hacia la madurez del amor.

Amor
sin límites

La caridad comienza en casa

"Una vez mas les digo, si dos de ustedes en la tierra se ponen de acuerdo (juntos en armonía, haciendo una sinfonía juntos) acerca de lo que sea [cualquier cosa y todo] podrán pedir, esto pasará y les será hecho por Mi Padre en el cielo. En donde quiera que dos o tres se reúnan (reunidos como Mis seguidores) en Mi nombre, ahí Estoy en medio de ellos" (Mateo 18:19-20, *AMP*).

En la tierra no hay nada más poderoso que la oración de los creyentes que andan juntos en amor. El amor trae armonía entre los creyentes. Los alinea con la voluntad del SEÑOR, y los ayuda a permanecer en mutuo acuerdo.

El diablo odia que los creyentes estén en mutuo acuerdo, pues estar en mutuo acuerdo abre las ventanas de los cielos, y cierra la puerta de cualquier cosa destructiva que el diablo nos quiera ocasionar. Por esa razón siempre intenta estorbar el mutuo acuerdo, causando contienda y división, en los lugares en donde los creyentes se congregan en la forma más poderosa: la familia y la iglesia.

Hasta ahora, quizá no se haya percatado del valor espiritual de su familia. Sin embargo, si los miembros de su familia son creyentes, su familia puede ser una fuerza poderosa para Dios. Por tanto, tome la determinación de mantenerse fuera de la contienda, y viva en armonía con los más cercanos a usted. Recuerde siempre el viejo dicho: "La caridad (o el amor) comienza en el hogar".

Por extraño que parezca, el hogar es a menudo el lugar más difícil de demostrar amor. Esto se debe a que ahí bajamos la guardia. No nos preocupamos por nuestra reputación o por tratar de impresionar a nadie. En el hogar, nada impedirá que seamos egoístas; excepto nuestro compromiso de andar conforme al amor de Dios.

Pero no se engañe pensando que no importa cómo actúa en su hogar. Pues, es muy importante. De hecho, hace años, el SEÑOR me reveló lo siguiente, y nunca lo olvidaré: *Si tú permites que Satanás te detenga con contienda en la puerta de tu casa, no serás una amenaza para él en ninguna otra parte.*

Entonces, antes que nada, viva en amor con sus hermanos y hermanas, con su cónyuge y con sus hijos. Procure que sus oraciones prevalezcan al estar en armonía con los miembros de su propia familia. En el momento en que se equivoque, y caiga la contienda; corríjalo. Arrepiéntase, pídales perdón, y vuélvase al camino del amor.

Al principio quizá deba arrepentirse varias veces, pues tal vez ya haya desarrollado hábitos que le tomarán un tiempo cambiar. Pero no se desanime consigo mismo cuando falle. Sólo continúe confiando en que el SEÑOR lo ayudará. Siga actuando conforme a la PALABRA. ¡Siga adelante, y siga creciendo en amor!

Amor
Día 13
sin límites

Escoja la vida, no la contienda

«Seis cosas hay que odia el SEÑOR, y siete son abominación para El: ojos soberbios, lengua mentirosa, manos que derraman sangre inocente, un corazón que maquina planes perversos, pies que corren rápidamente hacia el mal, un testigo falso que dice mentiras, y el que siembra discordia entre hermanos»
(Proverbios 6:16-19, *LBLA*).

Cuando usted rechaza por completo la contienda en su hogar, el diablo presiona más fuerte para provocar contienda en la iglesia. Hará que alguien sea rudo con usted y lastime sus sentimientos, o se asegurará de que usted se entere de algo malo que alguien haya hecho, y le dirá que le cuente a los demás.

Cuando él se le presente con esta oportunidad, ¡repréndalo de inmediato! Trate a esa tentación de chismear y de provocar contienda como si fuera una serpiente venenosa. Aléjese de esa tentación, y tome el camino correcto, pues ante los ojos de Dios, participar en contiendas es uno de los pecados mas serios.

Dios considera que provocar contienda es un pecado tan grave como el asesinato y la mentira. Por tanto, aléjese de ésta. Pídale a Dios que le revele si usted ha entrado en una contienda, aunque sea inadvertidamente. Quizá Él le recuerde que tiempo atrás usted estuvo envuelto en un chisme acerca de alguien, o hasta haya criticado al pastor. Si Dios se lo recuerda, arrepiéntase y propóngase desde ese momento que si alguna vez ve a su hermano pecar, usted hará lo que se indica en la Biblia. Usted creerá en Dios por él, orará por él y se esforzará en ayudarlo; en lugar de perpetuar el problema hablando con todos acerca de éste.

Dios le promete lo siguiente a quienes lo hagan: "Si alguien ve a su hermano [aun creyente] cometer un pecado que no [lo lleve a] la muerte (extinción de la vida) el orará y [Dios] le dará vida…" (1 Juan 15:16, *AMP*).

¡Analícelo! Usted tiene el poder, ya sea de lastimar o de ayudar al hermano que haya caído en pecado. Usted puede empeorar las cosas ofendiéndolo y provocando contienda… o puede hacer bien las cosas amándolo, orando y llevándole vida.

¿Qué escogerá? ¿La paz que Dios ama… o la discordia que Dios aborrece? Es muy claro que, su vida y la de otros serán en gran manera afectadas por lo que usted realice. Su decisión marcará la diferencia.

Amor
sin límites

Juzgar no es su trabajo

«Así que, no juzguéis nada antes de tiempo, hasta que venga el Señor, el cual aclarará también lo oculto de las tinieblas, y manifestará las intenciones de los corazones; y entonces cada uno recibirá su alabanza de Dios»
(1 Corintios 4:5)

Una de las características más asombrosas del amor es que todo el tiempo cree en lo mejor. El amor no critica ni juzga a los demás. Aun cuando hagan algo muy malo, el amor declara: "Sé que estuvo mal lo que esa persona hizo, pero no puedo juzgar su corazón. Decido creer que hizo lo mejor que pudo haber hecho, y lo trataré con la misericordia que a mí me gustaría recibir si yo estuviera en sus zapatos".

Sé que algunas veces parece extremadamente difícil actuar de esa manera. A continuación le diré algo que lo ayudará. Cuando sea tentado a salirse del camino del amor, y caer en contienda al juzgar a un creyente, recuerde lo que se nos enseña en Romanos 14:4, y pregúntese: *«¿Tú quién eres, que juzgas al criado ajeno? Para su propio señor está en pie, o cae; pero estará firme, porque poderoso es el Señor para hacerle estar firme»*.

El diablo tratará de presionarlo para que usted juzgue a esa persona. Lo presionará a declararlo culpable o inocente. Pero no se rinda ante esa presión. No es su trabajo juzgar a los demás. (¡Ése es un alivio!). De hecho, en la Biblia leemos que no juzgar nos beneficia, pues eso nos salvará de un juicio en nuestra contra. Jesús dijo: *«No juzguéis, para que no seáis juzgados. Porque con el juicio con que juzgáis, seréis juzgados, y con la medida con que medís, os será medido»* (Mateo 7:1-2).

Si usted asiste a una iglesia en donde el pastor ha hecho algo malo, y lleva un estilo de vida equivocado, y usted no desea seguirlo, está bien. No lo culpo. Deje esa iglesia y vaya a una donde haya un pastor en quien usted pueda confiar y al que pueda respetar. Pero hágalo discretamente. No siembre discordia en la iglesia antes de irse.

Quizá se sienta tentado a hacer algo para que el pastor pague por el daño que le ha hecho a usted y a otros, pero resista esa tentación. Retírese amándolo, orando por él, y deje que Dios se encargue de él como el Señor lo crea conveniente. Dios amonesta de manera muy fuerte a los creyentes, y ministros que han sembrado discordia entre los hermanos. Dios aborrece la discordia y ésta es abominación para Él (Proverbios 6:19).

A nosotros nos corresponde orar por misericordia, en lugar de juzgar. Dejémosle el juicio al SEÑOR.

Lo más importante de todo, es que usted se vaya de esa iglesia de manera honorable y sin amargura; y que su salida quede marcada por la paz y el amor. Si lo hace, será una BENDICIÓN adondequiera que vaya.

Amor
sin límites

Su gran búsqueda

"Con entusiasmo busquen e indaguen, a fin de adquirir [este] amor, [háganlo su objetivo principal, su gran búsqueda]…"
(1 Corintios 14:1, *AMP*)

¿Cuál es la meta número uno en su vida? ¿Qué objetivos quiere alcanzar? ¿Qué sueños quiere hacer realidad?

Si usted es una persona de negocios, quizá su meta sea llegar a tener un negocio muy exitoso para poder invertir millones de dólares en la obra de Dios. Si su llamado es estar en el ministerio a tiempo completo, quizá sueñe con predicar el Evangelio en todo el mundo.

Sin embargo, no importa qué tan maravillosas puedan ser sus metas, existe un objetivo que es mucho más importante que se proponga alcanzar. Es algo que usted como creyente debería: "ansiosamente perseguir, y buscar obtener". Debe ser: "su objetivo, su gran búsqueda".

¿Cuál es esa gran búsqueda? Es la meta de disfrutar una vida regida por el amor de Dios y desbordante de éste.

El amor es el fundamento de la vida cristiana. Nada funciona sin éste y, cuando está obrando, el éxito está garantizado. Cuando usted vive en amor, se coloca en una posición en donde Dios mismo puede protegerlo y promoverlo. Cuando usted cambia el egoísmo por el amor, cuando deja de buscar ser BENDECIDO y empieza a buscar cómo difundir LA BENDICION, el Padre mismo obra a su favor. Él no dejara que nadie le haga daño (1 Crónicas 16:21). Ningún arma forjada contra usted prosperará. Ni siquiera el mismo diablo podrá hacerle daño (1 Juan 5:18).

En la Biblia se nos enseña que Dios es amor (1 Juan 4:8). Por esa razón, cuando usted permanece del lado del amor, se mantiene del lado de Dios y Él de su lado. Y es bueno tener al Gran Yo Soy de su lado, pues si Él es por usted, quien contra usted (Romanos 8:31-34).

El amor es el único mandamiento que Jesús nos ha dado. Es la llave de la sabiduría del poder y de la protección de Dios. Si comprendiéramos a plenitud la gran recompensa de vivir en el amor de Dios, seguramente lo habríamos hecho nuestro primer objetivo y nuestra gran búsqueda. En lugar de sentarnos a esperar que alguien nos ame, competiríamos unos con otros tratando de amar más a nuestro prójimo. Y sin duda alguna, ¡todos saldrían de la competencia como unos ganadores!

Amor
sin límites

Una señal segura de crecimiento

"Dejemos que nuestras vida de amor exprese la verdad [en todas las cosas, hablando la verdad, tratando con la verdad, viviendo con la verdad]. Envueltos en amor, crezcamos en cada área y en todas las cosas en Él, quien es la Cabeza [incluso] Cristo (el Mesías, el Ungido)"
(Efesios 4:15, *AMP*).

Hoy en día, la mayoría de cristianos están cansados de "jugar a la iglesia". Estamos listos para tomar las cosas de Dios en serio. Disgustados con la carnalidad e inmadurez, queremos hacer a un lado las cosas de niños y crecer espiritualmente para ser como Jesús.

Por supuesto, no somos los primeros que sentimos ese deseo. El apóstol Pablo también lo tuvo hace casi 2,000 años. Él oró fervientemente para que un día todos nosotros:"… [lleguemos] a la verdadera madurez (toda la personalidad la cual no es nada menos que la perfección de la estatura de Cristo), la medida de la estatura de la plenitud en Él" (Efesios 4:13, *AMP*).

Pablo no sólo oró para obtener esa clase de madurez espiritual, sino también nos exhortó a que nos dirigiéramos hacia ella. Él afirmó:"Envueltos en amor, crezcamos en cada área y en todas las cosas en Él…".

Esa frase, **envueltos en amor**, cobró vida en mí desde hace algunos años. Me he dado cuenta, cada vez más y más que el amor es la única clave para crecer en Dios. Si no crecemos en amor, no creceremos en ninguna otra área.

Quizá a algunas personas les sorprenda saber que deben crecen en amor, y piensen que el amor es tan sencillo, que sólo los principiantes espirituales deberían estudiarlo. Pues tal vez es posible que consideren los dones del Espíritu Santo —la profecía, la sanidad y los milagros— como lo más relevante para el creyente maduro. Sin embargo, la iglesia de los corintios demostró que los dones no son prueba de la madurez espiritual en las personas. Ellos tenían abundancia de dones espirituales, pero el apóstol Pablo se refirió a ellos como: "niños… en Cristo… todavía [no espirituales, teniendo la naturaleza] de la carne…" (1 Corintios 3:1,3; *AMP*).

Gracias a Dios, no tenemos que quedarnos así. No debemos permanecer por completo estancados en la infancia espiritual, pues cada día podemos seguir creciendo en Jesús.

Además, sabemos cómo medir nuestro progreso. Si deseamos saber si somos o no espirituales, no debemos fijar nuestra mirada en los poderosos dones del Espíritu que ya poseemos; sino en nuestra vida de amor. Mientras más espiritualmente maduros seamos, más marcará y gobernará nuestra vida el amor.

Amor
sin límites

Permita que Dios ame a otros a través de usted

«Amad, pues, a vuestros enemigos, y haced bien, y prestad, no esperando de ello nada; y será vuestro galardón grande, y seréis hijos del Altísimo; porque él es benigno para con los ingratos y malos»
(Lucas 6:35).

Así como el día es tan diferente a la noche, el amor de Dios que fluye del corazón de un creyente es tan distinto al amor humano. El amor humano cambia, ya que se puede convertir en odio cuando las circunstancias no son las correctas. El amor humano, en un momento puede comportarse de forma tierna y cariñosa, y en otro con un ataque de celos, y aún así se sigue llamando "amor" todo el tiempo.

Esta clase de amor es limitado comparado al amor de Dios. Pues depende de caprichos y sentimientos. Éste declara: "Si eres bueno conmigo y me das lo que yo quiero, te amaré. Pero si no lo haces, no te amaré".

El amor de Dios no se comporta de esa manera. Es constante e incondicional. El ingrediente principal del amor de Dios es sacrificarse a uno mismo por el beneficio de la persona amada. Es el tipo de amor que continuará amando a las personas, aunque no reciba nada a cambio. El amor Divino no busca nada para sí mismo, sino se entrega a sí mismo.

Dios no solamente ama al amoroso, también ama al que no lo es. No importa qué tan mala, grosera o indiferente sea esta persona, si se rinde ante Dios él la limpiará y la perdonará. Permitirá que esa persona haga suyos los beneficios del sacrificio de Su Hijo, Jesús; a fin de que pueda obtener una nueva vida en Él.

Ésa es la forma en que Dios nos ama, y es la misma manera en que Dios quiere que nos amemos unos a otros. Eso significa que cuando alguien nos maltrate, no nos enojaremos, no nos irritaremos ni nos resentiremos. Al contrario, los trataremos amablemente, oraremos por ese alguien y no pensaremos en el mal que nos haya ocasionado.

Andar en amor significa hacer a un lado nuestros derechos, y procurar los derechos de las otras personas. Por ejemplo, cuando estemos cansados y bajo presión, debemos hacer a un lado el derecho de manifestarles a las personas nuestra condición al hablarles bruscamente y contarles que hemos pasado un día tan duro. Pues nosotros debemos poner a un lado nuestros sentimientos, y comportarnos de manera amable y gentil con quienes nos rodean.

Usted podría decir: "Parece algo muy difícil, no creo que pueda llevarlo a cabo".

No confíe en sí mismo. ¡Confíe en que Dios lo hará a través suyo! Declare: *¡SEÑOR, no puedo amar de esta forma con mis propias fuerzas, pero confío en Ti hoy. Mientras doy pasos de fe al hablar y actuar en amor, estaré a la expectativa de que Tu amor en mí resplandezca!*

¡Sólo confíe en el SEÑOR, y quedará asombrado de cuánto Él puede amar a otros a través de usted!

Amor
sin límites

Nuestra única responsabilidad

«Si hablo en lenguas humanas y angelicales, pero no tengo amor, no soy más que un metal que resuena o un platillo que hace ruido. Si tengo el don de profecía y entiendo todos los misterios y poseo todo conocimiento, y si tengo una fe que logra trasladar montañas, pero me falta el amor, no soy nada. Si reparto entre los pobres todo lo que poseo, y si entrego mi cuerpo para que lo consuman las llamas, pero no tengo amor, nada gano con eso»
(1 Corintios 13:1-3, *NVI*).

Si no tengo amor… nada soy.

Para Dios, el amor es el factor determinante. Nada funciona sin éste. Sin amor, los dones del Espíritu no valen nada. Sin amor, su fe no funcionará y sus ofrendas no contarán.

En pocas palabras, usted y yo no podemos llegar a ningún lugar espiritualmente hablando hasta que pongamos nuestra vida de amor en orden. Al meditar en cuán importante es el amor, es sorprendente que no hayamos enfatizado más este tema. Después de todo, el amor es nuestro único mandamiento. Dios no nos dio una larga lista de reglas para memorizar. Ni siquiera tenemos los 10 mandamientos como los israelitas. Jesús sólo nos indicó: *« Este es mi [único] mandamiento: Que os améis unos a otros, como yo os he amado»*. (Juan 15:12).

¿Cómo podemos cumplir con ese único mandamiento? Llevando a cabo algo maravillosamente sencillo: ¡Permaneciendo en comunicación con Jesús! Lo lograremos teniendo comunión con Él, y obedeciéndole.

Mientras mas íntimamente lo conozcamos y andemos con Él, Su amor fluirá más a través de nosotros. Y mientras más andemos en amor, más íntima será nuestra comunión con Él. Ése es un ciclo glorioso que nos elevará cada vez más y más.

Pocas personas han captado esta hermosa verdad mejor que Rufus Moseley, un gran hombre de Dios quien falleció hace muchos años. El SEÑOR, le dijo lo siguiente: *Ve en amor y Yo estaré siempre contigo*. Mientras meditaba en éstas palabras el hermano Moseley escribió:

«He recibido la llave maestra del reino de los cielos, para que pueda habitar en unión con Jesús. Ve en amor y Yo estaré siempre contigo… Tu única responsabilidad es la de estar en unión conmigo… La vida en Jesús es gloriosamente fácil y no tiene más que una única responsabilidad, la de permanecer en esa unión [con Él]».[3]

---

3 J. Rufus Moseley, *Manifest Victory* [Victoria Manifiesta] (Saint Paul: Macalester Park Publishing Company, 1986) p.117, 121.

Amor
sin límites

Quite los obstáculos

«¿Con qué limpiará el joven su camino? Con guardar tu palabra»
(Salmos 119:9).

Al comprender que el amor, como un fruto del espíritu, habita en el interior del espíritu renacido de cada cristiano; se preguntará ¿por qué nosotros como creyentes actuamos como actuamos? Si por naturaleza somos personas amorosas: ¿Por qué actuamos algunas veces como las personas más viles?

Actuamos así, porque no hemos cultivado esa nueva naturaleza. Simplemente seguimos rindiéndonos ante los hábitos carnales que hemos desarrollado en los últimos años. Cedemos ante la presión del diablo, haciendo lo que nuestra vieja naturaleza —entrenada por el pecado— quiere hacer; en lugar de rendirnos ante lo que el nuevo hombre (nuestro ser interior) quiere realizar. Como resultado, nuestra naturaleza carnal obstruye nuestra nueva naturaleza, y no deja que ésta se exprese.

¿Cómo quitamos ese obstáculo? ¿Cómo nos deshacemos de esos hábitos viejos; a fin de que el amor de Dios pueda expresarse libremente en nuestra vida?

En primer lugar, podemos hacerlo al leer y al meditar en la PALABRA. En Efesios 5:26, se nos enseña que somos lavados y santificados en «*...el lavamiento del agua por la PALABRA*»,

Uno de los mejores ejemplos de esa verdad, lo vi hace años en la vida de Kenneth cuando él intento dejar de fumar. Aunque él aún no estaba en el ministerio, ya había nacido de nuevo, amaba a Dios con todo su corazón y quería vivir agradándole a Él. Pero había sido un fumador compulsivo por años, y el hábito ya se había apoderado fuertemente de él.

Luchó por meses para dejarlo. Algunas veces, iba manejando por la carretera y sentía tanto el deseo de dejar de fumar que tiraba sus cigarrillos por la ventana. ¡Conducía unos cuantos kilómetros, pero su carne predominaba y le exigía que fumara, y tenía que regresar para buscar la cajetilla que había tirado!

Sin embargo, todo eso cambio, cuando fue a una reunión a Houston en donde él escuchó mensajes de la PALABRA dos veces al día, a diario por tres semanas. Cuando iba manejando de vuelta a casa después de la última reunión, se percató que no había fumado en días. Había estado tan sumergido en la PALABRA de Dios, que el hábito que una vez se veía imposible de dejar, simplemente había sido lavado.

¿Le gustaría deshacerse de su antigua y egoísta manera de pensar y actuar, lo cual ha impedido que el amor de Dios fluya a través suyo? Dedique un buen tiempo para meditar en las escrituras acerca del amor. Présteles atención y permita que lo limpien. Si usted pone en práctica esas escrituras, la PALABRA de Dios que lo separa del mundo ¡obrará en su vida!

Amor
sin límites

Sea fuerte y gane la batalla

«Digo, pues: Andad en el Espíritu, y no satisfagáis los deseos de la carne»
(Gálatas 5:16).

Cuando usted nació de nuevo, su espíritu fue recreado a la imagen del Amor mismo. Analícelo, Dios es el ser más Amoroso de todos los tiempos, y como partícipe de Su divina naturaleza (2 Pedro 1:4), ¡usted también es una persona amorosa!

Sin embargo, como se habrá dado cuenta, vivir de acuerdo con esa naturaleza amorosa no es como dar un paseo en el parque. Pues siempre existe una lucha. En Gálatas 5:17, se nos enseña: *«los deseos de la carne son contra el Espíritu, y los deseos del Espíritu son contra la carne; y éstos se oponen entre sí...»*. Entonces, cuando usted decide obedecer los deseos e impulsos de su espíritu renacido, su carne inexperta empieza a pelear contra usted.

Si usted quiere ganar esta batalla, tiene que mantener su espíritu fuerte al darle a Dios el primer lugar en su vida. Debe mantenerse espiritualmente saludable teniendo comunión con Él por medio de Su PALABRA. Mientras más deposite Su PALABRA en su corazón, su espíritu será más fuerte. Si usted continua alimentándose de la PALABRA, con el tiempo su espíritu llegará a ser tan poderoso que vencerá a la carne todo el tiempo (Hebreos 5:14).

Hacer lo contrario, le traerá consecuencias negativas. Si usted invierte tiempo alimentándose de telenovelas, novelas de romance y de las noticias de la tarde; su carne se fortalecerá y su espíritu se debilitará. Y aunque en su interior desee ser amoroso y amable, la carne lo intimidará y ¡hará que actúe como el diablo!

Jesús enseñó: *«Si vosotros permaneciereis en mi PALABRA, seréis verdaderamente mis discípulos; y conoceréis la verdad, y la verdad os hará libres».* (Juan 8:31-32). Observe que Jesús enseñó que permaneciéramos en la PALABRA. Él no dijo lean las ESCRITURAS de vez en cuando. Él declaro que permaneciéramos en la PALABRA continuamente, pues ésta nos librará de las ataduras de la carne; a fin de que podamos andar conforme al Espíritu. Su espíritu se fortalecerá, y comenzará a dominar los deseos naturales de su carne.

Usted aún tendrá que enfrentar batallas. Por ejemplo, cuando va manejando en la carretera, y alguien cruza de repente frente a usted; su carne lo tentará para que se enoje, y le muestre el puño a esa persona. Pero si su espíritu es fuerte, ganará la batalla sin mayor esfuerzo. Se rendirá al amor que se encuentra en su interior y usted sonreirá diciendo: "SEÑOR, bendice a esa persona y ayúdala a llegar bien hacia donde se dirija".

Por tanto, permanezca firme en la PALABRA y sea fuerte. Empiece su día tomando la decisión de andar en el espíritu, y haga todo lo que pueda para actuar conforme a esa decisión durante todo el día. No siempre será fácil, pero valdrá la pena el esfuerzo porque cuando ande en el espíritu, ¡vivirá como el amoroso creyente nacido de nuevo que debe ser!

Amor
sin límites

Saludable... feliz... y sabio

«Nada hagáis por contienda o por vanagloria; antes bien con humildad,
estimando cada uno a los demás como superiores a él mismo»
(Filipenses 2:3).

¿Sabía que vivir en amor es bueno para su salud? ¡Sí, así es! Incluso investigaciones médicas lo han confirmado.

Los investigadores descubrieron que existen dos tipos de estrés. El primero es el que se experimenta cuando se está trabajando arduamente para alcanzar algo, presionándose para alcanzar una meta. Ellos descubrieron que este tipo de estrés es natural y bueno, no hace ningún daño.

Sin embargo, el segundo tipo de estrés, tiene un efecto negativo que es físicamente peligroso. Éste lo causa la hostilidad o el enojo hacia los demás.

Cuando usted piensa en hostilidad, quizá piense en el tipo de enojo que siente cuando enfrenta algo muy serio, pero de acuerdo a estudios médicos, ese tipo de situaciones no son las que en realidad nos causan problemas. Son las cosas pequeñas. Por ejemplo, es el enojo que usted siente cuando una lavadora daña su prenda favorita de vestir. O cuando el mesero en el restaurante le pone salsa a su puré de papa, después de que usted específicamente le pidió que no lo hiciera.

En pocas palabras, han descubierto lo que Dios nos ha estado diciendo todo el tiempo. Al ocurrir este tipo de cosas necesitamos perdonar de inmediato a la persona responsable, libérelo de la ofensa, no se quede con ésta. Necesitamos resistir nuestro deseo egoísta natural de expresarle a esa persona lo que pensamos, y tratarlos amablemente. En otras palabras, necesitamos vivir en amor.

Imagine los beneficios que se obtienen al vivir de esa manera. ¿Qué le pasaría a las úlceras estomacales y a los dolores de cabeza ocasionados por la tensión si nunca le prestáramos atención a estos males recibidos? ¿Cuánto estrés evitaríamos si fuéramos prontos para perdonar? Es claro que no fuimos diseñados para que la hostilidad fluyera a través de nosotros, pues fuimos creados para vivir en amor.

Al vivir en amor, no sólo seremos más saludables sino también más felices. Es imposible que una persona egoísta sea feliz; pues siempre están alterados por algo malo que alguien les hizo... o por alguna circunstancia que no funcionó de la manera en que hubieran querido... o por todo lo que tengan que hacer.

Cuando vivimos de una manera egoísta, somos miserables; ya que no fuimos diseñados para vivir de esa forma. Dios nos creó para que pensemos más en cómo agradarle a Él, y cómo servirles a otros y no en cómo agradarnos a nosotros mismos. Mientras más lo hagamos, más difícil será para el diablo hacernos enojar.

Analícelo. Disfrutar una vida de amor es bueno para nuestra salud y para nuestra felicidad. ¿Acaso no es sabio Dios? Todo lo que Él nos instruye a realizar es por nuestro propio bien. Si somos sabios, le obedeceremos y ¡experimentaremos la mejor clase de vida que Él nos puede dar!

Amor
sin límites

¡Desátenme y déjenme ir!

«Habiendo dicho esto [Jesús], clamó a gran voz, Lázaro ven fuera. Y el que había muerto salió, atadas las manos y los pies con vendas, y el rostro envuelto en un sudario. Jesús les dijo: Desatadle, y dejadle ir»
(Juan 11:43-44).

Siendo conscientes de estos maravillosos beneficios de llevar una vida de amor: ¿Por qué nosotros, como creyentes, fracasamos tanto en vivir de esa manera? Por lo general, es porque aún pensamos y reaccionamos según lo que llevamos en nuestro interior —el lugar donde Dios (quien es amor) habita—.

Estamos en la misma condición en la que se encontraba Lázaro justo después de que Jesús lo resucitó de la muerte. Quizá usted recuerde la historia de Juan 11. El amigo de Jesús, Lázaro, estuvo muerto por cuatro días. Jesús le ordenó a la tumba que se abriera, y a su amigo que volviera de la muerte.

En obediencia a la voz del Maestro, Lázaro salió de la tumba; pero de acuerdo con la Biblia, se nos enseña que aún estaba envuelto en una mortaja. Las vendas estaban alrededor de su cuerpo. Aunque había vida dentro de él, aún no se podía mover con facilidad, entonces Jesús les dijo a los que estaban parados ahí: *«¡desátenlo y déjenlo ir!»*.

Ésa es una buena ilustración de nuestra condición. Cuando nacemos de nuevo, nuestro espíritu humano cobra vida con la misma vida de Cristo. Espiritualmente nacemos de Dios. Pero los hábitos egocéntricos que adquirimos cuando nuestro espíritu estaba muerto por el pecado, aún están ahí. Todavía estamos envueltos. Para que nosotros seamos libres de vivir en la nueva vida que Dios ha puesto dentro de nosotros, esos hábitos mortales de egoísmo, la falta de perdón, la irritación e impaciencia tienen que ser removidos.

¿Cómo lo logramos?

A medida que tengamos comunión con el SEÑOR en oración, y pongamos Su PALABRA en nuestro corazón, Su verdad nos hará libres (Juan 8:32). Entonces le podremos decir a cada uno de esos hábitos mortales "Me niego a ceder ante ustedes. Andaré en amor. Dejo atrás el odio, la falta de perdón y el egoísmo. Iré hacia delante en el poder y la gloria de Dios. ¡Desátenme y déjenme ir!

No se requiere de semanas o meses para cambiar de la vida natural a la sobrenatural. Para un seguidor de Jesús nacido de nuevo, todo lo que se necesita es tener comunión con Él, y tomar la decisión de rendirse a la fuerza del amor.

Dios ya ha puesto de Su amor dentro de usted. Así que no lo encierre en su interior. Atrévase a realizar lo que en la Biblia se nos enseña y vístase del nuevo hombre creado conforme a la imagen de Dios (Colosenses 3:10). Quítese la mortaja y descubra ¡cuán bueno es ser libre!

Amor
sin límites

Olvide los errores del pasado

"Y la esperanza no avergüenza; porque el amor de Dios ha sido derramado
en nuestros corazones por el Espíritu Santo que nos fue dado"
(Romanos 5:5, *NAS*).

Espiritualmente hablando, el amor llega de manera natural a cada creyente. No importa cuán egoísta o malvada una persona pueda ser, cuando nace de nuevo, Dios mismo y Su propia naturaleza habitan en esa persona. El SEÑOR derrama de Su amor dentro del corazón humano, a través del Espíritu Santo.

Kenneth y yo hemos visto dramáticas evidencias de esa verdad. Conocemos gente que tenía un corazón tan duro antes de ser salvos que incluso pudieron haber matado sin sentir ningún remordimiento. No tenían en lo absoluto ningún cargo de consciencia. Sin embargo, después de que aceptaron a Jesús como el SEÑOR de su vida, se convirtieron en las personas más tiernas y compasivas que usted haya conocido.

Sin lugar a dudas, Dios cumple en cada uno de nosotros lo que prometió en Ezequiel 36:26: *«Os daré corazón nuevo, y pondré espíritu nuevo dentro de vosotros; y quitaré de vuestra carne el corazón de piedra, y os daré un corazón de carne»*. Cuando recibimos a Jesús como nuestro SEÑOR y Salvador, Él nos quita el corazón de piedra de pecado, y nos da un nuevo corazón de amor.

Es importante que recuerde ese versículo, en especial si usted ha tropezado y caído dentro de un comportamiento que no es amoroso. Pues se sentirá tentado a olvidar lo que Dios ha hecho por usted, y a enfocarse en la caída.

Pero no lo haga. En lugar de eso, avive su fe enfocándose en la PALABRA de Dios. Recuérdese a usted mismo que el amor es su temperamento natural, el cual recibió de forma sobre natural. En ocasiones, quizá no le parezca que sea así. Pero, como creyente, debe andar por fe, y no por vista (2 Corintios 5:7). Por tanto, simplemente porque en la Biblia se afirma, ¡debe creer que usted nació para amar!

El amor que usted tiene no es como el que se mira en televisión o en las películas, sino es la clase de amor de Dios. Es el amor sobrenatural que se describe en 1 Corintios 13, el tipo de amor que ama sin esperar nada a cambio. No es egoísta, se sacrifica con alegría por el beneficio de la persona a quien ama.

Si usted no se ha rendido ante ese amor, arrepiéntase y reciba el perdón de Dios. Olvide los errores del pasado, levántese en fe y confiese lo que la Biblia enseña acerca de usted.

Declare: *Soy un ser de amor. Dios ha recreado mi espíritu a la imagen del amor. Él ha enviado a Su Espíritu de amor para que viva en mí y me enseñe a amar como Él ama. ¡Puedo vivir la vida de amor!*

Entonces active su fe. Diga algo amoroso, declare algo amable. Le garantizo que al hacerlo, ¡encontrará rápidamente ríos de amor divino fluyendo a través de usted!

Día 24 Amor sin límites

El poder protector del amor

« Con justicia serás adornada; estarás lejos de opresión, porque no temerás,
y de temor, porque no se acercará a ti. Si alguno conspirare contra ti,
lo hará sin mí; el que contra ti conspirare, delante de ti caerá. Ninguna
arma forjada contra ti prosperará, y condenarás toda lengua que se
levante contra ti en juicio. Esta es la herencia de los siervos de Jehová, y su
salvación de mí vendrá, dijo Jehová»
(Isaías 54:14-15,17).

Si comprendiéramos a plenitud la bendición que obtenemos al andar en amor, no dejaríamos de actuar en amor tan fácilmente al estar bajo presión u oprimidos. Por ejemplo, si supiéramos que ser quejumbrosos o resentidos podría costarnos la protección divina que Dios nos ha provisto como Sus hijos; seríamos más diligentes en alejarnos de las actitudes incorrectas.

Vivir en amor nos coloca en una posición en donde Dios nos puede proteger. Nos pone en el centro de Su voluntad, el lugar donde ningún arma forjada en nuestra contra puede prosperar. Cuando dejamos de pelear por nosotros mismos, Dios puede pelear a nuestro favor… y Él **siempre** gana.

Podemos un buen ejemplo de esa verdad en la vida de Jesús. Todo el tiempo anduvo en amor, no sólo cuando la gente lo alababa, sino también cuando lo rechazaban y lo maltrataban. En 1 Pedro 2:23 leemos: «*…Cuando le maldecían, [Él] no respondía con maldición; cuando padecía, no amenazaba; sino encomendaba la causa al que juzga justamente*».

Como resultado, ningún hombre o demonio pudo hacerle daño. Cuando la gente en Nazaret trató de lanzarlo por un precipicio, Él solamente caminó en medio de ellos. Cuando los soldados llegaron a arrestarlo en el huerto de Getsemaní, todos cayeron al suelo bajo el poder de Dios. Si Jesús no se hubiese entregado, nunca lo hubieran crucificado, pues sólo Él tenía el poder de entregar Su vida. Nadie podía quitársela, debido a la protección que Él tenía por vivir en amor.

Recuerde esa verdad cada vez que el amor lo haga parecer débil, en lugar de vencedor. Pues cuando se encuentre en una situación donde parezca que ser paciente y amable sea una desventaja, su carne se levantará diciendo: "¡Un momento! Si vivo en amor, la gente pasará encima de mí".

Pero no escuche a su carne. Mejor conéctese con su espíritu, y recuerde cómo Dios protegió a Jesús. Viva en amor como el SEÑOR lo hizo, y ¡el mismo poder que protegió a Jesús, lo protegerá a usted!

Día 25 Amor
sin límites

Estudie el manual

«Y este es el amor, que andemos según sus mandamientos…»
(2 Juan 6, *NAS*).

Muchas personas hablan acerca del amor en estos días, pero la verdad es que muy pocas saben qué es realmente. Para la mayoría, es un fantasma emocional que aparece y desaparece sin previo aviso. Engañoso, indefinido, siempre buscado, pero rara vez encontrado.

Incluso los cristianos se ven confundidos acerca de este tema. Pero no deberían estarlo, pues en la PALABRA de Dios se nos revela claramente qué es el verdadero amor. De forma clara, nos explica que es guardar los mandamientos de Dios. Por esa razón es importante conocer y obedecer Su PALABRA.

¡Gloria a Dios!, el Señor no dejó lugar a dudas con respecto al tema del amor. Ni tampoco nos dio una idea vaga e indefinida acerca de éste. Lo dejó claro y fácil de definir. A través de la Biblia, nos dejó instrucciones para que nosotros podamos saber cómo amar como Él ama. ¡Nos dio Su Manual por escrito! Sólo debemos seguir Sus instrucciones, y estaremos viviendo en amor.

En especial en estos días en los que es muy importante que tengamos una definición muy clara acerca del amor; pues debido a que el pecado en el mundo crece, las personas están comenzando a confundirse más acerca con respecto a este tema. Ellos creen que hacer algo que los haga sentir bien es amor. Incluso, aceptan estilos de vida inmoral, y todo en el nombre del amor.

Ser cristiano no lo convierte al instante en un experto en el tema del amor. Aunque el amor de Dios nació dentro de usted al momento en que aceptó a Jesús como el SEÑOR de su vida, usted comienza siendo un bebé espiritual. Usted dejará la infancia espiritual atrás, y desarrollará la madurez para vivir en amor, cuando se alimente de la PALABRA de Dios, y cuando aprenda cómo se comporta el amor.

Nada —absolutamente nada— es más importante que aprender a amar. Estudie el Manual que Dios le ha dado. Éste le enseñará cómo hacer que el amor que está dentro de usted se manifieste por fuera. A medida que usted actúe conforme a la PALABRA de Dios, Su amor se perfeccionará en su vida, y otros verán a Jesús en usted.

Amor
s i n   l í m i t e s

Una puerta abierta del amor

«Un mandamiento nuevo os doy: Que os améis unos a otros; como yo os he amado, que también os améis unos a otros. En esto conocerán todos que sois mis discípulos, si tuviereis amor los unos con los otros»
(Juan 13:34-35).

Hace años, había una canción que hablaba acerca de: «Lo que el mundo necesita ahora es amor, dulce amor». ¿La recuerda? Por lo general, las canciones seculares están muy equivocadas; no obstante, ésta se acerca mucho a la verdad. Sólo necesita cambiar una palabra, y sería perfectamente bíblica.

Lo que el mundo necesita ahora es amor, el amor de **Dios**.

El mundo está hambriento del amor de Dios. Cada persona ha sido creada para que dentro de ella exista una necesidad desesperada del amor divino. El anhelo más profundo de ellos es que los valoren y los hagan sentir importantes, de manera que sus heridas y temores desaparezcan.

Sólo el Creador puede cuidar de ellos de esa forma. Él puede satisfacer esa necesidad de amor que tienen en su corazón. Pero la mayoría de personas no lo saben, continúan buscando amor en los lugares equivocados. Intentan encontrar ayuda y sólo terminan decepcionados una y otra vez.

¿Dónde está la solución para esa triste situación?

¡Está dentro de usted! Como un creyente nacido de nuevo, usted es la puerta abierta del amor de Dios para las personas con quien tiene contacto. ¡Usted tiene el poder y el privilegio de amarlos con Su propio amor! Al amar a otros de la misma forma que Jesús lo ama, puede demostrar el amor de Dios a aquellos que lo necesitan. Ellos serán atraídos al SEÑOR por medio de usted.

Usted podría decir: "No creo poder hacerlo".

¡Claro que puede! Como cristianos, el amor es nuestro mandamiento, y Dios no nos lo hubiera dado a nosotros, si no tuviéramos la habilidad de cumplirlo.

Además, en la Biblia se nos enseña que el amor de Dios es la marca distintiva de cada creyente. Nosotros fuimos diseñados a la imagen de nuestro Padre celestial, y debido a que Él ama a las personas, ¡nosotros también podemos amarlas!

De hecho, a través del poder de Dios en su interior, usted también puede amar de manera tan profunda y buena, que las personas sabrán, con el simple hecho de verlo, que es un discípulo de Jesús. Ellos literalmente verán el amor de Dios en usted… y eso es lo que han estado buscando durante todo este tiempo.

Amor
sin límites

¿Está usted avanzando... o retrocediendo?

«Y todo aquel que participa de la leche es inexperto en la palabra de justicia, porque es niño; pero el alimento sólido es para los que han alcanzado madurez, para los que por el uso tienen los sentidos ejercitados en el discernimiento del bien y del mal»
(Hebreos 5:13-14).

Si usted desea analizar su crecimiento espiritual y ver si está progresando en el SEÑOR, examine su vida de amor. Jesús es amor, y si nuestro objetivo es crecer para alcanzar la plenitud de Su amor; podemos estar seguros de que mientras más amorosos seamos más rápido maduraremos, y llegaremos a ser como Él.

Usted podría decir: "Siendo sincero, no estoy seguro de estar creciendo en el SEÑOR, algunas veces vivo en amor, otras veces no. Algunas veces, pareciera que ¡doy un paso hacia el frente, y luego dos hacia atrás!".

Si ése es su caso, quizá necesite hacer lo que Kenneth llama: "tomar una decisión de calidad". Ésta es una decisión en la cual no puede existir ningún argumento ni arrepentimiento.

Es usted quien debe tomar la decisión de perfeccionar el amor de Dios en su vida. Nadie más puede hacerlo por usted. Ahora bien, si toma esa decisión en fe, y si se compromete a fortalecer su corazón alimentándose de la PALABRA de Dios referente al amor; tenga la plena certeza de que el SEÑOR lo respaldará todo el tiempo. Él le enseñará lo que necesita saber, y le dará las fuerzas que necesita cuando vengan los tiempos malos; a fin de que pueda seguir adelante y seguir creciendo en amor.

Es seguro que **habrá** tiempos difíciles. Habrá ocasiones en las que usted preferirá hacer cualquier cosa que vivir en amor. (¡Sentirá como si le estuviera quitando una libra de su carne!). Sus sentidos naturales lo presionarán para que usted se moleste, busque su propio bien y tome represalias.

Por esa razón, el amor se opone por completo a los sentidos. Éstos han sido entrenados para que de manera egoísta, busquen su propio bien. Pero el amor, de acuerdo con la PALABRA, no busca lo suyo ni hacer las cosas a su manera. Y para vivir en amor, deberá exigirles a sus sentidos —su carne— que se sometan a la PALABRA.

Si usted no toma una decisión de calidad, no podrá lograrlo. Se rendirá ante la presión del momento, y más tarde lo lamentará. Entonces, comprométase ahora a vivir una vida gobernada por el amor. Y al llegar la tentación, usted se recordará de la decisión de calidad que tomó, y tomará la elección correcta.

Dará un paso hacia el frente, en lugar de dar dos hacia atrás. ¡Cada vez más se parecerá al Maestro, a medida que avance —y crezca— en amor!

Día 28 **Amor**
s i n   l í m i t e s

La fe obra por medio del amor

«Porque en Cristo Jesús ni la circuncisión vale algo, ni la incircuncisión,
sino la fe que obra por el amor»
(Gálatas 5:6).

Yo soy una persona de fe. Creo profundamente en la importancia y en el poder de la fe. Sin embargo, yo sería la primera en decir que la fe, por sí sola, no es suficiente para hacernos más que vencedores. También debemos tener amor, pues en la Biblia con claridad se nos enseña que la fe obra por medio del amor.

El amor en realidad inspira fe. Éste le da a la fe un fundamento sobre el cual puede edificar. Incluso podría decirse que el amor nos da una razón para creer. Por ejemplo, piense en el amor de Dios. El amor que el SEÑOR nos da, es el fundamento de nuestra fe en Él. En Juan 3:16, leemos: *«Porque de tal manera amó Dios al mundo, que ha dado a su Hijo unigénito, para que todo aquel que en él cree, no se pierda, mas tenga vida eterna»*.

¡Analícelo! Dios sacrificó a Su único Hijo por nosotros, y su motivación para hacerlo fue el amor. En realidad, es Su gran amor el que lo motiva a realizar todo lo que hace por nosotros. Es Su amor el que nos provee las grandes y preciosas promesas que nos bendicen en ambas vidas, en ésta y en la venidera. Es Su poderoso amor el que causa que Sus misericordias sean nuevas cada mañana.

A lo largo de los años, he notado que las personas que no comprenden el amor de Dios, no pueden tener mucha fe en Su PALABRA. Luchan y tratan de creer, sin embargo, cuando los problemas se presentan, su fe tambalea y caen. ¿Por qué les sucede eso? ¡Es porque no tienen la revelación del amor para respaldar su fe!

Por otro lado, cuando en realidad comprendamos y experimentemos cuánta compasión tiene Dios hacia nosotros, con facilidad creemos en el cumplimiento de Sus promesas. Cuando sabemos cuánto le interesamos a Dios, confiaremos en que Él hará lo que ha declarado. Podremos tener fe en que cuidará de nosotros en cualquier situación.

En su maravilloso libro acerca de Cristo el Sanador, F.F. Bosworth escribió: «He visto cómo la fe se levanta del tamaño de una montaña, cuando la verdad del amor y de la compasión de Dios; comienza a surgir en la mente y en el corazón de las personas. No es lo que Dios **puede** hacer, sino lo que sabemos que Él **anhela** hacer, lo que inspira la fe».[4] Recuerde esa revelación, cuando se encuentre batallando para creerle a Dios. Invierta tiempo en comunión con Él, alimentándose de las palabras de amor que él le expresa. Créalas y póngalas en práctica en su relación con los demás. Al hacerlo, usted se dará cuenta que la fe en realidad funciona a través del amor.

[4] F.F Bosworth, *Christ the Healer* (Grand Rapids: Fleming Revell, 1973) p. 63.

Amor
sin límites

No Permita que nadie robe su gozo

«Si guardareis mis mandamientos, permaneceréis en mi amor; así como yo he guardado los mandamientos de mi Padre, y permanezco en su amor. Estas cosas os he hablado, para que mi gozo esté en vosotros, y vuestro gozo sea cumplido»
(Juan 15:10-11).

¿Desea usted disfrutar de una verdadera vida de gozo? Entonces viva en amor, pues ¡el gozo y el amor fluyen juntos!

Si usted lo analiza, de manera fácil podrá comprender porqué. En este mundo, estamos rodeados de gente egoísta. Puede verlos en las carreteras bocinando, haciendo gestos inadecuados, y rebasando bruscamente. También puede encontrarlos en su lugar de trabajo, diciendo cosas malas y desagradables. Es triste decirlo, pero también los encuentra en la iglesia, ignorándolo en vez de darle una sonrisa y un caluroso "hola", y criticándolo porque no hizo algo correcto.

Si usted no anda en amor, alguien robará su gozo antes de la hora del almuerzo, pues no faltará alguna persona que se comporte de forma grosera con usted. No lo hacen necesariamente a propósito (¡más de lo que usted y yo hacemos!), pero ellos son humanos. Y, apartados de la influencia de Dios, el ser humano es egoísta por naturaleza. Le dirán algo feo o le harán algún daño de alguna forma para arruinarle su día. ¡Podría terminar pensando en esto, y dejar que lo consuma hasta que el gozo decrezca cada vez menos; y el enojo vaya aumentando!

Sin embargo, disfrutar de una vida de amor, no dejará que el enojo aumente. ¿Por qué? Porque: "El amor lo soporta todo es paciente y amable… no es rencilloso, irritable o rencoroso, no toma en cuenta el mal que le han hecho [no le presta atención a sufrimientos vanos]" (1Corintios 13:4-5, AMP). El amor le permite pasar por alto las ofensas que le hayan ocasionado y perdona a los demás. El amor hace que usted piense de manera diferente. En lugar de pensar "¿Cómo se atrevió a hacerme esto? ¡Le diré lo que pienso!". En lugar de pensar esto, el amor piensa de la siguiente manera: "Probablemente ella debe estar herida, y por esa razón me trató de esa manera. ¿Habrá algo que pueda hacer para animarla o existirá alguna forma en que la pueda ayudar?

No le puedo decir cuántas veces me ha pasado. Ha habido situaciones en las que me han maltratado, y por la gracia de Dios, he resistido a la reacción carnal de enojarme, sólo me digo a mí misma: *No soy rencillosa, irritable o rencorosa, pues escojo rendirme ante el amor de Dios.* Entonces, en lugar de arremeter en contra de ésa persona, he podido verla fijamente a los ojos, sonreírle y darle una palabra de bendición.

Como resultado de eso, nadie ha podido robar mi gozo pues a causa del amor yo he podido seguir adelante, y ¡tener días agradables en El SEÑOR!

Amor
sin límites

No bloquee el curso de la bendición

«El corazón apacible es vida de la carne; mas la envidia es carcoma de los huesos»
(Proverbios 14:30).

Si desea descubrir qué es en realidad el amor, una manera de saberlo es investigando qué **no** es el amor. Una cosa que en base a las Escrituras se nos enseña con claridad es que el amor no envidia a los demás (1 Corintios 13:4).

Si usted cree que la envidia no es un problema en su vida, será mejor que lo piense una vez más. En la Biblia se nos revela que la envidia es una condición común en el ser humano. La envidia fue un problema para Caín en el libro de Génesis, también para el Rey Saúl durante los días del joven David; fue un problema para los judíos en el libro de Hechos, y a menos que nos protejamos en contra de ésta, ¡también será un problema para nosotros!

La **envidia** puede definirse como: "Un sentimiento de descontento y hostilidad por las ventajas, posesiones y éxito de los demás". Estos sentimientos suelen habitar en silencio en nosotros sin que nos demos cuenta.

Por ejemplo, vamos a la iglesia con gozo, agradeciéndole a Dios por LAS BENDICIONES. Sin embargo, cuando conducimos hacia el estacionamiento y vemos a la hermana Susie saliendo de su nuevo automóvil. De pronto, ya no estamos tan gozosos. Entonces, pensamos: "¿Por qué compró un automóvil nuevo? ¡Su antiguo automóvil estaba mejor que el que yo tengo ahora! Además, yo he estado pidiendo con fe por un nuevo automóvil y ella no…"

Tenga cuidado con esos pensamientos. Estas señales son advertencia de envidia. Si usted medita en esos pensamientos, terminará triste por el avance o éxito que tengan otras personas. Se encontrará en el camino de la envidia, y cada paso que dé en ese camino es un paso que lo alejará más del amor.

Ahora bien, sólo porque tenga un pensamiento de envidia, no significa que tenga envidia en su corazón. Pues esos pensamientos son invitaciones del diablo y de la carne. Son indicaciones que el enemigo lo está tentando para que caiga en la envidia.

Sea pronto para reconocer esos pensamientos de envidia y resístalos. No les dé lugar en su corazón o en su vida. En lugar de eso, confiese palabras de amor: *SEÑOR, te alabo por haberle concedido a mi hermana ese automóvil nuevo. ¡Me alegro porque la bendición está obrando en su vida!* Luego, felicite a la hermana Susie. Comparta su emoción de la misma forma que le gustaría que ella la compartiera con usted.

Manténgase en fe y viviendo en amor. No deje que la envidia bloquee el curso de LA BENDICIÓN, y en poco tiempo, su automóvil nuevo estará también en el parqueo. ¡Y será la hermana Susie quien lo felicite a usted!

Amor sin límites

No hay excusa para la envidia

«Andemos como de día, honestamente; no en glotonerías y borracheras, no en lujurias y lascivias, no en contiendas y envidia, sino vestíos del Señor Jesucristo, y no proveáis para los deseos de la carne»
(Romanos 13:13-14).

Aunque la envidia se nos presente de manera sutil o de forma insignificante, siempre debemos ser conscientes que la envidia a cualquier nivel es el mayor enemigo del amor. Lo que empieza con una ligera sensación de irritación e inferioridad cuando ve que alguien tiene más finanzas, y viste con más estilo que usted; con el tiempo, puede convertirse en rencor y odio hacia esa persona. Si continúa cediendo ante esos pensamientos y sentimientos de enojo, podría terminar hablando calumnias en contra de esa persona; difamando su carácter e inclusive hiriéndola. ¡Y todo porque usted no pudo dejar de sentir envidia por la clase de ropa que esa persona usa!

¡Es terrible permitir que la envidia permanezca en el corazón! Ésta se convierte en una fuerza demoniaca y le abre la puerta al comportamiento más malévolo y rencoroso. La envidia fue el motivo por el cual se cometió el primer asesinato de la historia. Caín le tuvo envidia a Abel porque el Señor vio con más agrado la ofrenda de Abel. Es difícil imaginar que alguien pueda asesinar a otra persona sólo porque haya dado una mejor ofrenda; ¡pero eso hizo Caín!

De por sí, esa historia ya es lo suficientemente impactante. Sin embargo, en la Biblia se relata que debido a esa misma razón, los líderes judíos entregaron a Jesús para que lo crucificaran. Lo hicieron porque envidiaban Su ministerio (Marcos 15:10). Envidiaban el poder y la influencia que Él tenía sobre la gente.

¿Por qué es importante que nosotros sepamos esto? Porque si no estamos atentos, el enemigo nos presionará para que actuemos igual. Sutilmente, introducirá envidia dentro de nuestros pensamientos, y dentro de nuestras emociones. Inclusive, ¡usará cosas espirituales para hacerlo!

Si no somos conscientes de sus ataques y no los resistimos, el diablo hará que estemos resentidos en contra de algún creyente; debido a que éste obra en los dones de sanidad y nosotros no. Hará que nos opongamos al ministerio de alguien más, sólo porque está siendo más exitoso que nosotros. Y sin duda, él hará que nuestras excusas parezcan espirituales.

No existe excusa alguna para sentir envidia. Decidamos en nuestra mente y en nuestro corazón que no le daremos lugar a la envidia en nuestra vida.

En la Biblia se establece de manera clara lo serio que es sentir envidia; pues la coloca al mismo nivel de los siguiente pecados: asesinato, fornicación y contienda (Romanos 1:28-29). Entonces cuando ésta apenas se acerque, no lo tome a la ligera. Pisotéela antes de que tome el control de su vida, y proteja su vida de amor.

Deje que su hermano sea una inspiración para usted

«…Y miró Jehová con agrado a Abel y a su ofrenda; pero no miró con agrado a Caín y a la ofrenda suya. Y se ensañó Caín en gran manera, y decayó su semblante. Entonces Jehová dijo a Caín: ¿Por qué te has ensañado, y por qué ha decaído tu semblante? Si bien hicieres, ¿no serás enaltecido? Y si no hicieres bien, el pecado está a la puerta; con todo esto, a ti será su deseo, y tú te enseñorearás de él. Y dijo Caín a su hermano Abel: Salgamos al campo. Y aconteció que estando ellos en el campo, Caín se levantó contra su hermano Abel, y lo mató» (Génesis 4:4-8).

Algunas veces, tendrá que vencer a la envidia, admitiendo que alguien más está haciendo las cosas mejor que usted. Debe contener su orgullo y reconocer que su hermano está disfrutando de una mejor bendición, pues él ha sido más obediente y más sabio que usted. En esas ocasiones, quizá deba ser más humilde y pedirle ayuda, con tal de que la envidia no more en su corazón.

Si Caín hubiera actuado de esa manera, su vida habría tenido un final diferente. Sólo imagínese qué habría pasado si él hubiera ido con Abel, y le hubiera dicho: "Hermano, el SEÑOR no aceptó mi ofrenda. Él dice que el pecado yace a mi puerta. Y al parecer, tú llevas una vida más agradable ante el SEÑOR que yo. ¿Me ayudarías a poner mi vida en orden?". Cielos, ¡cuánto dolor se habría evitado! No sólo para Caín, sino para toda su familia.

Hoy en día, necesitamos ese tipo de amor y humildad dentro la familia de Dios. Por ejemplo, si un pastor que ha trabajado en un iglesia pequeña por años, siente envidia en contra de otro pastor porque ha construido una iglesia más grande en tan sólo uno o dos años. La envidia hará que tanto el pastor como toda la congregación entren en contienda con la otra iglesia. La envidia ha afectado a ciudades enteras.

Pero no tendría que ser de esa forma. El pastor de la iglesia más pequeña puede cambiar todo si es más humilde y dice: "SEÑOR, debo estar fallando en algo. Tal vez no estoy supliendo las necesidades de las personas de mi iglesia como debería. ¿Habrá algo que pueda aprender de este nuevo pastor que me ayude a ser un mejor pastor de Tus ovejas?". Ese pastor puede gobernar el pecado de envidia que llegó a su puerta expresando: "Gracias a Dios, porque ¡mucha gente está asistiendo a la iglesia de ese hombre! Espero que gane a toda esta ciudad para Jesús. Después de todo, ¡ése es nuestro propósito!".

Usted también puede hacer lo mismo en su lugar de trabajo, en la iglesia, en su familia; en dondequiera que empiece a sentir envidia a causa de las bendiciones de alguien más. Si están haciendo algo mejor que usted, obsérvelos y aprenda del éxito que están teniendo. En lugar de seguir el ejemplo de Caín y envidiar a su hermano, siga al amor y deje que su hermano sea una inspiración para usted.

Amor sin límites

Los beneficios hacen que valga la pena el dolor

«Porque este es el mensaje que habéis oído desde el principio: Que nos amemos unos a otros. No como Caín, que era del maligno y mató a su hermano. ¿Y por qué causa le mató? Porque sus obras eran malas, y las de su hermano justas…Todo aquel que aborrece a su hermano es homicida; y sabéis que ningún homicida tiene vida eterna permanente en él. En esto hemos conocido el amor, en que Él puso su vida por nosotros; también nosotros debemos poner nuestra vida por los hermanos"
(1 Juan 3:11-12, 15-16).

¿Por qué a veces se nos dificulta tanto resistir la envidia y andar en amor? ¿Por qué prefiere nuestra carne sufrir el castigo por odiar a nuestro hermano que soportar el dolor de admitir que él ha crecido en un área en la que nosotros no hemos crecido? ¿Por qué no simplemente nos gozamos por su éxito?

Porque cuando lo hacemos, nuestro ego recibe una paliza. Para vivir en amor, nuestras ambiciones personales tienen que morir, mientras rendimos nuestra vida a favor de nuestros hermanos. Piense una vez más, en el caso del pastor cuya iglesia está siendo superada por la nueva iglesia en la ciudad. Para que ese pastor con todo su corazón apoye la prosperidad de esa iglesia, tiene que dejar a un lado su propio deseo de pastorear la iglesia más grande de la ciudad. Debe estar dispuesto a dejar ir la reputación que él quería tener, y permitir que otra persona la obtenga. Y si él vive en amor, en lugar de envidia, y busca al SEÑOR; su iglesia también crecerá. El amor nunca falla. El amor nunca quita, al contrario, trae crecimiento.

Ahora bien, veamos un ejemplo más personal, y visualicémoslo así. Supongamos que su compañero de trabajo es promovido antes que usted, eso significa que deberá morir a sus propios deseos de ser el número uno; a el fin de vencer la envidia y vivir en amor. Debe aniquilar ese deseo egoísta de ser la persona que todos aplauden y admiran. En la Biblia se le llama: **hacer morir la carne**, y el Espíritu Santo lo ayudará a hacerlo (Romanos 8:13).

En ese momento, hacer morir la carne es sumamente desagradable. Pero después, los beneficios hacen que valga la pena el dolor, pues ese proceso es el que mantiene la puerta abierta para que LA BENDICIÓN de Dios fluya libremente hacia usted. También impide que usted sea presa de otras maquinaciones demoniacas, tales como el orgullo, el odio y la contienda. Estos pecados pueden robarle su herencia como creyente, incluso ¡podrían quitarle la vida!

Recuérdelo la próxima vez que la envidia toque a su puerta, y ciérrele la puerta en la cara. Y después entre confiadamente al trono de la gracia. Pídale a Dios que le ayude a morir a esa necesidad egoísta de ser el centro de atención donde es aclamado por los demás. Permita que el SEÑOR le ayude a encontrar tal seguridad en Su amor, al punto que usted pueda regocijarse genuinamente cuando otros sean promovidos; y confiar en que Él traerá las bendiciones que le pertenecen ¡en el nombre de Jesús!

El mejor tipo de sabiduría

«Pero la sabiduría que es de lo alto es primeramente pura, después pacífica, amable, benigna, llena de misericordia y de buenos frutos, sin incertidumbre ni hipocresía»
(Santiago 3:17).

La contienda no sólo es uno de los peores enemigos del amor, sino también es muy peligrosa.

Kenneth y yo recibimos esa revelación hace muchos años, cuando leíamos Santiago 3:16. Aprendimos que la contienda le abre la puerta a la confusión y a toda obra perversa, entonces tomamos la firme decisión de que nunca la dejaríamos entrar en nuestro hogar o en nuestro ministerio. Desde ese entonces, empezamos a tratarla como si fuera una serpiente cascabel. Sabíamos que era mortal, entonces nos negamos a darle entrada a nuestra vida.

Ahora, puedo testificarle que esa decisión cambió todo e hizo posible que disfrutemos del maravilloso matrimonio que tenemos hoy.

Por favor, no me mal entienda: Cuando digo que tenemos un maravilloso matrimonio, no estoy diciendo que nunca tenemos desacuerdos. Algunas veces, tenemos roces entre nosotros como todos los demás. En ocasiones, nos irritamos el uno con el otro; y aunque estamos creciendo en el SEÑOR, ¡ninguno de nosotros es perfecto todavía!

Pero cuando tenemos ese tipo de roces, de inmediato hacemos algo al respecto. Si alguno de nosotros se enoja y le habla de manera grosera al otro, rápidamente nos arrepentimos y le pedimos perdón. Luego, resolvemos el problema (o lo pasamos por alto si es necesario), y retomamos nuestra armonía de inmediato.

Yo seré la primera en admitir que algunas veces es difícil dejar pasar un problema cuando uno piensa que está en lo correcto. Sin embargo, **independientemente de cuál sea el problema, si usted entra en contienda; está equivocado**. Aunque tenga la razón, está equivocado, pues la contienda por sí misma es perversa.

En 1 Corintios 13:5, leemos:"El amor… no insiste en sus propios derechos ni busca salirse con la suya…" (*AMP*). Por tanto, cuando está viviendo en amor, no buscará salirse con la suya, aunque esté convencido de que ¡está en lo correcto! Si ama a alguien, lo dejará salirse con la suya, y que tenga la razón. Aunque usted no esté de acuerdo con ellos, les mostrará respeto y será amable con ellos de todas maneras. No dejará que sus diferencias lo hagan estar en contienda.

Recuerde esto la próxima vez que sea tentado a entrar en contienda. Antes de que provoque la contienda al querer demostrar con su propia sabiduría de que usted está en lo correcto, y ellos no; asegúrese que las palabras que está a punto de decir sean puras, pacíficas, amables y benignas (Santiago 3:17). Y si no lo son, será mejor que mantenga su boca cerrada y guarde sus palabras. En esos momentos, el silencio puede ser el mejor tipo de sabiduría que pueda mostrar… la sabiduría que proviene del amor.

Ladrillos, palos y un aguijón en su costado

«Y Pablo, como acostumbraba, fue a ellos, y por tres días de reposo discutió con ellos, declarando y exponiendo por medio de las Escrituras, que era necesario que el Cristo padeciese, y resucitase de los muertos; y que Jesús, a quien yo os anuncio, decía él, es el Cristo. Y algunos de ellos creyeron… Entonces los judíos que no creían, teniendo celos, tomaron consigo a algunos ociosos, hombres malos, y juntando una turba, alborotaron la ciudad; y asaltando la casa de Jasón, procuraban sacarlos al pueblo»
(Hechos 17:2-5).

Para vivir una vida de amor exitosa, no sólo debe proteger su corazón contra la tentación de envidiar a otros; sino también debe ser paciente con quienes han cedido a la tentación de envidiarlo. Ése puede ser su mayor desafío, pues la gente envidiosa, por lo general, es la más malvada y cruel que pueda conocer.

Si desea ver qué tan crueles pueden ser, estudie la vida del apóstol Pablo. Los líderes religiosos que envidiaban el éxito de su ministerio, continuamente le ocasionaban problemas. Sus acusaciones provocaron que lo golpearan y lo metieran en prisión. Promovieron disturbios e hicieron que Pablo fuera apedreado. (Y como el amor nunca falla, ¡Dios lo levantó!). ¡Hablando de tener un aguijón en el costado! Esos líderes envidiosos le ocasionaron problemas a Pablo adondequiera que él iba.

Cuando nos encontremos con personas así, tan difíciles de tratar, debemos amarlas. Debemos recordar que ellas no son en realidad nuestro problema. Es el diablo quien está en nuestra contra, y él sólo los está usando para llevar a cabo sus obras malvadas. Usa la inseguridad de esas personas, y la carencia de tener una vida propia para hacer que estén celosos de nosotros.

Son como los niños pobres que andaban por todo el vecindario buscando un árbol de frutas. Como no tenían dinero para comprar fruta, tiraban ladrillos y palos a los árboles de un vecino, tratando de botar una pera o una manzana; intentando obtenerlas gratis. Obviamente, esos niños no le lanzaban nada a los árboles que no producían ninguna fruta. Sólo ¡atacaban los que sí tenían fruto!

La gente envidiosa actúa de la misma forma. Sólo critican a las personas que están logrando algo, y si destacan entre los demás. Si usted fuera mediocre, ni siquiera se preocuparían en mencionar su nombre.

Entonces cuando la gente envidiosa lo ataque, no se ofenda. ¡Tómelo como un halago! Amorosamente BENDIGA a los que lo persiguen, y continúe realizando lo que el SEÑOR le ha indicado que haga. Si los ladrillos y los palos le causan dolor, utilice las palabras de Jesús para quitar ese aguijón. *«Dichosos serán ustedes cuando por mi causa la gente los insulte, los persiga y levante contra ustedes toda clase de calumnias. Alégrense y llénense de júbilo, porque les espera una gran recompensa en el cielo…»* (Mateo 5:11-12, NVI).

En Lucas 6:23 leemos: "Gozaos en aquel día, y alegraos…". Yo lo he hecho, y ¡funciona! Cuando escuchaba que hablaban de mí, así como dijo Jesús que lo harían en Mateo 5:11, yo me levantaba de mi escritorio, y empezaba a saltar y a alabar a Dios simplemente en obediencia a lo que Jesús nos había indicado que hiciéramos. Y como resultado, ¡sentía libertad y gozo!

Amor
sin límites

Ascienda

«Dios resiste a los soberbios, y da gracia a los humildes»
(Santiago 4:6).

El diablo está tan decidido a destruir su vida de amor que si él no puede hacerlo caer de una forma, se escabullirá hacia la puerta trasera; y hará que tropiece de otra forma. Siempre debe estar alerta a lo que él le pueda hacer. ¡Nunca debe bajar la guardia!

Por ejemplo, si él no puede sacarlo del camino del amor con envidia o contienda, le recordará lo bien que está haciendo las cosas. Debido a que Satanás es un embustero, él puede irse a los extremos; usando cualquier cosa que considere que funcionará en su contra. Le recordará las ofensas que ha dejado pasar por alto últimamente. Y antes de que se dé cuenta, en silencio exaltará sus propias virtudes: "Qué bien lo he hecho en esta semana, he controlado mi temperamento. No fui susceptible. ¡Estoy orgulloso de mí mismo porque vivo en amor!".

¿Sabe qué ocurrirá después?

En cualquier momento se equivocará, hará o dirá algo que no es amoroso, y se sorprenderá. ¿Por qué? Porque la Biblia enseña: *«Al orgullo le sigue la destrucción; a la altanería, el fracaso»* (Proverbios 16:18, *NVI*).

El **orgullo** se define como: "Tener un concepto más alto de sí mismo; una autoestima exagerada o presumida, altivo o arrogante; con una autoestima que surge por los logros y posesiones; es una idea exagerada de nuestra dignidad e importancia". Ésa sólo es la definición del diccionario, y ya es bastante negativa. Pero la Biblia describe el orgullo como una de las siete cosas que Dios odia. En Proverbios 6:16-17, se describe como una abominación para Dios.

Quizá piense que los creyentes maduros, de forma natural, se alejarían de algo que el SEÑOR desprecia tanto. Sin embargo, parece que ocurre lo contrario. El orgullo se convierte en la trampa principal para aquellos creyentes que han empezado a disfrutar un poco de crecimiento espiritual y éxito.

No caiga en esa trampa. Cuando sea tentado a pensar cuán maravilloso es usted y cuánto ha progresado en su vida de amor; mejor piense en aquel que le ha dado la fuerza para lograrlo. Ya no se vea a sí mismo, mejor vea a Jesús, quien lo amó tanto que derramó Su sangre, y pagó el precio por sus pecados. Recuerde qué tan egoísta era usted antes de que Él lo redimiera; y cuán egoísta sería, si no fuera por Su gracia.

Si usted lo hace el orgullo de inmediato se hará a un lado para darle paso a la humildad; la soberbia se derretirá ante la gratitud. Mientras usted le dé toda la gloria a Dios, ascenderá en lugar de caer.

Amor
sin límites

Una palabra que cambia la vida

«Por esto, mis amados hermanos, todo hombre sea pronto para oír, tardo para hablar, tardo para airarse; porque la ira del hombre no obra la justicia de Dios. Por lo cual, desechando toda inmundicia y abundancia de malicia, recibid con mansedumbre la palabra implantada, la cual puede salvar vuestras almas»
(Santiago 1:19-21).

No he conocido muchos creyentes fieles que asistan a la iglesia y crean en la Palabra, y que tengan el hábito de cometer pecados morales obvios. La mayoría de personas que conozco procuran caminar correctamente delante de Dios, no cometen adulterio reincidentemente ni mantienen un estilo de vida en donde mientan y roben.

Pero un buen número de respetables cristianos son tan sensibles que se enojan hasta porque una gota de agua cae. Se lamentan, se preocupan y se quejan con los demás de cómo alguien los maltrató. La mayor parte del tiempo, no se dan cuenta de que esa actitud es mala. Al contrario, hasta se auto justifican diciendo: "No puedo creer que ella me haya hablado de esa manera, es una ingratitud; ¡después de todo lo que he hecho por ella!".

Tengo una amiga, muy entregada al Señor, y ella me contó lo sensible que solía ser. Ella nunca olvidaba las cosas malas que sufría, y cuando le recordaba a su esposo lo que había dicho, hecho o dejado de hacer; éste se quedaba desconcertado, y decía: "No recuerdo haber hecho eso".

Ella respondía: "Sí lo hiciste, y fue el 27 de Marzo ¡hace cinco años!".

Quizá eso le parezca extraño, pero para mi amiga era algo normal. Ella venía de una familia cristiana que hacía eso. Mantenían un récord interno de todas las cosas malas en su familia por generaciones, y se las recordaban el uno al otro muy frecuentemente. Entonces, cuando el SEÑOR empezó a enseñarle a mi amiga acerca del amor, ella debía hacer algo al respecto. Para ella, el ser sensible no era un problema ocasional... sino ¡un estilo de vida!

¿Sabe qué la cambió al final? La PALABRA de Dios. Ella escribió en tarjetas el versículo de 1 Corintios 13:5: "El amor... no es sensible, no se irrita ni es resentido" (*AMP*). Luego, puso esas tarjetas por todos lados; en la cocina, en su oficina de trabajo, en su cartera, y las veía cada vez que se le presentaba una oportunidad de sentirse ofendida.

A menudo, leía las palabras en voz alta, y las personalizaba para ella misma diciendo: "No soy sensible, no me irrito, ni soy resentida". Ella testifica que en poco tiempo, la calidez de Dios comenzó a invadir su corazón mientras ella confesaba la palabra; y luego empezó a cambiar.

Hoy, es una de las personas más amorosas que conozco. Su vida es una prueba de que la PALABRA implantada tiene el poder de salvar el alma.

Amor
sin límites

El amor que nunca se rendirá

«Mas el fruto del Espíritu es amor, gozo, paz, paciencia, benignidad,
bondad, fe, mansedumbre, templanza....»
(Gálatas 5:22-23).

Así como las obras de la carne —tales como la envidia y la contienda— son enemigos del amor; el fruto del espíritu es un amigo fiel del amor. De hecho, el amor encabeza la lista como el primer fruto del espíritu, pues todos los demás se derivan de él. El amor nos da una razón para ser pacientes y bondadosos. Es el poder que impulsa la fidelidad, la mansedumbre y el dominio propio.

En realidad, es un ciclo maravilloso. El amor se convierte en el fruto fundamental de donde los otros frutos fluyen. A su vez, ellos apoyan al amor para que éste pueda cumplir su propósito.

Por ejemplo, piense acerca de la paciencia y se dará cuenta a qué me refiero. Si usted ama a alguna persona, es más fácil ser paciente con ella, ¿verdad? El amor le da el deseo de seguir tolerando a esa persona aunque esto sea difícil. Una vez que usted active la paciencia, ésta como una fuerza poderosa; le permitirá a su amor soportar esos momentos difíciles sin desalentarse ni darse por vencido.

La **paciencia** puede definirse como: "Un temperamento equilibrado o tolerante". Es la cualidad que no se rinde ante las circunstancias ni sucumbe ante las pruebas. Crea una barrera ante la presión, la persecución, la angustia, los problemas y lo mantiene firme.

"La paciencia es el amor a prueba, amor refinado y puro; y el egoísmo vencido".[5] La paciencia vence a la indiferencia, el odio o los malos tratos; sin enojarse ni pensar en una venganza. En otras palabras, el amor fortalecido por la paciencia nunca se rendirá.

Quizá usted sienta que no tiene ese tipo de paciencia. Pero si es hijo de Dios, la posee. Usted fue creado a Su imagen, se le ha dado Su naturaleza; y la Biblia nos enseña que: "Él es extraordinariamente paciente" (2 Pedro 3:9, *AMP*).

Sin embargo, usted debe desarrollar su habilidad de andar conforme a esa paciencia. Tendrá que subirse las mangas espirituales, para hablar, y aprender a dejar que la paciencia que Dios le dio, fluya a través de usted.

¿Cómo? Primero, teniendo comunión con Dios en oración y en la PALABRA; meditando en Su paciente amor y creyendo que la misma paciencia esta obrando en usted. Segundo, ejercitando esa paciencia en cada oportunidad que se le presente. Cuando la línea en la tienda de los alimentos se esté moviendo despacio, resista a la tentación de irritarse, y en lugar de eso ríndase ante la paciencia. Cuando se encuentre atrapado en el tráfico, en vez de dejar que la presión de su sangre se eleve, deje que la paciencia tome el control en su vida. Use esas situaciones pequeñas para poner en práctica su paciencia, verá que la paciencia se fortalecerá cuando los grandes desafíos lleguen.

Ciertamente, necesitará esfuerzo, pero si quiere vivir en amor, valdrá la pena y el esfuerzo. Sin paciencia en el trayecto de su vida, no llegará muy lejos. Sin importar lo difícil del camino de la vida, si tiene paciencia podrá recorrerlo en amor, kilómetro... tras kilómetro... tras kilómetro.

---

[5] Dr. Lester Sumrall, *El fruto sobrenatural del Espíritu Santo* (South Bend: Sumrall Publishing, reprinted 2003) p. 39.

Amor
sin límites

La paciencia suavizará la caída

«Yo pues, preso en el Señor, os ruego que andéis como es digno de la vocación con que fuisteis llamados, con toda humildad y mansedumbre, soportándoos con paciencia los unos a los otros en amor»
(Efesios 4:1-2).

Cuando usted no permite que la paciencia fortalezca y respalde su vida de amor, expresa cosas como la siguiente: "Ya he tenido suficiente de su mal comportamiento. No hay excusa para que se comporte de esa manera, y no pienso soportarlo un sólo segundo más".

Todos hemos dicho cosas así en alguna ocasión. Por lo regular, sentimos que tenemos toda la razón de hacerlo, quizá estamos tan seguros de estar en lo correcto que llegamos a pensar que Dios nos dará la razón y respaldará la actitud que tenemos de juzgar.

Sin embargo, la Biblia establece claramente que Dios nunca estaría de acuerdo con algo así. En cada situación, la Biblia nos instruye a ser pacientes y considerados unos con otros; pues nos amamos unos a otros. En Gálatas 6:2, leemos: "Lleven (soporten, carguen) las cargas y problemas de faltas morales, y de ésta forma cumplirán y guardarán la ley de Cristo..." (*AMP*).

Cuántas veces hemos caído en la tentación de no ser pacientes con los errores de los demás, y los hemos criticado y juzgado. Cuán a menudo nos rehusamos a ser flexibles con los demás. Sin embargo, cuando tropezamos y pecamos, rápidamente nos excusamos diciendo: "En realidad no fue mi intención hacer eso, sólo cometí un error. No fue la verdadera intención de mi corazón". Es fácil juzgar a otros por sus acciones, y a nosotros por nuestras buenas intenciones.

Llegaremos más lejos en nuestra vida de amor si revertimos este procedimiento, siendo duros con nosotros mismos, y más comprensivos con los demás. Y para lograrlo, nos ayudará ser conscientes de la verdad espiritual, que si nosotros juzgamos a los demás duramente; con el tiempo, nos juzgarán con esa misma dureza (Mateo 7:1-2). La Biblia enseña que recibiremos una: *«medida buena, apretada, remecida y rebosando...»* (Lucas 6:38), de todo lo que hagamos con los demás.

Eso significa que si criticamos y somos impacientes con nuestros hermanos cuando fallan; ellos también nos criticarán y serán impacientes con nosotros cuando fallemos. Por otro lado, si somos pacientes y bondadosos con la imperfección de los demás, recibiremos esa paciencia y esa bondad a cambio.

Ninguno de nosotros es perfecto. Seamos conscientes o no, todos tenemos defectos que a veces nos harán tropezar y fracasar. ¿Qué tan doloroso podría ser ese fracaso? Dependerá mucho de la manera en que hayamos tratado a los demás. Si los hemos apoyado paciente y amorosamente llevando junto a ellos sus faltas, nuestros errores serán suavizados, y estaremos rodeados de la bondad de los demás en el momento que fallemos y tengamos necesidad.

Día 40 **Amor**
sin límites

Setenta veces siete

«Entonces se le acercó Pedro, y le dijo: Señor, ¡cuántas veces pecará mi hermano contra mí que yo haya de perdonarlo? ¿Hasta siete veces? Jesús le dijo: No te digo hasta siete veces, sino hasta setenta veces siete»
(Mateo 18:21-22, *LBLA*).

Para soportar con paciencia las debilidades de los demás, y permanecer en amor; debemos desarrollar el hábito de perdonar hasta las ofensas más frecuentes. No debemos guardar rencor a quienes nos han tratado cruelmente una…y otra… y otra vez.

¿Significa eso que debemos permitir que nos maltraten continuamente? ¡Por supuesto que no! Dios nos ama, y no desea que nos expongamos a situaciones que nos hagan daño. El Señor hará que nos alejemos de quien siempre nos trata mal. Y nos guiará a hacerlo en amor, perdonándolos a medida que nos alejemos.

Usted podría argumentar: "Después de todo lo que me hicieron, perdonarlos sería muy difícil".

Al contrario, si usted falla al no perdonar, su vida será más difícil. La falta de perdón puede debilitar su cuerpo y enfermarlo. Aturdirá su mente y ensombrecerá sus días. Si usted no perdona, se levantará cada mañana pensando en el daño que le han hecho. En lugar de disfrutar de un buen día, pasará el resto de su día irritado, a medida que esos pensamientos nublen sus pasos. Es más, usted le abrirá la puerta al diablo, y él vendrá a robar, a matar y a destruir. Pues ése es el trabajo del diablo, y usted lo sabe muy bien.

Si usted no puede perdonar por el bien de quien lo ofendió, hágalo por su propio bien. No deje que esa persona continúe arruinando su vida. Si ellos lo trataron mal a propósito, y quieren hacerlo sentir miserable, la mejor forma de frustrar el plan de esas personas es olvidando lo que le han hecho. Destruya sus esfuerzos, perdonándolos, y olvidando el mal que le han hecho; y continúe su camino con gozo.

Si usted siente que no puede hacerlo, pídale a Dios que lo ayude, y Él vendrá de inmediato en su ayuda. Sólo acérquese al SEÑOR con fe, y dígale: *Padre, perdono a esas personas de una vez por todas. Y así como Tú perdonaste todos mis pecados en Jesucristo, yo también los perdono".*

Después de perdonar, rehúsese a pensar en el daño que le ocasionaron; y si el diablo intenta recordárselo, reafirme su decisión, expresando: *No, ya perdoné a esa persona y no albergaré esos pensamientos una vez más.*

Cuando sea tentado a recordar el daño y las heridas que le ocasionaron; solamente recuerde que Jesús pagó el precio por todo el daño que le han hecho. Dios tiene el poder para restaurarlo. Y si usted vive conforme a Su amor y a Su perdón, ¡disfrutará una vida maravillosa y BENDECIDA!

Amor
sin límites

Poder sobrenatural 24 horas al día

«Y junto a esto, poniendo toda diligencia, añadid a vuestra fe virtud; a la virtud conocimiento; al conocimiento templanza, a la templanza paciencia; y a la paciencia piedad; a la piedad afecto fraternal; y al afecto fraternal compasión. Porque si éstas cosas están en vosotros y abundan, no os dejarán estar ociosos y sin fruto en cuanto al conocimiento del Señor Jesucristo.... Por lo cual, hermanos, tanto más procurar hacer firme vuestra vocación y elección; porque haciendo estas cosas, no caeréis jamás»
(2 Pedro 1:5-8, 10).

Al entender que el fruto del espíritu no solamente nace del amor, sino que también el amor sustenta el fruto; podremos entender por qué la Biblia nos exhorta a desarrollar ese fruto en nuestra vida. Ésta nos instruye no sólo a esperar de manera pasiva para que el fruto crezca, sino a ir tras éste de forma activa y agresiva.

Sin embargo, algunas veces los creyentes están más interesados en perseguir los dones del Espíritu (tales como la palabra de sabiduría, el conocimiento, y los dones de sanidad y milagros) que el fruto. Quizá, eso se deba a que ellos piensan que los dones son más poderosos. Pero, en realidad, ése no es el caso.

El hecho es que, por más poderosos que éstos sean, los dones espirituales pueden estar obrando en nosotros; y aun así, podemos fallar en nuestra vida con Dios. Muchos ministros conocidos lo han demostrado. Ellos profetizan y hacen milagros asombrosos en reuniones públicas. Pero en su vida privada, han caído en pecado y han naufragado en su fe.

No obstante, si el fruto del espíritu está fluyendo en usted, puede tener la certeza de que nunca experimentará esas devastadoras caídas. ¿Por qué? Porque el fruto del espíritu de forma continua lo fortalece, y le provee el poder sobrenatural. Y a diferencia del poder de los dones espirituales, el fruto no está disponible sólo de vez en cuando, sino 24 horas al día, siete días a la semana. Está ahí cuando usted lo necesita, ¡a cualquier hora del día o de la noche!

Contrario a la creencia popular, el fruto del espíritu no sólo nos hace una compañía agradable, pues quienes viven conforme a ese fruto son personas muy gratas. La diversidad del fruto del espíritu (amor, gozo, paz, fidelidad, paciencia, etc.) es una fuerza espiritual poderosa que nos permite superar cualquier cosa que el diablo lance a nuestro camino.

Cada fruto del espíritu libera el poder de Dios, a fin de que usted sea victorioso en todas las áreas de su vida. Y si fallamos en andar conforme a alguno de éstos, seremos vulnerables a los ataques del enemigo.

Por esa razón, EL SEÑOR nos indicó que siguiéramos con diligencia el fruto del espíritu. Dios no quiere que tropecemos y fallemos en cumplir nuestro destino; Él desea que andemos por el camino que nos dejó, y que lo finalicemos en victoria. Y el SEÑOR sabe que si nos fortalecemos en el fruto del espíritu, **¡nunca** fracasaremos!

Amor
sin límites

Mire en el espejo

«Doy gracias a mi Dios, haciendo siempre memoria de ti en mis oraciones, porque oigo del amor y de la fe que tienes hacia el Señor Jesús, y para con todos los santos; para que la participación de tu fe sea eficaz en el conocimiento de todo el bien que está en vosotros por Cristo Jesús»
(Filemón 4-6).

Cuando hablamos de amor, paz, gozo o cualquier otra cualidad del fruto del espíritu; podemos descansar seguros de que a pesar de nuestras tendencias carnales o algunos rastros de nuestra antigua personalidad; el fruto del espíritu habita de continuo en nosotros. Eso ocurre porque al aceptar a Jesús como nuestro SEÑOR, nacemos de nuevo a Su imagen. Participamos de Su naturaleza divina (2 Pedro 1:2-4, *AMP*).

¿Desea saber cómo es su naturaleza espiritual renacida? No examine su comportamiento pasado, investigue la naturaleza de Dios. Use la Biblia como un espejo. Vea el carácter de Dios revelado ahí, y reconozca por fe que Su carácter está en usted.

Dios es amor por naturaleza. En la Biblia se nos enseña: *«Dios es amor»* (1 Juan 4:8).

Dios es gozoso por naturaleza. En la Biblia, leemos: *«En tu presencia hay plenitud de gozo»* (Salmos 16:11).

Dios es bueno por naturaleza. En la Biblia se nos explica que El SEÑOR es abundante en misericordia (Éxodo 34:6), y bueno con todos (Salmos 145:9).

Dios es pacífico por naturaleza. En la Biblia se le llama: *«...el Dios de paz»* (Filipenses 4:9).

Dios es paciente por naturaleza. En Números 14:18, leemos: *«El SEÑOR es tardo para la ira [paciente], y grande en misericordia...»*.

Dios es benigno por naturaleza. El Rey David le dijo al Señor: *«Tú benignidad me ha engrandecido»* (Salmos 18:35).

Dios es fiel por naturaleza. En Salmos 119:90, se nos enseña: *«De generación en generación es tu fidelidad...»*.

Dios es manso por naturaleza. Jesús quien es exactamente como el Padre, expresó: *«Yo soy manso...»* (Mateo 11:29).

No tengo un pasaje bíblico para esto, pero yo sé que Dios tiene un buen temperamento por naturaleza. Si no lo fuera así, ya nos hubiera borrado a todos del planeta.

Verdaderamente, nuestro Dios es maravilloso... y ha puesto "lo maravilloso que Él es" en nosotros. Algunas veces es difícil para nosotros creerlo, sin embargo, vivir conforme a todo lo que Él nos ha dado es justo lo que debemos hacer.

Podemos empezar obedeciendo lo que se nos enseña en Filemón 6, y reconocer todo lo bueno que hay en nosotros en Cristo Jesús. Nos podemos atrever a abrir nuestra boca, y con valentía y firmeza declarar: "El amor de Dios está en mí, la fidelidad de Dios está en mí, la benignidad de Dios está en mí". Al aumentar nuestra confianza en la naturaleza de Dios que está en nosotros, veremos cómo esa naturaleza se exterioriza, y llegaremos a ser quienes en realidad debemos ser.

Amor
sin límites

Permita que los ríos fluyan

«Por tanto, no seáis insensatos, sino entendidos de cuál sea la voluntad del Señor. No os embriaguéis con vino, en lo cual hay disolución; antes bien sed llenos del Espíritu, hablando entre vosotros con salmos, con himnos y cánticos espirituales, cantando y alabando al Señor en vuestros corazones»
(Efesios 5:17-19).

En tiempos de tribulación o problemas, no es suficiente que tengamos el fruto del espíritu habitando en nosotros como un pozo de agua dentro de nuestra vida, esperando a que nosotros la saquemos. Es importante que brote con la fuerza de una fuente. Es necesario que corra como una inundación, que haga retroceder los ataques del diablo, y que nos impulse hacia nuestra victoria.

En esos momentos, necesitamos que Su Espíritu esté dentro de nosotros, de la misma forma que Jesús enseñó: Como ríos de agua viva fluyendo en nuestros corazones (Juan 7:38). Tenemos que hacer más que solamente contener el Espíritu de Dios, debemos estar **llenos** de Él.

Aunque la Biblia enseña que somos bautizados en el Espíritu Santo sólo una vez, podemos llenarnos de Él muchas veces. De hecho, la traducción griega literal de Efesios 5:18, dice: *«Estar siendo llenado con el Espíritu»*, o ¡ser constante y repetidamente lleno!

La fresca llenura llega cuando invertimos tiempo en comunión con El SEÑOR, leyendo o escuchando La PALABRA, orando, adorando y cantando alabanzas a Él. Cuando hacemos esto, la naturaleza de Dios dentro de nosotros se carga de energía de manera poderosa. El amor, la paz y el gozo que habitan silenciosamente dentro de nosotros, ¡comienzan a brotar como un torrente, quitando todos los obstáculos del camino!

Analícelo desde la perspectiva negativa, y se dará cuenta con más claridad a qué me refiero. Por ejemplo, cuando una persona que no ha nacido de nuevo, tiene la naturaleza pecaminosa dentro de ella; y peca de forma natural y de continuo. Sin embargo, cuando un espíritu demoníaco se mueve dentro de ésta, de repente su naturaleza pecaminosa se carga de más energía. Ése espíritu pone una fuerza extra detrás de la naturaleza pecaminosa de la persona, y la sumerge por completo dentro de su pecado.

Lo mismo ocurre con nosotros, sólo que a la inversa, cuando tenemos comunión con el Espíritu Santo. Cuando estamos recién llenos de Él, Dios se une con nosotros y se convierte en nuestro Ayudador y Fortalecedor. Él fortalece nuestra naturaleza de justicia, y nos sumerge en Él de forma sobrenatural; a fin de que el carácter de Dios no sólo habite, sino que abunde en nosotros.

No espere hasta que los problemas lleguen para obtener esa fresca llenura. Hágalo de antemano empezando cada día con un tiempo de comunión, adoración y alabanza. Luego, cuando el diablo quiera ponerle cargas, ni siquiera podrá acercarse a usted. La fuerza de ese río de vida fluyendo desde su interior, ¡empezará a hacer que el diablo retroceda, y usted ni siquiera notará que él estuvo ahí!

Día 44 Amor sin límites

Fuerte en el espíritu y con pies firmes

«Por Jehová son ordenados los pasos del hombre, y él aprueba su camino. Cuando el hombre cayere, no quedará postrado, porque Jehová sostiene su mano» (Salmos 37:23-24).

Las Escrituras afirman que si nos mantenemos desarrollando el fruto del espíritu en nuestra vida, terminaremos nuestra carrera espiritual sin ninguna caída fatal. Sin embargo, la Biblia no promete que nunca tropezaremos. Al contrario, en Santiago 3:2, se establece de forma clara que mientras alcanzamos la madurez espiritual: *«Todos tropezamos en muchas formas»* (NVI).

Aunque nosotros no queremos tropezar ni actuar sin amor o de forma descortés, todos lo hacemos en algunas ocasiones. Pero si sabemos manejar esas caídas espirituales con sabiduría, éstas no detendrán nuestro progreso. Esas caídas ni siquiera harán que desaceleremos el paso.

Dios sabía que tendríamos esos tropiezos espirituales, y por esa razón, aparecen en el plan de redención. Incluyó cada falta y pecado —pasado, presente y futuro— en el sacrificio de Jesús en el Calvario. Luego en Su PALABRA, Él prometió: *«Si confesamos nuestros pecados, él es fiel y justo para perdonar nuestros pecados, y limpiarnos de toda maldad»* (1 Juan 1:9).

Usted podría argumentar: "Sí, eso quita mi pecado, pero ¿qué puedo hacer con mi fracaso?".

¿Qué ocurría cuando fracasaba en la escuela? No lo sacaron de la escuela, y le dijeron: "Bueno, esto es todo, ya no llegarás más lejos". No, simplemente ¡dejaron que tomara ese curso de nuevo!

Lo mismo debe hacer cuando tropiece y falle en la escuela del Espíritu. Vuélvase a Dios y descubrirá qué hacer, a fin de corregir esa falta. Luego, simplemente ¡levántese y empiece de nuevo!.

Como creyentes, sabemos muy bien que estamos en la escuela del Espíritu. Día a día, estamos aprendiendo a vivir, no en la carne, sino de acuerdo con la nueva naturaleza que habita en nosotros. En esta maravillosa escuela, el Padre es nuestro Director, y Él es bueno; no importa cuántas veces fallemos o reprobemos el curso, Él nos dejará tomarlo de nuevo. Es más, el Espíritu Santo es nuestro Maestro, y sabemos que con Su ayuda, al final tendremos éxito.

Lo mejor de todo, es que Jesús ya pasó todas las pruebas por nosotros, y ¡nos ha hecho aprobar! Eso significa que ya no tenemos presión. No tenemos que ponernos a prueba o ganarnos una posición correcta delante de Dios. A causa de que Jesús vivió Su vida en perfección, y nos dio Su tarjeta de calificaciones, ¡ya tenemos las mejores notas!

Ahora, sólo debemos aprender, crecer e ir de la mano con Dios. A medida que lo hagamos, tropezaremos cada vez menos. Seremos más fuertes en el espíritu, afirmaremos nuestros pies y estaremos bien preparados; a fin de terminar nuestra carrera con gozo.

Manténgase poderoso y puro

«Sobre toda cosa guardada, guarda tu corazón; porque de él mana la vida»
(Proverbios 4:23).

Nunca olvidaré el día que descubrí qué sucede cuando somos llenos del Espíritu Santo, y Sus ríos fluyen poderosamente a través de nuestra vida. Me estaba preparando para predicar en la ciudad de Manila, Las Filipinas, cuando vi por la ventana de mi hotel una enorme fuente que lanzaba agua hacia arriba.

De repente, pensé que sería imposible que del lugar donde sale agua de esa fuente se pudiera colocar cualquier clase de basura mientras ésta estuviera fluyendo. Sin importar cuánto alguien pudiera esforzarse por mantener esa basura ahí, la fuerza del agua la empujaría. Entonces leí Proverbios 4:23, y descubrí que sucede lo mismo con el espíritu humano renacido. Si nuestro espíritu está desbordando con la fuerza del amor, del gozo, de la paz, de la paciencia, de la benignidad, de la bondad, de la fidelidad y del dominio propio; el diablo no podrá contaminarnos con su horrible pecado.

Las fuerzas de vida espiritual que están dentro de nosotros, sacarán la oscuridad que el diablo trata de poner en nuestro camino. Estas fuerzas espirituales nos ayudarán a rechazar al enemigo y a los espíritus que traten de llevarnos por el mal camino.

Lo lejos que estas fuerzas espirituales hagan retroceder al diablo y sus secuaces, dependerá completamente de nosotros. Podemos alimentar nuestro corazón con un poco de la PALABRA, y tener poca comunión con Dios, a fin de mantener esa fuente apenas fluyendo. O bien podemos dedicarnos por completo a Dios; y hacer que la fuente de nuestro corazón lance agua espiritual hasta el cielo.

Habrá notado que no mencioné qué pasaría si descuidamos por completo nuestro tiempo con Dios. ¡Ni siquiera quiero pensar en eso! Cuando ignoramos las cosas del espíritu, nuestra fuente interior se estanca, y terminamos con basura que nunca quisimos tener en nuestra vida.

Conozco a maravillosos creyentes que se encuentran en esa condición. Caen en pecado, se meten en terribles problemas y nunca se dan cuenta de cómo pasó. Pero yo si sé cómo ocurrió. Sólo dejaron de cuidar su fuente espiritual, y trataron de vivir en la revelación del ayer, en vez de obtener hoy algo fresco del SEÑOR. Como resultado, terminaron en una condición de debilidad espiritual, y Satanás se aprovechó de esa situación, y tomó ventaja sobre ellos.

No permita que lo mismo le ocurra a usted. Permanezca en comunión diaria con Dios. Cuide su vida espiritual a través de la búsqueda del SEÑOR en primer lugar. Si lo hace, la fuente de su corazón continuará fluyendo, desbordándose con la fuerza del espíritu; y su vida se mantendrá poderosa y pura. Recuerde lo que Jesús enseñó: *«Mas buscad primeramente el reino de Dios y su justicia, y todas estas cosas os serán añadidas»* (Mateo 6:33).

Lavando las manchas

«Así como Cristo amó a la iglesia, y se entregó a sí mismo por ella, para santificarla, habiéndola purificado en el lavamiento del agua por la palabra, a fin de presentársela a sí mismo, una iglesia gloriosa, que no tuviese mancha ni arruga ni cosa semejante, sino que fuese santa y sin mancha»
(Efesios 5:25-27).

La fuente interior de la PALABRA y del Espíritu no solamente mantendrá el amor fluyendo y creciendo, sino también lavará las manchas e imperfecciones que estropeen su vida espiritual. Removerá las actitudes y las acciones que sean incompatibles con su vida de amor.

Por supuesto, para que eso suceda, usted tendrá que proponerse en su corazón escuchar la voz de Dios de manera personal, y no leer su Biblia de forma religiosa e ignorar lo que ésta enseña. De modo que cuando Dios le diga algo, usted ya habrá establecido en su mente que en lugar de argumentarle algo al respecto, usted estará de acuerdo con Él y hará los cambios necesarios.

Algunas veces no es fácil, en especial cuando usted cree que está en lo correcto. Por ejemplo, una mujer cristiana estuvo enojada con su esposo no cristiano por muchos años, y sentía que su manera de actuar era justificable. Pues él no quería ir a la iglesia, y ella sí. Él le hablaba con rudeza, y ella quería que fuera más amable. Él bebía y fumaba, y ella le pedía que dejara de hacerlo. Como resultado, ella constantemente lo criticaba, y despertaba la contienda en su hogar.

Un día, ella estaba leyendo la PALABRA, y se encontró con Filipenses 4:8: «*...Todo lo que es verdadero, todo lo honesto... justo... puro... amable... todo lo que es de buen nombre; si hay virtud alguna, si algo digno de alabanza, en esto pensad*».

De inmediato, supo que el SEÑOR quería que ella dejara de enfocarse en las cosas malas que hacía su esposo, y en lugar de ello, meditara en la cosas buenas que él hacía. Ella pensó: "¡O no, si lo hago, él nunca cambiará!".

El SEÑOR le respondió: *No es tu trabajo cambiarlo, tu trabajo es amarlo.*

De la misma manera en que ésta mujer estuvo de acuerdo con la Palabra, y le pidió al SEÑOR que la ayudara a cambiar sus pensamientos; ella empezó a ver lo bueno que hacía su esposo. Se enfocó en el hecho de que él trabajaba duro, era generoso con su dinero y suplía las necesidades de su familia. Aunque él no asistía a la iglesia, dejaba que su familia asistiera, y hasta les cocinaba la cena los domingos.

En poco tiempo, las cosas empezaron a cambiar. Ya no hubo más discusiones, y a pesar de que su esposo no era salvo, la paz reinaba en su hogar. Una vez que ella dejó que la PALABRA cambiara su actitud, descubrió que podía amar a su esposo tal y como él era. Descubrió que aunque las circunstancias no eran perfectas, con las manchas e imperfecciones lavadas, su vida podría ser una hermosa imagen del amor.

Amor
sin límites

Amemos a las personas desagradables

«Por tanto, amados míos, como siempre habéis obedecido, no como en mi presencia solamente, sino mucho más ahora en mi ausencia, ocupaos en vuestra salvación con temor y temblor, porque Dios es el que en vosotros produce así el querer como el hacer, por su buena voluntad»
(Filipenses 2:12-13).

¿Alguna vez se ha encontrado con alguien que le parezca difícil (talvez hasta imposible) de amar? Quizá se trate de alguien que intencionalmente lo maltrató. O, a lo mejor alguien tan egocéntrico e insensible que de continuo era rudo con usted.

A todos nos toca lidiar con gente así de vez en cuando, y ellos pueden representar un verdadero desafío en nuestra vida de amor. Por un tiempo, podremos ser capaces de tratarlos con una especie de amabilidad mecánica, sin embargo, no durará mucho tiempo, si no lo hacemos de corazón. Nuestra fuerza de voluntad rápidamente se terminará, pues detrás de nuestras caras sonrientes y bonitas palabras; por dentro tratamos de forma fría a esa persona. No tenemos un sentimiento genuino de amor y afecto por ellos.

Cuando se encuentre en esa situación, recuerde siempre que aunque usted no sea capaz de amar a las personas malas y desagradables; Dios si puede hacerlo. Él las ama con el más alto y el más grande amor. Y ese mismo amor, Dios lo ha derramado en su interior.

Usted podría argumentar: "Sé que la Biblia nos enseña acerca de ese amor, pues lo he escuchado muchas veces. Pero es difícil creerlo cuando veo tan poca evidencia de éste".

Quizá lo que usted dice sea verdad, pero créalo de todas formas; pues creerle traerá la evidencia. Mientras más crea que el amor de Dios está obrando en usted, ¡más evidencia de ese amor verá!

Querer amar a esa persona, es la evidencia de que Dios está obrando en su vida; así que entréguese a tal punto que no le importe amarla. Gracias a Dios, Él no nos ha dejado solos. El Señor continúa obrando en nosotros las 24 horas del día; o produciendo en nosotros el querer como el hace es decir; por Su buena voluntad.

La Biblia lo describe de ésta manera: *«Por tanto, siempre siguieron mis instrucciones cuando estaba con ustedes; y ahora que estoy lejos, es aún más importante que lo hagan. Esfuércense por demostrar los resultados de su salvación obedeciendo a Dios con profunda reverencia y temor, porque Dios trabaja en ustedes y les da el deseo y el poder para que hagan lo que a él le agrada».*

Analícelo, ¡Dios está depositando Su propia energía en usted! Eso significa que usted puede simplemente olvidar lo desagradable que es una persona, y meditar en el amor que Dios tiene para ella. Desarrolle su fe en el poder de Su amor, y pronto descubrirá que Él puede amar a la persona más desagradable a través de usted.

Amor
sin límites

Dios está planeando algo bueno para usted

«Clemente y misericordioso es Jehová, lento para la ira, y grande en misericordia. Bueno es Jehová para con todos, y sus misericordias sobre todas sus obras»
(Salmos 145:8-9).

A menudo hablamos acerca de que Dios es amor. Pero aún cuando esta declaración pueda parecer muy sencilla, las personas la mal interpretan. Esto se debe a que la religión les ha enseñado cosas extrañas acerca del amor de Dios. La religión les ha enseñado que un día el SEÑOR puede hacer que se enfermen, y que el próximo día se queden pobres; todo esto en nombre del amor. Algunos predicadores han dicho por error que Dios hará esas cosas para bendecirlos o enseñarles algo.

Sin embargo, eso es tradición religiosa y contradice a la PALABRA. La PALABRA nos enseña que Dios nos ama, pues Él es bueno con nosotros. Es más, en la Biblia se específica de manera clara que Él sabe con exactitud qué es bueno y qué es malo. Por ejemplo, en Deuteronomio 28, en donde Dios describe la BENDICIÓN y la maldición para el pueblo de Israel, podemos ver que la definición que Él tiene acerca de BENDICIÓN, y maldición es exactamente la misma que nosotros tenemos.

De acuerdo con ese pasaje, Dios enseña que es bueno cuando tenemos más que suficiente provisión natural en nuestra vida, es bueno si nosotros sembramos cultivos para recoger grandes cosechas; y si tenemos ganado, éste se multiplicará. También es bueno que nuestros hijos sean bendecidos, y que nosotros estemos físicamente saludables y plenos.

Por otro lado, Él sabe que es malo para nosotros estar enfermos, ser pobres, estar temerosos y ser oprimidos.

En realidad, la palabra hebrea *shalom* que el SEÑOR usa tan frecuentemente para bendecir a Su pueblo, significa tener plenitud en su vida: espíritu, alma y cuerpo. Es decir que no le haga falta nada, ni que esté incompleto en ningún área. Dios sabe que así deben ser las cosas, y por Su naturaleza amorosa; ésa es la forma en la que Él quiere que sean, no sólo para algunas persona, sino para todas.

Siempre recuerde, el amor de Dios y Su BENDICION van de la mano; no se pueden separar. Esto significa que no debe preocuparse por lo que Él vaya a hacer. Se puede relajar, regocijar y confiar en Él, sabiendo que verdaderamente Él lo ama, y ¡está planeando algo bueno para usted!

El fundamento de nuestra fe

«¡Cuán preciosa, oh Dios, es tu misericordia! Por eso los hijos de los hombres se amparan bajo la sombra de tus alas. Serán completamente saciados de la grosura de tu casa, y tú los abrevarás del torrente de tus delicias»
(Salmos 36:7-8).

El amor y la bondad de Dios son inseparables, y en la Biblia encontramos una palabra que los une: Misericordia. Esta palabra se utiliza una y otra vez para describir la actitud y las acciones de nuestro maravilloso Padre celestial.

Hace algunos años, comencé a comprender cuánto el SEÑOR desea que conozcamos y entendamos la misericordia que Él tiene hacia nosotros. El Espíritu Santo me expreso: *Quiero que prediques acerca de la bondad de Dios, y no tengas temor al reproche de la gente.*

A medida que empecé a buscar lo que la Biblia enseña acerca del amor de Dios y Su bondad; descubrí que es un tema que se encuentra descrito desde el libro de Génesis hasta Apocalipsis. Me sorprendí por completo al percatarme de cuánto nos enseñan las Escrituras acerca de la bondad de Dios.

¿Por qué cree usted que en la Biblia —de principio a fin, en el Antiguo y en el Nuevo Testamento— se enfatiza muy fuertemente la verdad de la bondad de Dios, y la misericordia que tiene hacia nosotros?

Por que es el fundamento de la fe que tenemos en el SEÑOR.

Mientras más conozcamos de la bondad del amor de Dios, más creeremos en Él. Mientras más nosotros creamos en el SEÑOR, más fácil será poner nuestra vida en Sus manos. Y sólo poniendo nuestra vida en Sus manos, podremos abrir el camino para que Él nos salve, nos bendiga y obre a través de nosotros; a fin de que su maravillosa voluntad sea hecha en la Tierra, así como en el cielo.

Cuando empecé a enseñar acerca de la bondad de Dios en mis servicios de sanidad, vi más manifestaciones de milagros y sanidades que antes. Las personas vieron por medio de la PALABRA que Dios no estaba tratando de mantener alejada la sanidad de ellos. Sino que los ama y anhela que ellos estén bien, y se esfuerza para ayudar a la gente a recibir esa sanidad. Cuando comprendieron esa verdad en su corazón, se acercaron a Él en fe y, ¡recibieron sanidad!

Lo mismo puede sucedernos a nosotros. Mientras más entendamos la misericordia de Dios, más capaces seremos de rendirnos por completo a Él. Al ser libres de la idea equivocada de que Dios nos priva de las cosas buenas que necesitamos, y al estar realmente seguros de que Él anhela en Su corazón darnos lo mejor; nunca más nos alejaremos de Él. En lugar de eso, creeremos que Dios nos hará el bien. Tendremos el valor y la confianza que necesitamos para rendirle nuestra vida a Él. Y al final, estaremos listos para dar un paso hacia delante en fe, y recibir ¡todo lo que Él tiene para darnos!

Día 50 Amor
sin límites

Su amor lo mantendrá a flote

«Mas a la cuarta vigilia de la noche, Jesús vino a ellos andando sobre el mar. Y los discípulos, viéndole andar sobre el mar, se turbaron, diciendo: ¡Un fantasma! Y dieron voces de miedo. Pero en seguida Jesús les habló, diciendo: ¡Tened ánimo; yo soy, no temáis! Entonces le respondió Pedro, y dijo: Señor, si eres tú, manda que yo vaya a ti sobre las aguas. Y él dijo: Ven. Y descendiendo Pedro de la barca, andaba sobre las aguas para ir a Jesús. Pero al ver el fuerte viento, tuvo miedo; y comenzando a hundirse, dio voces, diciendo: ¡Señor, sálvame! Al momento Jesús, extendiendo la mano, asió de él, y le dijo: ¡Hombre de poca fe! ¿Por qué dudaste?»
(Mateo 14:25-31).

¿Alguna vez ha deseado ser más valiente y atrevido en su fe? ¿Alguna vez, ha anhelado experimentar en su propia vida las aventuras sobrenaturales que vivieron los héroes de la Biblia?

Piense en los momentos que el SEÑOR lo llamó a realizar algo nuevo, y a producir un cambio en su vida. Usted, al igual que Pedro, escuchó la voz del Maestro llamándolo al otro lado del agua de la vida, a fin de que alcanzara nuevos niveles en Él. Escuchó que decía: ¡Ven! Y usted quiso levantarse de esa pequeña zona de comodidad y caminar sobre el agua… pero no lo hizo.

El miedo lo detuvo. Miró el viento y las olas, y las circunstancias que lo rodeaban. Sintió temor y retrocedió.

Si usted ha actuado de la misma manera que Pedro (¿dígame quién no lo ha hecho?), le tengo muy buenas noticias. Usted no está condenado a vivir una vida de duda. Si quiere un cambio, ¡usted puede hacer ese cambio!

A medida que usted aprenda más acerca del amor de Dios, dejará de estar lleno de temor y comenzará a llenarse de fe. Deberá estudiar la PALABRA, y alimentar su corazón con las verdades de Su bondad hasta que su confianza crezca, y usted sepa que puede creer en Él; no sólo por su eterna salvación, sino también por cada aspecto de su vida terrenal.

Cuando su corazón en realidad comprenda cuánto lo ama Dios, el temor no lo hará retroceder ni dudar. No pensará: **¿Y qué sucederá si el SEÑOR no me salva? ¿Qué pasará si Dios me pide que haga algo que de alguna u otra forma me haga daño?**

En lugar de tener esos pensamientos, usted estará seguro que Dios jamás le hará daño. Él nunca lo abandonará ni permitirá que caiga. A medida que lo busque, Él siempre estará allí para amarlo, para ayudarlo y para bendecirlo.

Usted será suficientemente valiente para caminar sobre el agua si Él se lo pide, pues sabe que Su amor lo mantendrá a flote.

Valor para matar a los gigantes

"El SEÑOR es mi Pastor [Quien me alimenta, me guía y me protege], nada me faltará. Me hará descansar en [frescos y tiernos] pastos verdes; me guiará a descansar junto a aguas de reposo…. Ciertamente el bien y la misericordia me seguirán todos los días de mi vida, y el resto de mis días los pasaré en la casa del SEÑOR [y en Su presencia] que será mi morada"
(Salmos 23:1-2, 6, *AMP*).

El salmista David es uno de los personajes bíblicos que entendió muy bien la misericordia de Dios. Era un joven pastor que cuidaba un rebaño de ovejas en las montañas de Israel, y debido a que David vivía en comunión con Dios, llegó a conocer Su naturaleza. Aprendió que Dios es un Dios de amor. Él es bueno, es amable y es paciente. A diario, David descubría que Dios cuidaba de él, que le proveía para suplir sus necesidades; y que además, lo libraba del peligro.

David confiaba en el amor de Dios, y esa confianza lo convirtió en un joven valiente y audaz ante situaciones de peligro. Cuando un león se acercó a una oveja de su rebaño, David no huyó. Con sus propias manos agarró al león de la quijada y lo mató. Y lo mismo hizo cuando se acercó un oso, David también lo mató.

Cuando todos en Israel estaban asustados por el gigante Goliat, David fue el único valiente que se enfrentó a él. Aunque los demás, quisieron advertirle que pelear en contra de Goliat era muy peligroso, David no mostró ningún temor. Él simplemente dijo: «… *Jehová, que me ha librado de las garras del león y de las garras del oso, él también me librará de la mano de este filisteo. Y dijo Saúl a David: Ve, y Jehová esté contigo*». (1 Samuel 17:37).

Esas palabras revelan que David no sólo conocía el amor y la fidelidad de Dios, sino que también había visto la manera en que obraban en su vida. Había visto todas las victorias que el amor de Dios había ganado por él, y tan sólo pensar en ellas lo convertían en un hombre valiente.

Y hoy en día, lo mismo puede sucedernos. A medida que compartamos más acerca del amor de Dios; y mientras más lo veamos obrando en nuestra vida, más victorias tendremos para recordar. Mientras más victorias recordemos, más difícil será para el diablo convencernos de dejarlo que nos pisotee.

Cuando el diablo trate de convencernos que en esta ocasión, nos derrotará; no podrá hacerlo. Pues nosotros recordaremos al león y al oso en nuestra vida, y declaramos: *Si Dios me amó tanto para haberme traído hasta aquí, ¡Él me ama lo suficiente para guiarme por el resto del camino!*

Al igual que David, nos levantaremos en fe y mataremos a los gigantes que traten de detener el cumplimiento de la voluntad de Dios en nuestra vida. Con el SEÑOR como nuestro Pastor, enfrentaremos cada batalla sin temor alguno, confiando en que Su bondad, Su misericordia y Su amor los cuales nunca fallan nos seguirán todos los días de nuestra vida.

Amor
sin límites

Cuando los demás lo abandonan

"Aunque mi padre y mi madre me dejaren, con todo el SEÑOR me levantará [me adoptará como Su hijo]…. [Qué, habría sido de mí] si yo no hubiera creído que vería la bondad del SEÑOR en la tierra de los vivientes"
(Salmos 27:10, 13, *AMP*).

Algunas veces se nos dificulta amar a los demás, y esto se debe a que no nos sentimos amados. Quizá nos hayamos sentido traicionados o rechazados a una temprana edad, por los que supuestamente tuvieron que habernos amado más. Entonces, en vez de amar a las personas como deberíamos, las alejamos de nosotros; a fin de poder protegernos para no ser lastimados una vez más.

¿Cómo podemos vencer ese temor?

Atreviéndonos a creer que el amor de Dios por nosotros, es más que suficiente para quitar el dolor del pasado. Y que Su amor es lo suficientemente ancho, profundo y alto, para suplir nuestras necesidades. Nos levantará, cuando los demás nos abandonen, y nos aceptará y nos cuidará cuando los demás nos rechacen. Si nos atrevemos a creer en Él sin importar las experiencias que hayamos tenido en el pasado, Dios suplirá todo lo que nos haga falta; y nos bendecirá más allá de nuestros más grandes sueños.

En lo personal, puedo testificar qué tan cierta es esta verdad. Cuando por primera vez aprendí acerca del amor y de la bondad de Dios, mi vida era un completo desastre, y muy a menudo me preguntaba: ¿Qué sería de mí, si no hubiera creído en la bondad del SEÑOR en la tierra de los vivientes?

Probablemente, no estuviera viva ahora. La verdad, no estaría disfrutando de LA BENDICIÓN como la estoy disfrutando hoy en día. A través de los años, y mientras más continúo creyéndole a Dios, he visto cómo la evidencia de Su amor continúa creciendo, hasta que me cubre por completo.

Mientras más conozco la misericordia del SEÑOR, más creo que la única razón por la que Dios quiere que le demos nuestra vida, es para que Él pueda derramar Su BENDICIÓN ricamente y sin reservas sobre nosotros. Dios desea que seamos tan bendecidos que a donde quiera que vayamos, nos encontremos con la manifestación de Su amor.

Sé que suena demasiado bueno para ser verdad, pero si usted lo analiza, el mismo Jesús parece demasiado bueno para ser cierto. El hecho de que Dios lo haya enviado, a fin de pagar el precio por nuestros pecados, suena muy bueno para ser verdad. Pero así fue: *«El que no escatimó ni a su propio Hijo, sino que lo entregó por todos nosotros, ¿cómo no nos dará también con él todas las cosas?».* (Romanos 8:32)

Si a usted lo han rechazado y decepcionado, no deje que esa historia se repita. No permita que su pasado se convierta en su futuro. Descubra lo que la Biblia dice acerca del amor de Dios. Si se atreve a creerlo, su mundo empezará a cambiar de una manera maravillosa. Dentro de poco, usted no sólo verá Su amor en las páginas de su Biblia, sino que lo experimentará todos los días de su vida.

Amor
sin límites

No compre esa mentira

"Como el padre ama y se compadece de sus hijos, así también el SEÑOR
ama y se compadece de los que le temen...."
(Salmos 103:13, *AMP*).

Desde el huerto de Edén, el diablo ha estado ideando estrategias para separar a las personas de Dios. En mi opinión, lo que le ha dado mejor resultado, es hacer que la gente del amor de Dios. Tuvo éxito con Adán y Eva, y por esa razón, ha usado esa estrategia desde entonces.

Estoy segura de que usted conoce la historia. Dios proveyó un lugar perfecto para que Adán y Eva pudieran vivir. Los bendijo, les dio todo lo que necesitaban; a fin de que estuvieran en perfecta y abundante prosperidad. Había sólo una restricción: El SEÑOR les ordenó que no comieran del árbol del conocimiento del bien y del mal, y les advirtió que si lo hacían, ellos morirían.

¿Recuerda qué le dijo Satanás a Eva cuando la tentó, a fin de que desobedeciera ese mandato? Le dijo: *«...Entonces la serpiente dijo a la mujer: No moriréis; sino que sabe Dios que el día que comáis de él, serán abiertos vuestros ojos, y seréis como Dios, sabiendo el bien y el mal»* (Génesis 3:4-5). En otras palabras, el diablo expresó: "Escucha, Dios te ha mentido, Él no te está protegiendo de ningún daño; al contrario te está privando de algo maravilloso. Él no te ama tanto como tú crees".

Eva cayó en la mentira del diablo, pero usted no tiene que caer en esa mentira. Cuando él trate de engañarlo de esa manera, mándelo al lago... (pero al lago de fuego, ¡para que aprenda!). Aférrese a la confianza que tiene en el amor de Dios, y recuerde que todo lo que Dios le pide que realice, es para su propio bien y para su protección. Usted es Su hijo, y el Señor anhela que le obedezca; pues desea que usted sea BENDECIDO.

Esa verdad debería ser fácil de comprender para usted. Si usted tiene hijos, actúa de la misma forma con ellos. No les impone reglas, sólo para restringirlos y hacer su propia vida más fácil. Si usted lo hace, es porque quiere que estén a salvo, vivan por muchos años y sean felices. Y debido a que usted tiene más experiencia en la vida, es necesario que les dé esa dirección y orientación.

Usted ama a sus hijos, y no los quiere privar de algunas cosas. De hecho, se deleita en realizar cosas para ellos. Lo más probable es que a usted le gustaría prosperar lo suficiente para cuando su hijo o hija obtengan su licencia de conducir, usted les pueda comprar un automóvil nuevo. Pero si ese hijo es rebelde y no obedece las señales de tránsito, usted no podrá darle el automóvil; pues sabe que podría sufrir un accidente con él si es desobediente. Usted desea que su hijo acate las reglas que le da, no porque esté buscando su propio bienestar; sino porque está buscando el bien de él. Usted quiere que le obedezca, pues esa obediencia le estará abriendo la puerta para bendecirlo.

Dios actúa de la misma forma con nosotros. Él nos ama así como un padre ama tiernamente a su hijo, y Él quiere que seamos bendecidos de manera abundante. Nunca deje que el diablo lo convenza de lo contrario. Aún cuando obedecer a Dios parezca difícil, mantenga en mente que su Padre lo ama, y tenga la seguridad que Él está tratando de conseguir algo maravilloso para usted.

Día 54 # Amor
sin límites

Él nunca se dará por vencido con usted

«Sostiene Jehová a todos los que caen, y levanta a todos los oprimidos. Los ojos de todos esperan en ti, y tú les das su comida a su tiempo. Abres tu mano, y colmas de bendición a todo ser viviente. Justo es Jehová en todos sus caminos, y misericordioso en todas sus obras. Cercano está Jehová a todos los que le invocan, a todos los que le invocan de veras» (Salmos 145:14-18).

Uno de los aspectos más asombrosos de Dios, es que Él siempre perdona. En realidad cumple la descripción de 1 Corintios 13, la cual nos enseña que el amor: "No es sensible, no es irritable o resentido; no toma en cuenta el mal que le han hecho [no pone atención a algún padecimiento]" (versículo 5, *AMP*). Debido a eso, Dios perdona todo el tiempo. La sangre de Jesús nos limpia de todo pecado, y Su misericordia no se detiene cuando nos volvemos hacia Él, en el nombre de Jesús.

Quizá usted podría decir: "Pero yo he fallado muchas veces, le he dado demasiados problemas a Dios, de seguro ya se dio por vencido conmigo".

No, Él no lo ha hecho. Sé que no lo ha hecho, pues: "El amor todo lo soporta, siempre cree lo mejor de cada persona, su esperanza no mengua bajo ninguna circunstancia, todo lo tolera [sin debilitarse]. El amor nunca falla" (versículos 7-8, *AMP*). Usted y yo podemos examinar nuestra vida, y creer que no hay esperanza para nosotros. Quizá hasta pensemos que nunca llegaremos a lograr nada. Pero la esperanza de Dios hacia nosotros nunca se acaba. ¡Él no se rinde con nosotros!

Al contrario, Él declara: "De ninguna forma te abandonaré ni te dejaré sin mi apoyo. [No] lo haré, [no] lo haré, [no] te dejaré de ninguna manera, no te dejaría desamparado [ni] te dejaré solo ¡(relájate, Yo soy quien te sostengo)! [con toda certeza no te dejaré]" (Hebreos 13:5, *AMP*).

Cuando ignoramos o desobedecemos a Dios, no podemos recibir la ayuda que necesitamos de Él. En esos momentos, quizá parezca que nos ha abandonado, pero es nuestra culpa, no la de Él. Nuestro Padre no nos olvidó, ¡nosotros nos olvidamos de Él!

Sin embargo, aunque lo hayamos hecho, si regresamos a Dios, lo encontraremos en el mismo lugar donde lo dejamos, esperándonos para amarnos y hacernos el bien.

Por supuesto, el diablo tratará de evitar que nos volvamos hacia Dios. Una de las cosas más importantes que debemos conocer del diablo, es que ¡él no puede decir la verdad! Tratará de desalentarnos, cuando hayamos caído en desobediencia; y nos dirá que no somos dignos de recibir el amor de Dios nunca más. Pero no le crea, en lugar de eso, recuerde que la Biblia enseña que si usted clama al SEÑOR, le ayudará a entrar en una perfecta comunión con Él. La cual garantiza que ya no se separará de Él, a menos que usted lo quiera. A causa de que Dios es amor, siempre estará allí para usted.

Amor
sin límites

Del arrepentimiento al regocijo

"Que todos alaben… al SEÑOR por ¡su bondad, su misericordia y las maravillosas
obras que hace en la vida de los hijos de los hombres! Pues Él sacia el anhelo
del alma y llena el alma hambrienta con su bondad. Se sentarán en oscuridad
y a la sombra de la muerte… porque se rebelaron contra las palabras de Dios y
rechazaron el consejo del Altísimo… Después, ellos clamaron al SEÑOR en medio
de sus problemas, y Él los salvó de sus angustias. Los sacó de la oscuridad y de la
sombra de la muerte, y rompió las ataduras que los oprimían. Que todos alaben…
al SEÑOR por ¡Su bondad, por Su misericordia y por las maravillosas obras que
hace en la vida de los hijos de los hombres!"
(Salmos 107:8-11, 13-15, *AMP*).

Uno de los más hermosos ejemplos referentes al amor y al perdón de Dios, lo vi hace algunos años
en la vida de una joven que asistió a la Escuela de sanidad. Un accidente automovilístico la dejó paralizada
de un lado de su cuerpo, y ella deseaba correr hacia Dios por ayuda. El problema era que estaba viviendo
una vida de pecado y rebeldía. Antes de que la Escuela de sanidad empezara, ella ¡ya había robado algunos
audios de una de nuestras mesas de ventas!

Por supuesto, ella se sentía terrible. Su corazón la estaba condenando, y no creía que Dios haría algo
por alguien tan horrible como ella. Pero durante la Escuela de sanidad, leí la escritura que dice: *«La oración
de fe salvará al enfermo, y el SEÑOR lo levantará; y si hubiere cometido pecados, le serán perdonados»*
(Santiago 5:15).

Gracias a Dios, ese día esa preciosa joven simplemente tomó la PALABRA de Dios en serio, y recibió Su
perdón. También recibió su sanidad en ese mismo lugar, y en ese mismo momento.

Usted puede hacer lo mismo que esa jovencita. Si desobedece a Dios, puede regresar al mismo lugar
de LA BENDICIÓN si de inmediato se arrepiente, y declara: *SEÑOR, confieso que he pecado, y he hecho cosas
que yo sabía que Tú no querías que hiciera. Te pido perdón, y te pido que me limpies de toda injusticia. Por fe
y en Su nombre, recibo ese lavamiento de la sangre de Jesús; y mi posición correcta delante de Ti. De hoy en
adelante, propongo en mi corazón obedecerte, con Tu ayuda realizaré todo lo que desees que lleve a cabo.*

¿Cuántas veces puede hacer esa confesión? ¡Las que usted necesite!

Sin embargo, le explicaré lo siguiente: Mientras más reciba su perdón y permita que Él lo sostenga
al momento en que usted tambalee, menos le desobedecerá. Estará tan agradecido por Su infalible
amor que usted andará más firme y más cerca de Él. En lugar de pasar tiempo arrepintiéndose, lo pasará
regocijándose y alabando al Señor por Su misericordia y ¡por las maravillosas obras que realiza en la vida
de los hijos de los hombres!

Gloria

Día 56 **Amor** sin límites

A eso le llamo **amor**

«Pues si vosotros, siendo malos, sabéis dar buenas dádivas a vuestros hijos, ¿cuánto más vuestro Padre que está en los cielos dará buenas cosas a los que le pidan?»
(Mateo 7:11).

De manera constante, el diablo trata de distorsionar la imagen que tenemos de Dios, pues trabaja día y noche para poder convencernos de que Dios no nos ama. Él nos miente y nos dice que el concepto que nosotros tenemos del amor es muy diferente al concepto de Dios. Nos dice que el amor de Dios nos hace daño, y nos priva de los placeres y alegrías de la vida.

Incluso señalará los desastres y las cosas malvadas que ocurren en este mundo, y dirá: "Si Dios es tan amoroso, ¿porqué suceden esas cosas?".

Sin embargo, la realidad es que quien está detrás de todo lo malo y doloroso que ocurre en el mundo, es él. Fue él quien tentó a Adán y a Eva, a fin de que pecaran, él fue quien trajo pobreza, dolor y enfermedad al mundo. El enemigo es el único que viene a robar, a matar y a destruir (Juan 10:10).

Si usted desea ver una imagen del amor de Dios que no haya sido distorsionada, vea el huerto de Edén. Es allí, en donde puede darse cuenta; cuánto ama Dios a las personas, y todo el bien que Él anhela que se cumpla en sus vidas. El huerto de Edén nos revela la idea original que tenía Dios. Allí podemos ver cómo eran las cosas en la Tierra cuando la voluntad de Dios se llevaba a cabo, y el diablo no había tenido la oportunidad de arruinar las cosas.

En aquel entonces, todo era agradable. (La palabra **Edén** significa: ¡"deleitar"![6]) Adán y Eva tenían lo mejor de todo, y no les faltaba nada. De acuerdo con Josephus, un historiador judío, quien escribió las tradiciones que se inculcan entre los judíos, Dios le dijo a Adán y a Eva:

«Yo ya había determinado, que ambos vivirían una vida feliz; sin aflicciones, ni preocupaciones, ni heridas en el alma. Y todas esas cosas, hubieran contribuido para su alegría y deleite. Y de seguro, hubieran crecido bajo Mi protección de forma voluntaria, y como resultado ustedes no tuvieran que trabajar arduamente para alcanzar esas cosas».[7]

¡Ése es un ejemplo maravilloso del corazón de amor que Dios tiene hacia nosotros! ¡Él desea darnos toda buena dádiva que se pueda imaginar! También desea que disfrutemos de una vida sin preocupaciones ni heridas en el alma. Incluso cuando Adán y Eva se revelaron contra Dios, y condenaron a toda la raza humana a nacer en pecado; el corazón del Señor nunca cambió. Él de inmediato, puso en marcha el plan de redención. Y proveyó un camino, a fin de que la humanidad se conectara de nuevo con LA BENDICIÓN. A través de Jesús, Él nos abrió la puerta para que regresáramos al huerto de Su bondad.

A eso le llamo: Amor.

[6] R.L. Harris, *Theological Wordbook of the Old Testament* (Chicago: Moody Press, 1999) p. 646.
[7] *The Works of Flavius Josephus*, Antiquities of the Jews, *Book 1* (Grand Rapids: AP&A Publishers) p. 26.

Día 57

Amor
sin límites

Esperanza para su futuro

«Porque yo sé los pensamientos que tengo acerca de vosotros, dice Jehová, pensamientos de paz, y no de mal, para daros el fin que esperáis. Entonces me invocaréis, y vendréis y oraréis a mí, y yo os oiré; y me buscaréis y me hallaréis, porque me buscaréis de todo vuestro corazón. Y seré hallado por vosotros, dice Jehová, y haré volver vuestra cautividad…»
(Jeremías 29:11-14).

El libro de Jeremías nos muestra un maravilloso ejemplo de cuán paciente es en realidad el amor de Dios. En los tiempos de Jeremías, los Israelitas eran totalmente rebeldes con el SEÑOR, lo rechazaron, hablaron mal de Él; y aun así les dio tiempo para que se arrepintieran. Les envió un profeta quien les advirtió de día y de noche que regresaran a los caminos del Señor, antes de que sus enemigos los tomaran cautivos. Por hacer caso omiso a esta advertencia, les ocurrió una gran calamidad, y Babilonia esclavizó al pueblo de Israel.

Aun así, Dios no se dio por vencido con ellos. Mientras ellos fueron llevados en cautiverio, Dios ya tenía en marcha un plan para reunirlos de nuevo en su tierra, y traerlos una vez más al lugar de Su BENDICIÓN prometida.

¡Piense en todo lo que Dios pasó con esa gente desobediente! Le dieron la espalda por 40 años, habían rechazado al Dios que ama y que solamente deseaba el bien para ellos. Cualquier ser humano se hubiera dado por vencido con gente así. Cualquiera de nosotros habría dicho: "Está bien, vayan y perezcan en cautividad. Sólo están recibiendo lo que se merecen".

Pero la misericordia de Dios es nueva cada mañana. El Señor todavía les deseaba el bien, quería que fueran libres, y anhelaba derramar de Su amor sobre ellos. Aunque Israel había entrado en cautividad por su propia culpa, en lugar de condenarlos por eso, Dios de inmediato les dio esperanza para su futuro. Él prometió revertir su cautividad, y revelarles una **abundancia de paz** (Jeremías 33:6, *AMP*). La palabra hebrea *shalom* que se traduce como paz también significa: "Prosperidad"; es decir, todo lo que le dé a las personas una mejor calidad de vida". ¿No es eso maravilloso? Dios no les dijo con enojo que los perdonaría, y les daría justo lo que necesitaban para vivir. No al contrario, les dijo que en los días venideros, Él les daría en abundancia todo lo que necesitaran, a fin de que tuvieran una mejor calidad de vida.

Si en algún momento, se siente tentado a pensar que ha hecho las cosas tan mal que ya no hay esperanza para su vida, recuerde lo que Dios hizo por los israelitas. Así como también tenía un plan para ellos, Él tiene un plan para usted. Quizá le lleve un tiempo descubrirlo, pero si usted confía en Él, Dios puede revertir su cautividad y brindarle ¡un futuro maravilloso!

Amor
sin límites

Así es el Amor

«¡Quién diera que tuviesen tal corazón, que me temiesen y guardasen todos los días todos mis mandamientos, para que a ellos y a sus hijos les fuese bien para siempre»
(Deuteronomio 5:29).

Aunque la actitud misericordiosa de Dios hacia los judíos en el libro de Jeremías es asombrosa, no es inusual. Dios siempre ha tratado de esa forma a Su pueblo. ¿Por qué? Porque así es Su corazón. Él es amor, y así es como el Amor actúa.

A pesar de la desobediencia del pueblo de Dios, y de las dolorosas consecuencias que ellos sufrieron a causa de ésta; Su corazón siempre anheló hacerles el bien. Cuando se encontraban en problemas, Él sufría por ellos. Al igual que nosotros sufrimos por nuestros hijos, cuando vemos que ellos viven en desobediencia; se meten en problemas y sufren daño por eso. El Señor les pidió que le obedecieran, pues sabía que si lo hacían, podrían vivir una vida libre y victoriosa.

El corazón de amor de Dios en el Antiguo Pacto continúa siendo el mismo corazón de amor en el Nuevo Pacto. No ha cambiado. Puede verificar ese testimonio, a través de las palabras que Jesús dijo, cuando se encontraba triste por el rechazo que recibió de parte de los líderes judíos, quienes no creían que Él era el Mesías. Jesús no los despreció, en lugar de eso les expreso: "¡Gente de Jerusalén, gente de Jerusalén! Ustedes matan a los profetas y a los mensajeros que Dios les envía. Muchas veces quise protegerlos, como protege la gallina a sus pollitos debajo de sus alas, pero ustedes no me dejaron" (Mateo 23:37, *TLA*).

Lo mismo siente Dios por todas las personas, Él nos ama a todos con esa misma clase de amor: *«De tal manera amó Dios al mundo…»* (Juan 3:16).

Eso significa que, lo mismo que le dijo Jesús a la gente de Jerusalén, nos lo puede decir a nosotros: "Cuántas veces he suplido sus necesidades y he cuidado de sus hijos, cuántas veces les he dado el anhelo de su corazón; pero aún así no se volvieron a Mí ni me escucharon".

Eso se debe a que no hemos conocido ni entendido el corazón de Dios ni cuán bueno es Él. Y por esa razón, ha habido momentos en nuestra vida en que sentimos que Dios no nos cuida. Hemos tenido necesidades que no fueron suplidas, y es ahí en donde pensamos que Él se ha olvidado de nosotros. Pero es todo lo contrario, nosotros lo hemos olvidado. Él siempre ha estado dispuesto a sanar nuestro cuerpo, y a suplir nuestras necesidades. Si hemos deseado tener algo bueno, Dios ha estado dispuesto a dárnoslo. El problema es que no hemos vivido en una comunión lo suficientemente cercana con Él, para alcanzar las cosas por fe y recibirlas.

De la misma manera en que hemos sufrido nosotros, también el Señor ha sufrido. Él desea darnos más de lo que nosotros deseamos recibir. Pues, Dios es amor… y así es el Amor.

Amor
sin límites

La imagen perfecta del amor

«Felipe le dijo: SEÑOR, muéstranos al Padre… Jesús le dijo: ¿Hace tanto tiempo que estoy con ustedes, y no me has conocido, Felipe? El que me ha visto a mí, ha visto al Padre…»
(Juan 14:8-9).

Aunque las revelaciones del amor de Dios en el Antiguo Testamento sean maravillosas, la más perfecta revelación la recibimos en el Nuevo Testamento a través de Su Hijo: Jesús. Él es la expresión plena del corazón del Padre. En Hebreos 1:3, le llaman: "La perfecta copia y la misma imagen de la naturaleza de Dios" (*AMP*).

Todo lo que Jesús dijo e hizo cuando estaba en la Tierra, fue una expresión de Dios (Juan 8:28-29). Por tanto, si hoy en día queremos conocer cuales son los deseos de Dios para nosotros, sólo es estudiar el ministerio de Jesús.

En Hechos 10:38, se resume Su ministerio de la siguiente forma: «*Como Dios ungió con el Espíritu Santo y con poder a Jesús de Nazaret, y como éste anduvo haciendo bienes y sanando a todos los oprimidos por el diablo…*». En otras palabras, Jesús anduvo haciendo el bien; pues eso hace el amor de Dios todo el tiempo.

Ésta es una sencilla verdad, sin embargo, es necesario que se proclame; pues las tradiciones religiosas nos dicen lo contrario. Las tradiciones religiosas enseñan que Dios no todo el tiempo hace cosas buenas por nosotros, sino que está más interesado en que usted cumpla las reglas de los hombres, que en ayudarle. Los religiosos actuaban de la misma manera en los días de Jesús. Ellos se enojaban, porque Jesús sanaba enfermos en el día equivocado de la semana. Lo criticaron por dejar que sus discípulos recogieran granos para comer en el día de reposo, pues eso violaba sus reglas religiosas.

Pero a Jesús no le importaban las tradiciones hechas por los hombres, sino las personas; pues así es Dios.

Cuando vio gente hambrienta, no les dio la espalda y les dijo: "Ellos estarán bien, de todas formas tienen que ayunar más". No, Él expresó: «*Yo tengo compasión por la multitud, porque ellos… no tienen nada para comer*» (Mateo 15:32). Entonces realizó un milagro, a fin de alimentarlos.

Y cuando la gente estaba hambrienta en lo espiritual, Jesús les enseñó. Cuando la gente estaba enferma y venía a Él, los sanaba. En cambio, la tradición religiosa declara: "A veces Dios te sanará, y en algunas otras ocasiones no lo hará". No obstante, la vida de Jesús contradice esa afirmación, Él sanó las enfermedades y suplió las necesidades de cada persona que se le acercaba. ¡Y lo hizo todo el tiempo!

Así que cuando se acerque a Dios, a fin de que supla sus necesidades, no dude que Él lo hará. Puede descansar seguro en que si Jesús lo hizo tiempo atrás por otras personas, también lo hará por usted hoy!

Dios se manifiesta hasta en los pequeños detalles

«¿No se venden dos pajarillos por un cuarto? Con todo, ni uno de ellos cae a tierra sin vuestro Padre. Pues aun vuestros cabellos están todos contados. Así que, no temáis; más valéis vosotros que muchos pajarillos»
(Mateo 10:29-31).

Por sorprendente que pueda parecer, Dios nos ama tanto que no sólo está interesado en los problemas grandes de nuestra vida; sino también en los pequeños detalles. En ningún momento se olvida de nosotros. En Salmos 115:12 se afirma: *«¡Él siempre se acuerda de nosotros!»*.

¿No es eso una bendición? Dios sabe en dónde se encuentra usted todo el tiempo. No tiene que esforzarse para llamar Su atención, Él siempre está pensando en usted.

En las bodas de Caná, Jesús demostró cuánto piensa Dios en los detalles de nuestra vida. El anfitrión de la boda se quedó sin vino, de seguro era una situación embarazosa para ellos, pero de gran significado eterno. Cuando la madre de Jesús lo llamó para pedirle ayuda, Él abundantemente satisfizo la necesidad, convirtiendo el agua, no en un ordinario vino; sino en un vino tan exquisito que ¡el novio fue elogiado, pues guardó para el final el mejor vino! (Juan 2:9-10).

Usted podría decir:"Eso es verdad, pero Jesús lo hizo porque María se lo pidió. Y yo no soy tan perfecto como María. ¡Me he equivocado en gran manera muchas veces!".

Quizás sea cierto, pero no deje que eso le impida acercarse a Dios. Él no nos pide que seamos perfectos antes de satisfacer nuestras necesidades. Vuelva a leer acerca del ministerio de Jesús, y se dará cuenta que es verdad.

Cuando las multitudes se acercaban a Él para recibir sanidad, en Lucas 6:19 leemos que Jesús *«…los sanó a todos…»* Ciertamente entre todas esas multitudes de personas, habían muchos como nosotros, gente imperfecta que falla y comete errores, personas que por su propio mérito no merecen recibir nada de Dios. Pero Jesús los sanó a todos.

¡Ésa es una de las muchas características de Jesús! Nunca dejó de darle lo mejor a aquellos que se acercaban a Él. Jesús tenía un buen corazón, y estaba tan dispuesto a ayudar, que usted podría decir que era una persona muy: **sensible**.

Y hoy en día, sabemos que Dios continúa actuando de la misma manera, pues en Hebreos 13:8, se afirma que es Él mismo de: *«…ayer, hoy, y por siempre»*. Jesús continúa siendo una expresión del Dios que cuida tanto los detalles de nuestra vida, que enumera cada cabello de nuestra cabeza. Él continúa siendo la imagen de Dios: *«En el cual no hay mudanza, ni sombra de variación»* (Santiago 1:17). Él es el Dios que es, y siempre será: Amor.

Amor
sin límites

Expandiendo el alcance del amor de Dios

«Mas tú, Señor, Dios misericordioso y clemente, lento para la ira, y grande en misericordia y verdad»
(Salmos 86:15).

El infinito amor de Dios asombra tanto la imaginación humana, al punto en que queremos razonarlo a un nivel comprensible para nuestra mente. Quizá pensemos: *"Espere un minuto, sé que Dios es amor, sin embargo, hay límites para ese amor. Vea la condición en que se encuentra el mundo que nos rodea. Toda la Tierra está llena de personas con necesidades, y pareciera que el amor de Dios no hace nada por ellos".*

Si lo analizamos desde el punto de vista humano, pareciera que si hay límites para el amor y la bondad de Dios. Pero somos nosotros los que ponemos esos límites, no Él. Limitamos el amor de Dios cuando no lo escuchamos o no le obedecemos; e incluso por la falta de entendimiento y de fe.

Se lo explicaré. Todo lo que recibimos de la mano de Dios, lo recibimos por fe, y si nos dejamos invadir por el temor, de manera constante por nuestro bienestar, y dudamos del amor de Dios por nosotros; no seremos capaces de alcanzar y recibir por fe de Su mano. Aunque nuestra poca fe se deba a que no hemos escuchado la Palabra; aun así, nuestra falta de entendimiento limita nuestra habilidad de recibir la maravillosa provisión que Dios, en Su amor, desea darnos.

Una amiga me contó, su historia, la cual ilustra muy bien lo que le estoy explicando. Aunque nació de nuevo desde pequeña, creció en una iglesia tradicionalista; y tenía poco entendimiento acerca del amor y la bondad de Dios. Después de casarse y tener hijos, ella y su esposo atravesaron por una crisis financiera.

Mi amiga empezó a orar, pidiéndole al SEÑOR que le enviara dinero para suplir las necesidades de su familia. De pronto, le surgió un pensamiento negativo que hizo corto circuito con sus oraciones: *Cómo te atreves a pedirle a Dios que supla las necesidades de tu familia, cuando hay niños sufriendo hambre en China. ¡Deberías orar por sus necesidades, no por las tuyas!*

Pero todo cambió cuando recibió la revelación acerca del amor ilimitado de Dios. Pues se dio cuenta de las tradiciones religiosas y la falta de conocimiento habían impedido que ella confiara en que Dios supliría todas sus necesidades. Gracias a esa revelación, mi amiga se dio cuenta de cuán insensata había sido. ¿Por qué debía pedirle a Dios sólo por las necesidades de los niños de China? ¡Él es Dios! ¡Él tiene suficiente amor y provisión para todos! ¿Por qué no le pidió por ambas necesidades?

La respuesta era obvia. Desde ese entonces, empezó a abrirle la puerta a la provisión de Dios; confiando en que Él proveería sus necesidades. Al tener fe en la bondad de Dios, ella expandió el alcance de Su ilimitado amor.

Día 62 Amor
sin límites

Un océano de amor

«¡Cuán grande es tu bondad, que has guardado para los que te temen, que has mostrado a los que esperan en ti, delante de los hijos de los hombres!»
(Salmos 31:19).

Dios no sólo tiene un amor ilimitado por nosotros, también desea expresárnoslo al derramar Su bondad de manera ilimitada sobre nuestra vida. No hay nada que lo deleite más que la oportunidad de BENDECIR a Sus hijos obedientes. Tal como lee mos en Salmos 35:27: ¡Dios… ama la prosperidad de Su siervo!" (*AMP*).

F.F. Bosworth, en su maravilloso libro que habla acerca de Jesús el Sanador, nos afirma:

Dios es infinitamente Bueno, y permanece dispuesto a derramar bendiciones sobre Su creación. Él sólo espera que nos dispongamos a recibirlas, le ejemplificare la magnitud de Su bondad: Supongamos que el vasto océano pacífico se elevara tanto que quedara por encima de nosotros; y luego la presión que éste ejerce creara grietas por las cuales el océano se derramara sobre toda la Tierra. De la misma manera Dios quiere derramar Su bondad sobre nosotros.[8]

¡Analícelo! ¡Un océano de la bondad de Dios a la espera de ser derramado en nuestra vida!

Le parece emocionante. Pues eso es lo que nos enseña la Biblia. En la traducción hebrea de Salmos 31:19, se nos enseña: Dios tiene bondades "atesoradas" para nosotros. Ese concepto se afirma en Éxodo 33:18 Cuando Moisés le pide a Dios que le mostrara Su gloria. Los comentarios de los eruditos en la Biblia hebrea nos dan una introspectiva de lo que en realidad sucedió. En el versículo 19 donde Dios le dijo a Moisés: *«…Yo haré pasar todo mi bien delante de tu rostro…»*; en realidad significa: "Es el tiempo de mostrarte toda la bondad divina a un nivel en que puedas asimilarla".

Luego explica que Dios le mostró a Moisés todas las recompensas que tenía atesoradas para el justo. ¡Así es! De acuerdo con los eruditos judíos, Moisés vio una gran cantidad de recompensas guardadas y el SEÑOR le dijo que eran las bondades guardadas para quienes las reciban.

Así es, Dios en Su gran amor tiene buenas cosas guardadas, preparadas y listas para nosotros. Él ha establecido que cada uno de nosotros sea rico más allá de nuestros más grandes sueños, que seamos libres en todas las áreas de la vida, plenos, y con familias integradas. No importa qué necesidad tenga, para Dios no será un reto suplirla. Él tiene reservado más que suficiente para usted, y desea dárselo sólo porque ¡lo ama!

No se asombre, así es Dios. Su amor es tan bueno y sorprendente que literalmente, pasaremos la eternidad recibiendo todo lo que ¡Él tiene para dar!

---

[8] F.F. Bosworth, *Christ the Healer* (Grand Rapids: Fleming Revel, 1973).

Amor
sin límites

Un mejor pacto

«Aleluya. Alabad a Jehová, porque él es bueno; porque para siempre
es su misericordia»
(Salmos 106:1).

Al estudiar acerca de la bondad del amor de Dios, he descubierto que quienes mejor la entienden son los judíos que creen en la Biblia; no los cristianos modernos. Desde el principio, la nación judía ha recibido una gran revelación de lo que significa la bondad de Dios. La Palabra **bueno** en hebreo significa: lo más alto y grande de todo lo que es positivo y deseable.

Para los judíos, la bondad y la gloria de Dios eran prácticamente un sinónimo. La palabra **gloria** en hebreo significa: "cargado con todo lo bueno". El pueblo judío entendió que la bondad del amor de Dios los libertaría, los bendeciría y les daría la victoria. Por esa razón, en cada batalla dependían de la gloria de Dios. Y antes de pelear en contra de sus enemigos, proclamaban: "Porque Dios es bueno y para siempre es Su misericordia".

David Baron era un judío estudioso, quien había entendido muy bien la bondad de Dios. Su comentario acerca del libro de Zacarías contiene algunas de las más poderosas palabras que he leído acerca del amor de Dios:

> La bondad es el tributo que Dios más ama comunicar [o dar] a todo aquel que esté dispuesto a recibirla en su plenitud; es decir, Dios quien es la plenitud universal de la bondad sin principio, sin límite y sin medida. Dios abraza toda excelencia, perfección, bendiciones y todo bien. Éste Buen Dios derrama Su bondad a cada uno de nosotros, de acuerdo a la capacidad que tengamos de recibirlo, no existe ningún límite para Sus dádivas, salvo la capacidad que tengan Sus criaturas de recibirlas…[9]

Si los judíos del Antiguo Pacto esperaban que Dios fuera tan amoroso y bueno con ellos, ¿cuánto más nosotros que somos creyentes del Nuevo Pacto? Deberíamos confiar aún más en la misericordia de Dios hacia nosotros Después de todo en Hebreos 8:6, leemos que tenemos: *«un mejor pacto… establecido sobre mejores promesas».* Nuestro pacto es mucho mejor porque incluye todas las promesas de provisión en lo natural del Antiguo Pacto, más los beneficios espirituales del nuevo nacimiento —incluyendo libertad del pecado y el bautismo del Espíritu Santo— que tenemos en el Nuevo Pacto; y todo es nuestro ¡ahora! Podemos decir con más seguridad que nuestros ancestros judíos: el SEÑOR es bueno, y para siempre es Su misericordia!

---

[9] David Baron, *Zechariah: A Commentary on His Visions and Prophecies* (Grand Rapids: Kregel Publications, 2001) p. 332-333, quote from Edward Bouverie Pusey, *The Minor Prophets: With a Commentary, Explanatory and Practical, and Introductions to the Several Books* (Oxford: J.H. & J. Parker, 1860) p. 562.

Una prueba viviente del amor de Dios

«Bueno es alabarte, oh Jehová, y cantar salmos a tu nombre, oh Altísimo;
anunciar por la mañana tu misericordia, y tu fidelidad cada noche,
el justo florecerá como la palmera; crecerá como cedro en el Líbano.
Plantados en la casa de Jehová, en los atrios de nuestro Dios florecerán.
Aun en la vejez fructificarán; estarán vigorosos y verdes, para anunciar
que Jehová mi fortaleza es recto...»
(Salmos 92:1-2, 12-15).

¿Sabía que Dios desea derramar Su amor y Su bondad sobre usted, no sólo para su propio beneficio; sino también para beneficio de los demás? Quiere bendecirlo a tal punto que desea que usted ¡sea una demostración viviente de Su maravilloso amor!

El SEÑOR siempre ha anhelado bendecir a Su pueblo. A través de las Escrituras, vemos a Dios deseoso de darle a Su pueblo con tal abundancia y victoria, al punto que llame la atención de los impíos. En Jeremías 33:9, les dijo a los israelitas que les demostraría abiertamente Su amor, que serían para Él «... *nombre de gozo, de alabanza y de gloria, entre todas las naciones de la tierra, que habrán oído todo el bien que yo les hago».*

¿Por qué desea Dios que las personas vean y escuchen de Su bondad en nuestra vida? Porque las ama y quiere que lo reconozcan como un Dios bueno y se vuelvan a Él.

Creo que muchas personas se salvarán en los últimos días, debido a que Dios les mostrará de una forma maravillosa Su amor. Y estoy convencida que una de esas formas será a través de LA BENDICIÓN, la cual inundará la vida de los creyentes a tal magnitud que seremos una prueba viviente del amor de Dios.

Quizás le parezca una idea muy irreal, pero ¡tengo una base bíblica para decírselo! En Salmos 92:15, se nos enseña que somos: "[monumentos vivos] para anunciar que El SEÑOR es justo y fiel a Sus promesas" (*AMP*). La palabra **anunciar** significa: "permanecer firme con valentía en contra de lo opuesto para manifestar, anunciar, exponer, explicar, alabar, certificar, declarar, exponer en su plenitud, profesar claramente, practicar y reportar".

En otras palabras, Dios anhela que nuestra vida rebose de Su bondad, a fin de que las personas vean que somos diferentes: no nos preocupamos ni nos deprimimos; al contrario, somos prósperos no importando que la economía esté bien o mal. Nada nos puede sacar de nuestro camino, seguimos hacia delante; BENDECIDOS y llenos del gozo del SEÑOR.

Dios no sólo quiere que nuestros labios lo digan, sino que nuestra propia vida proclame que ¡Él es amor!

Amor
sin límites

Días celestiales en la Tierra

«Por tanto, pondréis estas mis palabras en vuestro corazón y en vuestra alma… para que sean vuestros días, y los días de vuestros hijos, tan numerosos sobre la tierra que Jehová juró a vuestros padres que les había de dar, como los días de los cielos sobre la tierra»
(Deuteronomio 11:18, 21).

A muchos cristianos les han enseñado que Dios desea que tengamos una vida triste y dolorosa en la Tierra. La religión les ha enseñado a creer que Dios no quiere que tengamos nada bueno hasta que lleguemos al cielo. Sin embargo, en la Biblia leemos algo completamente distinto. Dios nos ama tanto que quiere que tengamos ¡días celestiales aquí en la Tierra!

Ese ha sido Su deseo desde el principio cuando les dio el huerto de Edén a Adán y Eva. Lo diseñó para que fuera un lugar perfecto, un lugar de paz en donde pudieran encontrarse con Dios, y en la frescura del día visitarlo. En Génesis 2:9, se explica cuán hermoso era: *«…hizo nacer de la tierra todo árbol delicioso a la vista, y bueno para comer…»*.

Ahora bien, aunque el pecado haya traído destrucción a la Tierra y haya arruinado todas las cosas; el deseo y corazón de Dios no ha cambiado. Él nos ama de la misma forma que amó a Adán y a Eva, y de acuerdo con Timoteo 6:17: *«…nos da todas las cosas en abundancia para que las disfrutemos…»*.

La Tierra, aun en su estado pecaminoso, da prueba de la voluntad de Dios. Sólo dé un paseo por las montañas, y vera lugares de impresionante belleza; viaje a varios lugares, y verá maravillosas cascadas, coloridos cañones, frondosos bosques y hermosos desiertos. En el Salmo 19 leemos que la creación de la Tierra nos habla de forma continua acerca del poder y del carácter de Dios; nos expresa día y noche que Él nos ama, y desea bendecirnos de manera abundante.

Tal vez en el pasado ha sufrido muchas dificultades, al punto que ha llegado a pensar que nunca será feliz. Quizá el diablo haya destruido tanto su entorno que le ha hecho dudar de la bondad y del amor de Dios. Si es así, permítame decirle que Dios no sólo tiene el poder, sino también, el deseo de cambiar su vida.

Mientras continúe buscándolo, y siguiendo el plan de Dios para su vida: *«Aumentará Jehová bendición sobre vosotros»* (Salmos 115:14). A medida que usted permanezca en comunión con Él, vendrán más cosas buenas a su vida. Y si mantiene su mirada en las cosas del cielo, y tiene comunión con Dios; disfrutará de los beneficios que el Señor tiene. Al aprender a vivir en la plenitud de Su amor, experimentará ¡días celestiales aquí en la tierra!

Gloria

Día 66 **Amor**
sin límites

Viviendo en sus sueños

*«¿Quién es el hombre que teme a Jehová? Él le enseñará el camino que ha de
escoger. Gozará él de bienestar, y su descendencia heredará la tierra»*
(Salmos 25:12-13).

Una de las cosas que más valoro acerca del amor de Dios por nosotros, es que Él lo expresa de muchas formas prácticas, no sólo nos dice palabras bonitas y nos expresa sentimientos cálidos; y nos deja peleando solos en contra de los asuntos de la vida. No en Su gran amor, suple todas las necesidades de nuestro espíritu, de nuestra alma y de nuestro cuerpo (Filipenses 4:19).

Tampoco provee sólo lo suficiente para que subsistamos. Al contrario, Dios nos bendice tan abundantemente que si permanecemos apegados a Él, con el tiempo, estaremos rodeados de las cosas más maravillosas que podamos imaginar

En una traducción de Salmos 25:13, se nos enseña que quienes honran al SEÑOR habitarán en la casa de la bondad. Por experiencia propia sé que ¡es un lugar maravilloso! Es muy emocionante vivir cada día disfrutando de la bondad del SEÑOR, que es como vivir en un sueño.

La casa que Kenneth y yo disfrutamos hoy, es la casa de mis sueños. Es una gran demostración del amor de Dios por mí, y cada vez que camino por ella, ¡siento ganas de gritar y bailar! Me parecía tan buena para ser cierto. Recuerdo un día cuando la construcción estaba en su etapa final, caminaba alrededor de ella, y pensé: *Esto es tan hermoso, siento que estoy soñando; de pronto me percaté que eso está en Salmos 126:1-3:*

Cuando Jehová hiciere volver la cautividad de Sion, seremos como los que sueñan.
Entonces nuestra boca se llenará de risa, y nuestra lengua de alabanza; entonces dirán
entre las naciones: grandes cosas ha hecho Jehová con éstos, grandes cosas ha hecho
Jehová con nosotros; estaremos alegres.

Dios ha amado tanto a Su pueblo que Su anhelo ha sido que vivan sus sueños. Es lo que deseaba para los israelitas y es lo mismo que desea para su vida y la mía.

Es muy probable que el lugar en donde vive y las circunstancias que lo rodean no sean lo que ha soñado; sin embargo, no permita que eso lo desanime. Recuerde lo siguiente: ése no es su destino final. Dios tiene preparado algo mejor para usted.

Si usted le cree y le obedece, el Señor se encargará de que usted vaya de un buen lugar a otro mejor, hasta que se encuentre rodeado de la manifestación plena de Su amor. Su bondad lo rodeará, y vivirá en sus sueños.

Amor
sin límites

Un destino divinamente diseñado para usted

"Nosotros somos la [misma] obra de Dios (hechura Suya), recreados [nacidos de nuevo] en Cristo Jesús, a fin de que podamos realizar las buenas obras para las cuales fuimos destinados [de antemano] por Dios [siguiendo el camino que Él preparó con anticipación], con el propósito de que podamos vivir en ellas [gozando de la buena vida que Él arregló y planificó para nosotros]"
(Efesios 2:10, *AMP*)

¿Sabía usted que Dios lo ama tanto que hizo planes para su vida incluso antes de que usted naciera? Él no se percató cuando usted tenía 20 años de edad, y dijo: "Creo que necesito planificar algo para que esta persona haga ahora". Ni tampoco lo dejó sólo para que planificara su propio futuro.

No, Dios ya lo conocía y lo amaba aun antes de que el mundo fuera creado. En Efesios 1:4-5 leemos: "… [en Su amor] Él nos escogió [en realidad nos escogió para Sí mismo como algo que le pertenece] en Cristo antes de la fundación del mundo… Él nos predestinó [nos destinó, planificó en amor por nosotros] para que seamos adoptados (revelado) como Sus propios hijos… de acuerdo con el propósito de Su voluntad" (*AMP*).

Antes de que usted naciera, Dios ya había creado un plan para su vida; —un plan grandioso, lleno de abundancia y de prosperidad. Dios lo diseñó para que cumpliera un llamado y un propósito para usted. Predestinó ciertas cosas para usted las lleve a cabo, y lo creó de tal manera que cuando usted las realice, se sienta feliz y pleno.

Dios lo ama tanto que divinamente lo diseñó para que cumpla el destino que planeó para usted. Cuando usted nació, Dios depositó ciertas habilidades, sueños y deseos en su interior y los cuales lo equiparían con el propósito Él desea que realice. Aún cuando era un pecador, ése plan ya había sido establecido.

Kenneth es un maravilloso ejemplo de esa verdad. Desde que era un niño, su deseo era pilotar aviones y cantar. Ése era su sueño. Por supuesto, antes que él naciera de nuevo, no usó esos talentos y sueños de la forma que Dios deseaba. Sin embargo, después que Dios lo llamó a predicar, el verdadero propósito detrás de sus dones se tornó claro. El hecho de que él pueda pilotar un avión nos ha permitido viajar alrededor del mundo predicando el evangelio. Hemos ido a lugares que son muy difíciles de llegar. Su voz también ha sido parte de su ministerio y una bendición para el Cuerpo de Cristo.

Ya sea que usted lo sepa o no. Lo mismo que ocurrió en la vida de Kenneth; puede ocurrir en su vida. Dios lo ama y ha predestinado que usted sea BENDITO, y lleve esa BENDICIÓN a los demás. Permanezca buscando a Dios y ¡descubrirá la calidad de vida que Él planeó para usted!

Amor
sin límites

Dios puede llevar a cabo Su plan

"Estamos seguros y sabemos que [Siendo Dios nuestro socio] todas las cosas nos ayudan [y encajan en un plan] buenas para los que aman a Dios y fueron llamados de acuerdo con Su diseño y propósito"
(Romanos 8:28, *AMP*).

Todos vivimos épocas en las cuales pareciera que no existe un plan o una dirección clara para nuestra vida. Sin embargo, si amamos al SEÑOR y nos entregamos a Él; aun en esos momentos, podemos estar seguros que está obrando Su maravilloso y amoroso plan para nosotros. Nos podemos regocijar en ese plan, aún antes que lo veamos; sabiendo que Dios: «...*es poderoso para hacer todas las cosas mucho más abundantemente de lo que pedimos o entendemos, según el poder que actúa en nosotros*» (Efesios 3:20).

Por ejemplo, cuando yo tenía 19 años de edad; no pasaba por mi mente lo que Dios deseaba hacer en mi vida, era mucho más de lo que yo podía imaginar. En ese tiempo, mi sueño era llegar a ser una sobrecargo de alguna aerolínea. Luego Dios empezó a revelarnos Su plan a Kenneth y a mí. Dios nos dijo que nos llevaría a predicar a las naciones, no teníamos idea de cómo ocurriría. Pero Dios lo hizo una realidad, a medida que nosotros le seguimos por fe, un paso a la vez.

Por fe son dos palabras muy importantes. Usted tiene que creer que Dios lo ama y tiene un plan para su vida, de otra forma no podrá vivir por fe. Preocuparse y titubear de forma constante, impedirá que reciba la sabiduría que necesita del SEÑOR.

¿Cómo puede obtener fe, para creer que Dios llevará a cabo Su plan en usted? ¡Sólo lea la Biblia! Ahí descubrirá que Dios es un maravilloso planificador. Usted podrá darse cuenta que desde la Creación, Él ha trabajado en ciertos eventos programados; y se han cumplido en el lugar y tiempo exacto. La Biblia prueba que Dios nunca falla; y jamás llega tarde.

Por ejemplo, en Génesis 15:13-14, Dios les prometió a los israelitas que los sacaría de Egipto después de 400 años. Los estudiosos afirman que Dios aún mantiene esa agenda al día. Cuando la nación judía fue esclava de Babilonia en los tiempos de Jeremías, Dios ya tenía planeada su liberación; y les dijo que después de 70 años, los llevaría de vuelta a su propia tierra, y eso fue exactamente lo que hizo.

Jesús nació en el tiempo señalado, y también regresará en el tiempo señalado; nunca llegará tarde. Cuando hablamos del plan de redención, el Dios Todopoderoso siempre llega a tiempo.

Con esas revelaciones, considere lo siguiente: El mismo buen Dios que planeó esos eventos, es el que amorosamente ha planeado su vida. Basado en Su historial, creo que Él tiene el poder de llevar a cabo ese plan, ¿y usted?

Dios siempre tiene un plan

"Y si alguno de vosotros tiene falta de sabiduría, pídala a Dios, el cual da a todos generosamente y sin reproche, y le será dada"
(Santiago 1:5, *NAS*).

El amor de Dios es tan grande y lleno de misericordia que aunque usted le desobedezca y se salga del camino, Él estará allí para ayudarlo y traerlo de vuelta. Lo perdonará, y le dará otra oportunidad para que lleve a cabo el plan divino que Él tiene para usted.

Incluso si se comporta como un impío (aunque le recomiendo que no lo haga, ya que le causará mucho dolor), al momento de arrepentirse Dios lo recibirá, jamás le dirá: *"Aguarda un momento amigo. Creo que te tendré bajo observación por un tiempo, y veré si en realidad eres sincero antes de empezar a bendecirte"*.

No, Dios conoce su corazón, y si usted regresa a Él con sinceridad; de inmediato, comenzará a bombear de Su bondad en su vida nuevamente. Como en la historia del hijo pródigo, si usted regresa a la casa del Padre, Su misericordia estará ahí para recibirlo, y le expresará: "Bienvenido a casa hijo. Bienvenida a casa hija". Pondrá un manto de justicia sobre su espalda y el anillo de la familia en su dedo, porque ¡Él es tan amoroso y bueno!

Es más, no importa el problema en que se encuentra envuelto, Dios tiene un plan para sacarlo de allí; y empezará a traerlo de vuelta al diseño original que tenía para su vida.

Una mañana, me levanté y escuché las siguientes palabras en mi corazón: ¡Dios siempre tiene un plan! ¿No es eso maravilloso? Aun cuando para nuestra mente natural parezca que ya no hay solución, las cosas se ven que ya no tienen solución, con Dios siempre hay esperanza y un buen futuro por delante. Sin embargo, si usted se ha metido en algún problema por desobedecer los mandamientos de Dios, esto quizá tome un tiempo para que Dios lo saque por completo de éste, y necesitará recibir sabiduría de parte de Dios para hacer los cambios necesarios. Usted puede tener la seguridad de que al pedirle sabiduría y ayuda, Él no lo reprenderá ni lo condenará ni lo criticará, nunca le hablará mal; al contrario, lo recibirá y le dará lo que necesite para regresar al camino de su destino divino.

Cuando usted comprenda qué tan bueno es ese destino, no deseará andar fuera de éste y se acercará más al Señor; pues no querrá perderse nada de lo que Él tiene guardado para su vida. Terminará la carrera que Él le puso por delante, sabiendo que le escuchará decir al final de la carrera: "Bien hecho". Usted andará a la luz de Su amor en cada paso del camino.

Gloria

Día 70

Amor
sin límites

Los favoritos de Dios

«Pero alégrense todos los que en ti confían; den voces de júbilo para siempre, porque tú los defiendes; en ti se regocijen los que aman tu nombre. Porque tú, oh Jehová, bendecirás al justo; como con un escudo lo rodearás de tu favor»
(Salmos 5:11-12).

La Biblia usa diferentes palabras para describir el amor de Dios tiene hacia nosotros, y una de las más maravillosas es: **favor**. Favorecer a alguien significa: "disfrutar y deleitarse juntamente con la persona, disfrutar en hacerle bien, tener preferencia por alguien por encima de los demás".

¿Sabía que como hijo de Dios, usted es uno de Sus favoritos? Él no sólo lo acepta o lo tolera, también se complace y se deleita en usted, disfruta hacer cosas buenas por usted; lo prefiere más que a los animales o cualquier otra cosa en el universo que Él creo. Imagínese esto: ¡lo prefiere más que a sus ángeles! (Hebreos 2:16).

Dios no lo favorece sólo de vez en cuando, o en algunos lugares. Si mantiene su comunión con Él, Sus favores lo rodearán todo el tiempo… en todos los lugares a donde vaya… las 24 horas del día.

Levántese por las mañanas pensando en ese favor, no con temor hablando de cosas malas que puedan sucederle. Cultive el hábito de decir cosas como: "A donde yo vaya, el SEÑOR me favorecerá, cosas buenas me sucederán y la BENDICIÓN me alcanzará; pues ¡soy uno de los favoritos de Dios!".

Mientras más lo confiese, más lo creerá; y mientras más crea, más podrá recibir del amor de Dios.

Aunque al principio le parezca difícil ¡continúe declarándolo! Confiese cuánto Dios lo ama y lo favorece, hable con el SEÑOR acerca de ese favor (¡a Él le bendice que usted reciba Su amor!). Cuando el diablo quiera persuadirlo y le diga que Dios no se interesa en usted o que no hará nada bueno por su vida, que Dios no lo sanará y que no suplirá sus necesidades, que Dios ni nadie más lo ama; dígale al diablo que Dios lo ama y lo favorece.

En algunas ocasiones, podría parecer que el diablo tiene razón, debido a las circunstancias que usted está atravesando. Pero ¡no se ponga de acuerdo con él! Ciérrele la boca y póngalo en su lugar, declarando la PALABRA: "Escucha diablo, estás celoso porque yo soy uno de los favoritos de Dios; y ¡tú no! ¡Estás enojado porque Dios se complace en BENDECIRME y prosperarme!".

Después grite y regocíjese tal como la Biblia enseña. Y verá como el diablo huirá, y luego ¡podrá ver la realidad de la gracia de Dios que lo rodea!

Amor
sin límites

Somos libres por Su gracia

«De modo que si alguno está en Cristo, nueva criatura es; las cosas viejas pasaron; he aquí todas son hechas nuevas. Y todo esto proviene de Dios, quien nos reconcilió consigo mismo por Cristo, y nos dio el ministerio de la reconciliación; que Dios estaba en Cristo reconciliando consigo al mundo, no tomándoles en cuenta a los hombres sus pecados… Al que no conoció pecado, por nosotros lo hizo pecado, para que nosotros fuésemos hechos justicia de Dios en él»
(2 Corintios 5:17-19, 21).

Aunque la Biblia manifiesta de forma clara que somos los favoritos de Dios, existen cristianos que tienen problemas en creer, pues están llenos de recuerdos de las cosas malas que hicieron. Piensan en los errores o pecados que han cometido, y se preguntan: *¿Cómo es posible que Dios se deleite conmigo? O ¿Cómo podría un Dios Santo complacerse con un pecador que ha actuado de forma impura como yo?*

Él lo puede hacer porque ya no lo ve como un pecador, pues al momento que creemos en Jesús y lo recibimos con nuestro Señor; Dios lava nuestro pasado con la sangre de Jesús, y reemplaza la pecaminosidad que había en nosotros con Su justicia. Desde ese momento, Él nos considera Sus hijos (¡que en realidad somos!). Y como hijos amados, nos favorece.

Años atrás, Kenneth y yo recibimos la carta de un hombre que prueba esta verdad. Este hombre era un criminal que había pasado muchos años en prisión por el delito de violación de niños. Pero cuando tenía 70 años de edad, se encontraba viendo uno de nuestros programas de televisión; le pidió a Jesús que lo salvara, y nació de nuevo.

Durante los siguientes meses, continuo mirando los programas televisivos y leyendo la Biblia; aprendiendo todo lo que podía ya que estaba hambriento de Dios. Deseaba dar testimonio de lo que el SEÑOR había hecho en él, y fue así como le escribió una carta al juez que lo había sentenciado contando lo que le había sucedido. Aunque él no pidió nada, el juez se conmovió tanto por la carta que lo ayudó a acortar la sentencia que tenía que pasar en prisión. Meses después, el prisionero de 70 años quien había pasado más tiempo en prisión que fuera de ella, finalmente fue puesto en libertad. ¿Por qué? ¡Por el favor de Dios!

Recuerde esa historia si en alguna ocasión llegará a pensar que ha hecho algo tan malo que ha perdido para siempre su lugar como uno de los favoritos de Dios. Recuerde, no existe nada que usted pueda hacer que sea más fuerte que el amor de Dios, su alcance es tan grande que no importa qué tan perdidos nos encontremos; al momento en que mencionamos Su Nombre, Él está ahí para perdonarnos, cambiarnos y colocarnos en el lugar a donde pertenecemos como Sus hijos: *en medio del favor de Dios.*

Gloria

Día 72 Amor sin límites

Un corazón amoroso, y una mano abierta

«Regresen al Señor su Dios, porque Él es misericordioso y compasivo, lento para la ira y grande en misericordia»
(Joel 2:13).

Repetidamente las Escrituras nos enseñan que Dios es misericordioso, pero muy a menudo se nos olvida su verdadero significado. Una persona misericordiosa es alguien que está dispuesta a realizar lo que usted desea, a hacerle los favores que usted le pida y como Santiago 3:17 lo describe, está: *"dispuesto a ceder ante los demás"* (NTV).

Mi abuelo era así, todos los niños de la familia lo llamábamos *pop*, lo amábamos tanto debido a que él disfrutaba ser bueno con nosotros. Si le pedíamos dinero, buscaba en las bolsas de su pantalón y nos daba lo que tenía. A todos nos enseñó a conducir y dejaba que manejáramos su *pick-up* al pueblo (aunque no teníamos licencia de conducir), mientras él supiera que no nos lastimaríamos, nos dejaba hacer lo que quisiéramos.

Mi abuela era muy diferente. Siempre trato de detener a mi abuelo, pero no lo pudo lograr; a pesar de sus protestas, mi abuelo terminaba dándonos lo que le pedíamos. Esa era su naturaleza, no podía evitar ser bueno con nosotros.

Dios actúa de la misma forma, no es difícil conseguir que Él haga lo que le pedimos; al contrario, le gusta decirnos sí y ¡está dispuesto a mostrarnos Su favor!

¿Sabía usted que muchas personas tienen pasatiempos como pescar, jugar golf, y siempre buscan una oportunidad para llevarlos a cabo? Entonces digamos que el pasatiempo de Dios es hacer buenas cosas para Sus hijos, busca constantemente oportunidades para BENDECIRNOS y darnos lo que queremos.

En Eclesiastés 3:12-13 se nos muestra que: *«...no hay para ellos cosa mejor que alegrarse, y hacer bien en su vida; y también que es don de Dios que todo hombre coma y beba, y goce el bien de toda su labor».* Dios desea darles buenos regalos a las personas, pues Él ama y disfruta hacerlo; uno de los nombres en hebreo para Dios en el Antiguo Testamento es: "¡Jehová el Bueno!"

Por esa razón, podemos llegar ante Su trono de gracia, y recibir lo que necesitamos de Él; pero debemos llegar con fe, no con temor. Nuestro Padre celestial no tiene un corazón duro ni tacaño, al contrario, tenemos un Padre que es fácil de persuadir; y nos recibe con un corazón amoroso y con Sus manos abiertas. ¡Tenemos un Padre que se deleita siendo bueno con nosotros!

Amor
sin límites

Buena voluntad hacia las personas

«Mas yo en tu misericordia he confiado; mi corazón se alegrará en tu salvación. Cantaré a Jehová, porque me ha hecho bien»
(Salmos 13:5-6).

En la Biblia se nos enseña que las palabras *misericordia y amor* casi siempre tienen el mismo sentido, pues provienen de la misma palabra en hebreo. Por tanto, cada vez que Dios asegura amarnos, también está afianzando Su misericordia hacia nosotros. Nos dice que a pesar de nuestros errores y fallas, Él desea tratarnos amable y generosamente.

La mayoría de religiones—incluso las basadas en el cristianismo— han retratado una imagen diferente de Dios. Los predicadores amargados, muy a menudo lo presentan como un Dios que enojado con la raza humana, y que anda buscando furiosamente alguien a quien castigar; les dan a las personas la impresión de que Dios está de mal humor, que deben ser muy cautelosos con Él y que deben evitar enojarlo. Hace unos años, un cantante de música *country* escribió una canción que hablaba acerca de que Dios iba a castigarnos.

Si ese tipo de tradiciones han hecho que usted sea cauteloso al acercarse a Dios, déjeme informarle que en la Biblia no se enseña nada de esas cosas ni tampoco nos presenta un Dios que anda buscando "atraparnos" para hacernos daño de alguna forma, y mucho menos que Dios está de mal humor.

Al contrario, nos enseña que Dios es misericordioso y que se mantiene de buen ánimo. Usted no tiene por qué preocuparse de encontrar un Dios pasando un mal día, Él no tiene ese tipo de días. ¡Su misericordia es para siempre!

Por supuesto, no es sólo la tradición cristiana la que describe a Dios como enojado y vengativo. Los dioses impíos son así y esa descripción es exacta para ellos, pues no son dioses en lo absoluto; son espíritus demoníacos. A través de la historia, las personas que adoraban a los demonios, creían que tenían que lastimarse ellos mismos o lastimar a alguien que amaban de alguna forma para poder apaciguar el enojo del "dios". Aunque otros dioses páganos no eran tan duros, todos necesitaban algo; ya sea ofrendas de frutas o regalos para tenerlos contentos.

¡Pero nuestro Dios no es así! ¡Él ya es feliz! No tenemos que hacer ninguna penitencia o sacrificio para calmarlo. Dios mismo se dio en sacrificio vivo por el pecado. Cuando recibimos ese sacrificio por fe, estamos abriéndole el camino para que haga lo que desea y tenga misericordia de nosotros, que nos trate bien y traiga: "paz a la tierra y Su buena voluntad hacia las personas!"

Amor sin límites

Una ley inspirada por el amor

«Guarda, por tanto, los mandamientos, estatutos y decretos que yo te mando hoy que cumplas. Y por haber oído estos decretos y haberlos guardado y puesto por obra, Jehová tu Dios guardará contigo el pacto y la misericordia que juró a tus padres. Y te amará, te bendecirá y te multiplicará...»
(Deuteronomio 7:11-13).

Cuando era joven no asistía mucho a la iglesia. (Traté de hacerlo, pero no era tan buena en eso). Cuando asistía, lo único que enseñaban las prohibiciones establecidas por Dios. No recuerdo haber escuchado a alguien hablarme acerca del amor de Dios, entonces imaginé que Él era alguien que sólo hacía reglas y que no quería que tuviera ni un poco de diversión.

Ahora sé que yo no era la única que tenía esa idea errónea. Muchos lectores de la Biblia han visto la lista de leyes que Dios dejó en el Antiguo Testamento, piensan que las estableció porque es un Dios duro y exigente; pero nada podría estar más lejos de la verdad.

Lo que sucedía en ese tiempo de la historia es que Dios se encontraba en un dilema. Debido a la desobediencia del hombre, el diablo había obtenido una licencia para operar en la Tierra. Adán y Eva le abrieron la puerta para que pudiera hacer su voluntad sobre la humanidad, y fue puesto en libertad para matar, robar y destruir.

La raza humana había caído bajo la maldición del pecado, y Dios quería proveerles una salida. A pesar de su rebeldía, Él aún los amaba y deseaba abrir un camino para que regresaran a Sus alas protectoras; a fin de darles refugio, protección y provisión una vez más. Ésa fue la razón por la cual Él les dio la ley.

La ley del Antiguo Testamento era verdaderamente asombrosa. Tenía mandamientos espirituales como: "No tendrán dioses ajenos delante de mí", y si hubieran obedecido; habrían evitado que las fuerzas demoníacas los dominaran y los lastimaran. Otro mandamiento era "No matarás", y esto prevenía que la gente se lastimara y se dominara entre ellos mismos.

La ley levita también dio instrucciones que les permitía vivir seguros en un mundo que había sido corrompido por el pecado. La historia revela que la ley que Dios les dio, como la de lavarse las manos y la purificación; protegía al pueblo de Dios de las enfermedades y dolencias que destruían a otras naciones. Y cuando se enfermaban, tenían mandamientos que podían seguir, también estaban los sacerdotes para que pudieran recibir la sanidad de parte de Dios.

Además, Dios les habló de la redención venidera que proveería por medio de la sangre de Jesús, les dio la promesa de la libertad espiritual que vendría. ¿Por qué? Porque en ese entonces Dios era, y continúa siendo hoy en día, un Dios bueno. Le ha abierto un camino a las personas de todos los lugares y de todos los tiempos para que entren en la BENDICIÓN. Aún en ese entonces, Él era un Dios de amor.

Amor
sin límites

Él sigue siendo nuestro Salvador

«Y saliendo Jesús, vio una gran multitud, y tuvo compasión de ellos, y sanó a los que de ellos estaban enfermos»
(Mateo 14:14).

Los cálidos sentimientos y las buenas emociones no son malos. Cuando atravesamos por alguna necesidad, nos sentimos bien cuando llega alguien afectuoso y con cálidos sentimientos hacia nosotros, pero lo apreciamos aún más cuando esas emociones motivan a las personas a ayudarnos.

Por esa razón la compasión de Dios es tan maravillosa. No solo es un sentimiento pasivo, ni tampoco una emoción que lo hace sentir pena por nosotros cuando nos han herido. No, la palabra **compasión** se usa en la Biblia como una palabra activa; la cual describe un profundo y ansioso anhelo que obliga a que Dios actúe a nuestro favor.

Vemos ese hecho claramente ilustrado en la vida de Jesús, las Escrituras en repetidas ocasiones nos enseñan que Dios fue "movido por compasión". Y cuando la compasión de Dios era movida por medio de Jesús, se suplían las necesidades. La compasión hizo que Jesús alimentara a multitudes que se encontraban hambrientos, que sanara al enfermo, que echara fuera los demonios y hasta resucitar a muertos.

Ese tipo de compasión es el mismo que Dios tiene por usted. Es la clase de amor que usted tanto anhela para ser libre y BENDECIDO. La compasión fue la que motivó a Dios a enviar a Su Primogénito a morir por usted, también lo motivó a enviar a Jesús para pagar por sus pecados, por sus enfermedades y por sus dolencias, a tomar el castigo que usted merecía; a fin de que usted obtuviera justicia para su espíritu, paz para su alma y sanidad para su cuerpo.

Quizás usted diga: "Sé que lo hizo, pero lo llevó a cabo por todo el mundo, no sólo por mí".

Eso es cierto, sin embargo, Su compasión es tan personal y tan fuerte que si usted hubiera sido el único en todo el mundo que deseaba recibirlo, aun así Dios habría enviado a Jesús a morir en la cruz sólo por usted.

Hace algunos años, Kenneth y yo nos encontrábamos grabando un programa de televisión navideña; y meditaba acerca del amor de Dios. Mientras hacíamos la invitación, el Espíritu Santo me expresó lo siguiente: *No estás en el mundo sin un Salvador*. Éstas eran buenas nuevas para nosotros cuando aún éramos pecadores y necesitábamos nacer de nuevo. Pero aún son buenas nuevas para nosotros hoy. Jesús sigue siendo nuestro Salvador. Cuando lo buscamos en fe, la compasión de Dios se moverá a través de Jesús en nuestra vida para sanarnos, libertarnos y ayudarnos. ¡La compasión aún está haciendo que Dios supla todas nuestras necesidades!

Amor
sin límites

La fe abrirá la puerta

«Justificados, pues, por la fe, tenemos paz para con Dios por medio de nuestro Señor Jesucristo; por quien también tenemos entrada por la fe a esta gracia en la cual estamos firmes, y no nos gloriamos en la esperanza de la gloria de Dios»
(Romanos 5:1-2).

Algunas veces, las personas dudan acerca del amor de Dios; y esto se debe a que han tenido experiencias dolorosas en la vida, y piensan: *Si en realidad Dios se interesara en mí, ¿Por qué permite que esas cosas dolorosas me pasen? ¿Por qué no hace algo para socorrerme?*

Dios anhela ayudarnos en cada momento de necesidad. En Su gran amor, nos dejó la provisión para hacerlo. Sin embargo, para que Él pueda darnos esa provisión de forma legal, es necesario que nos coloquemos en un lugar (como dijo un escritor) "donde la misericordia de Dios nos pueda alcanzar sin que Él viole los gloriosos principios de Su gobierno moral".

A diferencia del diablo, Dios no le impone su voluntad —por muy buena que ésta sea— a ningún individuo. No nos obliga ni nos engaña para recibirla, Dios espera que le abramos la puerta. Como Jesús dijo en Apocalipsis 3:20: *«He aquí, yo estoy a la puerta y llamo; si alguno oye mi voz y abre la puerta, entraré a él, y cenaré con él, y él conmigo».*

Algunos piensan que le abren la puerta a Dios al quejarse, llorar y por desear que Él haga algo para cambiar la situación en la que se encuentran. Pero no es así como la Biblia enseña que tenemos acceso a la gracia y a LA BENDICIÓN de Dios. ¡Solo le abrimos la puerta a la bendición por medio de la fe!

¿Qué es fe? Es creer, hablar y actuar conforme a la PALABRA de Dios.

En realidad, creo que una razón por la cual es imposible agradar a Dios sin fe (Hebreos 1:16) es porque Él desea bendecirnos; y se necesita fe para recibir la BENDICIÓN. Cuando le negamos el paso, ya sea por la duda o la incredulidad, limitamos el amor de Dios y no puede expresar en nuestra vida la gran compasión y deseo de hacernos el bien que siempre se agita en Él. Y eso no lo complace.

Si usted desea agradar y deleitar al Padre celestial, no cuestione más el amor que Él le tiene. Dé un paso al frente en Su PALABRA por fe, colóquese en una posición en donde Dios pueda protegerlo y proveerle, sin violar los principios de gobierno que Él ha establecido en Su PALABRA. Por experiencia propia, le puedo decir que al obedecer; las demostraciones de Su amor y de su misericordia lo cubrirán. Sus BENDICIONES lo seguirán hasta que haya alcanzado el límite de lo que usted espera.

¡Abra la puerta de par en par, y deje que Su amor inunde su vida!

Amor
sin límites

Una demostración eterna de amor

"Pero Dios, que es tan rico en misericordia, a causa de y para satisfacer Su grandioso, maravilloso e intenso amor con el cual Él nos amó, aun cuando estábamos muertos en [nuestros propios] delitos y pecados, Él nos dio vida en comunión y unión con Cristo… Él hizo esto para demostrar a través de los siglos venideros las inconmensurables [las ilimitadas, las sobrepasantes] riquezas de Su gracia (Su favor inmerecido) en Su bondad de corazón hacia nosotros en Cristo Jesús"
(Efesios 2:4-5,7, *AMP*).

Estos versículos, nos dan una idea asombrosa de la grandeza del amor de Dios. Revelan que Él nos salvó, no sólo del infierno; sino también para mostrarnos la naturaleza ilimitada de Su amor. Lo hizo porque deseaba bendecirnos eternamente y demostrarnos Su bondad.

¡Medite al respecto! ¡El más grande deseo de Dios es derramar Su misericordia sobre usted! Quiere dar a conocer Su amor en su familia, en su iglesia, en su ciudad. Él anhela que Su bondad y Su amor inunden su vida, a tal punto que se desborde sobre las personas que lo rodean. Dios desea que lo vean a usted, y exclamen: "¡Cielos! ¡Dios en realidad es bueno! Él es el Dios cuyo amor no conoce límites".

Ése es el corazón de Dios, y por esa razón. Él anhela mostrar Su amor, Su misericordia y Su compasión sin límites.

Es más, ése siempre será Su deseo. En las Escrituras se nos enseña que por la eternidad y por los siglos, Dios nos seguirá mostrando Su amor. La tradición religiosa piensa algo diferente: piensa que Dios sólo quería demostrar ese amor mientras Jesús estaba en la Tierra… o hasta que el último de los apóstoles murió… o hasta que se termino de escribir el libro de Hechos. Pero, ¡alabado sea Dios! La Biblia no enseña eso.

Nos enseña que Él continuará mostrándonos Su amor en los años venideros muestra que el amor de Dios no tiene límites, Dios no se levantará una mañana diciendo: "He terminado de derramar Mi amor. Ya no sanaré a las personas, ni haré milagros ya no hare nada al respecto".

Eso nunca sucederá. Cada día de su vida Dios estará ahí, deseando demostrarle Su amor, al suplir sus necesidades y al bendecirlo más allá de sus preciados sueños. Incluso cuando su vida acabe y vaya al cielo, Dios seguirá mostrándole Su amor. Desde la eternidad Su intención ha sido ser una demostración viva de Su inmensurable amor.

Amor
sin límites

La elección que trae recompensas eternas

«Si, pues, habéis resucitado con Cristo, buscad las cosas de arriba, donde está Cristo sentado a la diestra de Dios. Poned la mira en las cosas de arriba, no en las de la tierra. Porque habéis muerto, y vuestra vida está escondida con Cristo en Dios. Cuando Cristo, vuestra vida, se manifieste, entonces vosotros también seréis manifestados con él en gloria. Haced morir, pues, lo terrenal en vosotros»
(Colosenses 3:1-5).

Una razón por la que tambaleamos en nuestra vida de amor, es porque le damos mucha importancia a las cosas de la vida. Por ejemplo, nos irritamos demasiado cuando alguien mancha nuestro mueble favorito, o arremetemos en enojo contra alguien porque abolló nuestro automóvil nuevo.

Humanamente hablando, es entendible; pero en la economía de Dios es un grave error. La razón es muy simple: las cosas naturales de este mundo son temporales, y las posesiones materiales dentro de unos cuantos meses o años ya no las tendremos; sin embargo, la recompensa por andar en el amor durará para siempre.

Usted sabe que el día de la recompensa está por llegar. La Biblia nos enseña: *«Porque es necesario que todos nosotros comparezcamos ante el tribunal de Cristo, para que cada uno reciba según lo que haya hecho mientras estaba en el cuerpo, sea bueno o sea malo»* (2 Corintios 5:10). Ese día, el SEÑOR no nos recompensará por haber cuidado bien nuestros muebles, ni tampoco nos elogiará por el perfecto estado de nuestro vehículo; ésas cosas no importarán nada. Él examinará nuestra vida para ver qué tan bien cumplimos el mandamiento que nos dio. Es decir, juzgará si nos hemos amado los unos a los otros.

Si mantiene en mente esa verdad, andará en amor de manera continua. Mantendrá su carne bajo control si recuerda que esta vida simplemente es una oportunidad para sembrar semillas para su vida eterna. Mientras tanto, Dios proveerá ricamente todas las cosas para que las disfrute en su estadía sobre la Tierra, éstas solo son representaciones con defectos de LA BENDICIÓN de Dios que está por llegar, son parte de esta creación caída; y no importa cuánto tiempo y energía usted invierta en ellas, nunca serán perfectas.

Así que no se rinda ante las cosas de esta vida, no se encariñe con ellas, mantenga su corazón en Dios, y nunca —jamás— trate las cosas con más amor que a las personas.

Cuando se sienta tentado en hacerlo, tome autoridad sobre su carne y póngala en su lugar. Recuerde que el día del juicio está por venir, por tanto elija lo que le traerá recompensas eternas.

Amor
sin límites

La cosecha del ciento por uno que se recibe del amor

«Entonces Pedro comenzó a decirle: He aquí, nosotros lo hemos dejado todo, y te hemos seguido. Respondió Jesús y dijo: De cierto os digo que no hay ninguno que haya dejado casa, o hermanos, o hermanas, o padre, o madre, o mujer, o hijos, o tierras, por causa de mí y del evangelio, que no reciba cien veces más ahora en este tiempo; casas, hermanos, hermanas, madres, hijos, y tierras, con persecuciones; y en el siglo venidero la vida eterna»
(Marcos 10:28-30).

Cualquiera que haya obedecido el mandamiento de Jesús de andar en amor, ha descubierto que la obediencia, algunas veces, puede parecer muy costosa. Los sacrificios son inevitables pues habrá ocasiones en que las personas querrán aprovecharse de usted o situaciones en que el amor requerirá que usted renuncie a sus derechos. Habrá veces cuando, por amor, tendrá que darle las posesiones, que ha atesorado o disfrutado, a alguien que padece necesidad, y todo por amor.

¿Cómo podría hacer esos sacrificios sin sentir amargura o resentimiento? ¿Cómo podría evitar el síndrome de mártir de recordarles a las personas cuánto ha sacrificado por el amor?

Haciéndolo con gozo, confiando en la promesa que Jesús expresó en Marcos 10:30. Y creyendo que LA BENDICIÓN activará sus riquezas, a tal punto que no se comparará con su sacrificio. ¡Atrévase a creer por una cosecha del ciento por uno!

Por ejemplo, si el amor le pide el dinero que usted ha ahorrado para comprarse un carro nuevo y le indica que se lo dé a un hermano que no tiene carro; usted se lo dará y se regocijará creyendo que Dios le proveerá las finanzas necesarias para comprar un carro aún mejor que el que tenía planeado comprar. Si usted escoge vivir en amor, y se rehúsa a pelear con su compañero de trabajo porque a él le dieron la promoción que usted se merecía; puede estar seguro y feliz que pronto vendrá una promoción aún mejor directamente de la mano de Dios.

Sin importar los convenientes que aparentemente se presenten o las pérdidas que parezca tener en el juego de la vida. Si permanece viviendo en amor y creyéndole a Dios, Él procurará que usted sea el ganador. El Señor reemplazará lo que usted ha sacrificado por su causa con algo cien veces mejor.

En vez de sentirse amargado y resentido, estará agradecido por las oportunidades de rendirle su vida al Maestro. Al final, descubrirá que andar en amor no cuesta pues hacerlo le brinda riquezas que no sólo duran en ésta vida; sino también en la venidera.

Amor
sin límites

Tome un curso intensivo del amor

«Canten y alégrense los que están a favor de mi justa causa, y digan siempre: Sea exaltado Jehová, que ama la paz de su siervo. Y mi lengua hablará de tu justicia y de tu alabanza todo el día»
(Salmos 35:27-28).

Algunas personas se abruman cuando se dan cuenta que la fe abre la puerta para que Dios obre en sus vidas, y se molestan al darse cuenta que el amor se manifiesta al máximo, cuando creen con todo el corazón Su PALABRA y la confiesan con su boca.

Quizás se deba a que no están seguros de poder cambiar. Han vivido por mucho tiempo con duda en su corazón y con incredulidad en sus labios; al punto que sienten temor, y piensan que les tomará mucho tiempo cambiar las cosas.

Si usted tiene esos pensamientos, déjeme asegurarle que su temor no tiene ningún fundamento. Usted puede abrirle la puerta de par en par a la fe de inmediato, al tomar: "un curso intensivo" en el amor de Dios. Al entregarse de todo corazón a Su Palabra, invirtiendo más tiempo en la lectura y meditación en lo que las Escrituras nos enseñan acerca de Su bondad; también puede hacer lo que el Salmo 35 nos enseña y manténgalo de continuo en su corazón y en su boca.

Cuando se encuentre poniendo los platos en el lavaplatos, puede alabarlo por Su misericordia, o si va manejando su vehículo hacia el trabajo; puede gritar, cantar y decir: ¡"Te exaltaré, SEÑOR, porque te places en mi prosperidad. Te doy gracias, SEÑOR, por bendecirme!"

Si Kenneth y yo pudimos hacerlo, usted también. Cuando aprendimos que la fe le abre la puerta a la BENDICIÓN de Dios, lo hicimos. El primer año que aprendimos acerca de la fe, no hicimos nada más que leer, estudiar y escuchar enseñanzas de la PALABRA. No estoy diciendo que ignoramos nuestras responsabilidades, pues continuamos trabajando y cuidando de nuestra familia; pero cuando no estábamos ocupados con estas actividades, nos entregábamos por completo a la PALABRA de Dios.

Llegué a llenarme tanto de la PALABRA que ésta fluía de mí con facilidad. Recuerdo una ocasión en particular, me encontraba en el patio tendiendo la ropa y pensando en la PALABRA. El teléfono sonó, y yo estaba tan emocionada y llena de fe que cuando contesté el teléfono dije: "¡Aleluya!", en vez de decir hola.

Usted puede hacer lo mismo, en vez de abrirle la puerta sólo un poco a la fe; ábrasela de par en par. Tome el picaporte de la puerta con ambas manos y ambos pies, y ábrale la puerta a la PALABRA. Tome un curso intensivo llenando su corazón y su boca con la PALABRA del amor de Dios, se sorprenderá de cuán tan rápido las cosas pueden cambiar.

Amor
sin límites

La inagotable gracia

«Porque por gracia sois salvos por medio de la fe; y esto no de vosotros, pues es don de Dios»
(Efesios 2:8).

Una de las cosas más maravillosas acerca de la gracia de Dios y de Su favor hacia nosotros es que nunca se acaba. Nos mantiene en un constante estado de salvación. Cada vez que la necesitamos, siempre está ahí para nosotros y recuerde que la necesitamos todo el tiempo.

No somos salvos porque lo hayamos ganado o porque lo merezcamos, sino porque Dios nos ama y es bueno. En realidad, ésa es la razón por la que obtenemos cada una de las BENDICIONES que Dios nos ha dado. Nadie ha merecido la bondad de Dios, excepto el SEÑOR Jesús.

Si dependiera de nosotros, no mereceríamos nada más que a juicio y castigo. Pero gloria a Dios, no depende de nosotros; sino del precio que Jesús pagó por nuestros pecados, a fin de darnos Su justicia.

Eso es lo mejor que la gracia ha hecho, y fue Dios quien nos dio esa gracia cuando nos encontrábamos en lo peor de nuestra vida; nos la dio aun cuando estábamos muertos espiritualmente y viviendo en pecado. Pero eso no fue todo, en Romanos 8:32 leemos: *«El que no escatimó ni a su propio Hijo, sino que lo entregó por todos nosotros, ¿cómo no nos dará también con él todas las cosas?»* Él seguirá derramando Su gracia, y nos rodeará de ella por la eternidad. Su amor y Su poder nos cubrirá las 24 horas del día, sólo debemos tomar por medio de la fe; recibiremos lo que necesitamos.

Algunas veces, pensamos que debemos esperar a que Dios se acerque, pero la verdad es que Él está esperando a que nosotros nos acerquemos. Él ya ha hizo todo lo que se necesita para que todas nuestras necesidades sean suplidas. Pero para que Su provisión y Su gracia se activen en nuestra vida, tenemos que creerle.

Así es como el sistema de Dios funciona. Por ejemplo, el nuevo nacimiento, Dios lo dejó para las personas de la Tierra, está disponible para todos las 24 horas del día, los siete días de la semana. Una persona puede estar sola, perdida y camino al infierno en lo más profundo de la selva de África. Pero en el momento que se atreve a creer en su corazón, y al confesar con su boca que Jesús es su Salvador; la gracia de Dios estará allí para salvarla y en ese mismo instante, el poder de Dios te hará una nueva criatura.

Esa misma gracia está disponible para nosotros hoy, y se queda de manera permanente en nuestra vida para traernos salvación en cada área —espíritu, alma y cuerpo—. Si sólo nos atrevemos a creer y a recibirla, ni todos los demonios del infierno podrán evitar que la bondad de Dios obre en nuestra vida. Nada nos podrá vencer si nos mantenemos recibiendo ¡la inagotable gracia!

Amor
sin límites

Dios quiere y puede

« Por tanto, es por fe, para que sea por gracia, a fin de que la promesa sea firme para toda su descendencia; no solamente para la que es de la ley, sino también para la que es de la fe de Abraham, el cual es padre de todos nosotros (como está escrito: Te he puesto por padre de muchas gentes delante de Dios, a quien creyó, el cual da vida a los muertos, y llama las cosas que no son, como si fuesen. El creyó en esperanza contra esperanza, para llegar a ser padre de muchas gentes, conforme a lo que se le había dicho: Así será tu descendencia. Y no se debilitó en la fe al considerar su cuerpo, que estaba ya como muerto (siendo de casi cien años, o la esterilidad de la matriz de Sara. Tampoco dudó, por incredulidad, de la promesa de Dios, sino que se fortaleció en fe, dando gloria a Dios, plenamente convencido de que era también poderoso para hacer todo lo que había prometido»
(Romanos 4:16-21).

Quizás cuando lo escuchó por primera vez acerca de la bondad de Dios y de cuánto Él lo ama, cada circunstancia de su vida parecía decirle lo contrario. Es posible que las situaciones dolorosas que lo rodeaban y los graves problemas le hicieran pensar que a Dios no le importaba.

A mí me sucedió lo mismo. Cuando leí por primera vez en Mateo 6 que Dios me amaba y deseaba suplir mis necesidades, el mundo que me rodeaba parecía mostrar que no era así. En ese tiempo, Kenneth y yo nos encontrábamos en quiebra y hundidos en la deuda. Éramos tan pobres. Que no podíamos comprar un refrigerador o una estufa. Cuando cocinaba papas, ¡las preparaba en una cafetera!

Sin embargo, cuando leí ese versículo, no dije: "Dios, necesitas hacer algo para probar que me amas, antes que yo lo crea". No, sólo decidí creerle y entregarle mi vida.

Después de haber nacido de nuevo, empecé a escuchar que Dios no sólo quería BENDECIRME en el ámbito espiritual, sino también en el financiero. Aunque las cosas mejoraban para nosotros, la prosperidad aun la veíamos muy lejos. El diablo me decía: "Nunca podrás comprarte una bonita casa, quedarás atrapada en esta pequeña y sucia casa por siempre". Según nuestras circunstancias, parecía que él tenía la razón no obstante, decidí creer en Dios de todas formas, escogí creer en Su poder y en Su amor. Le expresé: "No diablo. Dios me ama, desea y puede darme una hermosa casa". Como resultado de eso, hoy vivo en la casa de mis sueños.

No importa en qué tipo de situación se encuentre hoy, lo mismo le pasará si se atreve a creer que Dios lo ama. Imite la fe de Abraham, y en vez de considerar sus circunstancias, considere las promesas amorosas de Dios. Crezca fuerte en su fe, dándole alabanza y gloria a Él por Su gran bondad; y descubrirá que Dios desea y puede hacer sus sueños una realidad.

Amor
sin límites

Conviértase en un inspector del fruto

«De manera que yo, hermanos, no pude hablaros como a espirituales, sino como a carnales, como a niños en Cristo… porque aún sois carnales; pues habiendo entre vosotros celos, contiendas y disensiones, ¿no sois carnales, y andáis como hombres?»
(1 Corintios 3:1, 3).

Si desea saber cuán espiritual es, conviértase en un inspector del fruto. Examine su vida y vea cuánto del fruto del amor encuentra en su vida. Analice cómo interactúa en su casa y en su trabajo. ¿Es usted gentil y amable? ¿Es considerado y cortés?, ¿es delicado y se ofende rápido?, o ¿paciente con los que lo tratan mal?

Eso mide la verdadera espiritualidad.

La mayoría de cristianos parece que no lo saben, piensan que si una persona tiene visiones, sueños proféticos y tiene fe para mover montañas; esa persona es en realidad un hombre o una mujer de Dios. Pero no es así: la Biblia enseña que aunque posea todos los dones espirituales y todo el poder, si usted no es una persona amorosa; de nada le sirve. Aunque sea alguien nacido de nuevo, aún es carnal e inmaduro. En otras palabras, usted puede ser parte de la familia de Dios, pero aun sin amor; es un bebe, y no conoce a Dios muy bien.

En 1 Juan 4:7-8 leemos: *«Amados, amémonos unos a otros; porque el amor es de Dios. Todo aquel que ama, es nacido de Dios, y conoce a Dios. El que no ama, no ha conocido a Dios; porque Dios es amor».*

Quizá alguien diga: "Bueno, yo soy una persona amorosa, soy muy bueno con mis amigos y mi familia; entonces pienso que si soy espiritualmente maduro".

Eso está bien, pero aún así le falta algo. Jesús dijo que aún los páganos aman a los que los aman. El tipo de amor de Dios ama al malvado, es generoso y bueno con los que no se lo merecen, es paciente con los que le fallan una y otra vez. Sin importar qué tan desagradable la persona haya sido, si se vuelve a Dios; Él la acepta, la perdona y le da la salvación en el Nombre de Jesús. En vez de recordarle el pasado, Dios limpia a la persona, y la BENDICE.

Mientras más comunión tenga usted con Dios y mejor llegue a conocerlo, pensará y actuará más como Él. A medida que invierta tiempo en comunión con el Señor crecerá y será más como Él. Usted podrá inspeccionar su vida, y la encontrará llena del fruto del amor; y entonces sabrá que ha superado la carnalidad, y será una verdadera persona.

Amor
sin límites

La práctica lo perfecciona

«En esto se manifiestan los hijos de Dios, y los hijos del diablo: todo aquel
que hace justicia, y que no ama a su hermano, no es de Dios»
(1 Juan 3:10).

Quizá usted piense que debido a que el amor es parte de su espíritu humano renacido, usted debería andar perfectamente en amor desde el momento en que nació de nuevo. Sin embargo, si ya lo intentó, de seguro descubrió que no es cierto. Aprendemos a caminar espiritualmente de la misma forma en que aprendimos a caminar cuando éramos niños. Al principio éramos inexpertos, frecuentemente tambaleábamos y caíamos; pero no nos desanimábamos, seguíamos intentando. Nos manteníamos practicando… practicando… y practicando hasta que lo logramos.

Sí nuestro espíritu ya es justo y amoroso, ¿por qué tenemos que ser tan diligentes en practicar conforme a esa justicia y a ese amor? Porque la justicia y el amor son ajenos a nuestra carne. Antes de entregarle nuestra vida al SEÑOR, nuestra carne tenía el hábito de comportarse de forma egoísta y sin amor. Como resultado, aun cuando nuestro espíritu renacido desea hacer el bien; nuestra carne es débil (Mateo 26:41).

¿Cómo podemos vencer esa debilidad? Primero: Tenemos que alimentar y fortalecer nuestro espíritu, dedicándole tiempo a Dios en la PALABRA y en la oración. Segundo: Debemos ponerlo en práctica dando pasos de fe y viviendo en amor. Si tambaleamos y caemos, en vez de desalentarnos; sólo arrepintámonos y recibamos el perdón. Luego levantémonos, y retomemos el camino. Sigamos practicando hasta que lo hagamos bien.

Si medita al respecto, ésa es la forma en que aprendemos a hacer todo, incluso a pecar. Aunque nacimos con una naturaleza de pecado, y a pesar de que el pecado está en nosotros de forma natural; tenemos que practicarlo para ser buenos pecando.

Por ejemplo, si usted era un fumador, la primera vez que fumó un cigarrillo, no le gustó y quizá hasta se haya enfermado si es como la mayoría de personas, se puso verde y empezó a toser. Pero continuó practicándolo hasta que pudo fumar uno o dos paquetes al día sin siquiera pensarlo.

El primer trago de alcohol que una persona bebe, por lo general, no le gusta. Pero si continúa practicándolo, desarrollará un deseo —es posible que hasta sea un anhelo— por éste; y terminará bebiendo alcohol todos los días.

Alabado sea Dios, ¡ese principio también funciona a la inversa! Cuando nacemos de nuevo y dejamos de practicar el pecado, deja de gustarnos. Las cosas pecaminosas que antes disfrutábamos ni siquiera nos llamaran la atención; y en vez de eso, desarrollaremos un deseo de andar en amor. Aunque al principio no podamos hacerlo bien, a medida que lo practiquemos podemos estar seguros que lo haremos bien.

Amor
sin límites

El amor es el aislador

«Por esta causa doblo mis rodillas ante el Padre de nuestro Señor Jesucristo, de quien toma nombre toda familia en los cielos y en la tierra, para que os dé, conforme a las riquezas de su gloria, el ser fortalecidos con poder en el hombre interior por su Espíritu; para que habite Cristo por la fe en vuestros corazones, a fin de que, arraigados y cimentados en amor, seáis plenamente capaces de comprender con todos los santos cuál sea la anchura, la longitud, la profundidad y la altura, y de conocer el amor de Cristo, que excede a todo conocimiento, para que seáis llenos de toda la plenitud de Dios»
(Efesios 3:14-19).

Todos los creyentes anhelamos ver la presencia de Dios y sentir Su poder manifestándose en nuestra vida. Queremos poner nuestras manos sobre los enfermos y que éstos sanen, echar fuera demonios y liberar al oprimido: deseamos movernos de forma sobrenatural en los dones del Espíritu para que Jesús pueda BENDECIR a otros a través nuestro.

Todos queremos ser tan llenos de la plenitud de Dios.

¿Cuál es la clave para vivir conforme a esa plenitud? En Efesios 3 encontramos la respuesta: conociendo el amor de Dios, no sólo de forma intelectual, memorizando algunas citas bíblicas que hablen acerca del amor, sino arraigados y cimentando nuestra vida en el amor. Comprendiéndolo desde nuestro corazón, lo cual sólo se logra cuando lo experimentamos por nosotros mismos.

El amor es vital para obrar conforme al poder de Dios, pues nos mantiene libres del pecado. Lea la historia de Ananías y Safira en Hechos 5, y podrá ver que el poder de Dios y el pecado no pueden estar juntos. Cuando el poder de Dios entra en escena en su plenitud, el pecado se tiene que ir…; y la persona que se encuentra atada a ese pecado, puede ¡terminar yéndose con éste!

Sin embargo, cuando andamos en amor, vivimos libres del pecado; ya que el amor nos protege de éste. El amor es un aislante que permite que el amor de Dios se mueva con poder en y a través de nosotros, sin destruirnos. El amor nos trae al lugar en donde Dios puede manifestarse a plenitud en nuestra vida.

¡Por esa razón, el apóstol Pablo oró por la iglesia de Éfeso! No cabe duda que continuamente dobló sus rodillas ante el Padre, y le pidió que los fortaleciera y que les abriera el entendimiento; a fin de que pudieran experimentar ¡el amor de Cristo! Él sabía que más que cualquier otra cosa, el amor les permitiría ser lo que Dios los llamó a ser.

Ahora bien, nosotros también podemos hacer la misma oración que realizó Pablo, podemos orar por nosotros mismos y por los demás. No importa qué tanto sepamos del amor de Dios, siempre habrá algo más que aprender de éste. Cada día de nuestra vida podemos pedirlo, recibirlo e incrementar la revelación de ese amor. Día tras día podremos llenarnos de la plenitud de Dios.

Amor
sin límites

Esté hambriento por la Palabra

«¡Cuán dulces son a mi paladar tus palabras! Más que la miel a mi boca. De tus mandamientos he adquirido inteligencia…»
(Salmos 119:103-104, *NVI*).

Como le expliqué anteriormente (y se lo diré muchas veces más, pues nunca es suficiente repetirlo) si usted desea seguir creciendo en su capacidad de amar, debe continuar leyendo y meditando en la PALABRA de Dios. A diferencia de otros libros, en la Biblia siempre encontrará cosas nuevas. Usted nunca llegará al punto de saber todo lo que ahí se enseña.

Y eso ocurre porque la Palabra de Dios es viva (Hebreos 4:12). No sólo le da información a su mente; sino también fortalece su corazón y alimenta su fe. La PALABRA de Dios alimenta su espíritu, al igual que la comida natural alimenta su cuerpo. Mientras continúe depositándola en su corazón, estará nutriendo su ser interior, y éste crecerá.

Por esa razón, podemos leer el mismo pasaje bíblico una y otra vez, siempre recibir beneficios de ese pasaje. Por tanto, nunca expresemos: "Ya no necesito leer lo que la Biblia dice acerca del amor. Pues ya lo sé".

Usted no alimenta su espíritu sólo por saber lo que la Biblia enseña no basta con recordar el sabor de esta. Por ejemplo, si usted desea alimentarse con una papá al horno, es necesario que la ponga en su boca la mastique y la ingiera. Y si usted desea el alimento de la Palabra que cambiará su vida, la tiene que poner frente a sus ojos, en sus oídos y en su boca. Luego debe permitir que se establezcan en su corazón, y al hacerlo, recibirá la bendición de los mismos versículos bíblicos, y usted ira cambiando cada vez más y más.

A medida que continúe leyendo, estudiando y meditando en lo que la Biblia nos enseña acerca del amor, las palabras de Dios se mantendrán vivas en su corazón; y cuando usted las necesite, estarán ahí. En Proverbios 6:22 leemos: *«Te guiarán cuando andes; cuando duermas te guardarán; hablarán contigo cuando despiertes»* (*NVI*).

Cuando alguien le hable mal y usted se ofenda, la voz de su espíritu le hablará desde su interior y le recordará que "el amor no se irrita, ni se queja, ni es resentido, no toma en cuenta el mal recibido [no le presta atención al mal que ha sufrido]" (1 Corintios 13:5, *AMP*). Esas palabras le darán la fe necesaria para andar en la gracia que usted necesita para vivir en amor, fortalecerán su espíritu para que tome autoridad sobre los deseos de su carne; los cuales querrán arremeter con furia en contra de quien lo lastimó. La Palabra no sólo le dirá qué hacer… sino también ¡lo ayudará a realizarlo!

Mientras más se alimente de la PALABRA y vea lo que ésta puede hacer por usted, más hambriento estará de ella y podrá expresar lo mismo que el salmista: "La PALABRA de Dios es más dulce que la miel para mí".

Amor
sin límites

Cuando sus oraciones no son contestadas, verifique su vida de amor

«Hijitos míos, no amemos de palabra ni de lengua, sino de hecho y en verdad. Y en esto conocemos que somos de la verdad, y aseguramos nuestros corazones delante de Él; pues si nuestro corazón nos reprende, mayor que nuestro corazón es Dios, y Él sabe todas las cosas. Amados, si nuestro corazón no nos reprende, confianza tenemos en Dios; y cualquier cosa que pidiéremos la recibiremos de Él, porque guardamos Sus mandamientos, y hacemos la cosas que son agradables delante de Él»
(1 Juan 3:18-22).

Si sus oraciones no están siendo contestadas, verifique cómo esta su vida de amor. Debido a que la fe obra por medio del amor, es muy difícil orar con fe cuando ha ofendido a alguien o su comportamiento hacia los demás no es muy amable. Su corazón lo condenará, y no tendrá la confianza que necesita para creer y recibir lo que ha pedido en oración.

En esas ocasiones, parecerá que la puerta del trono de Dios se ha cerrado. Cuando trate de orar, sentirá que Dios está a varios kilómetros de distancia, y tendrá problemas para poder escuchar Su voz.

Dios no se ha ido a ningún lugar. Él no lo sacó de Su presencia, fueron sus malas actitudes y sus malas acciones las que obstaculizaron su habilidad de percepción. Espiritualmente, es como un puesto de registro en una carretera; los obstáculos lo detienen para que no entre a la presencia de Dios, aún siendo usted Su hijo, y aunque ése sea su lugar.

Para arreglar la situación, sólo pídale al SEÑOR que lo ayude a examinar su vida. Pídale que le permita ver cualquier área en donde usted no esté viviendo conforme a Su amor.

Observe que no dije que usted debería ver si esté viviendo de acuerdo con su propia definición del amor, quizá usted piense que lo ha estado haciendo bien. Pero es posible que haya pasado por alto lo que hizo hace algunos días cuando habló mal de su prójimo (después de todo, lo único que usted hizo fue compartir algunas cosas malas de él; a fin de que puedan orar por él, ¿no es cierto?) Es probable que usted haya justificado su crítica hacia el pastor (él estaba equivocado, así que se lo merecía, ¿no cree?). Quizás no notó que le habló de forma áspera a su asistente en el trabajo cuando se equivocó en algo (todos en la oficina se expresan de esa forma, ¡eso es lo que se necesita para hacer un buen trabajo!)

Sin embargo, Dios es muy sensible a todas estas cosas. Él no excusa ningún comportamiento malo como nosotros lo hacemos, no justifica o ajusta Sus estándares de amor sólo porque otros lo hacen. Su amor no cambia. Su amor actúa como está escrito en la Biblia. Y cuando vivimos bajo esa clase de amor, nosotros también debemos actuar igual.

Recuerde esto, la próxima vez que sus oraciones no sean contestadas, o su comunión con el SEÑOR sea obstaculizada. Pídale que le muestre en qué área de su vida ha fallado en vivir en amor, y le aseguro que Él responderá esa oración.

Amor
s i n   l í m i t e s

Un sacrificio de amor con olor fragante

«Quítense de vosotros toda amargura, enojo, ira, gritería y maledicencia, y toda malicia. Antes sed benignos unos con otros, misericordiosos, perdonándoos unos a otros, como Dios también os perdonó a vosotros en Cristo. Sed, pues, imitadores de Dios como hijos amados. Y andad en amor, como también Cristo nos amó, y se entregó a sí mismo por nosotros, ofrenda y sacrificio a Dios en olor fragante»
(Efesios 4:31-5:2).

Es fácil amar y ser amable con las personas que nos aman y son amables con nosotros. El desafío llega cuando alguien (no sólo una persona extraña, sino un amigo o un hermano en el SEÑOR) le hace algo malo. El verdadero examen del amor se lleva a cabo cuando una persona, a quien usted se ha esforzado en BENDECIR; lo critica y habla chismes de usted.

¿Será posible no enojarse y amargarse en esas situaciones? ¿Podría ser tierno, amable y olvidar lo que le hizo esa persona, en vez de tratarla fríamente para hacerla pagar por sus malos tratos?

Claro que sí, pues usted es un hijo de Dios; por tanto, usted posee Su naturaleza. Y Él ha probado una y otra vez que Su naturaleza es perdonar. Es más, a través de Su PALABRA, de forma clara nos manda a que lo imitemos —que actuemos de la misma forma en que Él hubiera actuado en nuestra situación—, y puede estar seguro que el Señor lo equipa y le da autoridad para hacerlo.

Una de las mejores formas para que le sea más fácil perdonar es recordando que Dios le ha perdonado por gracia. Cuando se sienta tentado a guardar rencor o ser duro con alguien que lo ha lastimado, ponga los malos pensamientos hacia esa persona por un lado; y en vez de eso, y medite en que gracias a Jesús, Dios ha perdonado no solo algunos; sino **todos** los pecados que usted ha cometido. Arrodíllese ante Él, ore y adórelo por haber lavado esas manchas de pecado y defectos que habían en usted; y por haberlo amado aunque usted no se lo merecía.

Agradézcale por la seguridad que le da, de que si usted tambalea y cae en el futuro; Su misericordia estará allí una vez más. Exprésele su gratitud por haberle prometido que si usted confiesa sus pecados, Él es fiel, en perdonarlos y en limpiarlo de toda injusticia.

Si usted le agradece con un corazón sincero la amargura y el enojo que sentía hacia su hermano o hermana; empezarán a desvanecerse. En vez de preguntarse: ¿cómo podría perdonar? Usted pensará: *Cómo no perdonar, esto no se compara a la gran deuda que Dios me ha perdonado.*

En lugar de perdonar de mala gana a quien lo ofendió, usted lo hará con mucho gusto. Ofrecerá su perdón, no sólo como un regalo para su hermano; sino como un sacrificio de amor con olor fragante.

Airaos... pero no pequéis

«Airaos, pero no pequéis; no se ponga el sol sobre vuestro enojo, ni deis lugar al diablo»
(Efesios 4:26-27).

Mientras usted viva en un cuerpo de carne y hueso, tendrá que lidiar con sentimientos de irritación y enojo. No importa cuánto ame al SEÑOR o el nivel de santidad que usted tenga, si alguien le pisa fuerte el dedo de su pie o le da una bofetada (ya sea física o emocionalmente), su carne reaccionará. Es probable que se enoje, y quizá hasta sienta el deseo natural y carnal de devolver la bofetada.

Tener esos sentimientos no significa que haya pecado. Tampoco son una señal de que usted haya fallado espiritualmente, sólo son la evidencia de que usted es humano; y de que a pesar de que es un hijo de Dios, aún vive en un cuerpo terrenal que aún no ha sido glorificada.

Sin embargo, cuando esos sentimientos regresen, debe ser cuidadoso de no alimentarlos ni entretenerlos. No contemple un incidente irritante en su mente durante todo el día porque si lo hace, le abrirá la puerta al diablo. Y le dará la oportunidad de realizar una mala obra en usted.

No pierda el control, ni use el enojo como una excusa para hablar o actuar sin amor. El enojo en sí, no es pecado; pero las palabras que hieren y las malas acciones si lo son. Entonces determine de ante mano que por la gracia de Dios, usted no dejará que sus emociones lo gobiernen.

De acuerdo con la Biblia, el pueblo de Dios no debe actuar como los impíos cuando se enojan. No debemos exaltarnos y gritarles a los demás ni tampoco darle paso a "la furia del volante", y levantarles el puño a los demás conductores en la carretera.

Quizá todos a nuestro alrededor se enojen tanto por el embotellamiento, al punto que quieran salirse del automóvil a pelear. Las personas están muy tensas en estos días, y eso hace que tengan ese tipo de comportamiento. A medida que nos acerquemos al final de los tiempos, la presión en el mundo crecerá; y ese tipo de conducta será más frecuente en las personas impías.

Pero como hijos de Dios, nuestra conducta debe ser diferente. De hecho, tiene que ser tan diferente que las personas que nos rodean se den cuenta y se maravillen. En Filipenses 2:15 leemos: *«...irreprensibles y sencillos, hijos de Dios sin mancha en medio de una generación maligna y perversa, en medio de la cual resplandecéis como luminares en el mundo».*

Cuando las personas a nuestro alrededor estén molestas, nosotros debemos permanecer en calma. Cuando la presión aumenta y nuestros vecinos o compañeros de trabajo estallen en ira, nosotros necesitamos superar las reacciones de nuestra carne y traer un espíritu de mansedumbre y amor a la situación. Aunque nos sintamos enojados, no debemos dejar que el enojo tome el control sobre nosotros. Como hijos de Dios, podemos enojarnos... Pero no pecar. Ahora, más que nunca, esa clase de personas son las que el mundo necesita.

Amor
sin límites

El amor encontrará el tiempo

> "Una cosa le he pedido al SEÑOR, y ésta buscaré, le pediré y [insistentemente] solicitaré: Que esté yo en la casa de Jehová [en su presencia] todos los días de mi vida… Tu dijiste, busca Mi rostro [pide y requiere Mi presencia como una necesidad vital]. Mi corazón ha dicho de Ti, Tu rostro [Tu presencia] SEÑOR, yo buscaré…"
> (Salmos 27:4, 8, *AMP*).

La Biblia les hace maravillosas promesas a los que aman al SEÑOR, por ejemplo en Romanos 8:28 promete que Dios hará que todas la cosas obren para su bien. (¡No sé usted, pero yo quiero estar segura de calificar!). En 1 Corintios 2:9 se manifiesta que Dios ha preparado BENDICIONES que ojo no ha visto ni oído ha escuchado. En Santiago también se promete la corona de vida (1:12), y un reino como herencia (2:5) para los que aman al SEÑOR.

Sin embargo, todos debemos contestar la siguiente pregunta: ¿En realidad lo amamos?

Quizá alguien diga: "Claro que sí, lo amo tanto que cada vez que pienso en Él, comienzo a llorar"

Quizá sea así… pero las emociones no son evidencia de amor. El amor real se demuestra con acciones, éste es probado no sólo por cómo nos sentimos; sino por lo que hacemos. Si no en realidad amamos a Dios, haremos dos cosas: Primero, le obedeceremos Jesús lo enseñó muy claro: *«Si me amáis, guardad mis mandamientos»* (Juan 14:15). Y si Dios nos manda que andemos en amor, le demostraremos nuestra devoción a Él en la bondad que les demos a los demás.

Segundo, expresaremos nuestro amor por el Señor, buscándolo en la PALABRA y en oración. Invirtiendo un tiempo todos los días buscándolo en la Biblia para encontrar qué desea que hagamos. Buscando Su presencia, adorándolo en silencio y dándole la oportunidad de hablarnos a nuestro corazón.

Si queremos que Dios nos hable, tendremos que dedicarle más tiempo. Nadie se ha levantado una mañana, sabiendo automáticamente lo que Dios quiere que aprenda, todo se aprende poco a poco, a medida que pasamos tiempo con Él. Descubrimos Su voluntad día tras día, a medida que buscamos Su rostro.

Si piensa que está muy ocupado para invertir tiempo con el Señor, serpa mejor que lo piense una vez más. Todos apartamos tiempo para hacer cosas que nos parecen importantes. Por ejemplo, muy pocos están muy ocupados como para no comer o no ir al trabajo. De una u otra forma, apartamos el tiempo.

Si en realidad amamos al SEÑOR, invertiremos tiempo con Él. Mostraremos que le amamos al darle el primer lugar, no sólo con nuestras emociones, sino en todo lo que hagamos durante el día. Le mostraremos nuestra devoción apartando tiempo para Él.

Amor
sin límites

Un legado digno del SEÑOR

«En esto conocerán todos que sois mis discípulos, si tuviereis amor los unos con los otros»
(Juan 13:35).

¿Cuál es su mayor anhelo en la vida?

¿Alguna vez había pensado en eso? Si Jesús tardara en venir, y usted viviera la cantidad total de sus días, ¿qué legado dejaría? ¿Cómo sería recordado?

Pareciera que muchas personas de los círculos cristianos de hoy en día, desean ser recordadas como gigantes de fe y de poder. Algunos quieren ser exitosos en el área financiera, y ofrendar grandes cantidades de dinero en el reino de Dios. Otros sueñan con la idea de tener una gran reputación como maestros o teólogos, a fin de servir de ejemplo a los demás en los años venideros.

Considero que todas esas cosas son buenas, pero no puedo dejar de preguntarme qué tipo de impacto causaríamos, como creyentes, si todos hiciéramos de nuestro objetivo principal; o el mayor anhelo de nuestra vida: ser las personas más amorosas que el mundo haya conocido. ¿Qué sucedería si nuestro objetivo más grande fuera amarnos unos a otros?

Le diré que pasaría. Por fin el mundo se daría cuenta que en realidad somos discípulos de Jesús. Al fin verían, y reconocerían a Dios a través de nosotros.

El mundo está hambriento por recibir ese tipo de amor. Ese amor es la única cura para el rechazo y la inseguridad que afecta nuestra vida. El amor es el único remedio para la depresión, y la opresión que el mundo experimenta a diario. Por supuesto, la gente anda buscando el amor en los lugares equivocados, pero aún así lo **están** buscando.

¡Imagínese qué sucedería si de pronto ellos comenzaran a ver el amor en nosotros!

En una oportunidad, leí la historia de una misionera en China quien vivió en una gran manifestación de amor, y se sacrificó tanto, que las personas a su alrededor ablandaron su corazón. Aunque las personas de las que se rodeaba estaban hundidas en el pecado y la crueldad; es decir, cuyos corazones eran rebeldes y despreciaban las cosas de Dios. Fueron alcanzados por la influencia de la amabilidad y la bondad de aquella mujer. Aunque era una mujer de baja estatura, su vida levantó una gran cosecha de almas para el SEÑOR. Y lo más importante de todo, los chinos la llamaban: "La que ama".

¿No sería maravilloso que en los días que están por venir, las personas del mundo llamaran a la Iglesia de esa manera? ¿No sería grandioso que en lugar de que se refirieran a nosotros como los "derechistas" o "conservadores" (aunque están bien esos títulos), se refirieran a nosotros como **"Los que aman"**?

En realidad, ese sería el más grande legado que pudiéramos dejar… y el único que en realidad es digno de nuestro SEÑOR.

Amor sin límites

Un nuevo tipo de egoísmo

*«Porque: El que quiere amar la vida y ver días buenos, refrene su
lengua de mal, y sus labios no hablen engaño; apártese del mal, y haga
el bien; busque la paz, y sígala. Porque los ojos del Señor están sobre los
justos, y sus oídos atentos a sus oraciones; pero el rostro del Señor está
contra aquellos que hacen el mal»*
(1 Pedro 3:10-12).

Como creyentes, debemos vivir en amor simplemente porque Dios nos lo ha ordenado.
Deberíamos hacerlo porque queremos ser de bendición para Él, y para Sus hijos. Sin embargo, la
realidad es que si no amamos para agradar al SEÑOR, entonces deberíamos hacerlo por nuestro propio
bien; pues cuando vivimos en amor, disfrutamos más de la vida, que cuando no lo hacemos. Vivimos
más felices y tenemos mejores días viviendo en amor.

Según un escritor cristiano, a eso se le llama: "Un nuevo tipo de egoísmo"; a querer brindar nuestro
amor a otros, con el fin de engrandecer nuestra alegría y nuestro bienestar.

Medite en la vida cotidiana por un momento, y descubrirá rápidamente la razón. Por ejemplo,
cuando usted se encuentra en la fila del supermercado y el cajero es lento, si usted escoge irritarse y
ser impaciente; en lugar de permanecer en amor y ser amable, no será feliz. Al contrario, se sentirá más
ansioso cada minuto que pase. Todas sus quejas y furia no cambiarán la situación para nada. Tener
esos sentimientos no hará que el cajero sea más rápido. (¡Y lo sé porque lo he intentado!). Esa actitud
no hará que usted salga ni siquiera un segundo antes del supermercado. Sólo le robará la paz y el gozo
mientras se encuentre ahí.

Entonces, incluso desde una perspectiva egoísta, ¿qué es mejor? Dejar por un lado su felicidad y
entrar en contienda con un empleado de supermercado que incluso ni conoce (y quien probablemente
está haciendo su mejor esfuerzo)... o relajarse, y dejar que el amor gobierne su corazón. Se sentirá
mejor cuando salga de esa tienda sabiendo que le chasqueó los dedos al empleado, y le hizo saber lo
que piensa... o que en lugar de eso eligió sonreír y darle una palabra de ánimo.

La respuesta es obvia. Nadie se siente BENDECIDO cuando deja de vivir en amor. Usted jamás
dirá: "Escuchen, tuve un gran día hoy. Perdí el control y dije palabras obscenas, y a causa de eso me
siento muy feliz en mi interior". No, ese sería un mal día. ¡Sería un desastre! Una vez que usted permita
que la ira y la contienda se apoderen de su vida, dará como resultado que una nube oscura se pose
sobre todas las cosas que usted realice. Cuando usted se vaya a la cama esa noche para descansar,
probablemente estaría molesto con todos. Y se quejaría del terrible día que tuvo.

Si en realidad quiere disfrutar la vida, y ver buenos días la única manera de lograrlo es viviendo
en amor. El amor no sólo agrada a Dios y lleva LA BENDICIÓN a otros, sino también lo hará feliz.
Seguramente, es el mejor tipo de egoísmo que existe.

Día 93 **Amor**
sin límites

Permanezca conectado al Espíritu

«Si me amáis, guardad mis mandamientos. Y yo rogaré al Padre, y
os dará otro Consolador, para que esté con vosotros para siempre: el
Espíritu de verdad, al cual el mundo no puede recibir, porque no le
ve, ni le conoce; pero vosotros le conocéis, porque mora con vosotros, y
estará en vosotros»
(Juan 14:15-17).

Nunca experimentaremos el verdadero éxito en la vida, sin la ayuda del Espíritu Santo. Él es quien nos comunica la voluntad de Dios para nuestra vida, y nos muestra la senda que nos guiará hacia nuestro destino divino. En la Biblia según la versión *AMP*, a Dios se le llama nuestro Consolador, Consejero, Ayudador, Intercesor, Abogado, Fortalecedor y Apoyador. Jesús dijo que Él sería quien nos enseñaría todas las cosas (Juan 14:26).

Si nos encontramos en problemas, el Espíritu Santo nos da sabiduría, con el propósito de que sepamos qué hacer. Si estamos atrapados en algún tipo de circunstancia, nos revelará la verdad que nos hará libres. Cuando somos débiles, nos fortalece. Cuando nos encontramos con algo que no podemos realizar en nuestras propias fuerzas, se acerca a nosotros, y nos ayuda.

Mientras más estemos en sintonía con la voz del Espíritu Santo, y mientras más seamos guiados por Él, más victoria experimentaremos en nuestra vida.

Ésa es una razón por la cual, debe con tanta seriedad, tratar de vivir continuamente en el amor. El amor nos coloca en la posición correcta, a fin de que seamos controlados por el Espíritu Santo.

En los capítulos 14 al 16 del evangelio de Juan, Jesús impartió las instrucciones finales a Sus discípulos antes de ir a la Cruz, observamos el mandamiento del amor repetidas veces, a través de la enseñanza del SEÑOR acerca del Espíritu Santo. Con claridad vemos que existe una conexión entre esos dos temas. Debido a que el Espíritu Santo es un Espíritu de amor, cuando nos salimos de la cobertura del amor, nos estamos saliendo de la cobertura de Su fluir. Es decir, interrumpimos nuestra conexión con Él.

Cuando desobedecemos el mandamiento del amor, bloqueamos el canal por medio del cual Dios desea ministrarnos.

No podemos permitir que eso suceda, pues requerimos mucha ayuda del Espíritu Santo. Necesitamos que nos ayude a suplir las necesidades de nuestra familia, que nos ayude a organizar nuestro itinerario, y a ser sabios ante los retos que enfrentamos a diario. Necesitamos de Su constante dirección para no caer en las trampas y asechanzas del enemigo.

Por esa razón, debemos hacer lo que sea necesario para mantener nuestro oídos abiertos a Su voz, nuestros corazones sensibles a Sus instrucciones y nosotros mismos colocamos en una posición en la cual podamos ser gobernados por Él. Por eso, debemos ser diligentes en nuestra vida de amor.

Amor
sin límites

¡La fila de la BENDICIÓN está avanzando!

«Entonces Pedro, abriendo la boca, dijo: En verdad comprendo que Dios no hace acepción de personas, sino que en toda nación se agrada del que le teme y hace justicia»
(Hechos 10:34-35).

Las personas que dependen del sistema del mundo para recibir prosperidad y promoción, en lugar de depender de LA BENDICIÓN y la bondad de Dios, serán siempre presas de la envidia y la contienda. Si ven que alguien prospera más que ellos, no se regocijan, sino se enfurecen. Incluso quizá conspiren y confabulen, a fin de que el éxito de esa persona cambie. Como niños hambrientos en la fila de la cafetería de una escuela, ellos empujan y hacen a un lado a otros; con el fin de quedar de primero en la fila.

No es de sorprenderse que las personas actúen de esa manera. Después de todo, el sistema del mundo no es justo. Éste favorece a los ricos por encima de los pobres, premia la belleza exterior e ignora lo que en realidad cuenta. La promoción que viene del sistema del mundo no siempre será justa. Ellos a menudo se inclinarán por las personas que tengan las mejores conexiones sociales o por las familias de renombre. Eso hacen las personas mundanas, quienes son incompetentes y les falta iniciativa, pues en su lucha por alcanzar la cima nunca logran su cometido.

Lo hicieron en tiempos bíblicos, y lo siguen haciendo hoy en día. Un ejemplo de ese tipo de actitud lo encontramos en Génesis capítulo 37, cuando los hermanos de José lo lanzaron a un pozo; para venderlo como esclavo; a causa de que envidiaban LA BENDICIÓN en la cual él vivía. Les molestaba que él fuera el favorito de su padre. Estaban celosos del llamado de Dios sobre su vida. Por consiguiente, trataron de librarse de él y quitarle su lugar.

Por supuesto, en el caso de José esas tácticas mundanas no funcionaron. José siguió dependiendo de Dios, y a pesar de las acciones de sus hermanos por derrocarlo, él siguió escalando hasta la cima. En lugar de interrumpir su destino, las cosas malas que sus hermanos le hicieron, lo ayudaron a lo largo del trayecto.

Así es como funcionan las cosas en el reino de Dios todo el tiempo. Si usted se mantiene viviendo en amor y dependiendo de Dios, Él velará por que usted alcance la cima. Incluso tomará las cosas malas que las personas han hecho en su contra y las usará para su beneficio. Cuando ellos pongan obstáculos en su camino, Dios los transformará en escalones.

Por esa razón, Dios no hace acepción de personas. Él no tiene preferencias con personas de una raza específica, de una nacionalidad o con personas que pertenezcan a un determinado árbol genealógico. LA BENDICIÓN está disponible para todos aquellos que lo aman. Ésta obra para promover aquellos que son fieles en servirle.

Como hijos de Dios, todos estamos en la misma fila de BENDICIÓN; por tanto, podemos regocijarnos por el éxito de los demás. Necesitamos vivir en amor, y ser libres de los celos. Como una amiga afirma: «La fila para recibir la BENDICIÓN de Dios es como un asombroso bufé. Cuando veamos a las personas que están delante de nosotros con platos llenos, no tenemos de qué preocuparnos. Pues sabemos que hay más que suficiente». Y en lugar de envidiarlos, su progreso nos hará felices. Pues eso significa que la fila se está moviendo, y ¡muy pronto será nuestro turno!

Amor
sin límites

La razón para ser humilde

«…Dios resiste a los soberbios, y da gracia a los humildes. Someteos, pues, a Dios; resistid al diablo, y huirá de vosotros… Humillaos delante del Señor, y él os exaltará»
(Santiago 4:6-7,10).

Dios se deleita en BENDECIRNOS, y es lo que siempre quiere hacer. Sin embargo, si dejamos de vivir en amor y empezamos a llenarnos de orgullo, LA BENDICIÓN dejará de obrar —a nuestro favor—. En lugar de promover nuestro éxito, en la Biblia se nos enseña que Dios empezará a afrontarnos, pues el orgullo obra en contra de los caminos de Dios. Y si es necesario, nos hará fracasar…fracasar…y fracasar… con el fin de que reconozcamos nuestra debilidad y nos libremos del orgullo.

En lo personal, no quiero que eso me suceda nunca. Prefiero humillarme como se nos indica en las Escrituras, y permitir que sea Dios quien me exalte; y no sea yo quien me levante en orgullo y después tenga que ser humilde.

Prefiero escudriñar mi corazón a diario para asegurarme que no estoy siendo jactanciosa. De cuerdo con 1 Corintios 13:4-5, el amor no es altivo. El amor no es jactancioso ni arrogante, y tampoco se llena de orgullo.

A veces de broma decimos: "¡Es difícil ser humilde cuando sé es tan grande como yo!". Pero dejando las bromas por un lado, el Señor es el más grande que existe, y aún así es extremadamente humilde. A pesar de ser el Creador de todo el universo, cuando pedimos Su ayuda, Él está dispuesto a ocuparse de los más pequeños detalles de nuestra vida. Nunca está muy ocupado para escucharnos. Tiene comunión con todos aquellos que invocan Su nombre —ya sean reyes o mendigos—. Sólo Él tiene razones para ser orgulloso, sin embargo, no existe ningún indicio de orgullo en Él.

Si queremos disfrutar de la abundancia de Su BENDICIÓN, debemos ser como el SEÑOR y no tener ni siquiera un indicio de orgullo en nosotros. Cuando Dios nos comience a prosperar, no cometamos el error de acreditarnos el éxito, y decir: "Vean lo que logré". Recordemos que es Dios quien nos dio el poder para hacer las riquezas, y que Él es la verdadera razón de nuestro éxito. En realidad, la mayoría de cosas que Dios hizo por nosotros, las llevó a cabo a pesar de nuestras imperfecciones, y no por quien somos. Y si somos sabios, nunca nos olvidaremos de esa verdad.

A veces usted puede ser tentado a decir: "Claro, Dios me prosperó… ¡Pero yo también trabajé! Estudié duro, fui a la escuela. Invertí cientos de horas practicando, planificando y desarrollando mis habilidades. ¿Por qué no tomarme algo del crédito?".

Fue Dios quien le dio las fuerzas para trabajar. Él fue quien le dio lo fondos para asistir a un centro educativo, la habilidad para estudiar y desarrollar los talentos que le ha dado. Usted puede rendirse al orgullo y tomarse el crédito de lo que ha logrado, pero perderá Su BENDICIÓN en el proceso. Y desde cualquier punto de vista que usted quiera verlo, ése es un intercambio de créditos en el cuál saldrá perdiendo.

Amor
sin límites

Los detalles marcan la diferencia

«Finalmente, sed todos de un mismo sentir, compasivos, amándoos fraternalmente, misericordiosos, amigables; no devolviendo mal por mal, ni maldición por maldición, sino por el contrario, bendiciendo, sabiendo que fuisteis llamados para que heredaseis bendición»
(1 Pedro 3:8-9).

La idea que nosotros tenemos acerca del amor, a menudo es muy diferente a la de Dios. Pensamos que siempre y cuando no lastimemos a nadie ni le robemos nada a alguien, estamos viviendo en amor. Sin embargo, a Dios no le satisface esa forma de pensar. Él SEÑOR quiere que vivamos a diario en una interacción de amor. Él desea que el amor afecte incluso los detalles más pequeños de nuestra vida.

Por esa razón, Dios nos enseña en 1 Corintios 13:5, (*AMP*) que el amor no es grosero ni descortés; y no hace nada indebido. No es *Emily Post* hablando; tampoco es *Miss Manners* dándonos algunas sugerencias que podemos ignorar. Es Dios hablándonos a través de la Biblia, y requiriéndonos que seamos corteses con los demás. Es el Señor quien nos pide que no seamos groseros.

Incluso cuando estamos en un restaurante, y el servicio es malo… o cuando recibe una llamada de algún vendedor, ofreciéndole un producto mientras está cenando… cuando queremos con urgencia disfrutar algo de paz y silencio, y los vecinos están de fiesta… no en todas estas situaciones, debemos ser groseros. Si es necesario, podemos decir algo frente a esas dificultades. También podemos explicar el problema, y hacer una petición cortés. Sin embargo, al hacerlo debemos asegurarnos que lo estamos haciendo con amabilidad y en amor.

No debemos usar excusas. Ni tampoco podemos decir: "Sé que traté mal a la mesera, pero estaba tan irritado que no pude contenerme". Ese tipo de razonamientos no deben existir. Si su jefe lo irritara, usted no actuaría de esa manera. No le diría: "¡Oye tonto! Este memo está lleno de errores. ¡Desaparécelo de mi escritorio!".

Irritado o no, debe ser amable con su jefe. Y debe ser cortés, pues ese tipo de acciones le podrían costar el trabajo de una u otra manera. Con este ejemplo nos damos cuenta que usted puede controlar sus reacciones.

Debemos meditar en ese tipo de pensamientos el resto de nuestra vida. Tenemos que darnos cuenta que ser descorteces con las personas que nos rodean, podría costarnos caro. Podría costarnos nuestro testimonio como cristianos (¿Quién querría escuchar acerca del amor de Dios de una persona que ha sido cruel con ellos?). Y también, podríamos perdernos la oportunidad de hacer que el día de alguien más sea fantástico. Y lo más importante, le podría costar el privilegio de agradar al SEÑOR.

Mantenga eso en mente la próxima vez que algo vaya mal, y se sienta tentado a enfurecerse. No se engañe pensando que el SEÑOR pasa por alto esos pequeños arranques de ira. Cuando se trata de amor, Dios está interesado en los pequeños detalles de la vida cotidiana, pues esos detalles marcan la diferencia.

Día 97 Amor
sin límites

Cuando sus enemigos caen

*«Porque siete veces cae el justo, y vuelve a levantarse; mas los impíos caerán
en el mal. Cuando cayere tu enemigo, no te regocijes, y cuando tropezare,
no se alegre tu corazón; no sea que Jehová lo mire, y le desagrade, y aparte
de sobre él su enojo»*
(Proverbios 24:16-18).

Si estamos viviendo en amor nunca nos alegraremos por el fracaso de alguien más,
incluso si los que fracasan son personas impías y pecadoras. No debemos sonreír de
satisfacción cuando escuchemos que la persona que destruyó el matrimonio de nuestro
mejor amigo, ahora se está divorciando. Cuando los políticos corruptos caen y fracasan, no
debemos estar entre los que hacen bromas acerca de ellos. Incluso cuando los criminales
y terroristas, quienes nos afectaron y le causaron serios daños a nuestra nación, fueron
destruidos, el amor nos librará de regocijarnos de esas cosas.

Todos necesitamos recordar esto, pues esas cosas suceden. La Biblia deja en claro que
el impío siempre terminará mal. Las personas que insisten en vivir en pecado e ignoran la
advertencia de Dios, con el tiempo caerán en calamidad. En Salmos 73:18-19, el SEÑOR nos
declara: *«Ciertamente, los has puesto en deslizaderos, en asolamiento los harás caer. ¡Cómo
han sido asolados de repente! ¡Perecieron, se consumieron de terrores!»*.

Sin embargo, cuando ese terror venga, en 1 Corintios 13:6 se nos afirma que el amor no
se regocijará de eso. El amor no celebra las derrotas de nuestros enemigos. Al contrario, éste
provoca que oremos por ellos y declaremos: *Padre, perdónalos, no sabían lo que hacían.*

¿Acaso Jesús no actúo de esa manera? Él tuvo compasión de quienes lo crucificaron.
Pues sabía que ellos fueron manipulados por las tinieblas. Aunque ellos se dispusieron a ser
instrumentos del diablo, Jesús los perdonó.

Ésa es la manera de ser de Dios. Incluso si lo insultamos, y si hablamos mal de Él;
si nos arrepentimos, Él nos perdona, y no guarda rencor contra nosotros. El SEÑOR tiene
misericordia de nosotros al permitirnos recibir a Su hijo como nuestro Salvador, a fin de que
tengamos una vida completamente nueva.

Como hijos de Dios, debemos actuar de la misma manera. Necesitamos tener
misericordia del pecador, hasta que dé su último suspiro. Cuando los veamos cosechar el
trágico fruto de su mala manera de vivir, deberíamos pedirle a Dios que les dé un espíritu de
arrepentimiento, creyendo que podrán escapar de la trampa del diablo. ¿Quién sabe cuántas
oraciones de ese tipo han sido respondidas? ¿Quién sabe cuántos impíos en sus últimos
segundos de vida invocaron el nombre del Señor, y han sido salvos pues algún santo de Dios
escogió el camino del amor y la oración?

El pecado más costoso

*«Por tanto, os digo que todo lo que pidiereis orando, creed que lo recibiréis,
y os vendrá. Y cuando estéis orando, perdonad, si tenéis algo contra
alguno, para que también vuestro Padre que está en los cielos os perdone a
vosotros vuestras ofensas. Porque si vosotros no perdonáis, tampoco vuestro
Padre que está en los cielos os perdonará vuestras ofensas»*
(Marcos 11:24-26).

La falta de perdón no sólo es una transgresión en contra del amor, también es el pecado más grave que podamos cometer. Estoy plenamente convencida que si como creyentes entendiéramos la dimensión de sus mortales consecuencias, nunca titubearíamos en perdonar de manera pronta y con sinceridad.

La falta de perdón obstaculiza nuestra fe, y evita que nuestras oraciones reciban respuesta. Ésta le abre la puerta a las enfermedades y dolencias mientras se la cierra a la sanidad. Aunque le hayan pedido ayuda al Señor al momento de morir, algunas personas han muerto de maneras terribles. Pues siguen aferrados a la amargura y el resentimiento; es decir, se rehúsan a perdonar a alguien que las lastimó, entonces son incapaces de recibir la sanidad que tanto necesitan.

La falta de perdón nos destina a una vida de culpa y condenación, pues nos impide recibir lo que realmente significa el perdón de Dios, el cual necesitamos para ser limpios y restaurados. Cuando pequemos y necesitemos ser perdonados por el Señor, esa falta de perdón hacia otros hará que los cielos se conviertan en bronce, y nos cerrará la puerta de acceso al trono de Dios.

Es asombroso saber que ante los ojos del Señor, el perdón es un asunto muy serio. Él conoce todo nuestro futuro, y sabe que nuestra calidad de vida depende de perdonar. El Señor sabe que si nos rehusamos a perdonar, seremos esclavos del fracaso y de la derrota.

Por supuesto, el enemigo sabe eso también. Por tanto, puede estar seguro que tratará de engañarlo. Por un lado, le dirá que algunas ofensas son muy pequeñas para causarle daño. Después de todo, sólo es un poco de falta de perdón o un rencor insignificante. Y que la falta de perdón comparada con cosas más graves no es nada.

Por otro lado, lo convencerá de tal forma que piense que el dolor que sintió fue muy fuerte como para dejarlo pasar por alto. Y que fue tan doloroso, y tan grave que Dios mismo debería entender, que hasta que usted no vea que le hagan justicia, no perdonará a esa persona.

Sin embargo, a pesar de los argumentos del diablo, las palabras de Jesús siguen siendo claras: *Si tienen algo contra alguien, perdonen.* **Lo que sea y a quien sea.** Dios cuenta con un régimen extenso de perdón. Viva en perdón, y esto lo protegerá del dolor innecesario, y lo pondrá en la posición correcta, a fin de que sus oraciones reciban respuestas.

Día 99 Amor
sin límites

Un lugar perfectamente seguro para habitar

«Según nos escogió en él antes de la fundación del mundo, para que fuésemos santos y sin mancha delante de él, en amor habiéndonos predestinado para ser adoptados hijos suyos por medio de Jesucristo, según el puro afecto de su voluntad, para alabanza de la gloria de su gracia, con la cual nos hizo aceptos en el Amado»
(Efesios 1:4-6).

Todo temor desaparecería de nuestra vida, si tan sólo entendiéramos cuán amados y cuán preciados somos para nuestro Padre celestial. Si supiéramos cuán preciados somos para Él, y si comprendiéramos cuán comprometido está Dios en amarnos y protegernos; nuestras ansiedades saldrían volando por la ventana. Nuestras preocupaciones se desvanecerían, y seríamos las personas más felices y despreocupadas que este mundo haya visto.

Sin embargo, a la mayoría de nosotros nos han robado esa revelación. La religión nos ha impresionado y nos ha hecho pensar que sólo somos pecadores sin valor alguno y que somos salvos por gracia; somos también huérfanos desolados quienes deberíamos estar contentos de que se nos permita mendigarle al SEÑOR por la puerta trasera. Hay una anécdota de una anciana, con esa mentalidad, quien pasó a testificar en una iglesia, y dijo: «Para Jesús sólo soy un gusano en la tierra».Y Mencionó esa frase tantas veces que un hombre de la congregación ya no se pudo resistir más.

Se puso en pie, y le respondió: «Sí abuelita… y un día de estos el diablo te va a usar como cebo para pescar».

Eso no es sólo gracioso, sino es cierto. Mientras el diablo pueda evitar que tomemos nuestro lugar en la familia de Dios, y que recibamos por fe los cuidados del Padre, él podrá atemorizarnos de día y de noche. Y puede hacernos sentir como huérfanos atemorizados, aún cuando hemos sido adoptados como ¡hijos del Dios todopoderoso!

Hubo un tiempo en el que sí **fuimos** huérfanos. En la Biblia se nos enseña que antes de ser salvos estábamos: «…sin Cristo, alejados de la ciudadanía de Israel y ajenos a los pactos de la promesa, sin esperanza y sin Dios en el mundo» (Efesios 2:12). Sin embargo, cuando le clamamos al SEÑOR, Él nos rescató, nos hizo miembros de Su familia.Y eso nos hace especialmente preciosos para Él.

En el Antiguo Testamento, se nos revela cuán extrema es la protección de Dios hacia los huérfanos que le piden ayuda, cuando Él le expresó a Israel: «Porque si tú llegas a afligirles, y ellos clamaren a mí, ciertamente oiré yo su clamor; y mi furor se encenderá, y os mataré a espada…» (Éxodo 22:23-24).

Hoy en día, Dios nos continúa protegiendo de esa forma. Cuando alguien intenta hacernos daño, Él lo toma de manera personal y sale en nuestra defensa. Como Sus hijos adoptivos, Él nos sustenta con ternura y nos sujeta con Sus manos poderosas.

Incluso hace que este peligroso mundo, sea un lugar perfectamente seguro para habitar.

Amor
sin límites

Una poderosa familia de amor

«Sino que siguiendo la verdad en amor, crezcamos en todo en aquel que
es la cabeza, esto es, Cristo, de quien todo el cuerpo, bien concertado
y unido entre sí por todas las coyunturas que se ayudan mutuamente,
según la actividad propia de cada miembro, recibe su crecimiento para
ir edificándose en amor»
(Efesios 4:15-16).

La imagen de la iglesia en el Nuevo Testamento, es la de un hogar muy parecido al cielo; pero en la Tierra. Es la imagen de una familia poderosa, y un Padre celestial unidos con inquebrantables lazos de amor.

Es una familia, donde incluso los bebés espirituales están a salvo de las tormentas de la vida. Aún cuando ellos no están lo suficientemente fuertes para pelear la batalla de la fe por sí mismos y tienen temores, saben que si lo necesitan pueden acudir a su familia en busca de ayuda.

¿Alguna vez vio a un niño asustado por un trueno o por un rayo de luz? Si el niño vive en un hogar amoroso, él no se quedaría sólo en su habitación temblando, y tratando de hacerse el valiente. Sino correría hacia el fondo del pasillo, y saltaría a la cama de sus padres o se acurrucaría al lado de su hermano o hermana mayor. Y unos minutos después, se quedaría profundamente dormido, seguro en ese lugar de amor.

Así es como la familia de Dios debería ser. La intención de Dios nunca fue que nos atormentáramos y criticáramos unos a otros. Él nunca quiso que lastimáramos a nuestro prójimo ni que fuéramos ásperos con aquellos que caen y pecan. No, el SEÑOR nos pidió que cuidáramos, incluso de aquellos que han caído; es decir, hacernos cargo del débil y confortar a los desanimados. Su instrucción es: "Ayúdense a llevar (sobrellevar, acarrear) las cargas y penosos defectos morales de su prójimo, y de esa manera cumplirán... la ley de Cristo" (Gálatas 6:2, *AMP*).

Imagínese qué sucedería si obedeciéramos a plenitud esas instrucciones. Medite en lo que se convertiría la Iglesia, cuando dejemos de tratarnos como una institución o una simple organización; y empecemos a funcionar como la poderosa familia de amor de Dios que somos. Seríamos una familia con lazos tan fuertes que cuando el enemigo ataque a uno, descubrirá que se está enfrentando a todos nosotros. Una familia que de continuo se edifica a sí misma, en lugar de demolerse a sí misma.

Usted sabe que con la gracia de Dios podemos lograrlo. Antes de ser arrebatados al cielo como Iglesia, podemos traer el cielo a la Tierra. Y lo único que tenemos que hacer, es tomar nuestro lugar como familia de Dios, ayudarnos unos a otros y tomar la decisión de calidad de comprometernos a compartir a plenitud el amor entre nosotros.

Amor
sin límites

El Espíritu de adopción

«Pues no habéis recibido el espíritu de esclavitud para estar otra vez en temor,
sino que habéis recibido el espíritu de adopción, por el cual clamamos: ¡Abba,
Padre! El Espíritu mismo da testimonio a nuestro espíritu, de que somos hijos de
Dios. Y si hijos, también herederos; herederos de Dios y coherederos con Cristo…»
(Romanos 8:15-17).

Como creyentes, se nos ha dado un espíritu de adopción. Ya no somos más huérfanos espirituales. Un huérfano se siente despreciado y solo. No tiene a nadie quien le provea ni a nadie que en realidad se preocupe por su futuro.

Un huérfano lucha de continuo contra temores y sentimientos de indignidad. Cuando potenciales padres visitan el orfanatorio, un huérfano puede sentirse nervioso, pues desea lucir bien a pesar de tener pantalones harapientos y zapatos desgastados. Sin embargo, en su interior siente miedo. Él piensa: "Nadie me va a querer. No soy lo suficientemente bueno, atractivo e inteligente. Tengo el color equivocado de piel…".

Ése era el espíritu que teníamos antes de nacer de nuevo. Sin embargo, cuando aceptamos a Jesús como nuestro SEÑOR, ¡todo cambió! De pronto, ya teníamos un Padre. Alguien quien nos amó y nos salvó. Alguien a quien podíamos acudir cuando la vida se ponía difícil y peligrosa. Y por fin, pudimos gritar: "¡Papi, ayúdame!". Sabiendo que obtendríamos la respuesta de alguien.

Si usted estudia la adopción en la cultura hebrea, se dará cuenta de cuán poderoso es en realidad el espíritu de adopción. De acuerdo a la ley judía, es ilegal que un niño adoptado sea desheredado. Él es el miembro de la familia más asegurado. Y no importa cuántos hijos hayan en la familia, el adoptado recibe todos los privilegios del primogénito.

¡Contamos con esos mismos derechos en la familia de Dios! No tenemos razones para sentirnos inseguros ni con temor. A través de la sangre de Jesús, se nos ha dado una irrevocable relación de Padre e hijo, y nos hemos convertido en herederos juntamente con Cristo. Eso significa que todo lo que le pertenece a Jesús, también nos pertenece a nosotros: Su justicia, Su autoridad, ¡Su victoria sobre el pecado, sobre la enfermedad y sobre el diablo! Todas nuestras necesidades ya han sido suplidas conforme a **¡Sus riquezas en gloria!**

Ya no tenemos por qué sentirnos como huérfanos espirituales o como personas indignas, y al final preguntarnos si alguien nos va ayudar. Pues ya recibimos el espíritu de adopción. Debemos vivir con la cabeza en alto, sonriendo y diciéndole a las personas: *¡Mi Padre me ama! ¡Mi Papá cuida de mí! ¡Y siempre está ahí para mí!*

Las personas religiosas podrían decir: "Será mejor que tengas cuidado con lo que dices. Pues para mí suena como un espíritu de orgullo".

No, no lo es. Es sólo el espíritu de adopción hablando. Es el testimonio de un huérfano que ahora es hijo. ¡Ésa es la canción de los redimidos!

Amor
sin límites

Él hizo todas las cosas sólo para mí

"Dándole gracias al Padre, quien nos hizo aptos para formar parte de la herencia que le corresponde a Sus santos (Su pueblo santo), quienes están en luz"
(Colosenses 1:12, *AMP*).

Una de las revelaciones más difíciles de asimilar para los creyentes, es el hecho de que califican para recibir LA BENDICIÓN de Dios. Un sentimiento de indignidad los persigue a menudo, impidiéndoles recibir la gloriosa herencia que Dios ya les dio. Simplemente piensan que no la merecen.

Ellos afirman: "Creo que nunca seré lo suficientemente digno para recibir la bondad de Dios. No soy nada más que un pecador salvo por gracia".

Suena como humildad, pero la verdad es que cualquier cristiano que se rehúse a creer que es digno de su herencia espiritual, se está rehusando a creer en la Palabra. Pues en ella, se nos enseña con claridad que somos dignos. Se nos ha dado la aptitud de recibir LA BENDICIÓN de Dios. Además, en la PALABRA se nos enseña que somos santos y amados por Dios.

Por supuesto, eso no se debe a nada maravilloso que hayamos hecho. Cada persona que ha habitado este planeta, excepto Jesús, ha pecado y está destituida de la gloria de Dios. A pesar de realizar nuestros mejores esfuerzos, antes de ser salvos éramos tan imperfectos que no podríamos hacer nada que nos hiciera merecedores de Él.

Sin embargo, gracias a Dios, ¡Él no permitió que siguiéramos en esa condición de falta de dignidad! Dios envió a Jesús para liberarnos del sentimiento de indignidad. Lo envió para que viviera en perfecta dignidad, y más tarde llevara sobre Él nuestros pecados. "Dios hizo que Jesús quien no conoció pecado, se hiciera pecado por nosotros, a fin de que fuéramos la justicia de Dios en Él" (2 Corintios 5:21, *NAS*).

Cada vez que piense en sí mismo, debe verse como alguien digno, pues usted está en Jesús. Él es más que digno… ¡y usted está **en Él**! Además, en Juan 17:23 se nos enseña que Dios nos ama tanto como ama a Jesús. Por sorprendente que parezca, el Padre hará por usted ¡todo lo que hizo por Él!

Hace años, Kenneth visitó a uno de nuestros amigos, un ministro que posee ese mismo tipo de revelación acerca del amor. Él era la persona más gozosa y amorosa del mundo. En una oportunidad, Kenneth le llamó: "El apóstol del amor". Una noche, cuando él y Kenneth salieron de una reunión de oración, observaron el cielo lleno de millones de estrellas. Y él expresó: "Mi papá hizo esas estrellas sólo para mí".

Con los años, a medida que comprendimos a profundidad el amor de Dios, nos dimos cuenta de que nuestro amigo estaba en lo correcto. Y entendimos que en Jesús, somos dignos de cada cosa buena que el Padre nos ha provisto… y al igual que nuestro amigo, podemos decir con valentía: «¡Él hizo todas las cosas sólo para mí!».

Amor
sin límites

Los nombres del pacto de amor

«Y todo aquel que invocare el nombre del SEÑOR, será salvo»
(Hechos 2:21).

A menudo, no logramos comprender el significado de invocar el nombre del SEÑOR; pues en lugar de llamarlo por Su verdadero nombre, le llamamos: **Dios**. Por supuesto, no hay nada de malo en llamarlo así. Ese nombre es sólo una traducción al español del hebreo original: **Jehová**, el cual es usado en el Antiguo Testamento. Sin embargo, no se transmite a cabalidad lo que la Biblia desea enseñarnos.

En nuestro idioma, la palabra **Dios** sólo significa: "Un ser supremo", y aunque nuestro Padre celestial sin duda es el ser supremo, es mucho, mucho más que eso. Después de todo, los musulmanes también creen que Alá es un ser supremo. Y otras religiones, también creen que sus dioses son seres supremos. ¿Cómo podemos saber que ellos no adoran al mismo Dios que nosotros adoramos?

Lo sabemos porque en el Antiguo Testamento, Dios no sólo se auto nombra **Jehová**; sino también se da a conocer como un Dios de amor agregando ese nombre a Sus otros nombres de pacto. Él se dio a conocer como **Jehová Shalom** que significa: "El SEÑOR es nuestra paz". Debido a que la palabra hebrea traducida como **paz**, tiene una connotación de plenitud —es decir, sin que esté incompleto y que nada le falté—, Él se da a conocer como el Dios que nos da la plenitud, restaura lo que está incompleto y nos redime, a fin de que no nos falte nada.

Él se llamó a sí mismo **Jehová Raah**, que significa: "El SEÑOR es mi pastor", pues Él desea que sepamos que cuidará de nosotros y nos guiará. Él anhela guiarnos a lugares de delicados pastos, junto a aguas de reposo y protegernos, a tal punto que nunca sintamos temor.

Jehová Jireh, significa: "El SEÑOR proveerá", por tanto, jamás tendremos que preocuparnos por la miseria o la escasez. Podemos estar seguros que cuando invoquemos Su nombre, Él siempre nos proveerá en medio de nuestras necesidades.

Al llamarse **Jehová Nissi**: "El SEÑOR es nuestra bandera", quiso que supiéramos que nunca tendríamos que librar una batalla solos. Cuando el enemigo nos ataque, Dios desatará todo Su poder a nuestro favor, y nos dará la victoria.

Jehová Tsidkenu: "El SEÑOR es nuestra justicia", y nos libra del pecado. Y **Jehová Rapha**: "El SEÑOR es mi Sanador", pues es quien nos provee sanidad para todas nuestras enfermedades.

En todos esos y Sus demás nombres de pacto, Dios nos revela Su verdadera identidad. Él se da a conocer como el Dador supremo de paz, el Pastor supremo, el Proveedor supremo, el Defensor, el Redentor y el Sanador de todos aquellos que invocan Su nombre. Ningún otro aclamado "dios" sobre la Tierra puede atribuirse esos maravillosos títulos. Ningún otro dios, sino el Dios y Padre de nuestro SEÑOR Jesucristo puede ser llamado el DIOS DE AMOR.

Amor
sin límites

Haga huir al diablo

"Por tanto, debido a que [como Sus] hijos somos de carne y hueso (cuerpo humano). Él adoptó la forma humana para que por medio de Su muerte se anulara el poder de aquel que tenía el dominio sobre la muerte —es decir, Satanás— y liberar de una buena vez, a todos aquellos que debido al temor a la muerte; eran esclavos durante toda su vida"
(Hebreos 2:14-15, *AMP*).

Al comprender cuánto Dios lo ama y todo lo que Él ha hecho por usted, no le volverá a sentir miedo, ni del diablo ni de su basura nunca más. No tendrá que preocuparse por las enfermedades ni por la escasez. No tendrá temor, si algún día inesperado, el enemigo toca el timbre de su casa, con algún tipo de problema que usted no pueda manejar.

Su confianza en el amor y en el poder de Dios, que habita en su interior, echará fuera todo tipo de temor.

Observe que dije: echará fuera el temor… no que lo cubriría. Cuando en realidad permita que la revelación del misericordioso amor de Dios hacia usted llegue a su corazón, no tendrá que aparentar no sentir miedo. Tampoco lo reprimirá, a tal punto que en lugar de pensar en el temor durante el día, tendrá pesadillas con éste durante la noche. ¡No, usted sólo tiene que resistirlo y él huirá de su presencia!

Quizá usted exprese: "Ahora bien, no sé si tengo el poder suficiente para hacerlo".

¿Ya nació de nuevo? ¿Tiene al Gran Yo Soy en su interior? Si la respuesta es **sí**, entonces usted posee el poder suficiente, porque: «…*mayor es el que está en vosotros, que el que está en el mundo*» (1 Juan 4:4).

No es difícil tener confianza cuando usted sabe que es mayor que su adversario. No se requiere de una gran valentía para oponerse a alguien que es más débil que usted. Por ejemplo, cuando es **Halloween**, y un niño de 4 años llega a su puerta vestido con un traje espeluznante, y le apunta con una pistola de plástico; ¿siente usted que debe vencer alguna clase de temor? ¿Se muere de miedo? ¿Llama al 911, y expresa: "¡Envíen ayuda, hay un monstruo en mi puerta!?".

Por supuesto que no. No hay ninguna razón para sentir miedo. Después de todo, ese niño es más pequeño y más débil que usted. Si él le causa algún problema, usted puede tomarlo y sacarlo de su propiedad.

Usted puede adoptar esa misma actitud con el enemigo, pues él está derrotado. Jesús lo destruyó y le quitó todo el poder; a fin de que no tuviéramos que temerle ¡nunca más!

De hecho, el diablo lo sabe. Y sólo está ilusionado con la esperanza de que usted no lo sepa. Por tanto, quítele la ilusión al resistirlo. Y él huirá, pues aunque usted no lo sepa; él que tiene miedo…**¡de usted!** es él.

Amor
sin límites

El amor cubre multitud de pecados

«Mas el fin de todas las cosas se acerca; sed, pues, sobrios, y velad en oración. Y ante todo, tened entre vosotros ferviente amor; porque el amor cubrirá multitud de pecados»
(1 Pedro 4:7-8).

Una de las cosas que más demuestra la falta de amor entre los creyentes, es exponer y magnificar los pecados de los demás. En algunas ocasiones, cuando el pecado de una persona no sale a la luz, y continua cometiendo ese pecado el cual, lastimará a alguien más, o a sí misma. En esa situación, es necesario ir con el pastor o con un líder de la iglesia, a fin de que esa persona reciba ayuda. No obstante, en cualquier otro caso, el amor cubre el pecado del hermano o de la hermana. El amor magnifica y habla acerca de las cosas buenas de las personas, no de su comportamiento equivocado.

Las personas por lo general, no se sienten animadas ni edificadas cuando señalamos sus defectos. Cuando criticamos su comportamiento, aun cuando sólo deseábamos ayudarlas, es muy raro que salten de alegría, y digan: "Gracias hermano, por hacerme ver ¡cuán insensato soy! Eso me inspira. Creo que seré una mejor persona a partir de hoy".

No, por lo regular ocurre lo opuesto. Se sienten desalentados y desanimados. Y en lugar de animarlos, para que se enfoquen en quienes son en Cristo y en la gracia de Dios sobre ellos; les hacemos pensar que son unos grandes perdedores. Y como resultado, en lugar de que ellos puedan ser libres de su debilidad, ésta perdura para siempre.

El SEÑOR le habló a Kenneth hace años acerca de este tema, poco tiempo después de que nuestro hijo John se mudara para vivir de manera independiente. En aquel entonces, John no vivía para el SEÑOR, y Kenneth quería librarlo de cometer los mismos errores que él cometió a esa edad; así que insistió en hacerle ver que estaba haciendo mal las cosas. Un día, el SEÑOR le habló a Kenneth, y le expresó: *Sabes, tu hijo John cree que tú piensas que él es una mala persona.*

Kenneth respondió: «¿Por qué John piensa eso SEÑOR? Yo no creo que él sea un joven malo».

Él piensa eso porque tú exageras sus pecados todo el tiempo.

De inmediato, Kenneth cambió su actitud. Le pidió perdón a John, y se comprometió a magnificar las cosas buenas que nuestro hijo hacía, en lugar de las cosas malas. Cambiar esa actitud marcó una gran diferencia.

Si deseamos vivir en amor, eso es lo único que necesitamos hacer. Cuando alguien cometa un error, no debemos atribuirnos el deber de regañarlos por la manera en que están actuando. Al contrario, debemos empezar a orar por ellos. Tenemos que creerle a Dios por ellos, y hacer súplicas e interceder por su vida. Y con compasión y misericordia en nuestro corazón, declaremos: *SEÑOR, ayúdame a orar por ese hermano. Multiplica Tu gracia en él. ¡Dale las fuerzas que necesita para obtener la victoria!*

Al terminar de orar, no le digamos una sola palabra de esto a nadie. Pues estamos cubriendo, ayudando y protegiendo a esa persona. Y estaremos magnificando su éxito y no su fracaso, pues es así como obra el amor.

Amor
sin límites

Su clave para el éxito

«Todo lo sufre, todo lo cree, todo lo espera, todo lo soporta. El amor nunca deja de ser; pero las profecías se acabarán, y cesarán las lenguas, y la ciencia acabará»
(1 Corintios 13:7-8).

El amor es la clave para el éxito en todo lo que usted emprenda. Cuando el amor es su motivación, nada puede detenerlo. El amor le da el poder para vencer la oposición, lo fortalece para sobrellevar las dificultades e incluso lo mantendrá a la expectativa y creyendo, cuando los demás estén desanimados y se den por vencidos. El amor le ayudará a soportar lo que sea necesario con calma, y así perseverar de manera paciente y fiel en su meta ¡hasta que por fin la alcance!

El amor le dará éxito incluso en las áreas de su vida cotidiana. Supongamos que usted necesite perder peso o recuperar su condición física. Por sorprendente que parezca, el amor le permitirá lograrlo.

La mayoría de personas no se percatan de ese hecho. Su motivación es el egoísmo. Quieren estar en forma, sólo para verse bien y aunque empiezan bien; antes de lo que se puedan imaginar están de vuelta en el sofá viendo los comerciales de máquinas para hacer ejercicios, en lugar de estar en el gimnasio realizando una rutina de ejercicios. Ellos piensan que es por su falta de autodisciplina. Sin embargo, la realidad es que su autodisciplina no tiene el respaldo del amor.

Éstas personas tendrían una experiencia muy diferente si se arrodillaran delante del Señor y le pidieran que los ayudara a realizar un ajuste en su corazón. Él pondría en ellos el deseo de perder peso para ser de BENDICIÓN para otros. Ellos desearían ser fuertes y saludables, a fin de ser un ejemplo a seguir para sus amigos y familiares. Es decir, ser una inspiración para ellos en lugar de verse agotados por el ejercicio.

Comenzarían a pensar cuánto aman al Señor, y cuánto desean agradarle. Cuidarían de su cuerpo, con el fin de vivir más tiempo y servirle de una manera más efectiva a Dios.

Incluso he visto que el amor motiva a las personas a permanecer en fe para recibir sanidad, aún cuando la enfermedad los ha presionado tanto que desean darse por vencidos. Ellos meditan en el dolor y en la dificultad que su enfermedad o muerte le causarían a sus seres queridos; entonces se levantan fortalecidos en el Señor, y confiesan: *No importa cuán mal me sienta, no permitiré que el diablo robe mi salud. ¡Amo mucho a mi familia!*.

En Gálatas 5:6, se nos enseña que la fe obra por el amor. Por tanto, si su motivación es el amor y a ésta le añade la fe en la PALABRA de Dios, habrá obtenido una combinación invencible. La fe y el amor juntos lo levantarán por la mañana, y lo motivarán a ponerse sus tenis en lugar de su bata de baño. La fe y el amor, lo ayudarán a escoger una ensalada, en vez de un helado. Estas dos armas espirituales lo ayudarán a mantener su rutina de ejercicios, hasta que un día, alguien lo vea, y exprese: "¡Oye, te vez como si hubieras perdido 20 libras! ¿Cómo lo lograste?".

Usted sólo sonreirá, y dirá: "¡El amor nunca falla!".

Amor
sin límites

Lo más dulce sobre la Tierra

«Así que, como la iglesia está sujeta a Cristo, así también las casadas lo estén a sus maridos en todo. Maridos, amad a vuestras mujeres, así como Cristo amó a la iglesia, y se entregó a sí mismo por ella»
(Efesios 5:24-25).

Cuando una pareja de creyentes se unen en matrimonio y establecen en su corazón amarse uno al otro, pueden crear un ambiente maravilloso, de modo que su hogar sea el mejor lugar sobre la faz de la Tierra. La única relación que se puede comparar con ese ejemplo, es la que existe entre Jesús y Su Iglesia.

Lamentablemente, muchos cristianos saben muy poco acerca de esa clase de matrimonio. Por esa razón, la tasa de divorcios en la Iglesia es la misma (o incluso más alta) que la tasa de divorcios en el mundo. En vez de enfocarse en cómo pueden darle más a su pareja, los creyentes a menudo se enfocan en lo que pueden obtener de su cónyuge. En lugar de orar con el fin de que Dios les muestre cómo suplir las necesidades del otro, le imploran a Dios: "SEÑOR, el no me hace feliz. Haz que me trate mejor. SEÑOR, haz que me deje en paz. Me va a volver loco".

Hace años, aprendí que lo mejor que podía hacer por nuestro matrimonio, era orar por Kenneth y pedirle a Dios que él tuviera a la mejor esposa sobre la faz de la Tierra. Por supuesto, yo no quería que Dios me apartara de él y pusiera a otra en mi lugar, sino me ofrecí de voluntaria para realizar ese trabajo. Y clamé: «SEÑOR, hazme ese tipo de esposa. Ayúdame a saber con exactitud cómo animarlo, y BENDECIRLO».

Un día, no fui sensible a sus necesidades como él hubiera querido; entonces se fue a otra habitación, y exclamó: «¡Cielos! Ella no tiene cuidado de nada de lo que me sucede a mi». Yo no lo escuché, pero el SEÑOR sí. Él le indicó: *No es asunto tuyo si ella cuida de ti o no. Tu tarea es cuidar de ella. Además, quien te ama y te cuida Soy Yo, así que sólo confía en Mí.*

Kenneth respondió: «¡Sí Señor!», y desde entonces ha sido un mejor esposo, y yo también lo he sido. Ambos hemos aprendido que entre más nos despreocupemos de nosotros mismos, y nos concentremos en BENDECIRNOS el uno al otro, viviremos mejor. Puedo decirle con sinceridad que el pensamiento de divorcio jamás ha pasado por nuestra mente.

¿Por qué? Porque ¡algo lindo nos está ocurriendo! No sólo tenemos a Jesús, sino tenemos un matrimonio lleno de amor, ¡y eso es lo más dulce sobre la Tierra!

Kenneth

Amor
sin límites

Los Diez Mandamientos del amor

«Conoce, pues, que Jehová tu Dios es Dios, Dios fiel, que guarda el pacto y la misericordia a los que le aman y guardan sus mandamientos, hasta mil generaciones» (Deuteronomio 7:9).

A fin de entender mejor el mensaje de la Biblia, debemos leerla como si estuviéramos recibiendo una continua revelación de Dios. Esto quiere decir, que cada parte debe ser interpretada según lo que continua. Por ejemplo, las cartas dirigidas a las iglesias en el Antiguo Testamento, nos ayudan a comprender mejor los Evangelios. Y todo el Antiguo Testamento, se ve diferente bajo el entendimiento del Nuevo Testamento.

Por esa razón, en el Nuevo Testamento, a través de Jesús, Dios reveló la plenitud de Su naturaleza. Al tomar forma humana, Él pudo comunicarse con la humanidad a través de un lenguaje que pudiéramos comprender. Finalmente, pudo mostrarse a Sí mismo como el Dios de amor.

En los tiempos del Antiguo Testamento, las personas no podían comprender que el Señor es un Dios de amor. Cuando Dios descendió de la montaña para hablar con los hijos de Israel, el lugar estaba lleno de truenos y humo; entonces el pueblo sintió miedo y huyó. Ellos no podían comprender que ese Dios, que hacia temblar la Tierra, fuera un Dios de amor. Su grandeza y Su poder los sobrecogió. Por tanto, aunque el SEÑOR les jurara que sería fiel, misericordioso y que guardaría Su pacto con ellos, el pueblo de Israel una y otra vez, hubieran retrocedido y expresado: "Moisés, ve a hablar con Dios por nosotros y cuéntanos lo que Él te diga. Porque nosotros tenemos miedo de hablar con Él, pues ¡podría matarnos!".

Con esa mentalidad, recibieron los Diez Mandamientos. Por consiguiente, interpretaron Sus mandamientos como el ultimátum de un dictador quien les ordenó: "Obedezcan o morirán".

Sin embargo, bajo el entendimiento del Nuevo Testamento, nos percatamos que ésa no era la intención de Dios. Pues lo que Él deseaba era BENDECIRLOS, establecer un pacto con ellos y ofrecerles ser su Todo.

El SEÑOR les declaró: *No tendrán otros dioses fuera de Mí. Ninguno de ellos los amará tanto como Yo. Y ninguno de ellos suplirá sus necesidades como Yo.*

No deseen las cosas de su prójimo. Yo tengo más que suficiente para proveerles a ambos. Les daré todo el bien que deseen. Por tanto, no roben, sólo pídanmelo.

No codicien a la mujer de su prójimo. Yo les amo, y tengo a una mujer tan hermosa como ella para ustedes; por tanto, pongan su mirada en Mí y permítanme traerla a su vida.

Es una lástima que el pueblo de Dios, en el Antiguo Testamento no entendiera eso. Pero es aún más penoso que hoy en día, nosotros tampoco comprendamos el amor de Dios. Bajo el entendimiento del pacto de Sangre que Jesús estableció con nosotros, deberíamos ver siempre los Diez Mandamientos como los Diez Mandamientos **del amor**.

Amor
sin límites

Escuchando la Palabra del amor

«Por tanto, os digo que todo lo que pidiereis orando, creed que lo recibiréis, y os vendrá»
(Marcos 11:24).

Una de las razones principales por las que nos cuesta creer que el Señor nos dará lo que le pidamos en oración, por nuestra falta de conocimiento con respecto a la profundidad del amor de Dios. Incluso cuando leemos Sus promesas en la Palabra, las cuales nos afirman que Él desea que tengamos —un cuerpo saludable, una familia BENDECIDA, y todas nuestras necesidades suplidas—, a menudo dudamos. Pensamos en nuestras propias limitaciones, y vienen a nuestra mente otras personas que sabemos que no recibieron lo que pidieron. Y en lugar de ir confiadamente ante el trono de la gracia, y recibir lo que necesitamos, nos quedamos en la puerta preguntándonos si Dios en realidad desea darnos lo que le pedimos.

Sin embargo, cuando comenzamos a comprender la grandeza del amor de Dios, ese cuestionamiento cambia. Confiamos en que Dios nos dará lo que le pedimos —no porque hayamos hecho algo para ganarlo o merecerlo—, ¡sino porque nos ama tanto!

La fe crece en una atmósfera de amor. Por ejemplo, imagínese a un niño en problemas. Él mismo se hizo daño por realizar algo absurdo. Es consciente de que fue él, quien atrajo el problema a causa de su imprudencia y desobediencia; sin embargo, cuando le pide ayuda a su mamá, tiene la fe suficiente para creer que ella llegará corriendo. ¿Por qué? Porque ella lo ama. Por supuesto, después recibirá una amonestación por su mala conducta. Pero por instinto el niño sabe que la corrección vendrá, después de que su madre haya respondido a su clamor, y suplido su necesidad. El niño sabe que la prioridad de su madre no es darle el castigo merecido, sino en primer lugar suplir su demanda de amor.

Si un niño puede tener ese tipo de fe en sus padres terrenales, ¿acaso nosotros no deberíamos estar completamente seguros que cuando clamemos a nuestro amoroso Padre celestial, Él acudirá a nosotros en respuesta a nuestro clamor?

Todos estamos familiarizados con Romanos 10:17, en el cual se afirma: *«...la fe es por el oír, y el oír, por la palabra de Dios».* Hemos aprendido que al meditar en lo que se afirma en la PALABRA con respecto a una necesidad específica, esto nos dará la fe necesaria para que esa necesidad sea suplida. Sin embargo, debido a que la Biblia enseña que Dios es amor, podemos sustituir la palabra **Dios** por **Amor** y descubrir otra verdad ahí: **La fe viene por el oír, y oír ¡la PALABRA del Amor!**

Mientras más escuchemos y meditemos en el gran amor que Dios tiene para nosotros, más comunión tendremos con Él. Y mientras más le permitamos que derrame de Su experiencia de amor en nuestro corazón, más fuerte será nuestra fe. En lugar de preguntarnos si Dios nos dará lo que le hemos pedido, elevaremos nuestras oraciones creyendo que recibimos cuando oramos. Estaremos seguros de que recibiremos lo que pedimos, no por nuestros grandes esfuerzos, sino por Su gran amor.

Día 110 Amor sin límites

No hay razones para dudar

«Y cierto hombre de Listra estaba sentado, imposibilitado de los pies, cojo de nacimiento, que jamás había andado. Este oyó hablar a Pablo, el cual, fijando en él sus ojos, y viendo que tenía fe para ser sanado, dijo a gran voz: Levántate derecho sobre tus pies. Y él saltó, y anduvo»
(Hechos 14:8-10).

No hay nada en la PALABRA de Dios, en especial en el Nuevo Testamento, que nos haga dudar del amor de Dios. No existe ningún incidente registrado en la Biblia, donde Jesús se haya negado a dar lo que le pidieran. Cuando el leproso le preguntó: "¿Si deseas, puedes limpiarme?". Jesús le respondió sin titubear: "Sí quiero, sé limpio". Cuando el ciego Bartimeo le expresó: "Quiero recobrar la vista", Jesús le respondió de inmediato: "Ve, tu fe te ha sanado".

Entonces, ¿por qué a menudo dudamos del amor de Dios y de Su disposición para suplir nuestras necesidades? Eso sucede porque escuchamos historias, acerca de personas que le pidieron algo a Dios y no lo recibieron. Hemos escuchado la historia de la hermana súper santa, esa dulce mujer de la iglesia, que le pidió su sanidad al Señor… y que falleció. Suponiendo que esa fuera toda la historia, pensamos: "Bueno, si Dios no respondió su oración, tampoco va responder la mía, pues sólo soy la mitad de bueno que ella".

Si usted se ha sentido tentado a pensar así, primero recuerde que Dios no va responder su oración porque **usted sea** bueno, sino porque **Él es** bueno. Segundo, no suponga que esta santa mujer murió porque Dios no le envió su sanidad; pues yo le garantizo que Él sí lo hizo. Dios envió la sanidad al mismo tiempo que envió el nuevo nacimiento, hace 2,000 años cuando Jesús fue al Calvario. El problema no radica en que Dios envíe la sanidad, sino en que los santos la reciban. No es nuestro trabajo determinar cuál es el problema. Sin embargo, sabemos que había un problema, ya que Jesús sanaba a todos los que se lo pedían —y en la Biblia se nos enseña que Él nunca cambia—.

Un ministro al que respeto mucho, me comentó que en una oportunidad estaba orando por un creyente que estaba enfermo. Mientras oraba, sus ojos fueron abiertos y vio a Jesús en la habitación. Cuando Jesús se aproximó, para imponer Sus manos sobre la cabeza del que estaba enfermo, se hizo para atrás y dijo: «No puedo recibir. Soy demasiado indigno. Jesús es tan maravilloso y yo tan malo. No soy digno».

Este ministro me dijo que Jesús vio a esa persona con lágrimas en sus ojos, y expresó: *¿Te diste cuenta? Él no me deja sanarlo.*

Recuerde esa historia la próxima vez que alguien le diga que Dios no suplió sus necesidades. También recuerde que Dios siempre es amor y siempre es un dador. Lo único que el SEÑOR necesita es a alguien que se acerque ante Él en fe, y que esté dispuesto y listo para recibir.

Mantenga la puerta abierta

«Y vino uno de los principales de la sinagoga, llamado Jairo; y luego que le vio, se postró a sus pies, y le rogaba mucho, diciendo: Mi hija está agonizando; ven y pon las manos sobre ella para que sea salva, y vivirá. Fue, pues, con él; y le seguía una gran multitud, y le apretaban… Mientras él aún hablaba, vinieron de casa del principal de la sinagoga, diciendo: Tu hija ha muerto; ¿para qué molestas más al Maestro? Pero Jesús, luego que oyó lo que se decía, dijo al principal de la sinagoga: No temas, cree solamente» (Marcos 5:22-24, 35-36).

Dios es amor todo el tiempo. Él es bueno todo el tiempo. Jamás habrá un momento en nuestra vida, en el cual Dios no anhele realizar para nosotros todo lo que necesitamos que haga. Sin embargo, es nuestra fe la que le abre la puerta para que lo lleve a cabo. La fe es nuestra conexión con el amor de Dios.

El temor, el cual es lo opuesto a la fe, rompe esa conexión. Jesús podría estar a nuestro lado, apunto de obrar un milagro de sanidad, liberarnos o bendecirnos en algo que necesitemos. Pero si en ese momento nos rendimos ante el temor, le estaremos cerrando la puerta en la cara.

Por esa razón, Jesús le dijo a Jairo, cuando recibió la noticia de que su hija había muerto: *«…No temas, cree solamente»*. Si usted no entiende como funcionan las cosas espirituales, quizá piense que Jesús fue muy severo en ese momento al expresar esas palabras. Para su mente natural, Cristo debió ser más compresivo; amable y cortés con Jairo, y le hubiera expresado: "Sé que ha de ser terrible escuchar que tu hija murió. Es probable que puedas evitar el sentirte atemorizado y molesto. ¡Pero ESTÁ BIEN! De todos modos iré allá y la resucitaré".

No, ¡Jesús no podía hacer eso! Él entendía como funcionaban las cosas espirituales. Él sabía que la fe de Jairo era la conexión importante que se necesitaba. Era su fe la que le abriría la puerta al poder de la resurrección del Señor, a fin de que tomara el control sobre la situación. El temor hubiera contaminado esa fe, y también hubiera obstaculizado y roto la conexión. Por tanto, Jesús le dijo con amor lo que necesitaba expresarle: *«…No temas, cree solamente»*

Tomemos este ejemplo, como una lección. Necesitamos entender que para vivir a plenitud bajo el entendimiento del amor, debemos evitar el temor todo el tiempo. Tratémoslo como a una serpiente venenosa, y saquémoslo de nuestra vida. Y evitémoslo aun en las situaciones más difíciles.

Si Jairo pudo hacerlo, nosotros también podremos. Al mantenernos firmes en fe y al no rendirnos ante el temor, nos mantendremos firmes en nuestra conexión con el amor y con el poder de Dios. Podemos mantener la puerta de la fe abierta, a fin de que Él obre a nuestro favor todo el tiempo.

Amor
sin límites

El prejuicio no prevalecerá

«Estos son asimismo los que fueron sembrados en pedregales: los que cuando han oído la PALABRA, al momento la reciben con gozo; pero no tienen raíz en sí, sino que son de corta duración, porque cuando viene la tribulación o la persecución por causa de la palabra, luego tropiezan»
(Marcos 4:16-17).

Una vez que la PALABRA del amor de Dios haya sido sembrada en su corazón; el diablo tratará de usar la maldad y la intolerancia de las personas para robársela. El enemigo enviará a alguien para hacerle comentarios desagradables acerca de su nacionalidad o el color de su piel. Enviará a algún pobre ignorante con prejuicios en contra de su género, de su iglesia o de su árbol genealógico. Y si usted no está atento, tomará ese prejuicio de manera personal. Si lo acepta, será presionado a sentirse molesto y amargado contra esa persona, o incluso contra el grupo de personas a las que representa.

Y usted se ofenderá.

Quizá alguien argumente: "No puedo evitar ofenderme por las personas con prejuicios".

Si usted vive en amor, por supuesto que puede; pues en la Biblia se nos enseña que el amor no le presta atención al mal sufrido. El amor no se ofende.

Eso no significa que usted está de acuerdo con el prejuicio. Ni que no pueda debatir esos comentarios ni hablar en contra de ellos. Sin embargo, tampoco quiere decir que lo tome de manera personal, y se moleste con las personas. No permita que sus prejuicios sean una excusa para actuar o hablar mal de esas personas.

La ofensa no es nada más que una señal de temor. Si se siente ofendido, es porque tiene temor a que esa persona pueda perjudicarlo de alguna manera. Y teme que le roben su seguridad, su prosperidad o su promoción.

Las personas creen que eso causa el prejuicio. Y en general, están en lo cierto. Sin embargo, el hecho es que el prejuicio nunca ha podido dañar, ni evitar que los hijos de Dios vivan en fe, y disfruten de LA BENDICIÓN. Ni el más grande prejuicioso del mundo jamás ha impedido que Dios promueva y prospere a Su pueblo.

Si el prejuicio prevaleciera sobre LA BENDICIÓN, la posición social de José, como esclavo, hubiera evitado que alcanzará el poder en Egipto. La nacionalidad de Daniel habría sido un impedimento, para que él obtuviera el puesto como gobernador de Babilonia. El género de Débora hubiera sido un problema, para que fuera jueza de Israel. La genealogía de Gedeón habría sido un obstáculo, para ser un hombre esforzado y valiente.

Podría mencionarle más casos. La Biblia está llena de ejemplos donde LA BENDICIÓN promovió y prosperó a personas, a pesar de que el prejuicio estaba a la orden del día. Y describe a un gran número de personas que vivieron en amor, incluso en las situaciones más precarias. Y a través de la fe en Dios, triunfaron sobre el prejuicio humano.

Amor
sin límites

Persevere hasta rebosar

«Tenemos también la palabra profética más segura, a la cual hacéis bien en estar atentos como a una antorcha que alumbra en lugar oscuro, hasta que el día esclarezca y el lucero de la mañana salga en vuestros corazones»
(2 Pedro 1:19).

Si usted ha tenido problemas difíciles en la vida, y no se siente amado por haber sufrido maltrato y abuso. Quizá le tome un tiempo aceptar la revelación del amor de Dios, y que ésta disipe las tinieblas que dejaron esas malas experiencias, a fin de que el amor brille en su corazón. Talvez en algunas ocasiones creyó haberse aferrado a esa verdad, sólo para descubrir que un instante después ésta ya había desaparecido.

Si le ha sucedido, no se desanime. Sólo enfóquese en llevar a cabo lo que esa escritura afirma, y préstele atención a la PALABRA del amor. Siga buscando escrituras donde se afirme cuánto Dios lo ama. Después, propóngase pensar y meditar en ellas. Decláreselas a otros creyentes y confiéselas sobre su vida. Satúrese de éstas hasta que su corazón esté tan lleno de ellas que rebosen, y usted sea limpio de las mentiras del diablo.

Quizá usted diga: "¡Pero lo he hecho, y hasta ahora, actuar de esa manera no me ha ayudado en nada!".

A menudo sucede de esa forma. Al principio, meditar en la PALABRA, no parecerá marcar una gran diferencia. Sin embargo, si usted persevera en todo momento, llegará el día en que leerá un versículo que ya había leído centenares de veces… y de pronto, éste brillará como una luz a través de su alma. El gozo surgirá de su interior, y dirá: "¡Lo logré! ¡Lo logré! Por fin entiendo que Dios me ama".

Ese proceso es como llenar una cubeta vacía con agua. Usted puede derramar gota tras otra dentro de ella, y desde afuera parece que todo sigue igual. Pero si usted sigue derramando gotas, llegará al punto en que si derrama una gota más, la cubeta comenzará a desbordarse. Y a partir de ese momento, si continua vertiéndole agua, se derramará de la cubeta como una catarata. E inundará no sólo la cubeta, ¡sino todo lo que está a su alrededor!

Usted puede hacer lo mismo con su corazón. Puede permanecer llenándolo con el evangelio del amor, y meditando en la siguiente confesión: *¡Sí Dios me ama! ¡Su misericordia y bondad me rodean!* Quizá tenga que meditar en ella y confesarla por un tiempo. Incluso se sentirá como una persona falsa, pues su vieja naturaleza le replicará: "¡Escucha! En realidad tu no crees que eso sea cierto; pues no te sientes amado, sino herido y rechazado".

No obstante, sólo tome cautivos esos pensamientos y alinee su mente de acuerdo con la PALABRA. Si lo hace, uno de estos días la realidad del amor de Dios no sólo llenará su corazón, sino que saldrá disparada como un géiser BENDICIENDO a todos a su alrededor. No sólo lo va a creer, sino usted mismo ¡será una demostración viviente del amor!

Amor
sin límites

Un verdadero ejemplo de una vida de amor

"Imiten mi [ejemplo], como yo imito a Cristo (el Mesías)"
(1 Corintios 11:1, *AMP*).

Si usted quiere saber más acerca de cómo vivir en amor con otras personas, siga el ejemplo de aquellos que más lo han amado. Preste mucha atención en cómo se expresan y en cómo actúan. Permita que la vida de amor de la cual ellos disfrutan, sea un ejemplo para usted.

Si observa cómo otros se expresan de manera práctica el amor de Dios, esto puede inspirarlo e instruirlo mientras busca hacer del amor su estilo de vida. Cuando usted recibe muestras de afecto, y su espíritu percibe una dulce sonrisa y palabras amables de otras personas; usted puede adoptar el mismo hábito y transmitir ese amor. Cuando sea bendecido por alguien que busca lo mejor para usted, no sólo se quede disfrutando de los beneficios de ese amor, aprenda de su ejemplo y también busque lo mejor para los demás.

Gloria y yo tenemos una amiga que aprendió la forma de amar de su padre. Ella nos contó que su padre era la persona más amorosa que cualquiera haya conocido. Parecía que él no veía los defectos de los demás. Amaba a todos de manera incondicional con su fuerte y fraternal amor.

Aunque él no era una persona dada a expresar palabras de adulación, ella nos dijo que cada vez que él lo veía a los ojos, usted podía darse cuenta que lo apreciaba. Su manera de ser podía hacerlo sentir como la persona más amada sobre el planeta. A veces, cuando escuchaba a un predicador impartiendo un sermón lleno de errores, aunque todos criticaran al ministro, el padre de mi amiga tenía algo bueno que decir. Él estaba de acuerdo con algún punto, y exclamaba: «Fui muy bendecido por ese hermano hoy». Y todos se quedaban callados de inmediato, pues su amor era superior a cualquier corrección doctrinal.

Cuando ese maravilloso hombre alcanzó la tercera edad, y se fue a casa con el Señor; su hija expresó la cosa más maravillosa que cualquier hijo pueda decir de su padre: «¡Quiero ser como mi padre!».

Como su amigo, puedo dar fe de que ella es como su padre. Pues a causa de que decidió imitar el amor de su padre, ella es una de las personas más amorosas que conozco. Ella obedece lo que se nos enseña en 1 Juan 3:18: *«Hijitos míos, no amemos de palabra ni de lengua, sino de hecho y en verdad»*.

Quizá usted no tenga a nadie que le dé un ejemplo de una vida de amor. Talvez usted no tenga un padre de carne y hueso a quién imitar. Pero imite lo que pueda de las demás personas que son amorosas, y para todo lo demás imite a Jesús. Estudie Su vida de amor en las Escrituras, y pídale a Él que lo ayude a ser de inspiración para aquellos que siguen sus pasos. Conviértase en lo que ellos tanto anhelan encontrar —un verdadero ejemplo de una vida de amor—.

Amor
sin límites

El lado correcto de la ley

«Porque si perdonáis a los hombres sus ofensas, os perdonará también a vosotros vuestro Padre celestial; mas si no perdonáis a los hombres sus ofensas, tampoco vuestro Padre os perdonará vuestras ofensas»
(Mateo 6:14-15).

A veces, al leer esos versículos, las personas adoptan una idea errónea acerca de Dios. Piensan que Dios está furioso porque no han sido capaces de perdonar a alguien, y como castigo no les dará Su perdón. Pero en realidad ese versículo no habla de eso.

Dios quiere perdonarnos a todos... todo el tiempo... por todo. Por esa razón, envió a Jesús a la Cruz. Por consiguiente, Dios en ningún momento se ha negado a perdonarnos.

Sin embargo, podemos colocarlo en una posición donde Él **no puede perdonarnos**. Y eso es exactamente lo que hacemos, cuando nos rehusamos a perdonar.

Le explicaré la razón: Las fuerzas espirituales son reales. Ya sea que estén presentes en un lugar o no. Dos fuerzas espirituales, no pueden ocupar un lugar al mismo tiempo. Pues tendremos que decidir si queremos una u otra.

Con el conocimiento de esta verdad, considere lo siguiente. Si usted da o recibe perdón, el hecho espiritual, es que ese perdón proviene de Dios —Él es la fuente—. Por tanto, cuando usted apaga el interruptor, y vive en falta de perdón, corta la fuente. Cuando no está dispuesto a perdonar a su hermano, tampoco a usted se le perdona.

Ésa es una ley espiritual y no hay excepciones. Así que la única cosa sabia que puede hacer, es vivir del lado correcto de la ley. Vivir en sintonía con el amo, y perdonar a otros, hará que siempre haya perdón disponible para usted.

Quizá usted diga: "He intentado perdonar, pero cuando veo a esa persona, aún me siento disgustado y molesto por dentro. ¿Qué otra cosa puedo hacer?".

Puede optar por hacer uso de sus armas espirituales y rehusarse a ser movido por esos sentimientos. Así como el amor no está basado en sentimientos; el perdón tampoco lo está, pues es una decisión de su corazón. Es una función de su voluntad espiritual. Una vez que usted perdona como un acto de su voluntad, ellos están perdonados ya sea que usted lo sienta o no.

Cuando usted se encuentre a esa persona en la calle, y su carne lo tiente a actuar de manera fría o indiferente, dígale: *No carne, no voy a actuar de esa manera. Yo ya perdoné a esa persona desde lo más profundo de mi corazón, y a pesar de mis emociones carnales, la voy a tratar con bondad y amor.*

Luego, actúe con fe basado en esa confesión. Y en poco tiempo, se sentirá completamente limpio de los efectos de la ofensa que esa persona le causó. Esos viejos sentimientos se irán. Y con la fuente de perdón activa, Dios estará más que **dispuesto** para realizar ¡maravillosas obras en su vida!

Día 116 Amor
sin límites

Un precio pequeño que tiene que pagar

*«Por tanto, si traes tu ofrenda al altar, y allí te acuerdas de que tu
hermano tiene algo contra ti, deja allí tu ofrenda delante del altar, y
anda, reconcíliate primero con tu hermano, y entonces ven y presenta
tu ofrenda. Ponte de acuerdo con tu adversario pronto, entre tanto que
estás con él en el camino, no sea que el adversario te entregue al juez,
y el juez al alguacil, y seas echado en la cárcel. De cierto te digo que no
saldrás de allí, hasta que pagues el último cuadrante»*
(Mateo 5:23-26).

Cuando usted esté en desacuerdo con alguien, no desperdicie ni un minuto. Búsque a esa persona y arregle las cosas. Haga lo que sea necesario, con el fin de mantener el vínculo de la paz (Efesios 4:3).

Si ellos no admiten estar equivocados, y le dicen que toda la culpa es suya; no discuta, esté de acuerdo con ellos. Sea lo suficientemente espiritual, para asumir toda la responsabilidad de la situación. Humíllese y exprese: "Fue mi error y quiero corregirlo. Te amo, y por sobre todas las cosas quiero que volvamos a estar en armonía".

La mayoría de las veces, la otra persona se levantará y responderá: "No, no, no... también fue mi error. ¡Me equivoqué! ¡Perdóname!". Y en los siguientes minutos, pasarán un tiempo maravilloso discutiendo quién llevará la culpa, y al final terminarán amándose más que nunca.

Incluso si eso no sucediera, usted estará mejor, pues en la Palabra se nos declara con claridad qué nos sucederá si andamos en rencillas y en contiendas. Pagaremos un alto precio, y terminaremos en una prisión de tormentos que no sólo nos afectará a nosotros, sino a las personas que nos rodean.

Seré franco al respecto. Los cristianos que insisten en permanecer en la contienda, son como células enfermas dentro del Cuerpo de Cristo. Arruinan las células que están conectadas a ellos. Éstas personas llegan a un grupo cristiano, donde todos se aman y están compartiendo un hermoso tiempo, le dicen a un par de personas que alguien está molesto con ellos, y poco tiempo después todos están molestos. Ese tipo de persona van con un hermano y con otro, chismeando y esparciendo ese espíritu de contienda, hasta que todo el grupo se enferma espiritualmente.

Debido a que nuestro Padre celestial ama a todos Sus hijos, no va a permitir que uno eche a perder a todos. Él va a buscar la manera de mantenerlos al margen, y los pondrá en cuarentena espiritual hasta que corrijan sus pasos.

Si cree que Dios no hará eso en su caso, debido a que usted piensa que tiene la razón con respecto al problema, piénselo dos veces. Como le dije antes, si usted está en contienda, aun teniendo la razón —estará en lo incorrecto—. Por tanto, cualquiera que haya sido el problema entre usted y la otra persona, no permita que el problema lo aprisione. Arregle las cosas con su adversario y reconcíliese con él. El único costo que tendrá que pagar será su orgullo, un precio pequeño que tiene que pagar, a fin de permanecer libre.

Amor
sin límites

No una sus manos a las del diablo

«Nosotros sabemos que hemos pasado de muerte a vida, en que amamos
a los hermanos. El que no ama a su hermano, permanece en muerte.
Todo aquel que aborrece a su hermano es homicida; y sabéis que ningún
homicida tiene vida eterna permanente en él»
(1 Juan 3:14-15).

Cuando pensamos en el hecho de que Dios es amor, viene a nuestra mente cuán bondadoso y misericordioso es Él. Pensamos en todo lo maravilloso y bondadoso que Él es.

Sin embargo, a veces fallamos en tomar en cuenta que ese amor, debido a su naturaleza, es totalmente contrario a la falta de amor. El amor es un poderoso enemigo de todo lo detestable, de todo lo que lastima y de todo lo que destruye. Aunque seamos los hijos amados de Dios, si empezamos a infringir la ley del amor, al tratar a otros con odio, pronto veremos un lado del amor que no quisiéramos ver.

Kenneth relata una anécdota, de cómo Dios le habló en términos muy claros, hace algunos años. Dándole a conocer Su punto de vista acerca de cuán enserio habla, cuando se refiere a vivir en amor. Aparentemente, alguien le hizo algo a Kenneth que él no perdonó, y entonces el SEÑOR lo reprendió diciendo: *Kenneth, medita en tu forma de actuar con respecto a esa persona. Date cuenta que, si fueras Dios esa persona estaría en el infierno justo ahora. Y la enviaste al infierno al rehusarte a perdonarla.*

Ese pensamiento me hizo reaccionar, cuando lo escuché. Me dio una dosis extra de gozo saber que Dios es Dios y ¡no nosotros! Sin embargo, me hizo darme cuenta que cuando vivimos en odio y en falta de perdón, estamos viviendo del lado de Satanás. Unimos nuestras manos a las del condenador de la humanidad, y al hacerlo estamos de acuerdo con él. Estamos intercambiando la vida, por la muerte.

Eso es inexcusable ante el punto de vista del amor. Tampoco importa cuáles sean nuestras razones. El resultado será el mismo.

Hace algún tiempo, vi a una mujer en la televisión quien enfrentó al asesino de su esposo. El juicio había terminado, y pidió que se le diera la oportunidad de hablar cara a cara, con el hombre que había sido condenado por el crimen. ¡Cielos! Esa mujer hizo llorar a ese hombre: «¡Nunca te perdonaré! Me robaste a mi esposo. Al padre de mis hijos y te odiaré hasta el día en que muera».

Después, el Espíritu Santo me dijo: *Esa mujer es tan culpable de asesinato como él. Y cometió el crimen justo en la corte. Cuando dejó salir su odio, ante los ojos de Dios, asesinó a ese hombre.*

Usted quizá piense que eso es un poco drástico, y por supuesto no estoy juzgando a esa señora, pero ése es el mensaje que le quiero transmitir. Este ejemplo, nos ayuda a recordar que el amor no habita donde hay odio… nunca… y por ningún motivo. Y es un fuerte incentivo para que vivamos de continuo a la luz del amor.

Amor
sin límites

Demasiado bueno para ser cierto

«Mas no ruego solamente por éstos, sino también por los que han de creer en mí por la palabra de ellos, para que todos sean uno; como tú, oh Padre, en mí, y yo en ti, que también ellos sean uno en nosotros; para que el mundo crea que tú me enviaste. La gloria que me diste, yo les he dado, para que sean uno, así como nosotros somos uno. Yo en ellos, y tú en mí, para que sean perfectos en unidad, para que el mundo conozca que tú me enviaste, y que los has amado a ellos como también a mí me has amado»
(Juan 17:20-23).

¿Quiere saber cuánto lo ama en realidad su Padre celestial? Se lo puedo decir en una oración: **Él lo ama tanto como ama a Jesús.**

Debido a nuestra condición y a la inferioridad de nuestra vida comparada con la de Jesús, es difícil creerlo… pero es cierto. Y lo sabemos, pues esa declaración salió de los labios de Jesús, cuando oró por Sus discípulos antes de ir a la Cruz. Esto fue lo que dijo en los últimos momentos más cruciales de Su vida, cuando le oró al Padre por nosotros y le expresó: *«…los has amado a ellos como también a mí me has amado»* (Juan 17:23).

Quizá usted diga: "No, Jesús se estaba refiriendo a los 12 apóstoles, no a mí".

Sí, lo hizo. Él dijo que oraba no sólo por los que estaban presentes ese día. Sino también por todos aquellos que creerían en Él a causa del testimonio de los apóstoles. Y eso lo incluye, a usted y a mí. Si estudia la historia espiritual detrás de todo esto, se dará cuenta que cada cristiano de la actualidad, ya sea de una manera directa o indirecta, recibió el evangelio a través del ministerio de esos 12 hombres.

Declárelo en voz alta, ahora mismo: *¡El Padre me ama tanto como ama a Jesús!*

Es asombroso meditar en eso. De hecho, si Jesús no lo hubiera declarado y no se encontrara registrado en la Biblia, no seríamos capaces de creerlo. Suena demasiado bueno para ser cierto.

Si necesita más evidencia para darse cuenta que Dios lo ama de esa manera, tome en cuenta lo siguiente: Dios **debe** amarnos tanto como ama a Jesús, pues de lo contrario no lo habría enviado a morir por nosotros. Si el Señor no nos amara tanto, hubiera retenido a Jesús, dejándonos con nuestros pecados, y Juan 3:16 no habría sido escrito, y en éste no se dijera: *«Porque de tal manera amó Dios al mundo que ha dado a su hijo Unigénito…»*.

Es tiempo de que aceptemos la verdad de ese versículo. Ya es hora de que dejemos de pensar que Dios a penas nos tolera… y nos demos cuenta del gran amor que hay en Su corazón. Por asombroso que parezca, nos ama tanto como ama a Jesús ¡y eso es lo que en realidad somos!

Amor
sin límites

Un asunto muy personal

«Saulo, respirando aún amenazas y muerte contra los discípulos del Señor, vino al sumo sacerdote, Mas yendo por el camino, aconteció que al llegar cerca de Damasco, repentinamente le rodeó un resplandor de luz del cielo; y cayendo en tierra, oyó una voz que le decía: Saulo, Saulo, ¿por qué me persigues? El dijo: ¿Quién eres, Señor? Y le dijo: Yo soy Jesús, a quien tú persigues; dura cosa te es dar coces contra el aguijón »
(Hechos 9:1, 3-5).

El amor que Dios tiene para nosotros como Sus hijos y como miembros del Cuerpo de Cristo, no sólo es tan poderoso como el amor que siente por Jesús; sino que también es personal. En la mente y en el corazón de Dios, somos uno con Él.

Eso nos hace extremadamente valiosos. No sólo somos pequeños seguidores detrás del Maestro, sino formamos parte del Maestro. Somos, en realidad, el Cuerpo de Jesús en la Tierra.

Lea el Nuevo Testamento, y descubrirá que Jesús nunca se separa de Su Iglesia. Él no se puso en un lugar alto, mientras nos colocaba en algún lugar cerca de Sus pies. Y tampoco hizo distinciones entre nosotros como individuos. Nunca consideró a aquellos que ocupan lugares más visibles dentro del ministerio, como más importantes que los que son menos visibles. No, aún si yo fuera el dedo meñique del Cuerpo de Cristo, sigo siendo importante como los demás.

En realidad, todos nosotros, ya sea que seamos ojos, oídos, dedos de los pies o rodillas —somos parte importante del Cuerpo de Cristo tanto como Jesús lo es—. No es necesario que llevemos a cabo una función (aunque suene doloroso, usted puede seguir adelante si pierde un dedo, pero no puede seguir adelante sin su cabeza), pero aún así seguimos formando parte de Cristo.

Cuando se encontró con Saulo camino a Damasco. Él le habló de manera personal. Por eso, observe que el SEÑOR no dijo: "Saulo, Saulo ¿por qué persigues a mi pueblo?". Jesús dijo: *«¿Por qué me persigues?».*

Además, esa fue la razón por la que el Señor mismo se le apareció, y lo hizo caer al suelo. Jesús no actuó de esa manera para que Saulo fuera salvo. Él no le mencionó nada acerca de la salvación, ése día Jesús le estaba poniendo un alto a la persecución de la Iglesia. ¡Saulo sólo tuvo el suficiente sentido común para ser salvo durante el proceso!

Lo que Jesús le hizo a Saulo ese día, debería emocionar a todos los creyentes; pues claramente nos revela qué tan en serio protege Jesús a quienes lo hemos aceptado como nuestro SEÑOR. Y demuestra cuán enserio habló, cuando dijo: *«…De cierto os digo que en cuanto lo hicisteis a uno de estos mis hermanos más pequeños, a mí lo hicisteis»* (Mateo 25:40).

Por tanto, cuando la vida se ponga difícil y el diablo comience a decirle que Dios no tiene cuidado de usted, recuérdele lo que Saulo tuvo que aprender de camino a Damasco. Recuérdele que el amor de Dios para usted no sólo es poderoso… sino es un asunto muy **personal**.

Amor
sin límites

El mensaje que hizo descender la gloria

«Cuando sonaban, pues, las trompetas, y cantaban todos a una, para alabar y dar gracias a Jehová, y a medida que alzaban la voz con trompetas y címbalos y otros instrumentos de música, y alababan a Jehová, diciendo: Porque él es bueno, porque su misericordia es para siempre; entonces la casa se llenó de una nube, la casa de Jehová. Y no podían los sacerdotes estar allí para ministrar, por causa de la nube; porque la gloria de Jehová había llenado la casa de Dios»
(2 Crónicas 5:13-14).

¡Qué maravillosa reunión se nos describe en ese versículo! Es el tipo de reunión que todos deseamos en la actualidad. La presencia del SEÑOR era tan poderosa que todos los músicos y los cantores ministraban como uno solo. La gloria de Dios era tan densa que los sacerdotes no podían ponerse en pie para ministrar. ¡No dejaban de caer al suelo!

Justo en medio de esa atmósfera, donde el Espíritu de Dios reposaba sobre todos, las personas declaraban e impartían la PALABRA del SEÑOR. Predicaban un mensaje que venía directo del corazón de Dios.

Decían: «...*Ciertamente él es bueno porque su misericordia es para siempre...*». Si investiga más a fondo la palabra hebrea **misericordia** la cual aparece en ese pasaje, descubrirá que significa: "Amor y compasión". Por tanto, lo que esas personas decían en realidad era: "Porque Él es bueno, y nos ama por siempre".

Es posible que para usted esa no sea una noticia estupenda, pero para Dios sí. Una y otra vez en el Antiguo Testamento, cuando Él se manifestaba a Sí mismo con ese asombroso poder y gloria, ése era el mensaje que daba: "Ciertamente Él es bueno y su amor es eterno".

En la actualidad, ése continúa siendo Su mensaje para nosotros. El problema radica en que a menudo, estamos tan ocupados buscando algo nuevo; es decir, una nueva revelación la cual nunca antes habíamos escuchado. En especial si fuimos salvos hace muchos años, y pensamos que ya somos algo sabios; entonces buscamos a alguien que nos prediqué algo que jamás se nos había predicado. Y decimos: "Dame algo profundo, enséñame una verdad que yo no sepa".

Mientras tanto, el SEÑOR expresa: ¡*ESTÁ BIEN! Te diré algo que no sabes. Te amo con amor eterno.* Y como es de esperarse, pensamos que ya lo sabemos. Ésa es una revelación básica. Pero si en realidad la creyéramos, disfrutaríamos de un estilo de viva más alto del que ahora gozamos. El temor se desvanecería por completo de nuestra vida. Disfrutaríamos de una relación, y de una comunión perfecta con Dios las 24 horas del día. Nuestra fe crecería hasta el cielo en todas las áreas de nuestra vida.

El hecho que aún no estemos disfrutando de ese tipo de vida, me demuestra que todavía hay mucho que necesitamos aprender del amor de Dios. Necesitamos invertir más tiempo con Él, y con éste mensaje que siempre ha hecho descender la gloria: "El Señor es bueno y su amor es eterno".

Amor
sin límites

De saber a creer

«Debemos siempre dar gracias a Dios por vosotros, hermanos, como es digno, por cuanto vuestra fe va creciendo, y el amor de todos y cada uno de vosotros abunda para con los demás»
(2 Tesalonicenses 1:3).

Es probable que, aunque sepamos que Dios es amor, sigamos estando inseguros con respecto a lo que el amor hará por nosotros. Quizá nos preguntemos: ¿Me ayudaría el amor de Dios cuando comience a caer? ¿Cuán lejos llegaría este amor por mí? ¿Me ayudaría el amor de Dios aún cuando haya actuado de manera inadecuada, y haya hecho las cosas mal?

A medida que descubramos y meditemos en las respuestas bíblicas a esas preguntas, nuestra fe en el amor de Dios crecerá de manera exuberante. Y llegaremos a un punto donde no sólo lo sabremos, sino que **creeremos** en el amor que Dios tiene por nosotros.

Por experiencia personal, puedo testificarle cuán importante es creer en ese amor. Pues años atrás, cuando era un joven creyente, mi escasa fe en el amor de Dios, casi me costó la vida. En aquel entonces, fumaba tres paquetes de cigarrillos al día. (Y Dios en Su misericordia ¡me salvó, aún teniendo esos cigarrillos en mi bolsillo! Algunas personas no creen que Dios haría algo así. Pero están equivocadas, y yo soy una prueba viviente de que sí lo haría).

Cinco minutos después de haber nacido de nuevo, yo quería deshacerme de ese mal hábito. Sin embargo, me llevó algo de tiempo llenar mi corazón lo suficiente de la PALABRA para ser libre de ello. Y lo logré durante una convención de tres semanas en Houston, Texas. Estaba tan lleno de la PALABRA que me olvidé por completo de los cigarrillos. No fumé durante todo ese tiempo y cuando me percaté ¡ya era libre!

No obstante, ocho meses después, me salí de la voluntad de Dios. Di un paso dentro del ámbito de la desobediencia y el deseo por los cigarrillos, regresó más fuerte que nunca. Luché contra éste, y le rogué a Dios que me ayudara; sin embargo, estaba muy atormentado por la condenación como para creer que Él en realidad me ayudaría. No tenía la fe suficiente para confiar que Su amor me rescataría de esa situación. Entonces, volví a caer en ese horrible hábito.

Me sentía tan desanimado y disgustado conmigo mismo que dejé de luchar contra el pecado. Y pensé: *Bueno, si ya estoy haciendo esto… qué más da si por completo me sumerjo en el pecado.*

Poco tiempo después, perdí hasta el deseo de vivir. Y si no hubiera sido por mi esposa y las oraciones de mis padres, no hubiera logrado superar esa misma situación. Sin embargo, Gloria no se daba por vencida. Se sentaba a mi lado en la cama, y se mantenía diciéndome que Dios me amaba y que no se apartaría de mí. Ella lo dijo una vez… y otra vez… y otra vez… hasta que por fin pude creerlo.

Cuando logré creer, tuve la confianza de correr (¡no de caminar, sino de correr!) hacia Dios, arrepentido y confiado en que Él me aceptaría. Me levanté en fe con el amor de Dios y volví a deshacerme de ese mal hábito. Y desde entonces, no los deseo más. He permanecido libre —no sólo por saber que Dios es amor, sino por **creer** que siempre puedo contar con ese amor—.

Kenneth

sin límites

No le estoy dando una licencia

«No ha hecho con nosotros conforme a nuestras iniquidades, ni nos ha pagado conforme a nuestros pecados. Porque como la altura de los cielos sobre la tierra, engrandeció su misericordia sobre los que le temen. Cuanto está lejos el oriente del occidente, hizo alejar de nosotros nuestras rebeliones»
(Salmos 103:10-12).

Cada vez que comienzo a animar a las personas a que desarrollen su fe en el amor de Dios, y les explicó la disposición de Dios de perdonarlos cuando pecan y de levantarlos cuando caen. Me he dado cuenta que algunas personas se molestan, y expresan: "Hermano Copeland, si usted enfatiza tanto ese mensaje, les está dando a las personas una licencia para pecar".

Hasta donde sé, las personas han estado pecando durante años sin necesidad de una licencia; por tanto, en realidad no necesitan una. Incluso si la pudieran obtener, no la querrían, si tuvieran una revelación genuina del amor de Dios. Sé por experiencia que esa revelación hará que usted se enamore tanto del Señor, que no querrá pecar nunca más. Se sentirá tan agradecido por Su bondad que evitará el pecado como si fuera una plaga, pues no deseará desagradar al Padre.

Cuando cometa un error, no desperdicie su valioso tiempo dándole vueltas al asunto. Sólo confiéselo, olvídelo y vaya ante el Señor. Si el diablo trata de confundirlo con sus emociones para que no se sienta perdonado, dígale: *¡Escucha Satanás! El perdón no es un sentimiento, es un hecho. Si Dios ya me dijo que me ha perdonado, entonces así es. Ahora, alabaré a Dios ¡porque para siempre es Su misericordia!*

Desarrollar ese tipo de fe en el amor de Dios, realizará por usted lo que nadie más puede llevar a cabo. Hará que usted permanezca firme en la Palabra de Dios aún cuando otros retrocedan. Cuando venga la temporada de gripe y todos digan que tienen miedo de adquirirla, usted declarará lo contrario. Afirmará: *Tengo un pacto con Dios. Y éste me afirma que soy sano, por tanto, ¡la gripe no tiene lugar en mi vida!*

Cuando ellos le adviertan: "Yo no diría eso si fuera tú. ¿Qué ocurriría si no sucede lo que dices? El diablo te dará una paliza con la gripe antes de que tú sepas que te golpeó".

Usted les responderá: *No, no lo hará. Satanás no tendrá oportunidad alguna, pues iré directo al trono de la gracia para recibir el oportuno socorro que necesito. Después de todo, puedo entrar ahí cuantas veces quiera, pues el Todopoderoso es mi Abba Padre. Él es mi Papi, y está completamente enamorado de mí.*

Cuando usted desarrolla ese tipo de actitud, ya no jugará con el pecado; al contrario, buscará la manera de darle una paliza al autor del pecado. Y en vez de buscar la manera de hacerlo pecar, ¡el diablo estará buscando la manera de escapar de usted!

Amor
sin límites

Fiel para perdonar

«Si decimos que no tenemos pecado, nos engañamos a nosotros mismos, y la verdad no está en nosotros. Si confesamos nuestros pecados, él es fiel y justo para perdonar nuestros pecados, y limpiarnos de toda maldad»
(1 Juan 1:8-9).

Todos hemos cometido errores en nuestra vida cristiana. Sin importar cuán comprometidos estemos con el SEÑOR, hay momentos en que nos equivocamos. Sin embargo, eso no debe impedir que vivamos en victoria. Podemos seguir adelante sin desviarnos un solo paso, si somos prontos para reconocer nuestros pecados y arrepentirnos de ellos.

Algunos creyentes ven eso como algo difícil de hacer, pues no comprenden el amor y el perdón de Dios. Temen que Él los condene por sus errores y, como resultado, no están dispuestos a admitirlos… ni reconocerlos y tampoco a dejarlos.

Yo solía cometer el mismo error, sin embargo, hace años —mientras predicaba en una convención en Pensacola, Florida—, el SEÑOR me sacó de ese error. Hice algo en esa convención que no le agradó a Él. Fue un error y yo lo sabía, se lo confesé al Señor; pero aún no le había pedido que me perdonara. Toda la tarde me pasé expresando: *¡Eso fue terrible! SEÑOR*. No podía ni orar ni prepararme para el servicio de aquella noche, pues tenía presente en mi mente lo que había hecho.

Llegué a la reunión, pero no podía entrar. Entonces declaré: *SEÑOR, tendrás que conseguirte otro predicador para esta noche, pues no voy a predicar después de lo que hice.*

De pronto, escuché la voz de Dios en mi corazón (había estado muy ocupado gritando y lloriqueando como para escucharlo). Él me dijo: *Kenneth, no sé a qué te refieres, ¿qué hiciste?*

—SEÑOR, Tú sabes bien qué hice. ¡Te he estado hablando de eso toda la tarde!

—*¿Ya te arrepentiste?*

—Sí, Señor.

—*Bien, mi PALABRA afirma que Soy fiel y justo para perdonar tus pecados y limpiarte de toda injusticia, cuando los confiesas, no tres meses después, sino en ese preciso momento. A menos que creas que te estoy mintiendo al respecto, te sugiero que te olvides de ese error y disfrutes Mi perdón. Entra ahí, predica y Yo te ayudaré.*

Esa revelación me impactó. Y vi la gracia y el amor de mi Padre, y eso produjo que mi alma se regocijara, y expresé: *SEÑOR, ¡tuyo soy! ¡Vamos!*

Entré a esa convención aquella noche, prediqué con la unción de Dios, y vi Su poder fluyendo sobre ese lugar. Él me trató como si yo nunca hubiera pecado. Desde aquel día, supe que no debí tener miedo de confesar mis pecados; y tampoco debía desperdiciar mi tiempo sintiendo condenación.

Amor
sin límites

Algo bueno está por suceder

«Bendice, alma mía, al SEÑOR, y bendiga todo mi ser su santo nombre. Bendice, alma mía, al SEÑOR, y no olvides ninguno de sus beneficios El es el que perdona todas tus iniquidades, el que sana todas tus enfermedades; el que rescata de la fosa tu vida, el que te corona de bondad y compasión; el que colma de bienes tus para que tu juventud se renueve como el águila»
(Salmos 103:1-5).

«¡Algo bueno está por sucederle!».

Oral Roberts solía decir esta frase en su programa televisivo cada semana. Estas palabras están llenas de fe, pues él confiaba en el amor y en la bondad de Dios.

Sin embargo, no todos sentían lo mismo cuando él realizaba esa declaración. En una ocasión, conocí a un predicador quien me dijo que le molestaba cuando el hermano Roberts expresaba esa frase. Me explicó: «Las cosas buenas no le suceden a todo el mundo. Sí así fuera la hermana que ora por un avivamiento en su ciudad, no viviría en pobreza. Ella, de algún modo, obtendría dinero… pero esa "cosa buena" nunca sucede. Por esa razón, esa frase no siempre es cierta».

En ese momento, yo tenía la seguridad de que el hermano Roberts estaba en lo cierto, pero no sabía qué responderle a ese hombre. Cuando le pregunté al SEÑOR al respecto, en vez de contestarme al instante, me formuló una pregunta adicional: *¿Sabías que la misma mujer que oró para que llegara el avivamiento a su ciudad y que nunca ha sido BENDECIDA de manera financiera, oró por avivamiento sin recibir BENDICIÓN financiera y sin recibir el bautismo del Espíritu Santo?*

Parecía que esa declaración del SEÑOR, no me ayudaba mucho.

Te explicaré un poco más —me dijo el Señor— *¿Sabías que esa misma mujer que nunca recibió BENDICIÓN financiera y que no recibió el bautismo del Espíritu Santo, también pudo haber estado postrada en cama mientras oraba por avivamiento y nunca haber recibido sanidad?*

Fue entonces que comprendí lo que me estaba diciendo. No recibimos ninguno de esos beneficios por nuestro buen comportamiento. Pues son parte de los beneficios que el amor de Dios deja a nuestra disposición cuando nacemos de nuevo. Y sólo se reciben por fe, y la fe viene al oír la PALABRA de Dios.

Algunas personas han oído la PALABRA y han desarrollado su fe para recibir algunos de los beneficios de Dios, pero no todos. Esa mujer pobre quien oraba por avivamiento, nunca escuchó predicar acerca de la prosperidad. Jamás obtuvo la revelación de que a Dios le agrada la prosperidad de Sus siervos. Por consiguiente, le sirvió a Él siendo pobre durante toda su vida —no porque esa fuera la voluntad de Dios, sino porque ella no sabía que podía estar mejor—.

Por esa razón, usted necesita alimentarse de la PALABRA y cimentar su fe en los beneficios del amor de Dios. Si usted lo hace, ¡puede estar seguro que algo bueno estará por sucederle!

Amor
sin límites

Personas conforme al corazón de Dios

"Sé misericordioso y compasivo conmigo SEÑOR, pues clamo a Ti a cada instante… Eres bueno SEÑOR y pronto para perdonar [nuestras ofensas, las cuales haces desaparecer de una vez y para siempre], eres abundante en misericordia y bondad con todos aquellos que te invocan"
(Salmos 86:3, 5, *AMP*).

La Biblia describe al rey David, el hombre que escribió ese Salmo, como un hombre conforme al corazón de Dios. Creo que ése es uno de los más grandes elogios que una persona puede recibir. Sin embargo, hay muchas cosas de la vida de David que no nos gustaría imitar. Él cometió grandes errores, si usted estudia su vida en las Escrituras, descubrirá que pecó contra Dios de maneras obvias y hasta absurdas.

Obviamente, esas actitudes no hicieron que él mereciera ese título. Él lo mereció por la manera en que actuaba después de que se equivocaba. Cada vez que David pecaba, hacía lo mismo. Se arrepentía de todo corazón y se rendía ante la misericordia de Dios. En Salmos podemos leer que, en esos momentos, él le recordaba al SEÑOR Su misericordia, Su dulzura y Su disposición de perdonar.

David conocía, como nadie más en la Biblia, el verdadero corazón de Dios. Él entendía que Dios quería misericordia y no sacrificios (Mateo 9:13). Aún en los momentos más difíciles, cuando le había fallado al Dios que amaba, nunca se olvidó de la naturaleza de Dios.

Por esa razón, David fue un hombre conforme al corazón de Dios.

Por supuesto, a veces eran inevitables las consecuencias de sus pecados. Las cosas se desencadenaban a un punto donde ya no podían detenerse. Sin embargo, David no se desanimaba. En ningún momento, llegó a pensar que Dios lo abandonaría o lo atribularía. David no dejó de confiar en la misericordia de Dios, ni siquiera cuando cometió adulterio con Betsabé, ni cuando asesinó al esposo de ella ni tampoco cuando sufrió angustia cuando murió el bebé de su adulterio.

A pesar de la tristeza que experimentó, la luz de esa misericordia siempre brilló. Por esa razón, en la Biblia se nos enseña que después de que David consoló a Betsabé, ella concibió de nuevo, y Dios le envió un mensaje por medio del profeta Natán, él le dijo a David que su hijo, se llamaría: Salomón. El **amado del SEÑOR** (2 Samuel 12:25, *AMP*).

Como creyentes del Nuevo Testamento, tenemos menos excusas para pecar que David, pues aunque él era el ungido de Dios, no había nacido de nuevo. Por tanto, podemos aspirar a vivir una vida mucho más santa. Es importante recordar que no es sólo la pureza la que nos hará semejantes a nuestro Padre. Sino también saber que no existe delito que sobrepase Su compasión, ni pecado que sobrepase Su amor. Y debemos basarnos en la misericordia, no en los sacrificios, y hacer lo mismo con los demás. Eso hará de nosotros personas conforme al corazón de Dios.

Kenneth

Amor
sin límites

Hablando de amigo a Amigo

«Porque convenía a aquel por cuya causa son todas las cosas, y por quien todas las cosas subsisten, que habiendo de llevar muchos hijos a la gloria, perfeccionase por aflicciones al autor de la salvación de ellos. Porque el que santifica y los que son santificados, de uno son todos; por lo cual no se avergüenza de llamarlos hermanos, diciendo: Anunciaré a mis hermanos tu nombre, En medio de la congregación te alabaré»
(Hebreos 2:10-12).

Una de las cosas que le ayudarán a obtener una revelación más grande del amor de Dios es, ser franco con Él. Si usted usa español antiguo cuando conversa con Él (y ya no estamos en esa época), deténgase. Platique con Dios como si estuviera conversando con alguien a quien ama y respeta. Sea sincero, transparente y sobretodo sea usted mismo.

No cambie el tono de su voz al decir: "¡Oh altísimo Dios! ¿Habrá algo que os pueda decir que Tú no pesais?". Dígale lo que hay en su mente. De todos modos, usted no puede engañarlo. Él sabe cuál es su forma de hablar, pensar, y qué está haciendo, y a pesar de todo ello, Él lo ama. Por tanto, no intente engañarlo. Hace años, yo actuaba de esa manera, al andar con rodeos en mi oración; tratando de evitar conversar con el SEÑOR algunas cosas que había hecho mal. Un día, Dios me interrumpió y me dijo: *Kenneth, yo no me entero de tu pecado en el momento en que tu lo confiesas, sino cuando te deshaces de éste.*

Durante años, esa ha sido la base de la comunicación entre Dios y yo. E incluso, me hizo entender que no necesito ser muy espiritual para platicar con Él. Como dijo un amigo: «Yo no tengo una relación "vertical" con Dios. Pues puedo hablar con Él de manera "horizontal"; es decir, cara a cara y de corazón a corazón».

Quizá usted argumente: "¡Cielos hermano Copeland! ¿Cómo puede afirmar algo así? Recuerde, Él es Dios y está por encima de todos nosotros".

Sé que Él es Dios. Sé que es alto y sublime. Sin embargo, he leído en la Biblia que a causa de que estoy en Cristo, estoy sentado en los lugares celestiales con Él. Dios es mi Padre y Jesús de Nazaret es mi hermano. Yo lo llamo: "SEÑOR" y Él a mí: "Hermano", y estamos juntos. No debo estar bajo sus pies, pues mi lugar es a Su lado. Puedo platicar con Él de amigo a Amigo —no porque me lo merezca—, sino porque Su gran amor y Su misericordia me dieron ese lugar.

Además, ya nací de nuevo a Su imagen. Y entre más lo conozco, más me doy cuenta que me entiende y me aprecia más que a nadie. Y usted será consciente de lo mismo, cuando dejé de buscarlo de manera religiosa; y sea sincero con Él. Entonces, descubrirá cuán maravilloso y real puede ser el amor de su Padre celestial.

Kenneth

Día 127

Más de lo que tuvo Moisés

«Y acostumbraba hablar el SEÑOR con Moisés cara a cara, como habla un hombre con su amigo»
(ÉXODO 33:11, *LBLA*).

Un día, al principio de mi vida cristiana, estaba meditando en ese versículo mientras conducía por la carretera. Había leído ese versículo por la mañana y entre más lo meditaba, más me emocionaba. La sola idea de conversar con Dios cara a cara como amigos, hizo que todas las luces de mi espíritu se encendieran.

Pero después, tuve un pensamiento que hizo que todas las luces se apagaran: *Dios nunca me hablaría de esa manera. Pues desperdicié cada oportunidad que tuve para conversar con Él, al vivir como gato de callejón antes de nacer de nuevo.*

Si usted sabe un poco de lo que se nos enseña en la Biblia (lo cual desconocía en aquel entonces), ya se habrá dado cuenta de dónde provino ese pensamiento. Con toda certeza, no venía de Dios, pues está en contra de las Escrituras y sólo podía venir del diablo.

Comencé a estar de acuerdo con él, al declarar: *Sí, es cierto, eso no es para mí.* Sin embargo, el Espíritu de Dios me detuvo.

Y me dijo: *¿Por qué crees que ya no tienes más oportunidades de entablar una conversación así conmigo? Aunque apenas estás comenzando, ya tienes una comunión más cercana que la que tuvo Moisés, después de todo ya sabes todo lo que le dije a él; pues todo está escrito en la Biblia que tienes sobre tus piernas. También puedes leer todo lo que le dije a Pedro, a Juan, a Santiago y a Pablo; y todos los sermones que prediqué en las costas de Galilea.*

Te amo mucho hijo, y para ministrarte a través de Mi Espíritu he escrito todo lo que les dije a ellos en un libro. A causa de que eres una nueva criatura en Cristo Jesús, tienes una conexión Conmigo que ninguno de ellos tuvo. No sólo voy a hablarte cara a cara como un amigo, sino ¡de corazón a corazón como un Padre!

Cuando escuché eso, me sentí tan feliz que estacioné el automóvil un momento para dedicarme a alabar al SEÑOR. Mientras lo alababa por Su amor y Su disposición de tener comunión con alguien como yo, me percaté de que siempre la quiso tener.

Medité en la vida de los profetas del Antiguo Testamento, e incluso, en la de los discípulos del Nuevo Testamento; y me di cuenta de que ninguno de ellos habría sido un líder de renombre en las iglesias que conozco. ¡No eran tan apasionados espiritualmente! La mayoría de ellos, cometió un gran error en algún punto de su vida. Sin embargo, a pesar de todo, Dios los amó e hizo cosas maravillosas a través de ellos; debido a que se lo permitieron. Se aferraron a Su Palabra, y creyeron que la cumpliría.

Ese día, cuando regresé a la carretera, ya era un hombre transformado. Ya no pensaba en mis fracasos, sino en mi futuro —un futuro lleno de amor y de comunión con Dios—. Me regocijé por haber recibido la revelación de que ni siquiera Moisés tuvo la comunión tan cercana que Dios nos ha dado.

Kenneth

Día 128

Amor
sin límites

Hechos, no sentimientos

«Porque la palabra de Dios es viva y eficaz, y más cortante que toda espada de dos filos; y penetra hasta partir el alma y el espíritu, las coyunturas y los tuétanos, y discierne los pensamientos y las intenciones del corazón»
(Hebreos 4:12).

Darle prioridad a la Palabra por encima de sus sentimientos, le ayudará a tener éxito al desarrollar su fe en el amor de Dios. Usted debe tomar la decisión de creer la PALABRA de Dios, incluso cuando sus emociones sean contrarias a ésta. Debe determinar que la PALABRA es la verdad, y no tomar en cuenta cómo se está sintiendo.

Cuando las circunstancias de la vida estén de cabeza o alguien lo lastime, y comience a sentir como si Dios no lo amara; no se rinda ante esos sentimientos ni comience a hablar con incredulidad. No se sumerja en una práctica de autoconmiseración, al declarar: "Bueno, no me siento muy amado en este instante. Las cosas son tan difíciles, creo que si Dios me amara, haría algo al respecto…".

No, lo haga, mejor tome autoridad sobre sus emociones, retome su fe y permanezca firme en la PALABRA. Declare: *No seré movido por lo que siento ni por las circunstancias que me rodean. En las ESCRITURAS se afirma que Dios me ama, y creo que así es. En la PALABRA se me enseña que Él nunca me dejará ni me abandonará. Por tanto, yo creo que Dios está justo aquí conmigo, me ayudará en esta situación, y juntos saldremos adelante.*

A través de los años, he descubierto que tomar esa actitud es lo más difícil para las personas, pues la mayoría confunde el amor con los sentimientos. Ellos piensan que si no sienten el amor, es porque no lo tienen. Creen que si se sienten rechazados y no deseados, entonces lo son.

Sin embargo, permítame advertirle algo, el diablo jugará con sus emociones; pues éstas no son espirituales, sino parte de su alma. Así como el diablo trae síntomas a su cuerpo, para que usted los crea y reciba la enfermedad; también trae síntomas emocionales para que no se sienta amado. Si usted cree en esos síntomas, se quedará estancado en esa condición. Sin embargo, si usted permanece en la PALABRA; ésta apartará su alma de su espíritu. Le ayudará a separar la verdad espiritual de las emociones almáticas, y mientras usted permanezca en la PALABRA, sus emociones se alinearan. Como resultado, no sólo creerá, sino también ¡se **sentirá** amado!

Ahora bien, cuando sienta que Dios no lo ama, es cuando más necesita creer que sí lo ama. Es esos momentos es cuando necesita meditar en los hechos, no en sus sentimientos. Y el hecho es que Dios pagó un alto precio para salvarlo y hacerlo parte de Su familia. Él no sólo dijo que lo amaba, pues se lo demostró cuando envío a Jesús.

"Nadie tiene más grande amor que aquel que entrega Su vida por Sus amigos" (Juan 15:13, NAS). Ese hecho es más poderoso que cualquier sentimiento que pueda sentir. Ése es el amor que Dios tiene para usted.

Amor
sin límites

Meditar marca la diferencia

«Nunca se apartará de tu boca este libro de la ley, sino que de día y de noche meditarás en él, para que guardes y hagas conforme a todo lo que en él está escrito; porque entonces harás prosperar tu camino, y todo te saldrá bien»
(Josué 1:8).

Debido a que meditar en el amor de Dios es importante para desarrollar su fe en ese amor, usted necesita entender qué es en realidad meditar. Es más que sólo memorizar o repetir las Escrituras. Cuando medite en la PALABRA de Dios, piense en ésta a profundidad. Formúlese preguntas que le ayudarán a ponerla en práctica.

Por ejemplo, si usted está meditando en Romanos 8:37: «*...somos más que vencedores por medio de aquel que nos amó*». Podría formularse las siguientes preguntas:"¿Cómo puede esa verdad cambiar mi vida? Debido a que el amor de Dios por mí me hace más que vencedor, ¿cómo debería enfrentar los desafíos que enfrento actualmente? ¿He permitido que el amor de Dios me ayude a triunfar sobre esas cosas? ¿He estado pensando, hablando y actuando como una persona más que vencedora?".

Converse con el Espíritu Santo con respecto a estas interrogantes. Pídale que le ayude a identificar las áreas de su vida donde usted necesita utilizar estos versículos. Deje que Él forme en su interior una imagen de confianza en el amor de Dios, la cual le permita ser valiente y un triunfador, en las áreas de su vida donde antes estaba lleno de temor y de fracaso. Invierta tiempo viéndose a usted mismo como la PALABRA lo ve: como alguien amado y poderosamente victorioso en la batalla de la vida.

La palabra **meditar** también significa:"Susurrar, hablar y declarar". Por tanto, declárelo a medida que medite en el amor de Dios. Afírmelo sobre su vida como una confesión de fe: *¡El amor de Dios por mí me hace más que vencedor sobre los retos financieros! ¡Dios suple mis necesidades! Porque me ama. ¡Las deudas son canceladas! ¡La escasez se va! ¡Yo soy el amado del Señor, y esas circunstancias están bajo mis pies!*

También medite en esas declaraciones sobre su vida de oración. En vez de invertir todo su tiempo haciendo peticiones (aunque eso es completamente bíblico), tome algo de tiempo para alabar a Dios por lo que ha prometido en Su PALABRA. Declare: *Gracias SEÑOR, por amarme con tan grande y poderoso amor. Te alabo por hacerme más que vencedor y darme la victoria día a día...*

Los primeros días que usted medite de esa manera, quizá no sienta mucha diferencia en su vida. Pero si es constante, con el pasar de las semanas y de los meses, se dará cuenta de que la PALABRA en la que usted ha estado meditando, está cambiando sus paradigmas mentales. Y descubrirá que habla y actúa de manera diferente, y que al igual que Josué, la PALABRA de Dios está prosperando su camino y todo le saldrá bien.

Kenneth

  **Amor** sin límites

Actúe como si lo creyera

«Porque como el cuerpo sin espíritu está muerto, así también la fe sin obras está muerta»
(Santiago 2:26).

Si usted cree que Dios lo ama, entonces necesita actuar como si lo creyera. De lo contrario, de acuerdo con esa escritura, su fe está muerta. Sus acciones de incredulidad impiden que la fe dé resultado.

Por ejemplo, supongamos que una persona afirma que Dios la ama. Sin embargo, a la hora de orar, en vez de entrar confiadamente al trono de la gracia para pedir lo que necesita, se arrastra gimiendo y suplicando como un indigno mendigo. La acción de esa persona hace corto circuito con su fe. Y de diez peticiones, sólo recibirá una respuesta; y se preguntará ¿Por qué?

Ese tipo de personas, me recuerda a la manera en que actuaba mi hija Kellie cuando era niña, y estaba en su fase de lloriqueo. Cuando intentaba pedirme algo, ese lloriqueo era casi imposible de entender; y además, era irritante. Hasta que un día, le dije: *Kellie, ¡te amo! ¡Deja de hacer eso! No voy a lastimarte, y sí voy a darte lo que necesitas. Pero si no puedes hablarme sin lloriquear, entonces no me hables.*

Luego, el Espíritu de Dios me expresó: *Te agradecería mucho que tú hicieras lo mismo.*

Por supuesto, me sentí avergonzado, pero a la vez feliz, cuando me lo pidió. En los años posteriores, aprendí que es imposible hacer algo por alguien que actúa de esa manera; sin importar cuánto uno quiera ayudarlos. Ni siquiera Jesús pudo. En una ocasión, se encontró con una mujer sirofenicia quien lo seguía a todas partes clamándole y rogándole que liberara a su hija. De seguro, ella tenía algo de fe para seguirlo a todas partes. Sin embargo, hizo que esa poca fe sufriera un corto circuito al acercarse de esa manera.

Según nosotros, finalmente Jesús se volteó y le dijo: "Yo no he sido enviado a ayudar a perros gentiles como tú". Sin embargo, ésa no era la intención de Jesús. Él amaba a esa mujer y quería que dejara esa actitud de lloriqueo, y que dijera algunas palabras de fe que le abrieran la puerta para que Él sanara a su hija.

¡Y tuvo éxito! Ella mostró un cambio en su actitud espiritual después de eso. Se puso de pie, y declaró: *«Sí, Señor; pero hasta los perros comen las migajas que caen de la mesa de sus amos»* (Mateo 15:27, *NVI*).

Al hacerlo, Jesús le expresó lo mismo que anhela decirnos: *«...grande es tu fe, —contestó Jesús—. Que se cumpla lo que quieres. Y desde ese mismo momento quedó sana su hija»* (versículo 28, *NVI*).

Amor
sin límites

El único lugar seguro donde podemos habitar

«El que habita al abrigo del Altísimo morará a la sombra del Omnipotente. Diré yo al SEÑOR: Refugio mío y fortaleza mía, mi Dios, en quien confío. Porque Él te libra del lazo del cazador y de la pestilencia mortal. Con sus plumas te cubre, y bajo sus alas hallas refugio…»
(Salmos 91:1-4, *LBLA*).

Cuando vienen calamidades, como las que ocurren con frecuencia en estos tiempos peligros, y personas inocentes pierden la vida; a menudo la gente cuestiona el amor de Dios:"¿Cómo pudo un Dios amoroso y bondadoso permitir que eso le sucediera a esas personas? ¿Por qué no hizo nada para ayudarlas?".

La respuesta es la misma en todos los casos: **¡Él sí lo hizo!**

La naturaleza de Dios no es ser un dictador para la humanidad. Aunque ama a todos, no le impone su voluntad a los que ama; a fin de que reciban o acepten la ayuda que Él les ofrece. Dios no obliga a nadie a cambiar de decisión, sin importar cuán costosas sean las consecuencias.

Por esa razón, el SEÑOR sólo puede garantizar la protección de las personas que habitan al abrigo del Altísimo, bajo la sombra del Omnipotente. Pues son las únicas que escuchan Sus advertencias y le obedecen a Él. Sólo los que están en Su lugar secreto pueden escuchar de manera clara Su voz, y correr hacia el refugio que Él provee.

Un ministro y buen amigo mío puede dar testimonio de eso. Hace algunos años, él y un grupo de personas que conocía, abortaron un vuelo especial hacia Detroit, Dios le habló y le indicó: *No subas a ese avión, quédate dónde estás.* Por un momento, luchó con esa instrucción en su mente, pues tenía muchos compromisos que cumplir. Él necesitaba abordar ese avión, sin embargo, sabía que el SEÑOR lo amaba y que cuidaría de sus intereses; por tanto, obedeció.

Fue lo mejor que pudo hacer, pues el avión se estrelló e incendió en las afueras de Detroit ese día.

Varios creyentes quienes supuestamente debían abordar ese vuelo, tuvieron la misma experiencia. Dios les advirtió, de una manera u otra, que no viajaran. La mayoría obedeció y se salvó. Lamentablemente, un par de ellos no obedeció. Mi amigo le advirtió a una de esas personas lo que el SEÑOR le había dicho, pero esa persona no escuchó y perdió la vida.

Cuando le pregunté a mi amigo de qué manera podemos vivir en ese lugar secreto, y disfrutar de ese tipo de protección, me respondió: «Vive cada día cerca de Dios, ámalo, y ama a tu prójimo. Un paso fuera del amor, es un paso fuera de la sombra del Omnipotente».

Ésa es una respuesta que debemos tomar en serio en peligrosos días como éstos, pues la sombra de nuestro amado Dios es el único lugar seguro donde podemos habitar.

Kenneth

Amor
sin límites

Sembrando y cosechando en amor

«Cada uno dé como propuso en su corazón: no con tristeza, ni por necesidad, porque Dios ama al dador alegre. Y poderoso es Dios para hacer que abunde en vosotros toda gracia, a fin de que, teniendo siempre en todas las cosas todo lo suficiente, abundéis para toda buena obra»
(2 Corintios 9:7-8).

A través de los años, los creyentes han aprendido los principios de sembrar y cosechar. Hemos leído en la PALABRA que si damos, recibiremos. Si sembramos una semilla, obtendremos una cosecha.

Ése es un principio bíblico, pero no funciona de manera automática. No dé dinero, esperando que, de manera automática, regrese multiplicado. Pues cada principio espiritual funciona de acuerdo con la condición del corazón. Quizá le asombre lo siguiente: El incremento no siempre se manifiesta en todos los dadores. Pues éste sólo viene sobre aquellos que dan en fe, con alegría, y con un corazón de amor.

Ananías y Safira son un claro ejemplo de este principio. Le dieron una ofrenda considerable a la iglesia de Jerusalén. Hablando desde el punto de vista financiero, era una gran semilla la que sembraron. No obstante, no recibieron la BENDICIÓN de la cosecha ni el incremento. Su cosecha fue partir de manera pronta de este planeta, pues la condición de sus corazones era incorrecta. Ellos no ofrendaron, porque amaban al Señor y deseaban ser de BENDICIÓN; sino motivados por su egoísmo y su orgullo.

Su historia demuestra que el dinero, por sí mismo, no es la semilla. Podríamos decir que es sólo la cáscara de la semilla. Y lo que está dentro de la cáscara es lo que cuenta. Cuando llenamos de amor nuestras semillas financieras, cobran vida. Se convierten en el medio para liberar nuestra compasión.

Aunque nos anima el hecho de saber que Dios nos BENDECIRÁ, y que nos permitirá seguir dando, ésa no es nuestra motivación para ofrendar. Si damos con un corazón de amor, daremos nuestros diezmos y ofrendas ya sea que recibamos una cosecha o no. Lo haremos porque amamos a las personas y porque queremos que escuchen la PALABRA de Dios.

No estoy diciendo que todo aquel que aún no ha recibido una cosecha de su ofrenda, tuvo una motivación equivocada. Por supuesto que no, a veces damos en amor pero fallamos a la hora de recibir nuestra cosecha, pues no confiamos plenamente en el amor de Dios. Empezamos a pensar: "¡Cielos!... que gran ofrenda di. Vacié mi cuenta de ahorros. ¿Qué pasará si Dios no me BENDICE? ¿Qué voy hacer?".

Nuestra fe desfallece, porque no comprendemos esta simple verdad, si el amor de Dios que está **en** nosotros, no permita que la necesidad de nuestros hermanos quede sin suplir. Entonces seguramente Su amor **por** nosotros, no permitirá que nuestras necesidades se queden sin suplir.

Entre más estudio acerca del amor de Dios, más consciente soy de que éste es la base de todo lo demás. Cuando nosotros confiamos en ese amor y vivimos conforme a éste, cada principio espiritual obrará de manera irrevocable a nuestro favor. Cuando vivimos conforme al amor de Dios, y creemos en ese amor, no podemos dejar de ser BENDECIDOS.

Amor
sin límites

En medio de la tormenta

> *«Y entrando él en la barca, sus discípulos le siguieron. Y he aquí que se levantó en el mar una tempestad tan grande que las olas cubrían la barca; pero él dormía. Y vinieron sus discípulos y le despertaron, diciendo: !!Señor, sálvanos, que perecemos! El les dijo: ¿Por qué teméis, hombres de poca fe? Entonces, levantándose, reprendió a los vientos y al mar; y se hizo grande bonanza»*
> (Mateo 8:23-26).

Cada uno de nosotros puede sentirse identificado con los discípulos de ese pasaje. Hay momentos en nuestra vida, en los que a pesar que nos estamos esforzando en vivir por fe, nos sentimos atemorizados por las circunstancias. Permitimos que las olas de la duda abruman nuestra alma, y calificamos para recibir la misma llamada de atención de amor que el Maestro le dio en la barca a Sus primeros seguidores.

"¿Por qué tienen miedo? ¡Hombres de poca fe!".

En realidad, ésa no sólo fue una reprimenda; sino una pregunta digna de responder. Si usted estudia el significado en griego de la frase: **poca fe**, descubrirá que no sólo se refiere a algo ligero o pequeño; sino a algo de corta duración. Por consiguiente, deberíamos preguntarnos por qué a menudo la fe se nos agota en medio de la tormenta. **¿Por qué permitimos que el temor corte la fe justo cuando más la necesitamos?**

Regularmente, sucede porque no respaldamos nuestra fe con la PALABRA y la confianza que tenemos en Su amor. Sabemos lo que Él ha dicho que hará por nosotros, pues afirmó que nos sanaría, que nos proveería y que nos protegería. No hay duda al respecto. Sin embargo, cuando los vientos de problemas soplan y las nubes de circunstancias nos amenazan, comenzamos a preguntarnos si Dios ya se olvidó de nosotros. Entonces ante nuestros ojos pareciera como que si Él estuviera profundamente dormido, y fuera insensible y ajeno a nuestra situación.

Sin embargo, es en esos momentos en los que podemos afianzar nuestra fe. Podemos avivarla, al recordarnos a nosotros mismos el infalible amor de Dios. Cuando el primer destello de temor surja, comenzamos a formularnos las siguientes preguntas: "¿Qué pasará si ésta vez Dios no me provee? ¿Qué sucederá si no me sana?". Debemos detenernos y declarar: *No, rechazo esos pensamientos. Me rehusó a entretener ese temor, pues sé que mi Padre me ama. Él me ama tanto que se entregó a Sí mismo por mí. Me ama tanto que prometió nunca dejarme ni abandonarme.*

Si en esos momentos de crisis nos recordáramos del cuidadoso amor del Padre, nuestra fe permanecería firme. Si consideráramos que Jesús ya comprobó Su compasión, a través del gran sacrificio que hizo por nosotros. Nunca nos rendiríamos en nuestra mente ni desmayaríamos (Hebreos 12:3). Seríamos conscientes de que Dios no sólo nos dio Su PALABRA, sino también Su corazón. Incluso en medio de la tormenta, sabríamos que ¡estamos a salvo y seguros en Su amor!

Kenneth

Amor
sin límites

La clave para vivir en libertad y en plenitud de gozo

«Les Estas cosas os he hablado, para que mi gozo esté en vosotros, y vuestro gozo sea cumplido. Este es mi mandamiento: Que os améis unos a otros, como yo os he amado. Nadie tiene mayor amor que este, que uno ponga su vida por sus amigos»
(Juan 15:11-13).

De todos los escritores del Nuevo Testamento, el apóstol Juan tuvo la más grande revelación del amor. Tanto en su evangelio como en sus cartas a la Iglesia, él explicó de forma clara que andar con Dios y vivir en amor; son dos acciones que guardan una estrecha relación. No se puede practicar una, y descuidar la otra.

Además, nos reveló que vivir en amor, aún cuando se requiera entregar nuestra propia vida por los demás; no debe ser algo que nos preocupe o que nos deprima. Al contrario, ésa es la clave para recibir la plenitud de gozo.

Sólo pensar de que entregar nuestra vida por la de alguien más nos dé plenitud de gozo, contradice la mentalidad natural y mundana. Pues el mundo afirma: "Si quieres ser feliz, tendrás que esforzarte por ser el primero y el mejor. Y cuidar de ti mismo, pues nadie más lo hará por ti". De acuerdo con el sistema del mundo, ésa es la manera normal de vivir. Sin embargo, las personas que se centran en sí mismas, siempre luchan con la depresión y la opresión: no pueden dormir y sus relaciones interpersonales son superficiales e insatisfactorias.

Ahora bien, vivir en amor es lo opuesto. El amor declara: "No busques tu propio interés primero, sino el de los demás. Lleven las cargas los unos de los otros. Si quieres ser el más grande, debes servirle a todos".

El diablo intentará convencerlo para que no viva de esa manera. Le dirá que si pone a los demás primero, nunca tendrá nada. Le afirmará que si sirve a otros, lo pisotearán y que usted terminará siendo una persona miserable y triste. Pero eso no es cierto.

La verdad es que mientras menos se ocupe de sí mismo, más feliz será. Mientras más se enfoque en BENDECIR a otros, será BENDECIDO más abundantemente.

Un amigo mío, me relató una época de su vida en la cual no era feliz y en donde todas las cosas no le salían como las planeaba. Invertía horas orando; repitiéndole sus problemas a Dios, y pidiéndole que lo ayudara. Poco tiempo después, el SEÑOR le dijo: *Hijo, si te olvidaras de ti mismo, la mayoría de tus problemas desaparecerían.*

Él no deseaba escuchar eso en ese momento, pero obedeció. Dejó de pensar en sí mismo y se dedicó a servirles a otros. Y hace poco, me dijo: «Muéstrame a alguien que haya alcanzado la madurez en Dios, y yo te mostraré a alguien que tiene la habilidad de vivir un largo periodo de tiempo sin pensar en sí mismo, y que descubrió qué significa vivir en libertad y plenitud de gozo».

Amor
sin límites

La creación expresa Su amor

«…llena está la tierra de la misericordia del SEÑOR»
(Salmos 33:5, *LBLA*).

En la Biblia leemos, en repetidas ocasiones, que la Creación en sí —el hermoso mundo de Dios y todo lo maravilloso que hay en éste— es una expresión del poder, y de la naturaleza de Dios.

En Salmos 19:1, leemos: *«Los cielos cuentan la gloria de Dios, y el firmamento anuncia la obra de sus manos»*.

En Salmos 50:6, se nos afirma: *«Y los cielos declararán su justicia…»*.

Y en Romanos 1:19-20, se nos enseña: *«…porque lo que de Dios se conoce les es manifiesto, pues Dios se lo manifestó. Porque las cosas invisibles de él, su eterno poder y deidad, se hacen claramente visibles desde la creación del mundo, siendo entendidas por medio de las cosas hechas, de modo que no tienen excusa»*.

Lea esos versículos bajo el entendimiento de que la naturaleza de Dios es amor, y que usted ya descubrió que Dios de manera constante, le expresa Su amor —no sólo a través de las palabras escritas en la Biblia; y del testimonio de Su Espíritu en su corazón, sino también a través de la Creación—.

La razón por la cual las flores son hermosas, las frutas saben bien, el sol brilla, y la lluvia cae en primavera es porque Dios nos ama.

Quizá usted diga: "Pero hermano Copeland, ¿qué pasa con todas las cosas en la Tierra que no son buenas? ¿Acaso no son la expresión de Dios también?".

No, no lo son. Son una expresión de la naturaleza del diablo, quien por medio del pecado ha deformado este planeta, y le ha robado todo su esplendor. Por esa razón, en Romanos 8:22, se nos declara: *«Porque sabemos que toda la creación gime a una, y a una está con dolores de parto hasta ahora»*, hasta que Jesús regrese a completar Su plan de redención.

¡Alabado sea Dios! Pronto llegará el día en que el gran amor de Dios, elimine todas las cosas abominables de esta Tierra las cuales le han causado dolor a Sus hijos. ¡Llegará el día en que ÉL libere a la Creación de la decadencia y de la corrupción, y la lleve a la gloriosa libertad de los hijos de Dios!

Sin embargo, hasta entonces pondrá a disposición de Sus hijos lo mejor de éste planeta. Él siempre nos dará todas las cosas que necesitamos para disfrutar. Y mientras lo hace, recibamos cada una de esas cosas como una expresión de Su compasión y de Sus cuidados. Contemplemos cada flor de la primavera y escuchemos el canto de cada ave, como la voz de nuestro Padre celestial expresándonos Su amor.

Kenneth

Amor
sin límites

Tenga ese sentir en usted

«Haya, pues, en vosotros este sentir que hubo también en Cristo Jesús, el cual, siendo en forma de Dios, no estimó el ser igual a Dios como cosa a que aferrarse, sino que se despojó a sí mismo, tomando forma de siervo, hecho semejante a los hombres; y estando en la condición de hombre, se humilló a sí mismo, haciéndose obediente hasta la muerte, y muerte de cruz»
(Filipenses 2:5-8).

Para vivir en amor como Jesús lo hizo, y como Él nos ha pedido que lo hagamos, debemos sacrificar nuestra carne. Eso significa, dejar a un lado nuestra comodidad para apoyar a otros. También quiere decir, que debemos rendir nuestros derechos y deseos egoístas a alguien más.

Pero no se preocupe, ese tipo de sacrificios no le harán sentirse en desventaja. Antes bien, lo llenarán de gozo a tal punto que apenas podrá contenerlo.

Algunas personas cuando hacen ese tipo de sacrificios, andan con el rostro entristecido, como si fueran mártires. Demostrándoles a los demás que están sufriendo por causa de Jesús. Sin embargo, han tomado la actitud incorrecta debido a que han perdido el verdadero objetivo; no aman como Jesús amó ni se están sacrificando como Él se sacrificó. Si así fuera, estarían llenos de gozo; pues en Hebreos 1:9, se nos enseña de manera clara que ¡Él fue ungido con óleo de alegría!

Quizá alguien afirme: "Sí, ¡pero Él era Jesús! Nadie más puede hacer ese tipo de sacrificios, y ser feliz".

El apóstol Pablo lo hizo. Por amor, predicó el evangelio en lugares donde lo apedrearon, encarcelaron y azotaron con varas. Su amor por Dios y por los santos, hizo que dejara de lado los placeres de la vida y se dispusiera a soportar naufragios, noches frías y días en el calabozo. Sin embargo, en ningún lugar de la Biblia leerá que Pablo lloró por su sufrimiento y miseria. Él jamás dijo: "¡Pobre de mí!".

Al contrario, le expresó a los creyentes de Colosas: «*...me gozo en lo que padezco por vosotros...*» (Colosenses 1:24).

¿Qué causó ese regocijo? ¡Ver cómo sus sacrificios y sufrimientos beneficiaban a los que amaba! ¡Ver a los gentiles páganos siendo transformados por el mensaje que predicaba, y verlos convertirse en santos de Dios! Verlos vivir en la verdad, siendo prósperos y BENDITOS —en espíritu, alma y cuerpo—. Y estoy seguro que expresó lo mismo que el apóstol Juan: «*No tengo yo mayor gozo que este, el oír que mis hijos andan en la verdad*» (3 Juan 4).

Recuerde lo siguiente: Si está sufriendo en la vida; pero nadie está recibiendo el beneficio de eso, no está sufriendo de acuerdo con la voluntad de Dios. No está sufriendo en nombre del amor, sólo está siendo víctima del engaño del diablo.

Si alguien está recibiendo LA BENDICIÓN a causa de su sufrimiento, entonces no se detenga. Olvide sus propios intereses, ríndase al amor de Dios y enfóquese en las cosas maravillosas que Él está haciendo por otros, a través de usted. En lugar de llenarse de tristeza, tendrá óleo de alegría y ¡el sentir de Jesús estará en usted!

Amor
sin límites

Dedique su vida al amor

«Todas vuestras cosas sean hechas con amor»
(1 Corintios 16:14)

Cuando empezamos a escribir éste libro, algunos de los que se enteraron dudaron de su éxito Y expresaron:"¿Van a escribir un devocional de todo un año, acerca del amor? ¿Creen que las personas van a estar interesadas en invertir todo un año en meditar y estudiar en el tema del amor?".

Sí… podemos invertir todo un año para aprender a vivir en amor. De hecho, si fuéramos sabios dedicaríamos toda nuestra vida a ello. Lo estudiaríamos, oraríamos y lo practicaríamos hasta que éste rigiera todas las áreas de nuestra vida.

¿Por qué? Porque el amor es, sin duda, el tema principal del Nuevo Testamento. Es la esencia del verdadero cristianismo. Es la clave para que todos los principios espirituales obren a nuestro favor. Éste es un tema inagotable. Es tan grande como Dios, pues Dios es amor.

Por supuesto, hay muchas otras cosas y muchas otras verdades espirituales que debemos estudiar, entender y aprender. Sin embargo, aunque son importantes, no deben ser nuestra prioridad. Por ejemplo, no podemos enfocarnos tanto en la fe, y dejar a un lado el amor. No podemos concentrarnos tanto en los principios de la prosperidad, si olvidamos que la razón por la cual prosperamos, es la compasión. Si permitimos que eso suceda, quizá digamos algunas palabras espirituales, pero resultaremos actuando como el mundo. Podremos enseñar algunas verdades espirituales, pero sin el amor esas verdades no serán nada más que teorías religiosas.

En realidad, es imposible enfatizar sobre el amor o explicar cuán importante es. Al fin y al cabo, Jesús dijo que el amor —y sólo el amor—, es la marca de un verdadero discípulo. Incluso el entendimiento espiritual, las señales, las maravillas, los milagros, las profecías y la prosperidad son maravillosos. Pero por maravillosas que sean, en la Biblia se nos enseña que éstas no son las verdaderas señales que determinan que hemos nacido de nuevo. Pues el amor es la única marca que nos identifica como verdaderos cristianos. Jesús afirmó: *«En esto conocerán todos que sois mis discípulos, si tuviereis amor los unos con los otros».* (Juan 13:35)

Nos hará bien a todos, tener esa verdad en mente, no sólo durante el año que dura el devocional; sino en los siguientes años. Eso nos ayudará, incluso cuando estemos estudiando otras verdades bíblicas, y nos mantendrá apegados al amor. De esa manera no cometeremos errores, permaneceremos en la sana doctrina y mantendremos nuestra vida alineada a la verdad de la PALABRA de Dios.

Cuando escuchemos enseñanzas de fe, de justicia y de sanidad, el amor deberá ser el centro de éstas enseñanzas. Debemos aprender acerca del amor, y crecer en ese conocimiento a tal punto que podamos afirmar que todo lo que hacemos lo hacemos en amor.

Kenneth

Amor
sin límites

La motivación marca la diferencia

«Desean algo y no lo consiguen. Matan y sienten envidia, y no pueden obtener lo que quieren. Riñen y se hacen la guerra. No tienen, porque no piden. Y cuando piden, no reciben porque piden con malas intenciones, para satisfacer sus propias pasiones»
(Santiago 4:2-3, *NVI*).

Esos creyentes estaban tristes, frustrados y molestos, por causa de la escasez en su vida. Estaban celosos por aquellos que prosperaban y discutían con ellos. Dejaron de orar, porque se cansaron de no recibir respuestas a sus oraciones.

La mayoría de nosotros no se sentiría identificado con ese grupo de personas. Pues consideramos que somos más maduros, y educados en comparación a como eran ellos. Raras veces tenemos peleas en los vestíbulos de la iglesia. Mantenemos nuestra codicia oculta bajo la mesa. Y aunque disfrutaríamos molestarnos un poco cuando vemos al hermano "a la moda", desfilando con el traje por el cual le hemos estado creyendo a Dios, matarlo sería algo impensable.

Sin embargo, muchos creyentes tendrían que admitir lo siguiente: Por más amables que seamos con los demás, cuando le pedimos a Dios algo; a menudo, fallamos en recibirlo. La razón por la que no recibimos, es la misma que Santiago escribió: nuestra motivación no es la correcta.

Las oraciones egoístas no tienen poder. La fe no las respalda, pues la fe no puede obrar sin el amor. Incluso cuando oramos en lenguas, si el amor hacia Dios y hacia otras personas no es nuestra motivación, en la Biblia se nos enseña que dichas oraciones no tienen efecto. Y es como si fueron címbalos resonantes (1 Corintios 13:1).

En resumen, cuando oramos sin amor, estamos perdiendo el tiempo.

Sin embargo, alabado sea Dios, incluso si estamos en esa posición, ¡no tenemos porque quedarnos ahí! Podemos hacer lo que Santiago nos indicó. Debemos humillarnos ante el Señor, y reconocer nuestra motivación egoísta. Podemos acercarnos a Él, y confiar en que Él nos dará."...más y más gracia (el poder el Espíritu Santo, para vencer esa mala actitud, y cualquier otra cosa)" (Santiago 4:6, *AMP*).

Con Su ayuda podemos deshacernos del egoísmo, y permitir que el amor de Dios fluya a través de nosotros. Debemos iniciar nuestra oración confesando nuestro amor por Dios y nuestro deseo de BENDECIR a los demás; y luego permitir que fluyan las peticiones de nuestro corazón. Cuando lo hagamos, no sólo seremos cristianos adiestrados para mantener la ira bajo control. Sino también nos convertiremos en creyentes motivados por el amor, creyentes que viven en comunión, y no en contienda... quienes se regocijan cuando LA BENDICIÓN fluye en un hermano... y quienes **siempre** reciben respuesta a sus oraciones.

Amor
sin límites

Entréguelo todo en el juego por amor

«He aquí, por tercera vez estoy preparado para ir a vosotros; y no os seré gravoso, porque no busco lo vuestro, sino a vosotros, pues no deben atesorar los hijos para los padres, sino los padres para los hijos. Y yo con el mayor placer gastaré lo mío, y aun yo mismo me gastaré del todo por amor de vuestras almas, aunque amándoos más, sea amado menos»
(2 Corintios 12:14-15).

Mientras más leo los escritos de Pablo, más puedo ver el amor de Jesús en él. Creo que él pensaba todo el día, cómo BENDECIR a los creyentes de la Iglesia Primitiva. Aún cuando planeaba visitarlos, su mente no estaba enfocada en cuáles serían las dificultades de su viaje (y si esas dificultades serían muy severas). Sino pensaba en el impacto que causaría su visita.

De la misma manera vivió Jesús. Él vivió cada día, pensando en los demás. Jesús nunca se levantó una mañana diciendo: "¿Qué haré el día de hoy? ¿Cómo me puedo hacer feliz?". No, Él iniciaba Su día, diciendo: "Padre, Yo no he venido del cielo para hacer Mi voluntad, sino la Tuya. ¿A dónde quieres que vaya hoy? ¿A quienes quieres que ministre? ¿De qué manera quieres que me exprese?".

Y como resultado, adondequiera que iba, removía cargas de opresión y destruía yugos. Las personas recibían ayuda, sanidad y liberación.

Jesús, literalmente se entregó por completo en beneficio de los demás, y Pablo hizo lo mismo. Es más, al igual que Jesús, él lo hizo con agrado, con pasión y con verdadero gusto. No lo hizo esperando algo a cambio. Su gozo, no provenía de lo que otros le dieran. Tampoco esperó que le agradecieran por el amor que él les brindaba. Si de alguna manera su sacrificio los ayudaba, él estaba más que feliz de hacerlo.

Ese tipo de gozo y alegría ilimitada, es el sello del amor verdadero. Cuando ese sello no está ahí no importa cuán buenas y generosas sean sus acciones, el amor incondicional no las respalda. De alguna manera, el egoísmo o el orgullo lo arruinan todo.

Cuando nos entreguemos por completo en amor, no nos importará el precio… pues en realidad nos regocijaremos al hacerlo. Seremos como los jugadores de *hockey*, desdentados y desfigurados; quienes juegan con tanta pasión que no se percatan del sufrimiento que padecen. De hecho, encuentran algún tipo de placer en eso. Le dicen a su oponente: "Ven, dame tu mejor golpe de todos modos te venceré".

De esa manera debemos actuar ante la persecución del enemigo, entregándonos por completo al juego del amor divino. Y expresaremos lo mismo que Pablo: "¡Felizmente, me gastaré del todo por ustedes!". Sufriremos penalidad, y reiremos. Nos sacrificaremos y sonreiremos. Entregando todo, en el juego por amor.

Kenneth

Amor
sin límites

La expresión perfecta de la caridad

«La caridad es sufrida, es benigna; la caridad no tiene envidia, la caridad no hace sinrazón, no se ensancha; no es injuriosa, no busca lo suyo, no se irrita, no piensa el mal; no se huelga de la injusticia, mas se huelga de la verdad; todo lo sufre, todo lo cree, todo lo espera, todo lo soporta. La caridad nunca deja de ser...»
(1 Corintios 13:4-8, *Reina Valera Antigua*).

Cuando estudio ese pasaje de las Escrituras, me gusta usar la versión *Reina Valera Antigua* de la Biblia, porque usa la palabra **caridad** en lugar de **amor**. Aunque esa traducción incomoda a algunas personas, caridad es un buen término para utilizar. En la actualidad este término ha adquirido una mala reputación, pues se compara a la manera compasiva con la que algunas personas le dan a los pobres. Muchas personas piensan que un acto de caridad, significa darle sobras a la gente. Eso hace que las personas que la reciban se sientan sin valor ni dignidad; por lo que exclaman: "¡No quiero su caridad!".

Sin embargo, el significado que los traductores, quienes escogieron esa palabra, le quisieron dar es completamente distinto. Este término representaba algo mucho más profundo y sustancial de lo que regularmente pensamos que es el amor. Significaba mucho más que un sentimiento.

Caridad era un amor que da, un profundo deseo de ayudar a otros, dando siempre lo mejor que se tenía. Para comprender mejor este término, medite en la Palabra **apreciar** la cual utilizamos en la actualidad, pues ésta se origina de la misma raíz que proviene éste término.

Apreciar a alguien es atesorarlo, tenerlo en tan alta estima al punto de que sea invaluable. Añada a ese concepto, la disposición y la determinación de ver a esa persona como a un tesoro —sin importar lo que haga o diga— y obtendrá una imagen de la verdadera caridad.

Ahora, bien, con esa verdad en mente lea de nuevo ese pasaje, sustituyendo la palabra **caridad** por el nombre de Dios. Ése es el término legítimo, debido a que en la Palabra se nos enseña que Dios es amor. Él es la expresión perfecta de la palabra caridad.

Dios es sufrido, es benigno, no tiene envidia, no es jactancioso, no se envanece, no hace nada indebido, no busca lo suyo, no se irrita, no guarda rencor, no goza de la injusticia, más se goza de la verdad, todo lo sufre, todo lo cree, todo lo espera, todo lo soporta. Dios nunca deja de ser.

El más grande caballero

"El amor es paciente, es bondadoso. El amor no es envidioso ni jactancioso
ni orgulloso. No se comporta con rudeza, no es egoísta, no se enoja
fácilmente, no guarda rencor. El amor no se deleita en la maldad sino que
se regocija con la verdad. Todo lo disculpa, todo lo cree, todo lo espera,
todo lo soporta. El amor jamás se extingue…"
(1 Corintios 13:4-8, [Traducción libre de *New Revised Standard Version*]).

No importa cuántas veces leamos ese versículo, siempre seremos bendecidos al leerlo, pues nos permite comprender la naturaleza del amor; es decir, la naturaleza de Dios mismo. Como ya vimos, una manera de estudiar ese pasaje es sustituyendo el término **amor** por la palabra **Dios**, lo cual no sólo nos da la descripción de cómo deberíamos amar a los demás, sino de cómo Dios nos ama.

Ese cambio, corrige nuestros falsos conceptos religiosos. Por ejemplo, en el pasaje se nos enseña que Dios es paciente y bondadoso, eso desvalida la idea que muchas personas tienen de que Dios es un tirano irritable que está detrás de ellos con un martillo, listo para golpearlos en la cabeza cada vez que cometan un error.

De acuerdo con esos versículos, esa actitud no se parece en lo más mínimo a la naturaleza de Dios. Él no se irrita ni es pronto para enojarse. Dios nos tolera, espera en nosotros y cree lo mejor de nosotros; incluso en los peores momentos. Él está dispuesto a estar con nosotros cuando nadie más quiere estar a nuestro lado. Y permanecerá con nosotros hasta el final.

Quizá alguien argumente: "En la Biblia leemos que el amor no es envidioso ni busca lo suyo. Ahora bien, ¿Acaso no se nos enseña en la Biblia que Dios es un Dios celoso, y que debemos hacer las cosas a Su manera?".

Sí, pero Él no es celosamente egoísta como los seres humanos. Dios no nos pide que hagamos algo, porque desea tener el control. El Señor desea que le demos el primer lugar en nuestra vida, pues nos ama y sabe que nadie más puede cuidarnos mejor ni suplir nuestras necesidades como Él. Dios sabe que si alejamos nuestro corazón de Él, sufriremos dolor y escasez. Y nos perderemos la maravillosa BENDICIÓN que ya nos ha provisto.

Por esa misma razón, Dios quiere que le obedezcamos y que hagamos las cosas a Su manera. No porque sea un dictador al que le gusta tomar todas la decisiones, sino porque Sus decisiones son las correctas. Y hacer las cosas a Su manera nos traerá beneficios, prosperidad y cumplirá los deseos de nuestro corazón.

Aún así, Dios se rehúsa a ser rudo y a imponer Su voluntad en nuestra vida. Él espera en amor como el más grande caballero, hasta que lo invitemos a involucrarse.

Estoy plenamente convencido que mientras más lo veamos como es en realidad, más lo involucraremos. Lo invitaremos a que se involucre en cada área de nuestra vida, y nos entregaremos cada vez más al Dios de amor.

Kenneth

Los discípulos amados de Jesús

«Volviéndose Pedro, vio que les seguía el discípulo a quien amaba Jesús, el mismo que en la cena se había recostado al lado de él, y le había dicho: Señor, ¿quién es el que te ha de entregar? Cuando Pedro le vio, dijo a Jesús: Señor, ¿y qué de éste? Jesús le dijo: Si quiero que él quede hasta que yo venga, ¿qué a ti? Sígueme tú. Este dicho se extendió entonces entre los hermanos, que aquel discípulo no moriría. Pero Jesús no le dijo que no moriría, sino: Si quiero que él quede hasta que yo venga, ¿qué a ti? Este es el discípulo que da testimonio de estas cosas, y escribió estas cosas; y sabemos que su testimonio es verdadero»
(Juan 21:20-24).

El rumor que se dispersó entre casi todos los discípulos acerca de que el apóstol Juan nunca moriría es muy interesante. Aunque no sucedió así de manera literal, hay algo de cierto en ese rumor, pues la historia nos enseña que ni los romanos pudieron matarlo, ni detener su ministerio.

En algún punto de la persecución de la Iglesia, Juan fue hervido en aceite; sin embargo, de manera milagrosa se liberó y salió ileso. Y como último recurso, el gobierno lo envió a la isla desolada de Patmos. Pensando que al no tener contacto con nadie, terminarían con su influencia.

Pero se equivocaron. Fue en la isla de Patmos donde Juan se inspiró, y escribió el libro de Apocalipsis.

¿Cuál era el secreto detrás de su éxito? ¿Qué lo hacía prácticamente indestructible? La respuesta se encuentra en sus escritos. Nunca se refirió a sí mismo por su nombre. Siempre se llamó: "El discípulo amado de Jesús".

Ésa fue su confesión de fe: "Yo soy el discípulo amado de Jesús". Él no lo decía para insinuar que Jesús no amaba a los otros. Sino para reforzar la revelación en su corazón, de que el Maestro lo amaba de manera personal e individual. Lo afirmaba porque sabía que era cierto. Sin embargo, mientras más lo confesaba, más lo comprendía.

Lo afirmó… lo afirmó… y lo afirmó… hasta que obtuvo la revelación del amor que sobrepasa toda revelación. Fue tan lleno de la plenitud de Dios que pudo afirmar con seguridad y valentía: «… *como él es, así somos nosotros en este mundo»* (1 Juan 4:17).

Observe que Juan no expresó: "Como Él es, soy yo…". No, él declaró: "Como Él es, así somos **nosotros**". Eso significa que; por muy especial que haya sido el apóstol Juan, no obtuvo nada que no esté disponible para nosotros. La misma revelación que él obtuvo, la podemos obtener también.

Ya sea que lo sepamos o no, somos los discípulos amados de Jesús. Creo que es tiempo de que lo declaremos.

Amor
sin límites

Un suave y ligero fluir

«Y todo lo que pidiereis en oración, creyendo, lo recibiréis»
(Mateo 21:22).

¡Estas palabras son asombrosamente sencillas! hacen que creer y recibir, parezca un suave y ligero fluir. En éstas no se menciona la tensión y la lucha que la mayoría de nosotros ha experimento, mientras hemos intentado vivir por fe. Tampoco hacen mención de los momentos en que nuestra fe parece fallar ni cuando esas cosas que necesitamos recibir aún están muy lejos de nuestro alcance.

¿Por qué Jesús no nos advirtió que esas situaciones difíciles ocurrirían? ¿Por qué no nos explicó lo difícil que es en realidad creer y recibir?

Porque cuando hacemos las cosas a Su manera, en realidad no es tan difícil. Cuando creer y recibir, surgen de una vida de amor; entonces las cosas que estorban nuestras oraciones se apartan de nuestro camino, y nuestra fe funciona de acuerdo con el propósito divino para el cual fue creada. Y nosotros descubrimos cuán fácil es vivir por fe.

En cierta ocasión, un amigo me contó una experiencia que ejemplifica a la perfección esta verdad. Él había estado firmemente creyendo que recibiría rompimientos específicos en su ministerio. En medio de las luchas y la presión… estudió la PALABRA… confesó su victoria y todo aparentemente había sido en vano. Pero un día, en medio de todas esas circunstancias, el SEÑOR le recordó a un amigo ministro, quien no lo había tratado muy bien hacía algún tiempo.

Aquel hombre había recibido mucha ayuda y apoyo de parte de mi amigo, pero él lo traicionó. Entonces mi amigo dijo: "Sinceramente, sentí que él me apuñaló por la espalda; y además me retorció el cuchillo. Pero decidí que no actuaría en su contra y que no haría nada para vengarme".

Cuando el SEÑOR le recordó este incidente a mi amigo, él se dio cuenta de que no lo había perdonado por completo, y también comprendió lo que el Señor deseaba que hiciera al respecto. Dios le estaba indicando que le diera una ofrenda financiera significativa a ese hombre, que lo abrazara y que le dijera que lo amaba.

Eso fue algo difícil para mi amigo, pues en ese momento no tenía ningún sentimiento de simpatía por ese hombre. Sin embargo, a pesar de todo, obedeció. Dio un paso de fe, y se determinó a amar a ese ministro por fe, a pesar de sus sentimientos. Y cuando lo hizo, sintió un gran alivio.

Su obediencia no sólo le brindo alivio espiritual a su corazón, sino también un alivio a las luchas que había tenido por las cosas que esperaba recibir en Dios. De pronto, sin esfuerzo, las puertas comenzaron a abrirse para él y los tan esperados rompimientos comenzaron a ocurrir. En esa atmósfera de amor, la fe comenzó a realizar su obra de la forma en que Jesús dijo que sería.

Y para él, creer y recibir se convirtió en un suave y ligero fluir.

Kenneth

Día 144 **Amor** sin límites

Rinda todo lo que tiene al amor

«Al salir él para seguir su camino, vino uno corriendo, e hincando la rodilla delante de él, le preguntó: Maestro bueno, ¿qué haré para heredar la vida eterna? Jesús le dijo: ¿Por qué me llamas bueno? Ninguno hay bueno, sino sólo uno, Dios. Los mandamientos sabes: No adulteres. No mates. No hurtes. No digas falso testimonio. No defraudes. Honra a tu padre y a tu madre. El entonces, respondiendo, le dijo: Maestro, todo esto lo he guardado desde mi juventud. Entonces Jesús, mirándole, le amó, y le dijo: Una cosa te falta: anda, vende todo lo que tienes, y dalo a los pobres, y tendrás tesoro en el cielo; y ven, sígueme, tomando tu cruz. Pero él, afligido por esta palabra, se fue triste, porque tenía muchas posesiones»
(Marcos 10:17-22).

Durante muchos años, creí que Jesús le había pedido al joven rico que vendiera sus posesiones; y que le diera el dinero a los pobres, porque él necesitaba madurar en el área financiera. Me imaginé que él sólo necesitaba dar financieramente. Sin embargo, poco tiempo después descubrí que a la vida de ese joven le hacía falta amor. Él no comprendía el amor que Dios tenía por él. (Descubrí que ése era su problema, pues Jesús le dijo que él confiaba en sus riquezas. Las personas que conocen Su amor, no confían en las riquezas; sino ¡en Dios!).

Además de centrarse en sí mismo, también estaba enfocado en su propia perfección religiosa y en su éxito en lo natural al punto que no podía ver más allá de él mismo, y tampoco podía desarrollar su amor por los demás.

Si aquel joven le hubiera obedecido a Jesús, habría ocurrido una transformación en su vida. Mientras distribuía sus riquezas a las personas necesitadas, hubiera visto con sus ojos el amor que estaba derramando en ellos. Aunque al principio le hubiera costado dar, habría terminado lleno de gozo; pues el amor de Dios hubiera fluido con libertad a través de él.

Su corazón se habría abierto a Dios en una nueva dimensión. La mezquindad y el egoísmo que había obstruido sus arterias espirituales, hubieran desaparecido por el poder de ese amor, y habría empezado a experimentar el tipo de vida que Dios deseaba que viviera.

Además, él habría visto la BENDICIÓN sobrenatural de Dios comenzando a obrar en su vida, y hubiera experimentado la cosecha del ciento por uno que reciben aquellos, que a través de dar, entran al río del amor divino.

Aquel joven pudo haber pasado el resto de sus días lleno de regocijo. Sin embargo, por haberse rehusado a obedecer, se marchó triste.

Recuerde esa historia la próxima vez que sienta que el Señor le está pidiendo que le dé algo a alguien. Sea consciente de que Dios no está tratando de quitarle, sino de darle algo. Y Él le está dando la oportunidad de sacar la impureza que hay en su espíritu, la cual le ha estado robando la plenitud que Él tiene para su vida. Dios le está abriendo el camino para que usted entre a Su río de amor: ¡el único lugar donde en realidad se puede regocijar!

Amor
sin límites

Sea el Tito de nuestra época

«Entonces Jesús les dijo otra vez: Paz a vosotros. Como me envió el Padre, así también yo os envío»
(Juan 20:21).

Todos los creyentes anhelamos descubrir cuál es nuestro llamado en este planeta, y Dios tiene un plan específico para cada uno de nosotros. Sin embargo, todos hemos sido enviados a realizar lo mismo que Jesús hizo cuando vivió en la Tierra: ser la expresión del amor de Dios para la humanidad.

Adondequiera que Jesús iba, las personas veían a través de Él la manifestación del amor de Dios. Cada vez Jesús sanaba, liberaba y realizaba un milagro en la vida de alguien; las personas veían el amor de Dios en acción.

Hemos sido llamados a vivir de esa manera. De hecho, si nos desenfocamos de nuestro objetivo principal que es el amor; por algún asunto de la vida, incluso si ese asunto tiene que ver con la obra del SEÑOR, perdemos nuestro verdadero objetivo. Cualquier cosa que llevemos a cabo debe estar tan impregnada del amor de Dios, al punto que podamos expresar lo mismo que Jesús dijo: "Si me han visto a Mí, han visto al Padre". En otras palabras, si me han visto a Mí, han visto al Amor.

Tal vez alguien diga: "Yo tengo el amor del SEÑOR en mi corazón. Sólo que no lo expreso mucho".

Si el amor de Dios está guardado en su corazón, no le hace ningún bien a nadie. Es el amor de Dios fluyendo de nuestro corazón, a través de nuestras palabras y acciones, es lo que ayuda a las personas. Por tanto, anímese a darle palabras de aliento a algunas personas. Sorprenda a alguien con una sonrisa y un gran abrazo que le haga saber cuánto bendicen su vida. Al actuar de esa manera, estará cumpliendo con el llamado de Dios para su vida. No obstante, si no lo hace estará incumpliendo su llamado.

Esos pequeños detalles son tan importantes porque Dios desea que esas personas —creyentes y no creyentes por igual— sepan que las ama. El Padre anhela que ellos sepan que para Él son preciosos y que los ama. Sin embargo, no les demuestra ese amor; por medio de señales infrarrojas en algún punto del planeta, sino lo transmite por medio de personas como usted. Por consiguiente, cuando usted bloquea su expresión de amor, está bloqueando la manifestación del amor de Dios. Es más, ¡Está limitando la expansión del amor de Dios!

Pablo nos enseña en 2 Corintios 7, la manera en que Dios lo confortaba en los momentos difíciles. Incluso Pablo con lo maduro que era en el Señor; no sólo recibió ese consuelo de manera sobrenatural, sino afirmó que fue confortado por la llegada de su hermano Tito. De hecho, fue Tito quien le llevó a Pablo el amor y el aliento del SEÑOR.

Determine, hoy ser un Tito en la vida de alguien. Decida hacer lo que Jesús lo ha llamado a realizar; es decir, la extensión y la expresión del amor de Dios.

Amor
sin límites

Cuando nadie lo ve

«Pero ahora dejad también vosotros todas estas cosas: ira, enojo, malicia,
blasfemia, palabras deshonestas de vuestra boca»
(Colosenses 3:8).

Cuando permitimos que el amor nos gobierne, lo primero que debemos hacer es tomar autoridad sobre nuestro propio temperamento. En lugar de permitir que nuestro temperamento nos gobierne, nosotros debemos gobernarlo.

Si nos damos cuenta que no podemos lograrlo, quizá sea porque no estamos esforzándonos del todo. Tratamos de contenernos delante de las personas con quienes nos relacionamos, pero cuando estamos solos le damos rienda suelta a nuestra ira. Cuando el automóvil no enciende, y vamos tarde al trabajo, golpeamos el tablero y llenamos el ambiente con palabras hostiles. Cuando la computadora no funciona bien, cerramos las gavetas del escritorio de manera violenta y hacemos comentarios desagradables, pensando que a nadie le importa porque nadie escucha.

Sin embargo, esas expresiones **sí importan** pues cada vez que cedemos ante la ira y el enojo, los estamos poniendo en práctica. Y mientras más los practiquemos a solas, más fácil será que les evidenciemos delante de los demás. Cuando desarrollamos el hábito de golpear los tableros, y de cerrar la gavetas con violencia; será inevitable que éstos resurjan cuando otras personas nos irriten. Y nos encontraremos haciendo y diciendo, cosas de las cuales nos arrepentiremos.

Además, al ceder ante la ira y a la impaciencia; aún en las cosas más pequeñas, contristamos al Espíritu Santo. No podemos vivir con Él, mientras nos rindamos a la carne. El SEÑOR me habló al respecto hace años, cuando estaba orando en el espíritu y preparándome para un servicio. Me mostró la visión de una tubería que estaba tan llena de basura que no podía fluir agua a través de ella, y sólo rociaba pequeñas gotas de este vital líquido.

Entonces el SEÑOR me dijo: *Esa tubería es tu espíritu, el fluir es Mi gloria; y Yo quiero que Mi gloria fluya a través de ti.*

Y le pregunté: «¿Qué es toda esa basura que está obstruyendo mi tubería?».

Son los pecados de ira y problemas de temperamento que no has confesado. Ese tapón se construyó por todas las veces que has hablado con enojo o las veces que con ira has tirado tu portafolio al suelo porque olvidaste algo. Cuando tienes problemas con alguien, te arrepientes y arreglas la situación. Pero al permitir que surjan en ti esas actitudes has contaminado el río del espíritu que fluye a través de ti.

Corregí algunas cosas ese día. Me arrepentí, y limpié mi tubería espiritual. Desde entonces, me comprometí a velar por mis pensamientos, por mis palabras y por mis acciones —no sólo cuando otros están presentes, sino cuando Dios y yo estamos solos—. Me he determinado practicar cómo rendirme al amor todo el tiempo; no sólo cuando se trate de un automóvil o una computadora, sino cuando el corazón de las personas está en juego. Decidí que haría las cosas bien, y que cultivaría el hábito de vivir en amor.

Amor
sin límites

Con Dios como nuestro testigo

«Que, librados de nuestros enemigos, sin temor le serviríamos en santidad y en justicia delante de él, todos nuestros días»
(Lucas 1:74-75).

Una de las promesas que Dios cumplió a través de la venida de Jesús, fue que pudiéramos vivir en Su presencia todos los días de nuestra vida. Por esa razón, Jesús fue llamado: **Emmanuel**, que significa: "¡Dios con nosotros!".

Ser conscientes de que Dios está con nosotros, las 24 horas del día, los siete días de la semana, es uno de los más poderosos beneficios de vivir en amor. Si de manera continua nos recordáramos de que Él está presente —como testigo de todo lo que hacemos, de todo lo que decimos y de todo lo que pensamos—, seríamos más que diligentes en nuestra vida de amor, y seríamos más prontos para arrepentirnos cuando fallamos.

En una ocasión, mientras el SEÑOR trataba conmigo con respecto a esa revelación, me dijo: *Kenneth, quiero que seas consciente de que Yo estoy aquí contigo. Quiero que platiques conmigo durante todo el día, como si estuviera al lado tuyo. Sé directo y sincero, conversa conmigo como lo harías con un amigo a quien respetas y amas. Cuando hagas algo indebido o incluso cuando tengas un pensamiento contrario al amor, corre de inmediato a Mí, y dime: "SEÑOR, perdóname, me arrepiento. No debí hacerlo. No debí admitir esos pensamientos en mi mente". Si practicas esa declaración, el amor en ti estará tan desarrollado que las personas no podrán ofenderte. El más malvado de los intransigentes podría insultarte, y tú responderías: "Padre, perdónalo porque no sabe lo que hace".*

El SEÑOR Jesús tomó esa actitud. Él, de manera constante, anduvo 33 años en la presencia de Dios; y maduró tanto en el amor que aún cuando lo estaban matando, Jesús los amo y los perdonó.

La mayoría de las personas, no sabe que Jesús tuvo que alcanzar la plenitud de ese tipo de amor. Él nació del amor, pero tuvo que desarrollarse en éste. Jesús nunca pecó, aunque al principio no fue por completo maduro ni se había desarrollado a plenitud en las cosas de Dios. En la Biblia se nos enseña que: *«Jesús siguió creciendo en sabiduría y estatura, y cada vez más gozaba del favor de Dios y de toda la gente»* (Lucas 2:52, NVI).

Y con nosotros sucede de la misma manera. No empezamos nuestra vida cristiana plenamente desarrollados. A medida que vivimos en la presencia del SEÑOR, nos desarrollamos en Él. A medida que tenemos comunión con Él en cada pequeña área de nuestra vida, nos volvemos conscientes de que Él está con nosotros, y nos volvemos cada vez más fuertes en Él. Y con el tiempo, las cosas que alguna vez nos causaron problemas ya no nos molestarán para nada. Veremos el cumplimiento de las promesas de Dios en nosotros, a medida que seamos libres de las manos del enemigo; y disfrutaremos la presencia de Dios y le serviremos con amor, todos los días de nuestra vida.

Kenneth

  **Amor**
sin límites

Tomemos una deuda de amor

«No debáis a nadie nada, sino el amaros unos a otros; porque el que
ama al prójimo, ha cumplido la ley»
(Romanos 13:8).

Debido a que Dios nos ama, tenemos una deuda de amor con cada persona que conocemos. Les debemos bondad, amabilidad, un trato con dignidad y respeto; pues son valiosos para Dios y para Su plan en la Tierra.

Lamentablemente, no siempre es así. Y a veces, las personas actúan como los cristianos que se mencionan en Santiago 2, quienes les daban mejor trato a las personas que usaban vestiduras finas y joyas valiosas; y menospreciaban, a quienes no tenían tantas riquezas o un estatus social. Ellos violaban la ley del amor, y no le daban a otros lo que les debían. Y como resultado, a menudo se perdían de LA BENDICIÓN y del favor de Dios.

Podemos hacer una oración ferviente a Dios para que nos ayude en una situación, permanecer en la PALABRA y confesar que vivimos en el favor de Dios. Sin embargo, las acciones carnales y vivir fuera del amor causarán que no recibamos respuesta a nuestras oraciones. Pues estaríamos rechazando a ese favor antes de recibirlo.

Un amigo mío me contó que en una oportunidad, él y su esposa estaban en un aeropuerto rodeados de una gran multitud de personas. Mientras esperaban en la fila para comprar otro boleto, oraron en común acuerdo para que Dios los ayudara y les diera favor, pues desde que vieron los ojos del hombre que estaba detrás del mostrador, supieron que necesitaban favor. Él Tenía los ojos rojos, estaba despeinado; irritado y cansado.

Cuando llegó el turno de la señorita que estaba delante de ellos, ella fue dura con él, entonces él sólo flexionó sus hombros y le dijo que ya no habían boletos. Y no hizo nada para ayudarla.

En cambio, cuando fue el turno de mi amigo y de su esposa, fueron amables. No pusieron ninguna presión sobre él. Al contrario, trataron de ministrarle paz, y lo trataron con consideración y respeto: «Sabemos que está muy ocupado, y que la situación está como para que cualquiera se vuelva loco, y usted tiene que resolver muchos problemas… pero ésta es nuestra situación. ¿Podría ayudarnos?».

Sorprendentemente el agente salió del mostrador, y les dijo: «Síganme». Los llevó a otra área, les consiguió asientos de primera clase y estrechó sus manos. Incluso, reconoció que había podido ayudar a la señorita que iba delante de ellos. Pero debido a la manera en que ella actuó, no lo hizo.

Ése es un buen ejemplo de lo que sucede cuando pagamos nuestra deuda de amor. Pagarla puede abrirle la puerta a Dios para ayudarlo. Cuando otros se encuentran atrapados en la contienda, su fe que obra por el amor, no sólo lo hará volar… sino ¡se asegurará que viaje en primera clase!

Amor
sin límites

¿Habrá alguien que quiera estar cerca de usted?

«Llevaron unos niños a Jesús para que les impusiera las manos y orara por ellos, pero los discípulos reprendían a quienes los llevaban. Jesús dijo: Dejen que los niños vengan a mí, y no se lo impidan, porque el reino de los cielos es de quienes son como ellos»
(Mateo 19:13-14, *NVI*).

Todos querían estar con Jesús. Sus discípulos amaban pasar tiempo con Él. Incluso los pecadores y los niños querían estar cerca de Él.

Eso comprueba que Él no era amable y amoroso sólo cuando predicaba, sino lo era todo el tiempo.

Y si queremos ser sus seguidores, también debemos comportarnos de la misma manera. Por ejemplo, no es correcto ser amables y bondadosos sólo los domingos en la iglesia, y el lunes ir con el mecánico y enojarnos con él porque se atrasó en entregarnos nuestro automóvil.

Algunos cristianos se comportan de esa forma. Cuando se rodean de otros creyentes, afirman que el SEÑOR los sacará adelante. Pero cuando salen al mundo, y empiezan a tratar a otra gente, son las personas más duras, prepotentes y exigentes que haya conocido.

Y lo peor, es que lo hacen para verse atrevidos. Le gritan a cualquier persona que no les brinde el servicio que ellos quieren o cuando no les dan el resultado que creen merecer, entonces se justifican al decir: "Bien, la rueda que rechina es la que necesita grasa".

Actitudes como esa no las encontramos en la Biblia. En Lucas 6:31, se nos enseña que deberíamos tratar a los demás como nos gustaría que nos trataran a nosotros; y en Gálatas 5:6, leemos que la fe obra por el amor. Cuando comenzamos a comportarnos con alguien como si no tuviéramos amor, nuestra fe se debilita y se vuelve ineficaz. Pues no estamos buscando a Dios ni dependiendo de Él, sino de la carne.

Algunas personas se atreven a excusar su comportamiento fuera del amor, diciendo: "Es tan fuerte la unción que tengo, que me hace actuar de esa manera".

No, ser agresivo no es ser ungido; es ser grosero, y si actuamos de esa manera, las personas no van a querer estar cerca de nosotros. Otros creyentes, los pecadores, e incluso Dios no va a querer estar cerca de nosotros. (Y lo sé porque al principio de mi vida cristiana el SEÑOR me dijo que, aunque me amaba, no quería estar cerca de mí. Porque mi dureza y mi mal temperamento lo entristecían).

Por tanto, si quiere examinar cómo está su vida de amor, mire a su alrededor. ¿Están las personas acercándose o alejándose de usted? ¿Se sienten atemorizados o intimidados… o se sienten seguros y a salvo con su compañía? Una cosa sí es segura, si usted en realidad está viviendo conforme al amor de Jesús, las personas querrán estar cerca de usted.

Kenneth

Día 150 **Amor** sin límites

Evite que le salgan callos

«Pero vosotros, amados, edificándoos sobre vuestra santísima fe, orando en el Espíritu Santo, conservaos en el amor de Dios, esperando la misericordia de nuestro SEÑOR Jesucristo para vida eterna»
(Judas 20-21).

Conservaos en el amor de Dios. Ésa es una instrucción muy importante para nosotros como creyentes. Cuando nacimos de nuevo, obtuvimos una fresca revelación del amor. Somos conscientes de que Dios nos amó tanto que envió a Su hijo a morir en la cruz por nosotros. El perdón y la compasión que el Señor tiene por nosotros es lo más importante en nuestra mente.

Por esa razón, cuando recién nos convertimos en cristianos éramos sensibles y dulces. Aunque no habíamos sido entrenados para actuar de esa manera, de inmediato queríamos compartir el amor que habíamos recibido del Señor, y literalmente buscábamos a alguien para amarlo.

Sin embargo, en vez de permanecer en ese amor, a menudo nos desviamos. Cada mañana cuando nos levantamos, nuestra carne está ahí y (con la ayuda del diablo) nos empuja a ser egoístas. Cada vez que nos rendimos al egoísmo, anulamos el amor de Dios que se encuentra en nuestro interior. Y al hacerlo, nos volvemos insensibles.

Si seguimos así, con el tiempo perdemos el amor que tuvimos en nuestros inicios. Por fe, sabemos que el amor sigue en nuestro interior, pues en la Biblia se nos enseña que si nacimos de nuevo, amamos a nuestros hermanos (1 Juan 3:14). Sin embargo, en realidad hemos dejado de sentirlo.

Un amigo, compara esa situación con el proceso natural que ocurre cuando salen los callos en las manos. Él me relató que un tiempo antes de convertirse en ministro, trabajó en un muelle donde levantaba cajas pesadas todo el día. Un hombre con el que había trabajado, levantó cajas por tanto tiempo que sus manos estaban llenas de callos. Podía tomar un cuchillo y cortar parte de esos callos, sin sentirlo, porque su piel se había vuelto dura e insensible.

Después de un tiempo, las manos de mi amigo también se habían vuelto callosas. Y permanecieron así, todo el tiempo que trabajó en el muelle. Pero cuando dejó de trabajar ahí, los callos desaparecieron.

Ése es un maravilloso ejemplo, de lo que sucederá, si usted deja de hacer las cosas que lo volvieron insensible. Aún si ya perdimos la pasión espiritual que teníamos al principio, podemos recuperarla si rendimos nuestro egoísmo, y empezamos a actuar de nuevo en amor. A medida que lo hagamos, nuestro corazón se volverá tan tierno como alguna vez lo fue, y descubriremos lo fácil que es ser movidos por el amor del SEÑOR y por las necesidades de otros.

Al deshacernos de esos callos espirituales, renovaremos nuestro gozo. Si permanecemos en el amor de Dios, tendremos una sensibilidad y una vitalidad espiritual que nunca se desvanecerá.

Amor
sin límites

Sea consciente que ellos están ahí

«El amor no perjudica al prójimo. Así que el amor es el cumplimiento de la ley»
(Romanos 13:10, *NVI*).

¿Quién es su prójimo? Su prójimo es la persona que está cerca de usted en este instante. Cuando usted está haciendo fila para entrar a un juego de pelota, su prójimo es el hombre que le dio un codazo, y al hacerlo obtuvo un mejor asiento. Cuando está esperando que le den lugar para parquearse en el súper mercado; su prójimo es la persona que se le atraviesa con su automóvil, y le quita el lugar que usted estaba esperando.

En la Biblia se nos enseña que el amor no les hace daño a esas personas. El amor los considera, y es sensible con ellos.

Eso suena fácil. Sin embargo, el hecho es que antes de considerarlos y ser sensibles con ellos, debemos ser conscientes que ellos están ahí. Es necesario que estemos lo suficientemente alertas en lo espiritual, como para notar que se encuentran ahí. Para lograrlo, debemos renovar nuestra mente, porque nuestra cultura nos ha entrenado para ser egoístas, al punto que ni siquiera podemos vernos unos a otros.

Es impresionante, pero las personas se dan cuenta de las **cosas** antes de ver a las personas. Admiran un automóvil costoso, y nunca ven a la persona que lo conduce. Contemplan los edificios, la ropa y las joyas e ignoran a las personas como si fueran insignificantes. Cuando adoptamos esa clase de criterio, estamos siendo engañados. Las personas son mucho más importantes que las cosas. Nunca use a las personas para obtener cosas. Use las cosas para BENDECIR, y mostrarles el amor de Dios a las personas.

La única manera en que podemos estar seguros de que no le estamos causando ningún daño a nuestro prójimo, es valorándolos lo suficiente para saber que están ahí. Tenemos que estimar a otros como nos estimamos a nosotros mismos. Debemos darles más importancia a las personas que a las cosas.

Nunca deberíamos tratar de manera despectiva a la persona que está sentada a nuestro lado en un juego de pelota o en el parqueo. Sin embargo, lo haremos sin darnos cuenta si no renovamos nuestra mente y ejercitamos nuestra consciencia de que ellos están ahí.

Por esa razón, vivir en amor requiere que cultivemos una consciencia del impacto que tienen nuestras palabras, y nuestras acciones en las personas que nos rodean. Si lastimamos los sentimientos de alguien porque le hablamos de manera severa (o ni siquiera les hablamos), no podemos excusarnos diciendo: "No me di cuenta que lo ofendí" o "estaba pensando en otra cosa, y no me di cuenta que estaba ahí".

Si estamos viviendo en amor, no hablaríamos sólo por hablar; ni nos preocuparíamos tanto por nuestro propio bienestar. Veremos el dolor reflejado en el rostro de las personas, cuando les hablamos de manera abrupta. Los consideraremos más importantes que nuestros propios pensamientos, y los tomaremos en cuenta cuando pasemos frente a ellos.

El amor nos hará conscientes de los demás, y evitará que seamos negligentes al cuidar de ellos. Y éste se asegurará que no le hagamos ningún daño a nuestro prójimo.

Kenneth

Amor
sin límites

Desarrollando los dones del Espíritu

«Procurad, pues, los dones mejores. Mas yo os muestro un camino aun más excelente»
(1 Corintios 12:31).

Si usted está hambriento por desarrollar las manifestaciones y los dones del Espíritu Santo en su vida; es decir, ministrar a las personas de manera sobrenatural a través de la profecía, hablar e interpretar en lenguas, palabra de sabiduría y los demás dones del Espíritu, la mejor manera de lograrlo es haciéndolo en amor. Cuando usted vive en amor, se mueve en el fluir del Espíritu Santo. Es sensible a Él y a las necesidades de los demás. Y como resultado, percibirá cosas relacionadas con ellos.

Por ejemplo, captará desde el corazón de Dios la necesidad que ellos tienen, haciendo posible que reciban una palabra de sabiduría o una profecía que los ayudará y animará. Usará el poder de Dios a favor de ellos, no porque esté tratando de ser espiritual, sino porque se preocupa por ellos.

Una ministra quien se movía de manera poderosa y eficazmente en los dones del espíritu explicó, hace algunos años, que esa era la manera en que ella lo hacía. Cuando ella estaba ministrando en un servicio, observaba a toda la multitud y sólo dejaba que el amor de Dios comenzara a moverse en su corazón; y mientras lo hacia, una o dos personas en especifico captaban su atención. Por último se dejaba guiar por el amor.

Muchas veces, no tenía ni idea de lo que iba a hacer, pero se acercaba a las personas y les preguntaba: «¿Puedo orar por usted?». A medida que oraba, o les imponía manos casi siempre, recibía una revelación. Fluía con precisión con palabra de conocimiento o palabra de sabiduría, y todos reconocían que ella había recibido esas palabras de parte de Dios.

En la Biblia se nos enseña claramente que los dones espirituales fueron diseñados para obrar a través de cada persona —no sólo en un círculo, sino en cada creyente— según los reparte el Espíritu. Sin embargo, muchos cristianos permanecen al margen, preguntándose por qué Dios no los usa.

Una de las razones, puede ser que hemos fallado al vivir en amor. Nos preocupamos demasiado por nosotros mismos… de lo que **necesitamos**… de lo que **queremos**… de lo que **tenemos** o no… que nos volvemos apáticos ante las necesidades de los demás. En otras palabras, bloqueamos el fluir sobrenatural del Espíritu Santo con nuestro egoísmo.

Sin embargo, podemos cambiar esa situación al quitar nuestra mirada de nosotros, y ponerla en aquellos que nos rodean. Podemos decirle al SEÑOR, cada día: *Padre, decido ser guiado por el amor a partir de hoy. Llévame a las personas que quieres que BENDIGA, y ayúdame a sumergirme en el fluir sobrenatural del Espíritu. Hazme una expresión de Tu poderoso amor… y ¡dame Tus dones para ministrárselos a otros!*

Amor
sin límites

Escoger el amor: Es la mejor manera de vivir

«A los cielos y a la tierra llamo por testigos hoy contra vosotros, que os he puesto delante la vida y la muerte, la bendición y la maldición; escoge, pues, la vida, para que vivas tú y tu descendencia; amando a Jehová tu Dios, atendiendo a su voz, y siguiéndole a él; porque él es vida para ti, y prolongación de tus días; a fin de que habites sobre la tierra que juró Jehová a tus padres, Abraham, Isaac y Jacob, que les había de dar»
(Deuteronomio 30:19-20).

Todos los mandamientos que Dios nos ha dado, tanto en el Antiguo Testamento como en el Nuevo Testamento, podemos resumirlos en ocho palabras: **Amar a Dios y amar a los demás.** Cuando obedecemos esas instrucciones, disfrutamos de la vida y de LA BENDICIÓN. En cambio, si las desobedecemos, le abrimos la puerta a la muerte y a la maldición.

Ése no sólo es un fenómeno místico e inexplicable. Es un hecho real y tangible. En la actualidad, los científicos han comenzado a comprender más al respecto, y descubrieron que ciertas actividades y emociones humanas pueden crear condiciones en el cuerpo, para las cuales no fue diseñado. Los pensamientos que desatan temor, amargura y enojo crean reacciones químicas que nos afectan, y causan enfermedades y dolencias.

Por ejemplo, la promiscuidad en la sociedad actual ha producido variedad de enfermedades que la ciencia médica no ha logrado curar. Las personas argumentan que están envueltos en esa conducta por amor, pero no es así. Ésta nace de la lujuria y del egoísmo. Y su fruto es la muerte.

Por esa razón, Dios nos advirtió que nos mantengamos alejados de la promiscuidad. ¡Él sabía que nos destruiría! Vivir en pecado, lo cual nos aleja del amor, es tan peligroso como caminar en una habitación llena de serpientes. Cuando escogemos vivir en esa habitación, ni Dios mismo puede evitar que seamos mordidos.

Algunas personas, no comprenden ese hecho. Quieren recibir sanidad de parte de Dios y continuar viviendo en pecado, y sin amar a los demás. Sin embargo, así no obtendrán resultados. Dios no les dará sanidad, pues las reacciones que liberan en sus cuerpos, a causa del pecado, impide que reciban la sanidad. Aún si el Señor los sanara, pronto volverían a estar enfermos, si no dejan ese estilo de vida y le entregan su vida por completo a Dios.

Quizá parezcan como malas noticias; pero son buenas noticias, pues éste sistema también funciona a la inversa. Así como vivir fuera del amor lastima a las personas, vivir en amor las sanará. El amor les abrirá las puertas para recibir el poder de Dios que revertirá el daño que la enfermedad ha causado en su cuerpo. Y como consecuencia, mantendrán su salud y sus cuerpos en perfecto funcionamiento.

Al escoger el amor, escogerán la vida, y descubrirán que es la mejor manera de vivir.

Kenneth

El servicio genuino

«Muchos me dirán en aquel día: Señor, Señor, ¿no profetizamos en tu nombre, y en tu nombre echamos fuera demonios, y en tu nombre hicimos muchos milagros? Y entonces les declararé: Nunca os conocí;...»
(Mateo 7:22-23).

A medida que nos comprometemos a vivir en amor, debemos velar porque nuestro corazón permanezca de continuo viviendo en esa clase de amor genuino. Dios anhela que nuestras acciones sean respaldadas por el deseo auténtico de servir. El Señor quiere que seamos motivados por el deseo sincero de BENDECIRLO a Él, y a los demás.

Quizá usted se pregunte: "¿Acaso no es el amor el que siempre motiva ese tipo de acciones?".

No, no es así. En 1 Corintios 13, se nos enseña que es posible dar todo lo que tenemos a los pobres; y quemar nuestros cuerpos a causa del servicio al SEÑOR, sin llevarlo a cabo con amor. Jesús afirmó que habría personas quienes profetizarían, harían señales e incluso que echarían fuera demonios en Su nombre, sin conocerlo. En otras palabras, harían esas obras sin amor. Recuerde que Dios es amor.

Podemos hacer cosas que parezcan actos de servicios realizados por amor y obras de caridad. Sin embargo, en lugar de que nuestra motivación sea el amor, nuestra motivación puede ser nuestro deseo de probarle a otros cuán maravillosos y espirituales somos.

En realidad, eso no es amor. Es otro tipo de egoísmo. Es centrarse en uno mismo en lugar de centrarse en los demás. Es una clase de seudo-amor que desagrada a Dios.

¿Cómo podemos estar seguros que no hemos caído en esa situación? Al mantenernos revisando nuestro nivel de gozo. Jesús expresó en Juan 15:10-11 que nos dio el mandamiento del amor, a fin de que su gozo permanezca en nosotros y que nuestro gozo fuera pleno. Por tanto, podemos estar seguros que si no tenemos gozo, es porque no estamos viviendo conforme al amor de manera genuina.

En lugar de estar felices de servir a otros, y realizar los sacrificios que eso conlleva, nos sentiremos incómodos al respecto. En nuestro interior, suspiraremos y pensaremos: *Creo que debo hacerlo porque es lo correcto. No tengo muchas ganas de realizarlo, pero es mi deber, así que lo llevaré a cabo.*

Francamente, nadie quiere recibir ese tipo de amor, Dios no lo quiere, y tampoco alguien más. Por tanto, si piensa de esa manera, haga un cambio. Entre en la presencia del SEÑOR. Alabe y tenga comunión con Dios hasta que el espíritu de amor genuino vuelva a habitar en usted. No se conforme con sustitutos superficiales. Cuando se trata de amor, asegúrese de que usted tenga el amor auténtico que proviene del Señor.

Amor
sin límites

La disciplina del amor

«Porque el Señor al que ama, disciplina, y azota a todo el que recibe por hijo. Si soportáis la disciplina, Dios os trata como a hijos; porque ¿qué hijo es aquel a quien el padre no disciplina? Pero si se os deja sin disciplina, de la cual todos han sido participantes, entonces sois bastardos, y no hijos. Por otra parte, tuvimos a nuestros padres terrenales que nos disciplinaban, y los venerábamos. ¿Por qué no obedeceremos mucho mejor al Padre de los espíritus, y viviremos? Y aquéllos, ciertamente por pocos días nos disciplinaban como a ellos les parecía, pero éste para lo que nos es provechoso, para que participemos de su santidad. Es verdad que ninguna disciplina al presente parece ser causa de gozo, sino de tristeza; pero después da fruto apacible de justicia a los que en ella han sido ejercitados»
(Hebreos 12:6-11).

Muchas personas cometen el error de pensar que alguien que los ama siempre los hará sentir bien. Confunden el amor con emociones cálidas y palabras lisonjeras.

He escuchado a madres caer en ese error al expresar cosas como: "Amo demasiado a mi hijo como para disciplinarlo. Me duele verlo llorar, y por esa razón no lo hago".

La madre que habla de esa manera no ama en realidad a su hijo, se ama a sí misma. Si en realidad lo amara, haría a un lado su incomodidad emocional, con el fin de hacer lo que es mejor para su hijo. Sufriría al verlo llorar e incluso estaría dispuesta a que su hijo se disguste por un tiempo con ella. Estaría más preocupada por la formación y el éxito a largo plazo de la vida de su hijo que en su necesidad de ser amada y aprobada.

Lo mismo ocurre entre amigos. Los verdaderos amigos, que en realidad lo aman, estarán dispuestos a decirle la verdad y las cosas que le ayudaran a corregir su vida. Serán sinceros con usted; aún si eso le molesta, pues están más interesados en su crecimiento espiritual y en su bienestar que en la necesidad que ellos tienen de su amistad.

Por esa razón, no debemos sorprendernos cuando Dios; a través de Su PALABRA escrita, de Sus siervos o de la voz del Espíritu Santo en nuestros corazones nos diga cosas que al principio nos incomoden. No deberíamos impactarnos cuando el Señor nos corrija o reprenda. Él no es un Dios egoísta, al contrario, nos ama de verdad. Dios es un buen Padre y un buen amigo. Por consiguiente, si sabe que es por nuestro bien, está dispuesto a hablarnos de una manera que cause incomodidad emocional o que agite nuestra alma.

Recuerde esto, la próxima vez que el SEÑOR lo castigue y sienta la aguda emoción de vergüenza que acompaña a la corrección. En lugar de reprender al diablo, y creer que su amado Padre nunca le diría algo tan desagradable; tome en cuenta esa corrección. Permita que el Espíritu Santo le muestre de qué manera lo ayuda esa corrección. ¡Y déle gracias a Dios, por amarlo lo suficiente como para decirle la verdad!

Amor
sin límites

Nuestra mejor protección

«Le respondieron: A Jesús nazareno. Jesús les dijo: Yo soy. Y estaba también con ellos Judas, el que le entregaba. Cuando les dijo: Yo soy, retrocedieron, y cayeron a tierra. Volvió, pues, a preguntarles: ¿A quién buscáis? Y ellos dijeron: A Jesús nazareno. Respondió Jesús: Os he dicho que yo soy; pues si me buscáis a mí, dejad ir a éstos; para que se cumpliese aquello que había dicho: De los que me diste, no perdí ninguno»
(Juan 18:5-9).

Al principio, cuando leía las descripciones bíblicas del amor, no me sentía muy emocionado cuando se trataba de ponerlas en práctica. Por ejemplo, cuando meditaba con relación a poner la otra mejilla o no tomar en cuenta una ofensa, quería expresar: "SEÑOR, ¿sabes lo que las personas me harían si actúo de esa manera? ¡Se aprovecharían de mí!".

No entendía que actuar en amor, causa que el poder de Dios obre a mi favor. No me había dado cuenta que tomar la decisión de amar, causaría que una liberación sobrenatural obrara a mi favor en el ámbito espiritual.

Cuando Jesús nos exhortó a poner la otra mejilla, no se estaba refiriendo a invitar a las personas a abofetearnos. Nos estaba motivando a actuar en el verdadero ámbito del amor, donde nuestra protección nunca falla. Un día, mientras meditaba en esa verdad, el Señor me dijo: *Si permaneces el tiempo suficiente, viviendo en amor, cuando pongas la otra mejilla, las personas no serán capaces de abofetearte, pues Mi poder los hará retroceder.*

Para analizar una evidencia bíblica de esta verdad, estudie lo que sucedió cuando los soldados romanos llegaron a aprehender a Jesús, antes de la crucifixión. Incluso en ese doloroso y difícil momento, Jesús tenía al amor en Su mente. Veló por la seguridad de Sus discípulos. Y como resultado, toda esa legión de rudos y violentos soldados romanos no pudieron aprehender a ese gentil y desarmado hombre. Y Jesús, sólo tuvo que expresar: **¡Yo Soy!** Y todos cayeron a tierra.

Ésa no fue la única oportunidad en que sucedió algo así, en la vida de Jesús. Hubo otra ocasión, en Nazaret, cuando una turba de personas trató de arrojarlo al precipicio; no obstante, en Lucas 4:30 se nos enseña que cuando eso sucedió, Él sólo pasó entre ellos y siguió Su camino.

El hecho es que nadie podía hacer algo para lastimar a Jesús. Él entregó Su vida y murió con el propósito de cumplir el plan de Dios. Y debido a que el poder libertador del amor lo rodeaba de manera constante, Él mismo tuvo que entregarse para que pudieran matarlo.

El amor obrará de esa misma manera en nuestra vida, si actuamos como Jesús actuó. Éste es un principio espiritual. Cuando el amor comience a obrar a nuestro favor, el diablo no podrá hacer nada para evitarlo. Ninguna de sus armas contra nosotros prosperará. El poder del amor es nuestra mejor protección.

Amor
sin límites

No pierda su muro de protección

«Sabemos que todo aquel que ha nacido de Dios, no practica el pecado, pues Aquel que fue engendrado por Dios le guarda, y el maligno no le toca»
(1 Juan 5:18).

Mientras más estudio y veo cómo obró el amor en la vida de Jesús, y en la vida de personas como el apóstol Juan; más convencido estoy que la fuerza del amor crea una impenetrable barrera en contra del enemigo. Cuando vivimos en amor, se crean una defensa sobrenatural que evita que el diablo nos haga cualquier daño o mal permanente.

Una de las mejores descripciones de ese sistema de protección celestial (aparte de los ejemplos que se encuentran en la Biblia), se puede encontrar en uno de los libros de John G. Lake. Él fue un poderoso ministro que hace años, recibió una visión del SEÑOR que le ayudó a comprender el poder protector del amor. En la visión, vio millones de demonios tan organizados como los ejércitos de la actualidad. Ellos atacaban con todas sus fuerzas a un grupo de creyentes. Haciendo un resumen de la visión, John G. Lake escribió:

«Después de un tiempo, observé una fuerza que creaba una barrera alrededor de los creyentes, por medio de la cual, los demonios no podían cruzar. Al igual que los humanos en la guerra, esa multitud de demonios parecía usar todo su ingenio para destruir el muro o para abrirse paso a través de éste, pero no podían lograrlo. Asombrado le dije al ángel: ¿Qué significa eso? Y me respondió: "De esa manera cuida Dios a quienes se esfuerzan desinteresadamente en Su causa"».[10]

Ésa es una maravillosa imagen del poder del amor, y es totalmente bíblica. En la Biblia se nos declara que cuando no pecamos; es decir, cuando nos mantenemos viviendo conforme al amor de Dios, el maligno no puede tocarnos. No significa que nunca fallaremos o nos equivocaremos. Sin duda, cometeremos errores, pero todo eso lo cubrirá el amor.

Cuando pecamos y sabemos que estamos fuera del amor, podemos cambiar esa situación; arrepintiéndonos de manera pronta, y siendo perdonados de todas nuestras maldades. Al hacerlo, podemos vivir bajo la protección del amor a cada instante, todos los días.

En cambio, si no lo hacemos… estaremos desprotegidos. Ésa es una declaración muy sería, sin embargo, es la verdad. Cuando nos apartamos de la cobertura del amor y permanecemos lejos, removemos nuestra protección. Nuestra barrera de protección cae, y nos volvemos vulnerables a los ataques del enemigo. Así es como el diablo ha logrado tener acceso a la vida de muchos cristianos. Han bajado sus defensas, y ha podido afectarlos, debido a que han fallado en vivir en amor.

No permita que eso le suceda. Nunca permita que un desacuerdo o un maltrato de parte de una persona lo saque del ámbito del amor y lo lleve al ámbito de la contienda. Permanezca en el amor de Dios y aléjese del peligro. El amor mantendrá una barrera impenetrable a su alrededor.

---

[10] John G. Lake, *His Life, His Sermons, His Boldness of Faith* (Fort Worth, Kenneth Copeland Publications, 1994) p.140.

Refrénese por amor

«Por esto, mis amados hermanos, todo hombre sea pronto para oír, tardo para hablar, tardo para airarse; porque la ira del hombre no obra la justicia de Dios» (Santiago 1:19-20).

La mayoría de nosotros, ha desarrollado el hábito de hacer lo opuesto a lo que esos versículos nos enseñan. A través de la práctica, nos hemos acostumbrado a ser lentos para oír, prontos para hablar y para airarnos. Sin embargo, para ser exitosos en nuestra vida de amor, debemos actuar a la inversa.

Necesitamos aprender a detenernos, y escuchar a las personas —en especial, cuando nos están hablando de un tema difícil o algo que no queremos escuchar—. Nuestra tendencia humana es reaccionar respondiendo de manera abrupta, sin haber escuchado toda la historia. Nos apresuramos a juzgar antes de escuchar lo que las personas tienen que decir, y ni siquiera intentamos razonar sobre lo que están expresando. Y como resultado, terminamos declarando cosas hirientes de las cuales nos arrepentimos.

La Biblia compara las palabras con las flechas. Cuando somos prontos para hablar, y comenzamos a dispararlas hacía todos lados; a menudo, lastimamos a las personas a nuestro alrededor. Y cuando terminamos de disparar las personas están heridas, y nos disculpamos argumentando: "Lo siento, no lo hice a propósito. Lo dije sin pensar". Disculparse está bien, pero no reparará el daño.

Además, en Proverbios 18:13, se nos enseña que quien responde a una situación sin haberla escuchado o entendido, es insensato y cosecha vergüenza. Por tanto, para evitar momentos vergonzosos en el futuro debemos, además de ser amorosos; también necesitamos ser sabios tomándonos un tiempo para escuchar, antes de dar nuestra opinión acerca de algo.

Cuando algo nos lastime, lo mejor que podemos hacer es mordernos los labios y esperar un tiempo en lo que Dios nos hable. Necesitamos darle un tiempo al SEÑOR para que obre en nuestra alma y haga ajustes en nuestra manera de pensar, hasta que nos alineemos a Su manera de pensar.

Primero, tomar esa actitud no es algo fácil, pues es un acto contrario a nuestra carne, a la cual no le gusta refrenarse. Segundo, el diablo estará ahí para tratar de presionarnos y hacernos reaccionar: "Será mejor que hagas algo al respecto, ¡ahora! No esperes otro minuto. Sólo exprésales tu punto de vista". Su intención es evitar que tomemos el tiempo para que Dios nos ayude. Quiere que vivamos fuera del amor, y caigamos en pecado.

Cuando sienta que el enemigo lo está presionando de esa manera, opóngase. Determínese a no ser presionado a reaccionar. Al contrario, cálmese y dígase a sí mismo: *No me voy a molestar por esta situación. Voy a tomarme el tiempo necesario para esperar y escuchar. Y no responderé hasta que tenga una perspectiva del amor, acerca de esto.*

Si obedece esa instrucción, se habrá salvado de tremendos problemas y vergüenzas. Y de alguna manera, habrá desarrollado un hábito sabio que lo ayudará a mantenerse alineado al amor.

Amor
sin límites

Destruya el ciclo de la duda

"Vivimos por fe, no por vista"
(2 Corintios 5:7, *NAS*)

Muchas personas, descubren el amor de Dios y después dejan que esa revelación se les vaya de las manos. Y dejan de confiar en ese amor, a causa de lo que sienten y ven. El domingo, están gritando y cantando acerca de cuánto Dios los ama y de cuánto suplirá sus necesidades… pero el lunes cuando el cobrador llama; lloran, se retuercen las manos por la preocupación y expresan: "¡No sé qué va pasar conmigo!".

Si usted se encuentra encerrado en ese ciclo de creer un día en el amor de Dios, y al día siguiente dudar de ese amor, hay algo que puede hacer para destruirlo de una vez por todas. Yo lo he hecho muchas veces, cuando he necesitado hacer cambios significativos en mi vida. Tome los elementos de la Santa Cena, siéntese a la mesa con ellos y busque a través de la Palabra, escrituras que le ayuden a enfrentar ese problema. Por ejemplo, escriba una lista de todos los versículos, que en particular hablen acerca del amor.

Después vaya ante el SEÑOR, y establezca esa verdad en su corazón de una vez por todas, al declarar: *Padre, me has dicho a través de Tu PALABRA que me amas. Tú has prometido nunca dejarme ni abandonarme. Me has prometido, a través de Tu PALABRA, que si Te busco primero todo lo que necesito se me añadirá. Hoy, me comprometo a creer y a confiar en Tu amor. A partir de este día, voy a vivir por fe y no por vista. Desde ahora en adelante, me rehusó a dudar de Tu amor, sin importar cómo me sienta o qué vea. Permaneceré firme creyendo, declarando y actuando con la certeza de que me amas; y con la seguridad de que me proteges y me provees en todas las áreas de la vida. En el nombre de Jesús.*

Luego, tome la Santa Cena basado en ese compromiso. Impregne su mente con los elementos de la Santa Cena que representan el pacto de amor del Señor hacia usted. Permita que los elementos le recuerden que Su amor para usted, es tan grande que envió a Jesús para ser sacrificado por su vida. Permita que las marcas de Su cuerpo y Su sangre, se vuelvan un símbolo inolvidable que el amor de Dios para usted se estableció en el cuerpo y en la sangre de Jesús.

La próxima vez que se encuentre en alguna situación que haga parecer que Dios no lo ama, o que no toma cuidado de usted, en lugar de andar esparciendo incredulidad por todas partes; recuerde el compromiso que hizo ante el SEÑOR. Medite en los elementos de la Santa Cena, y la manera en que el cuerpo y la sangre de Jesús testifican del amor de Dios para usted.

Al hacerlo, la fe surgirá de su interior y en lugar de permitir que la revelación del amor de Dios se le vaya de las manos, permanecerá firme en esa revelación. En lugar de regocijarse en el amor de Dios el domingo, y preocuparse el lunes, usted estará gozoso y cantará ¡todos los días de la semana!

Kenneth

  Amor
sin límites

El amor que libera a otros

*«Y arribaron a la tierra de los gadarenos, que está en la ribera opuesta a Galilea.
Al llegar él a tierra, vino a su encuentro un hombre de la ciudad, endemoniado
desde hacía mucho tiempo; y no vestía ropa, ni moraba en casa, sino en los
sepulcros. Este, al ver a Jesús, lanzó un gran grito, y postrándose a sus pies exclamó
a gran voz: ¿Qué tienes conmigo, Jesús, Hijo del Dios Altísimo? Te ruego que no
me atormentes. (Porque mandaba al espíritu inmundo que saliese del hombre,
pues hacía mucho tiempo que se había apoderado de él; y le ataban con cadenas y
grillos, pero rompiendo las cadenas, era impelido por el demonio a los desiertos)»*
(Lucas 8:26-29).

Cuando vivimos en temor y nos enfocamos en nuestra auto preservación, en lugar de
vivir en amor y confiar en la protección de Dios; no sólo estamos perdiendo el gozo de **nuestra**
salvación; si no nos estamos perdiendo el gozo de ministrar esa salvación a otros. ¿Cuántas
veces por temor hemos retrocedido y fallado en testificar acerca de Jesús, porque nos sentimos
intimidados por esa persona? ¿Cuántas veces nos hemos enfocado tanto en cuidar de
nosotros, en tiempos difíciles o de crisis que nos hemos perdido la oportunidad de cuidar de
alguien más?

A menudo, cuando leo acerca de cómo Jesús trató al endemoniado de Gadara, pienso
en que la mayoría de cristianos hubiera huido a causa del temor. Al ver aquel maniaco
aproximarse hacia ellos, no les habría importado tanto su liberación, sino ¡salvarse a sí mismos!

En lo personal, estoy convencido que ese hombre no iba hacia Jesús para adorarlo. Su
intención era matarlo, pero no pudo porque Jesús vivía en el perfecto amor y protección de
Dios. Y como resultado, aquel sujeto se fue a casa libre de la legión de demonios, y le testificó a
otros acerca del amor y del poder de Dios.

Quizá no existan muchos creyentes viviendo en ese tipo de amor —pero sí hay algunos—.
Hace un año, escuché de uno de ellos, mientras visitaba a un amigo que estaba en prisión.
Mi amigo irrumpió en la casa de una anciana y mientras robaba sus cosas, ella se acercó y
lo agarró. Y en lugar de gritar o desmayarse, lo sentó y le leyó la Biblia. Él me expresó: «Sabes,
aquella mujer me habló y me convenció de entregarme. No sé porque tuvo tanto poder sobre
mí. Pero sí sé lo siguiente, si no hubiera venido a prisión, nunca habría conocido a Jesús. Y
jamás hubiera nacido de nuevo».

Medite en ese ejemplo, el poder del amor no sólo protegió a aquella mujer y detuvo al
ladrón, sino también hizo que aquel hombre fuera salvo. Si ella pudo andar en ese tipo de
amor, ¡todos nosotros también! Y entre más vivamos en amor, más personas libres veremos.

Amor
sin límites

Administre con humildad y amor

«A los ricos de este mundo, mándales que no sean arrogantes ni pongan su esperanza en las riquezas, que son tan inseguras, sino en Dios, que nos provee de todo en abundancia para que lo disfrutemos»
(1 Timoteo 6:17, *NVI*).

Si algo sabe usted de Gloria y de mí, es que creemos que la voluntad de Dios para Su pueblo es la prosperidad. Creemos en que Él se complace de la prosperidad de Sus siervos.

A través de los años, a medida que hemos aprendido a confiar y a obedecerle a Dios, Él nos ha BENDECIDO más allá de nuestros más grandes sueños. Sin embargo, cada vez que las personas se impresionan con esas bendiciones, rápidamente les hacemos saber que esos regalos los hemos recibido gracias a la bondad del SEÑOR. Tratamos de hacerles entender a todos que no hay nada de especial en nosotros. Sólo somos creyentes quienes descubrieron que Dios nos ama, y quiere BENDECIRNOS. Por consiguiente, confiamos en esa verdad, obedecemos a Dios… ¡y Él nos bendice!

Además, también deseamos que las personas sepan que son tan preciosas para el SEÑOR como nosotros. Y que si continúan viviendo en Él y desarrollando su fe, pueden disfrutar ¡LA BENDICIÓN que nosotros disfrutamos!

Es importante que todos recordemos eso a medida que prosperamos. Es vital que mostremos nuestra prosperidad no con orgullo, sino con humildad y en amor. Debemos darnos cuenta que los demás pueden sentirse intimidados por las BENDICIONES que hemos recibido. Pueden sentir que de alguna manera son menos importantes que nosotros. Pero todos debemos aprender a recibir y a vivir en el amor de Dios.

Actuar de otra manera, es simplemente un acto de inmadurez. Y nos llevará al nivel en que cayeron dos estudiantes del instituto bíblico, de quienes me habló un amigo mío. Uno de ellos; le presumía al otro su automóvil nuevo, su ropa nueva y todas las bendiciones que había recibido. A medida que continuaba explicándole cómo las había recibido, el segundo estudiante no pudo más y replicó: «¡Gran cosa! Todas esas cosas terrenales se van a quemar de todos modos. Por consiguiente, cuando lleguemos al cielo, tu pila de cenizas será más grande que la mía».

En realidad, ese hombre tenía razón. Aunque Dios nos ha dado cosas buenas para que las disfrutemos, la única manera en que tendrán valor en la eternidad, es si las usamos para BENDECIR y animar a los demás. La única manera en que no sean sólo un montón de cenizas, es que las administremos con humildad y con amor.

Amor
sin límites

Todo por amor

> *«Vinieron los fariseos y los saduceos para tentarle, y le pidieron que les mostrase señal del cielo. Mas él respondiendo, les dijo: … La generación mala y adúltera demanda señal; pero señal no le será dada, sino la señal del profeta Jonás. Y dejándolos, se fue»*
> (Mateo 16:1-2, 4).

A menudo se nos ha dicho que Jesús sanó a las personas, y obró milagros durante Su ministerio como una señal de Su divinidad. Se nos ha enseñado que usó Su poder para probar que era el hijo de Dios. Pero no es cierto, Jesús se negó rotundamente a dar ese tipo de señales. Cuando le pidieron que las realizara, Él se negó.

Entonces, ¿por qué llevo a cabo las cosas maravillosas que realizó?

Porque amaba a las personas. Jesús siempre usó Su poder para demostrar el amor de Dios. Y lo hizo de esa manera, porque así es como el Padre obra. Dios **tiene** poder… pero **es** amor. Y utiliza ese poder a favor de ese amor.

Cada obra poderosa que Dios ha realizado ha sido una expresión de Su amor. La Creación misma es una manifestación de Su amor. (Por esa razón, la Tierra es hermosa, y no color gris y desagradable). Dios detuvo el Sol en una posición, durante todo un día, para darle tiempo a Su pueblo, a fin de que ganara la batalla. ¿Por qué? ¡Por qué los amaba! A través de la historia, Él ha sanado enfermos, resucitado muertos, provisto comida a los hambrientos y ha obrado milagros en la vida de aquellos que atraviesan momentos difíciles —y todo lo ha hecho por amor—.

Puedo decirle por experiencia propia que cada milagro y sanidad que he visto, sin lugar a duda, lleva impregnado el amor de Dios. Recuerdo a un hombre que asistió a la Escuela de sanidad hace años. Aquel hombre, avanzado de edad, había invertido su vida haciendo el mal, y cosechó los resultados en su cuerpo. Tenía una enfermedad debilitante y terminal, la cual le causaba mucho dolor.

La mayoría de personas, lo veía y decía: «Bueno, vivió una vida llena de pecado. Sólo está recibiendo lo que se merece». Incluso él pensaba lo mismo. Aunque no era cristiano, en su desesperación decidió de todos modos acercarse a Dios para pedirle ayuda.

¿Sabe qué fue lo que sucedió? ¡Dios lo sanó!

Dios es bueno, misericordioso, compasivo y bueno con todos aquellos que lo invocan. El Señor ha creado una forma para que Su pueblo esté bien por medio de Él todo el tiempo. En Salmos 145:8-9, leemos: *«Clemente y compasivo es el SEÑOR* [dispuesto a mostrar Su favor], *lento para la ira y* **grande en misericordia**. *El SEÑOR es bueno para con todos, y su compasión, sobre* **todas** *sus obras»* (LBLA).

La misericordia de Dios nos envuelve y nos cubre… ¡y todo por Su amor!

Amor
s i n   l í m i t e s

Sólo porque lo ama

«Jesús le dijo: Amarás al Señor tu Dios con todo tu corazón, y con toda tu alma, y con toda tu mente. Este es el primero y grande mandamiento»
(Mateo 22:37-38).

No hay duda, cuando le servimos a Dios somos BENDITOS. Cuando obedecemos a Dios y permanecemos firmes en Su PALABRA, disfrutamos de gran gozo y éxito en nuestra vida, el cual no podríamos experimentar de ninguna otra manera.

Sin embargo, ésa no es la razón por la que le servimos. No es nuestra motivación obedecerle y creer en Su PALABRA. Realizamos todas esas cosas —con mucho gozo—, sólo porque lo amamos. A causa de que Él entregó Su vida por nosotros, estamos dispuestos a darle todo a nuestro Dios.

Deberíamos tener la misma actitud de un motociclista *hippie* de quien escuché hace años. Él fue a visitar a uno de mis amigos, cuando aún era pecador y le dijo: «Sé que usted ora por los enfermos y mi hijo tiene cáncer. ¿Oraría por él?».

Mi amigo estuvo de acuerdo y cuando oró, el SEÑOR sanó al jovencito. En poco tiempo; el motociclista regresó, y le expresó; «Estoy aquí, para entregarle mi vida a Dios». Él sanó a mi hijo y nadie más haría eso por mi, quiero servirle por el resto de mi vida.

Usted y yo quizá no hayamos tenido la misma experiencia que ese motociclista tuvo, sin embargo, a pesar de todo nos encontramos en la misma posición. Como hijos de Dios, cada uno de nosotros fue salvo de un cáncer espiritual que nos tenía condenados al infierno. Fuimos libres del reino de las tinieblas y trasladados a la luz. Hemos sido liberados de la esclavitud de la muerte, y se nos ha dado el regalo de la vida eterna.

El cual, por cierto, ninguno de nosotros se lo ha ganado, ni lo merecía. Todos hemos recibido la misma libertad que recibió el motociclista —no por nuestros propios méritos, sino por la misericordia y el amor de Dios—.

A la luz de lo que Dios ha hecho por nosotros, le debemos nuestro servicio. A Dios le debemos nuestra vida y nuestro amor.

No debemos andar diciendo: "MUY BIEN SEÑOR, haré lo que me pidas, pues si lo hago seré BENDECIDO. Pero te advierto, que si LA BENDICIÓN no se manifiesta, ya no lo haré".

¡No! Si meditamos en lo que Dios ya hizo por nosotros, y permitimos que la verdad del sacrificio que realizó por nosotros se arraigue en nuestro corazón. Estaríamos tan enamorados de Dios, que aprovecharíamos cada oportunidad para servirle. Anhelaríamos obedecerle, y declarar lo mismo que leemos en Salmos 40:8: *«El hacer tu voluntad, Dios mío, me ha agradado…».*

Por supuesto, LA BENDICIÓN va a fluir, como siempre lo hace, y a causa de que vivimos por fe, podremos confiar en que vendrá. No obstante, por mucho que la disfrutemos, encontraremos más placer en servir a Jesús. Y todo lo que hagamos para ÉL, lo haremos sólo porque lo amamos.

Kenneth

Amor
sin límites

Póngale turbo a su fe

«… porque él dijo: No te desampararé, ni te dejaré; de manera que podemos decir confiadamente: El Señor es mi ayudador; no temeré lo que me pueda hacer el hombre»
(Hebreos 13:5-6).

En el pasado, varios miembros del Cuerpo de Cristo fallaron en su fe —no sólo apóstatas y carnales—, sino personas que conocían la PALABRA, oraban y buscaban siempre obedecer al SEÑOR. Durante mucho tiempo, esos fracasos me confundieron. Sin embargo, entre más estudio lo que en la Biblia se nos enseña con relación al amor, más seguro estoy de que podemos relacionar esos fracasos de fe, con la falta de la revelación del amor.

Cuántas veces hemos atacado a la pobreza, la enfermedad y otras cosas diabólicas que nos amenazan, usando las Escrituras que nos prometen ¡liberarnos de ellas! Cuántas veces hemos enfocado nuestra fe en el **poder** de Dios, con el fin que nos libere de esas cosas; sin estar plenamente ¡cimentados en el conocimiento de Su **amor**!

Como resultado, nuestra fe no funcionó como debería. Y no funciona de manera adecuada, porque la fe obra por el amor.

Quizá alguien argumente: "Pero yo sé que Dios me ama, y ¡aún así mi fe se quedó corta!".

Tal vez ya lo sabe en su mente, pero su corazón ya está cimentado en ese amor? ¿Tiene la plena confianza de que ese amor es inamovible?

Una manera de averiguar cuál es su condición, es revisando si tiene temores. Si tiene algún temor, es una señal de que usted es deficiente en el área del amor. En la Biblia se afirma que el perfecto amor, echa fuera todo temor. Por tanto, cuando encuentre algún indicio de temor, no trate de controlarlo. Échelo fuera con las más grande revelación del amor.

Por ejemplo, supongamos que se encuentra sufriendo alguna enfermedad. Por supuesto, necesitará tener fe en el poder sanador de Dios y en Sus promesas. Sin embargo, esa fe tiene que estar establecida en la revelación de que Dios lo ama mucho y que quiere su bienestar. Dios lo ama tanto que pagó el precio por todas sus enfermedades. El Señor lo ama tanto que puso todos sus pecados en Jesús, cuando fue a la Cruz, a fin de que usted recibiera la justicia como un regalo. Él lo ama tanto que no sólo está dispuesto, sino está ansioso de cumplir Su PALABRA a favor suyo.

Ese tipo de revelación del amor de Dios le pondrá turbo a su fe. Le dará una confianza relajada y valiente que desafiará el poder de esa enfermedad que lo ha perjudicado. Y le permitirá enfrentar esa situación, y declarar: "Enfermedad, no te tengo miedo. Ya perdiste esta batalla por que el Dios todo poderoso me ama. Con el Señor de mi lado, ¿qué me puedes hacer? ¡Nada!".

Ese tipo de valentía no es algo que usted deba "ponerse encima". Es algo que surge de su interior cuando comienza a entender cuánto Dios cuida de usted. Viene cuando usted sabe que en realidad es amado.

Amor
sin límites

Defectos, errores y todo lo demás

«Mas Dios muestra su amor para con nosotros, en que siendo aún pecadores, Cristo murió por nosotros. Pues mucho más, estando ya justificados en su sangre, por él seremos salvos de la ira»
(Romanos 5:8-9).

Por medio de la sangre de Jesús, tenemos una posición correcta delante de Dios; según el fundamento del Evangelio. Sin embargo, a muchos creyentes se les dificulta aceptarla de manera plena. Aunque en la Biblia se les enseña que pueden entrar confiadamente al trono de la gracia, se quedan afuera de ese trono sintiéndose indignos.

Ellos saben que tienen el derecho legal, y bíblico para ir delante de Dios en el nombre de Jesús, a causa de lo que Jesús ha hecho en sus vidas, pero para ellos puede sonar casi presuntuoso usar ese derecho. **Después de todo**, su pensamiento es: "Yo no soy como Jesús, tengo defectos y cometo errores. No soy quien debería ser. ¿Cómo Dios podría aceptarme como alguien justo? ¿Por qué debería esperar que Dios olvide todos mis errores, sólo por que me acerco ante Él en el nombre de Jesús?".

Debería permanecer a la expectativa de el SEÑOR olvida todos sus errores, porque lo ama.

Todo el plan de redención se basa en Su amor. Dios no envió a Jesús a la Cruz, sólo para satisfacer los requerimientos legales del sistema de justicia celestial. Tampoco lo hizo, sólo porque Su naturaleza de justicia exigía el pago por los pecados. Lo hizo porque lo ama.

El Señor, lo ama tanto que no quiere que nada los vuelva a separar nunca.

Mientras más clara vea esa verdad, más se dará cuenta de que Dios no se enfada, cuando usted toma ventaja de esa posición de justicia. Cuando en fe usted corra hacia el Señor, Él no agitará Su cabeza en desaprobación y dirá: "¿Qué estás haciendo aquí? Cometiste muchos errores ayer. ¡No creas que sólo pidiendo perdón, te perdonaré lo que hiciste!"

¡No! Dios estará feliz de recibirlo por medio del nombre de Jesús. Su sangre ya se encargó de esos pecados. Jesús se deleita en perdonarlo y limpiarlo. Por tanto, entre a Su presencia confiadamente, sabiendo que su Padre lo ama. Atrévase a actuar como si perteneciera a ese lugar, pues es lo que ¡Dios quiere que usted haga!

Kenneth

Amor
sin límites

Ábrale la puerta a los milagros

> *«Dijo Jesús: Quitad la piedra. Marta, la hermana del que había muerto, le dijo: Señor, hiede ya, porque es de cuatro días. Jesús le dijo: ¿No te he dicho que si crees, verás la gloria de Dios? Y habiendo dicho esto, clamó a gran voz: ¡Lázaro, ven fuera! Y el que había muerto salió, atadas las manos y los pies con vendas, y el rostro envuelto en un sudario. Jesús les dijo: Desatadle, y dejadle ir»*
> (Juan 11:39-40, 43-44).

El amor es la clave del poder de Dios que obra milagros. Si usted medita en ello, averiguará la razón. Primero, porque la fe obra por el amor y se requiere de fe para atreverse a entrar al área de los milagros. Segundo, se requiere de valor para desenvolverse en ese ámbito, pues realizar milagros conlleva hacer cosas inusuales. Es decir, llevar a cabo lo que no cualquier persona haría.

Dios no puede usar a una persona tímida o temerosa para manifestar Su poder, el cual obra milagros. Él necesita a alguien que sea valiente. Y debido a que el amor es la fuerza que echa fuera el temor, Dios necesita a alguien que viva en amor.

Jesús demostró ese tipo de valentía y amor cuando resucitó a Lázaro. Él amaba tanto a Lázaro y a sus hermanas que lloró con ellas. Sin embargo, estaba tan confiado en el amor de Dios que cuando oró en la tumba de Lázaro, exclamó: «Padre, sé que Tú me escuchas».

El poder de ese amor fluyó en y a través de Él, dándole la valentía para declarar: "¡Quiten la piedra!".

Esa orden, puso nerviosas a algunas personas: "SEÑOR, ya tiene tiempo de estar muerto. ¡Va a oler mal!".

Jesús no tenía miedo de eso. No cruzó los dedos, esperando que todo saliera bien. No llamó a Lázaro en voz baja, evitando que hubiera algo que al final lo hiciera sentir avergonzado. Tuvo la valentía que surge del amor de Dios y de la fe. Por consiguiente, expresó en voz alta: "¡Lázaro, ven fuera!".

Sin duda, algunas de las personas que estaban ahí deseaban que Jesús fuera discreto. Y quizá pensaron: "SEÑOR, ¿no pudiste enviar a todas las personas afuera antes de intentar hacer esto? ¿Por qué no lo hiciste en privado, por si acaso las cosas no salían bien?".

Sin embargo, ese tipo de pensamientos jamás pasó por la mente de Jesús. No le tenía miedo al fracaso, pues él tenía la plena confianza de que el Padre haría lo que le había pedido.

Mientras más vivamos en amor, más surgirá de nuestro interior ese tipo de valentía. Estaremos tan confiados en lo que Dios hará, que la duda se derretirá y se desvanecerá como la nieve ante los rayos de luz del sol de Texas.

En ese momento, tomaremos la llave del amor y de la valentía para abrirle la puerta a ese tipo de poder; el cual es capaz de hacer que personas resuciten y caminen. Ahí, es cuando entramos al ámbito del poder de Dios que obra milagros.

Amor
sin límites

La Gran Comisión del amor

«Y les dijo: Id por todo el mundo y predicad el evangelio a toda criatura. El que creyere y fuere bautizado, será salvo; mas el que no creyere, será condenado. Y estas señales seguirán a los que creen: En mi nombre echarán fuera demonios; hablarán nuevas lenguas; tomarán en las manos serpientes, y si bebieren cosa mortífera, no les hará daño; sobre los enfermos pondrán sus manos, y sanarán»
(Marcos 16:15-18).

¿Por qué tan pocos creyentes cumplen con la Gran Comisión? ¿Por qué tantas personas que aman al SEÑOR, y que desean de manera sincera agradar a Dios se resisten a obedecer tan importante mandamiento?

En la mayoría de los casos, es porque el temor los detiene. Se rehúsan a compartir con alguien el Evangelio, por temor a ser rechazados. Se sienten inseguros de imponer manos sobre los enfermos por temor a que no reciban sanidad, y se sienten aterrados de echar fuera demonios, pues se verán ridículos si los demonios no salen.

Algunos creyentes tienen tantos deseos de hacer lo correcto, y servirle al SEÑOR, que tratan de vencer el temor por pura determinación. Pero ésa no es la verdadera solución. Pues poco tiempo después, se cansan de batallar, se rinden ante el temor y vuelven a lo mismo.

Entonces, ¿cuál **es** la respuesta?

Fijar nuestra mirada en el mandamiento del amor. Pidiéndole al SEÑOR que nos ayude a incrementar más y más el amor por las personas (Filipenses 1:9). Pero, eso no es suficiente. Cuando oramos en fe, es necesario que también actuemos en fe. Y comenzamos al declarar en amor: *Yo amo al SEÑOR Dios con todo mi corazón, con toda mi alma y con todas mis fuerzas. ¡Y amo a mi prójimo como a mí mismo!* Entonces, de esa manera podemos olvidarnos de nosotros mismos y alcanzar a las personas. En lugar de intentar forzarnos a ser testigos de la fe y del poder, sólo vamos permitir que Dios ame a las personas a través de nosotros.

El amor provocará que nuestros ojos sean receptivos a sus sufrimientos, y a sus necesidades. Y cuando veamos a las personas, nos enfocaremos en Dios y declararemos: *"SEÑOR, muéstrame qué debo hacer por esta persona y qué tengo que decir para BENDECIRLA, y compartir de Tu amor con ella".*

Cuando abrimos nuestro corazón al amor de esa manera, abrimos la puerta para que Dios haga fluir Su poder a través nuestro. Dejaremos a un lado la vergüenza y la preocupación de que puedan rechazarnos. Ya no nos enfocaremos en lo que los demás piensen de nosotros, y empezaremos a enfocarnos en suplir sus necesidades. Cuando eso suceda, los dones del Espíritu comenzarán a fluir a través de nosotros. Dios podrá usarnos para proclamar Sus palabras, ministrar Su liberación y transmitir Su poder sanador. Él nos usará para compartir Su amor.

Esa experiencia es tan emocionante que una vez que la comprobemos, no sólo estaremos dispuestos a compartir las buenas nuevas de Jesús adondequiera que vayamos… sino aprovecharemos cada oportunidad para hacerlo. Descubriremos el más grande gozo de obedecer la Gran Comisión del amor.

Kenneth

Venza con el bien, el mal

«No os venguéis vosotros mismos, amados míos, sino dejad lugar a la ira de Dios; porque escrito está: Mía es la venganza, yo pagaré, dice el Señor. Así que, si tu enemigo tuviere hambre, dale de comer; si tuviere sed, dale de beber; pues haciendo esto, ascuas de fuego amontonarás sobre su cabeza. No seas vencido de lo malo, sino vence con el bien el mal»
(Romanos 12:19-21).

El amor es la manera más eficaz de vencer el mal. El amor puede renovar la mente de una persona que haya sido engañada con las mentiras del diablo. También puede disolver el odio, destruir los prejuicios y provocar lágrimas de arrepentimiento en los ojos de aquellos que antes estaban tan cegados por el engaño.

Esto no sólo lo aprendí de la Biblia, sino también lo experimenté con mi propia familia y puedo asegurarle que es una experiencia maravillosa.

El amor cambió la vida de mi abuelo cuando tenía 70 años.

Aunque era un indio *Cherokee* talentoso, bueno en la agricultura y como ranchero. También era maleducado, y fue criado en el salvaje Oeste de Texas. No podía estudiar nada por sí mismo, por ejemplo la Biblia; entonces se regía en gran parte por los prejuicios y opiniones de los demás. En aquel entonces, las personas que lo rodeaban le hicieron creer y le enseñaron que las personas de color eran animales de carga. Le dijeron que las personas de color no tenían alma, y que por esa razón, no importaba cómo se les tratara.

Por muy desconocedor que mi abuelo fuera, no creía todo eso. Mi abuelo conocía a Dios y sabía de alguna manera que no era correcto maltratar a las personas que Dios había creado —sin importar el color de su piel—. No obstante, a causa de su ignorancia, la idea diabólica que las personas de color eran diferentes, influenció su mente.

A sus 70 años ,se enfermó de cáncer y fue hospitalizado, nada más y nada menos que con problemas en su piel y huesos. La enfermera que lo atendió era de color, y a diario lo levantaba de su cama y lo atendía como una amorosa madre con su bebé. Y le decía: «Todo saldrá bien, corazón. Sólo relájate yo te cuidaré».

Un día mientras ella lo sostenía, todo el paquete de mentiras que le habían dicho, fue arrancado por el amor de aquella mujer. Y con lágrimas en su rostro mi abuelo exclamó: «¿Cómo puede alguien con tanto amor no tener alma? ¡Es mentira! ¡Es mentira!».

El amor de aquella mujer, destruyó las mentiras que le habían dicho durante toda su vida. El amor derribó los paradigmas humanos. Y éste demolió el engaño del enemigo, y lo reemplazó con la verdad de Dios.

Quiero que sepa que la historia no termina ahí. El hospital le dio de alta a mi abuelo para que muriera en casa, pero no murió. Mi mamá estuvo a su lado, lo amo y oró por él hasta que quedó completamente sano. A la larga, el amor restauró su cuerpo y su alma. Y el amor venció con el bien, el mal.

Amor
sin límites

Hable la verdad en amor

«El sabio de corazón es llamado prudente, y la dulzura de labios
aumenta el saber»
(Proverbios 16:21).

A veces, cuando los creyentes empiezan a descubrir lo que se nos enseña en la PALABRA de Dios, y obtienen algo de discernimiento espiritual, se vuelven duros y ásperos con los demás. Si ven a alguien cometiendo un error, lo señalan y lo corrigen. Es cierto que están diciendo verdades espirituales, pero en lugar de BENDECIR con esas verdades, quienes las reciben terminan sintiéndose mal y condenados.

Puede sentirse tentado a ignorar los sentimientos heridos de los demás, y expresar: "Bien, yo sólo estoy haciendo mi trabajo al contarles la verdad. Ellos pueden escoger hacer lo que quieran con esa verdad". Sin embargo, eso no es lo que en la Biblia se nos insta hacer. Pues en la Biblia no sólo se nos enseña que debemos hablarles la verdad a las personas, sino que debemos decírsela **en amor** (Efesios 4:15).

La manera que proponemos algo puede determinar, en gran parte, qué tanto van a recibir las personas esa corrección. Las palabras que BENDICEN están llenas de bondad, y una preocupación genuina por el bienestar de los demás, elevando las posibilidades de que las personas aprendan esa verdad. Por otro lado, las criticas e indiferencias, raras veces ayudan a alguien.

El amor causa que las personas reciban la verdad.

Incluso el mensaje del evangelio, por muy poderoso que sea, a menudo es rechazado por las personas, si quien lo predica no lo hace con un corazón de amor. Podemos predicar la salvación con un tono de juicio, y con una actitud de: "¡Yo soy más santo que tú!", y robarle a las personas la oportunidad de recibirlo. Sin embargo, si lo hacemos en amor, sus barreras comenzarán a caer. Cuando escuchen no sólo nuestras palabras, sino la compasión que están detrás de ellas; sus corazones se abrirán y querrán escuchar lo que tenemos que decirles. Y desearán aceptar y recibir el Evangelio, en vez de rechazarlo.

Por tanto, antes de apresurarnos a decirle a las personas todo lo que hemos visto y todas las verdades que conocemos, necesitamos examinar nuestro corazón. Debemos preguntarnos: "¿Por qué estoy diciendo éstas cosas? ¿Estoy tratando de mostrar lo mucho que sé? ¿Estoy tratando de jugar al súper maestro y corrector? ¿O tengo una preocupación genuina y profunda por esta persona?".

Si nuestra verdadera motivación para hablar es el amor, la mayoría de las veces adornaremos nuestras palabras con dulzura y bondad. Enfatizaremos la bondad de Dios, y Su amor para esa persona, en lugar de magnificar lo que ha hecho mal.

Después de todo, en la Biblia se nos enseña que es la bondad de Dios la que guía al arrepentimiento (Romanos 2:4). Es Su amor en nuestro corazón y en nuestros labios lo que inspirará y animará a las personas a cambiar.

Amor
sin límites

No por lástima... sino por amor

«Hijitos, vosotros sois de Dios, y los habéis vencido; porque mayor es el que está en vosotros, que el que está en el mundo»
(1 Juan 4:4).

Como creyentes, debemos amar a las personas heridas y necesitadas.

Observe que dije **amarlas** —no tenerles **lástima**—. El amor y la lástima son dos cosas muy distintas, es más no tienen relación entre sí. La lástima es un sentimiento de compasión que surge de la mente humana y de las emociones. Una manera de expresar lástima es: "Lo siento mucho por ti. Desearía poder hacer algo para ayudarte". La lástima suena hasta dulce, pero carece del verdadero poder para ayudar. La lástima sólo está de acuerdo con la desesperanza de la situación.

No obstante, el amor va de la mano con la fe, va ante Dios y ora: "SEÑOR, ¿qué quieres que haga en esta situación? Tú eres el Gran Yo Soy y habitas en mi interior, así que úsame para ejercer Tu poder, y cambiar esta situación".

Nunca olvidaré la primera vez que obtuve esa revelación del amor. Sucedió cuando trabajaba como piloto para el hermano Oral Roberts. Era la primera vez que lo llevaba a una reunión, y él me asignó que lo ayudara con el ministerio de sanidad.

Cuando ingresé al salón donde se realizaba la reunión, me sentí completamente abrumado. Había casi mil personas ahí, y la mayoría estaban enfermas —y muchas estaban desahuciadas—. La atmósfera estaba saturada por el temor y la opresión que producen esas enfermedades.

Le eché un vistazo al lugar, me di la media vuelta y me fui. Estaba tan asustado, que decidí regresar a casa. Sin embargo, cuando mis pies tocaron la acera, el SEÑOR me detuvo. El pegó literalmente mis pies al pavimento, y le pregunté: «¿Qué quieres de mí?».

Me gustaría saber, ¿a dónde crees que vas? —me respondió—.

«SEÑOR, sabes bien a donde voy, me dirijo a casa. Es terrible lo que hay ahí dentro, yo no tengo nada que ofrecerles a esas personas».

Y con la fuerza para casi tirarme al suelo, me respondió: *Kenneth, sé que no tienes nada que ofrecerles —¡PERO YO SÍ!—. Esa fue la razón por la que te bauticé con el Espíritu Santo. Lo hice para que tuvieras Mi poder a tú disposición para ayudar a los necesitados, y para que pudieras destruir ¡las obras del diablo en la vida de personas como ellos!*

De pronto, una escritura surgió de mi corazón: "...mayor es Él que está con ustedes...". Y me di cuenta que no tenía que sentir lástima por las personas, sino amarlas con el poder de Dios. Yo tenía en mi interior el poder que cambiaría su situación.

Regresé y entré a ese lugar con tanta seguridad, como nunca antes la había experimentado. Cuando entré vi la sanidad de los enfermos, la liberación de los oprimidos y la manifestación de milagros. Fui testigo de lo que el poder del amor puede realizar.

El amor da la respuesta del SEÑOR

«Del hombre son las disposiciones del corazón; Mas de Jehová es la respuesta de la lengua»
(Proverbios 16:1).

Mientras más nos desarrollamos en el amor y en el conocimiento de la PALABRA, más deseamos darle una respuesta a quienes sufren luchas, en especial cuando ellos nos buscan para obtener ayuda. Sin embargo, debemos ser cautelosos de no tomar nuestra respuesta de una enseñanza que escuchamos o en un libro que leímos.

No debemos limitarnos a lo primero que se nos venga a la mente. Si en realidad queremos ayudar a las personas, necesitamos amarlas lo suficiente para buscar en nuestro corazón las palabras que necesitan escuchar. Tenemos que tomarnos el tiempo para darles una respuesta que provenga del SEÑOR.

A veces, es algo difícil de hacer, porque el orgullo y la naturaleza humana nos presionan a responder con prontitud algo brillante. Nos sentiremos tentados a aparentar que sabemos todas las respuestas de inmediato.

Sin embargo, si en realidad vivimos en amor, vamos a resistirnos a esa tentación. Seremos lo suficientemente humildes para decir: "Desearía tener una respuesta para ti, pero no estoy seguro de lo que debo decirte ahora. Por consiguiente, voy a callar unos minutos para recibir la respuesta del SEÑOR".

Entonces, podemos tomarnos el tiempo para buscar en nuestro interior y encontrar la dirección del Espíritu Santo. Podemos recibir la sabiduría que Dios nos ha prometido a quienes se la pidamos. Y esa sabiduría, puede marcar la diferencia.

Un amigo mío, me relató la historia de una anciana a la que él visitó en sus primeros días como ministro de sanidad. A esa dama le habían diagnosticado cáncer y ya estaba a punto de morir en el hospital. Lo primero que hizo como ministro, fue enseñarle acerca de la sanidad. Le explicó que había sido redimida de la maldición de la enfermedad y que por la llaga de Jesús había sido sana. Pero esas verdades parecían no ayudarle para nada.

Aquel ministro la amaba lo suficiente para no darse por vencido; por tanto, siguió buscando en su corazón la sabiduría del Señor. Hasta que un día mientras le leía el Salmo 91, específicamente la parte donde se nos enseña: «...*Lo saciaré de larga vida...*» (Salmos 91:16), aquella anciana se reanimó; por consiguiente, le leyó esa parte de nuevo: «...*Lo saciaré de larga vida...*».

De pronto, mi amigo se dio cuenta que había descubierto la clave: «Hermana, ¿está satisfecha con su vida y su servicio a Dios? ¿Cree que ya hizo todo lo que Dios quiere que haga? ¡Yo no lo creo! Los jóvenes necesitamos de su sabiduría y necesitamos de su ayuda».

Por supuesto, los ojos de aquella mujer se llenaron de lágrimas, y expresó: «¡Quiero hacer eso! ¡Quiero ayudar a los jóvenes!». Un par de días después, le dieron de alta en el hospital y testificó en la iglesia de su sanidad. Ella pudo ayudar, porque alguien la amó lo suficiente para encontrar las palabras que necesitaba escuchar. Alguien se tomó el tiempo para darle la respuesta de parte del SEÑOR.

Amor
s i n l í m i t e s

Dios es quien da la recompensa

«Amad, pues, a vuestros enemigos, y haced bien, y prestad, no esperando de ello nada; y será vuestro galardón grande, y seréis hijos del Altísimo; porque él es benigno para con los ingratos y malos. Sed, pues, misericordiosos, como también vuestro Padre es misericordioso»
(Lucas 6:35-36).

¿Ha conocido a alguien tan susceptible y fácil de ofender que usted ni siquiera sabe cómo tratarlo? ¿Se ha encontrado con alguien que se rehúsa a simpatizar con usted, sin importar cuánto lo intente?

Si aún no se ha encontrado con una persona así… lo hará. (¡hay muchos de ellos por ahí!). Y cuando suceda, hay una sola cosa que puede hacer, según la Biblia. Tomar la senda del amor.

Tal vez usted diga: "¡No! ¡No me diga eso! Que tal si hago algo para amar a esa persona, y no me responde bien. Sólo me rechazará o me criticará de nuevo. Y es muy difícil amar a esas personas. ¡No puedo!".

¡Sí, puede hacerlo! Si usted es nacido de nuevo, posee la misma habilidad de amar que Dios. En la Biblia se nos enseña que el SEÑOR es bueno con los mal agradecidos e injustos; por tanto, usted también puede ser bueno con ellos.

Sin embargo, para tener éxito debemos seguir las instrucciones que Jesús nos dio y, en realidad no esperar nada a cambio.

Lo que Jesús nos pide es que amemos a las personas por una sola razón: Para agradar a nuestro Padre celestial. No debemos amar a los demás porque se lo hayan ganado o porque se lo merezcan. Ni porque nos bendigan y nos hagan sentir bien. Sino debemos amarlos porque Dios los ama, y porque somos Sus embajadores.

Aunque amar así no siempre traiga respuestas dulces y rápidas, puede cambiar la vida de las personas. Nunca olvidaré la vez en que Gloria me demostró ese tipo de amor. Estaba irritado y había tenido un mal día. Nada de lo que ella dijera o hiciera parecía agradarme. Al final, traté de discutir con ella (iba ser difícil, porque ella no iba a participar), y le dije un par de palabras grotescas.

En lugar de responderme de la misma manera, me vio con lágrimas en los ojos y me dijo: «Voy a encontrar la manera de ser una BENDICIÓN para ti».

Cuando dijo eso, el espíritu de amor detrás de esas palabras —el cual es el Espíritu de Dios—, impactó mi corazón e hizo un cambio en mi vida. Y desde entonces, no he vuelto a ser el mismo. Con optimismo, puedo decir que esa fue mi recompensa. Sin embargo, aunque yo no haya recibido la recompensa, Gloria había sido ricamente BENDECIDA. Porque cuando alguien ama de esa manera, Dios mismo es quien le da la recompensa.

Amor
sin límites

Rebélese contra el enemigo, y disfrute del bien de la Tierra

«Si quisiereis y oyereis, comeréis el bien de la tierra; si no quisiereis y fuereis rebeldes, seréis consumidos a espada; porque la boca de Jehová lo ha dicho» (Isaías 1:19-20).

Como creyentes, necesitamos establecer en nuestro corazón el hecho de que vivir en amor no es una sugerencia del SEÑOR. No es algo que debemos hacer sólo porque es maravilloso o una buena idea. Vivir en amor es un mandamiento del Nuevo Testamento.

Cuando obedecemos ese mandamiento por voluntad propia, le abrimos la puerta a la BENDICIÓN de Dios: A la prosperidad sobrenatural, a la salud y a la sanidad, a la paz y al bienestar en cada área de nuestra vida.

Esa verdad, también funciona a la inversa. Cuando desobedecemos el mandamiento del amor y le damos cabida a cosas como la amargura, el enojo, la falta de perdón y el egoísmo, le abrimos la puerta al enemigo. Le estamos dando una invitación para que entre con su espada de destrucción y nos corte la vida.

Por esa razón, el diablo pelea tan fuerte contra el tema del amor. Por ese motivo, cuando comenzamos a estudiar el tema del amor, y queremos comprometernos a ponerlo en práctica; el diablo procurará buscar a alguien para que nos rete. Satanás intentará que alguna persona haga algo para ofendernos. Sabe que si en verdad empezamos a vivir conforme al amor, estaremos fuera de su alcance. Por tanto, tratará de llevarnos de vuelta a una vida llena de contienda.

En una ocasión, mientras predicaba una serie de enseñanzas con relación al amor de Dios, en una iglesia al Sur de Texas, el diablo realizó una de sus maniobras; y logró que el director de alabanza entrara en contienda con un miembro de la iglesia —¡justo a la mitad de la reunión!—. Lo crea o no, aquel sujeto estaba tan molesto que lanzó un himnario ¡mientras estaba predicando acerca del amor!

"Expresé: «SEÑOR, ¿qué está pasando aquí?».

Y el SEÑOR me respondió: *El amor es tan poderoso que provoca que el diablo manifieste todas sus obras con claridad en la vida de las personas. Por tanto, Él hará lo que sea para que retrocedas un poco o le des lugar.*

Cuando el diablo le haga eso, no caiga en la trampa. No desista de vivir en amor ni siquiera un poco. Sólo manténgase dispuesto y obediente. En lugar de molestarse en contra de las personas que lo ofendieron, enójese con el diablo y rebélese contra él. Determine: *Voy a vivir mucho más en amor. Seré mucho más amable con esa persona. No sólo la voy a perdonar, sino ¡le voy a dar un abrazo, le enviaré una tarjeta y le compraré un regalo!*

Al permanecer en obediencia a ese mandamiento de amor, destruiremos los planes de Satanás. Como consecuencia, eso hará que el diablo sólo se siente a ver, mientras usted ¡disfruta del bien de la tierra!

Kenneth

No somos inferiores a nadie

«Porque tú formaste mis entrañas; Tú me hiciste en el vientre de mi madre. Te alabaré; porque formidables, maravillosas son tus obras; Estoy maravillado, Y mi alma lo sabe muy bien. No fue encubierto de ti mi cuerpo, Bien que en oculto fui formado, Y entretejido en lo más profundo de la tierra. Mi embrión vieron tus ojos, Y en tu libro estaban escritas todas aquellas cosas Que fueron luego formadas, Sin faltar una de ellas. ¡Cuán preciosos me son, oh Dios, tus pensamientos! ¡Cuán grande es la suma de ellos! Si los enumero, se multiplican más que la arena; Despierto, y aún estoy contigo»
(Salmos 139: 13-18).

Una de los más grandes problemas que enfrentan las personas en estos días, es el sentimiento de inferioridad. Las oficinas de los psiquiatras están llenas de personas que intentan vencer los sentimientos de que ellos, como personas, no sirven para nada, o que son insignificantes.

Los sentimientos de inferioridad, le roban a las personas el gozo de la vida. Evitan el crear y desarrollar relaciones interpersonales. e impiden que llevemos a cabo las cosas que hemos sido destinados a realizar. Incluso no dejan que disfrutemos de las bendiciones de Dios. Esos sentimientos causan que desistamos, haciéndonos creer que somos indignos de recibir cualquier cosa de Dios.

¿Cuál es la cura para los sentimientos de inferioridad? Una gran revelación del amor del Señor. Dios nos ha mostrado a través de Su PALABRA, cuán preciosos y valiosos somos para Él. (Y si el Dios todopoderoso del Universo piensa que somos valiosos, ¿importará lo que alguien más piense?). Dios nos comprende por completo. Nos conoce tanto que sabe lo que vamos a decir, antes que lo digamos. Nos conoce tan bien que afirma que somos: ¡Una creación admirable!

Para Dios somos tan importantes que incluso antes de nacer, planeó todos nuestros días y los escribió en Su libro. Sus pensamientos para nosotros son innumerables como los granos de arena del mar. Debemos valer algo, ya que ¡ni Dios mismo puede sacarnos de Su mente!

Además, cuando Dios vio que necesitábamos ser rescatados del pecado y de la muerte, envió a Su Hijo —a Su más precioso, perfecto y amado Hijo— para que muriera por nosotros.

En una ocasión, vi un dibujo animado de un niño que dobló sus rodillas en oración. Pues aparentemente alguien lo había tratado como si fuera alguien insignificante. Él estaba batallando con los sentimientos de inferioridad, pero sabía cómo ganar la batalla. Alzó su rostro al SEÑOR, y expresó: «¡Dios no murió por un don nadie!».

Ésa es la verdad. Sólo con saber que Jesús entrego Su vida por nosotros, nos convierte en alguien... alguien precioso... alguien importante... y alguien amado. El valor que Jesús pagó fue establecido por Dios, nuestro Padre, quién nos declaró valiosos por la eternidad. Ante Sus ojos no somos inferiores ante nadie. En Él, somos valiosos y preciosos.

Amor
sin límites

Tome la prueba del amor

«Examínense para ver si están en la fe; pruébense a sí mismos. ¿No se dan cuenta de que Cristo Jesús está en ustedes?»
(2 Corintios 13:5, *NVI*).

Los principios del amor son buenos y poderosos, y funcionan para todos aquellos que los ponen en práctica. Sin embargo, nadie puede aplicarlos de la manera en que Dios desea que se apliquen, hasta que aceptemos a Jesús como el SEÑOR de nuestra vida. Esto ocurre, debido a que Jesucristo es la única persona que en realidad puede cumplir la ley del amor. Y la única manera en que podemos amar como Dios, es permitiendo que Su amor fluya a través de nosotros.

Por tanto, primero debemos establecer nuestra relación con Dios. Tenemos que asegurarnos que creemos en Jesús, como el hijo de Dios que vino a la Tierra, vivió una vida perfecta, murió en la Cruz por nuestros pecados, resucitó y está sentado a la diestra del Padre. Debemos cerciorarnos que ya renunciamos al diablo y a todas sus obras, y que ya recibimos a Jesús como nuestro SEÑOR y Salvador.

Muchas personas hacen lo siguiente, le dan gracias al SEÑOR porque son salvos, y no se vuelven a examinar nunca más. Pero ése es un error. El apóstol Pablo le escribió a los cristianos; es decir, a personas que saben que ya aceptaron a Jesús como su SEÑOR, y les indicó: *«Examínense para ver si están en la fe; pruébense a sí mismos...»*.

Pablo no se refería a que debían dudar de su salvación. ¿Entonces a qué se refería? Se refería a que debíamos escudriñar de manera constante nuestra vida, con el fin de ver cuál era nuestra condición. ¿Estamos viviendo en la salvación que recibimos... o estamos sentados en la banca sin hacer nada? ¿Vivimos de tal forma que se nota que Jesús habita en nosotros?

Para responder a esas preguntas, es necesario que analicemos nuestra vida de amor. Debido a que el amor es la naturaleza de Dios y nuestro más grande mandamiento, y porque Jesús dijo que seremos reconocidos como Sus discípulos al vivir en amor, deberíamos examinarnos de manera constante para ver si estamos representando al amor como se nos enseña en 1 Corintios 13.

Una de las maneras en que puede evaluarse es confesando los versículos 4-8, en voz alta y sustituyendo la palabra **Amor** por la palabra **Yo**: "Yo lo soporto todo, soy paciente y amable, no soy envidioso; no pierdo el control con celos, no soy jactancioso o presumido, no me muestro arrogante. Yo no soy pretencioso (arrogante y lleno de orgullo); yo no soy grosero (o descortés) y no actúo de manera indecorosa. Yo no busco lo mío, pues no soy egoísta, no soy rencilloso, irritable o rencoroso, no tomo en cuenta el mal que me han hecho [no le presto atención a sufrimientos vanos]. Yo no me gozo en la injusticia, sino que me gozo cuando el derecho y la verdad prevalecen. Yo todo lo soporto, siempre creo lo mejor de cada persona, mi esperanza no mengua bajo ninguna circunstancia, todo lo tolero [sin debilitarme]. Yo nunca fallo [porque el amor de Dios en mi nunca se desvanece, no se vuelve obsoleto y nunca llega a su fin]" (*AMP*).

Si usted no está viviendo de manera eficiente en amor, lo notará al hacer esa confesión; entonces, puede arrepentirse y recibir el perdón de Dios. Además, a medida que siga declarando esas palabras, puede usarlas para desatar su fe y visualizarse viviendo en amor. Entre más practique esa confesión y se vea a usted mismo de esa manera, más fácil le será actuar en amor. Y más fácil será para usted pasar con éxito la prueba del amor.

Amor
sin límites

Tocino, huevos y la economía del amor

«No améis al mundo, ni las cosas que están en el mundo. Si alguno ama al mundo, el amor del Padre no está en él. Porque todo lo que hay en el mundo, los deseos de la carne, los deseos de los ojos, y la vanagloria de la vida, no proviene del Padre, sino del mundo. Y el mundo pasa, y sus deseos; pero el que hace la voluntad de Dios permanece para siempre»
(1 Juan 2:15-17).

En una oportunidad, escuché la historia acerca de una gallina y un cerdo que iban camino a la iglesia a un desayuno de oración. Le pidieron a la gallina que proveyera los huevos, y al cerdo que proveyera el tocino. El cerdo exclamó: «Señorita gallina, usted está involucrada, pero yo estoy comprometido».

Cuando se trata de vivir en amor, debemos estar tanto involucrados como comprometidos. Debemos ser como el cerdo, dispuestos a entregar y rendir nuestra vida en beneficio de otros. Sin embargo, también debemos ser como la gallina, al desprendernos de las cosas que Dios nos ha dado para cuando se necesiten.

Algunos creyentes fallan en la segunda parte, porque le fallan al amor con las cosas materiales. Se aferran tanto a éstas, y les duele dejarlas ir. Por tanto, aunque obedecen al SEÑOR al dar, se les dificulta hacerlo con alegría.

Por esa razón, debemos ver de manera objetiva el dinero y las cosas materiales. Necesitamos recordar que son más valiosas, cuando se utilizan para expresar el amor de Dios. Cuando usted comprenda esa verdad, se dará cuenta para qué sirven las cosas materiales de este mundo — para expresarles el amor de Dios a los demás—. Por tanto, cuando tomamos las cosas que Dios nos ha dado y se las damos a los demás, las estamos dejando en el lugar donde corresponden. Las estamos usando para su propósito original.

Además, estamos dejando que el ciclo continúe. Dios nos da… nosotros le damos a otros… y Él nos da de nuevo: «*…medida buena, apretada, remecida y rebosando…*» (Lucas 6:38).

Cumplir ese principio, nos llevará de la economía del sistema del mundo a la economía del reino de Dios. La economía del mundo, está basada en el egoísmo, de modo que expresa: "Si tengo algo debo conservarlo". Pero, el sistema de Dios está basado en el amor, y en las palabras de Efesios 4:28: «*…haciendo con sus manos lo que es bueno, para que tenga qué compartir con el que padece necesidad*».

En la economía de Dios, usamos las cosas para amar a las personas. Nunca usamos a las personas, porque amamos las cosas. Y cuando veamos necesidades en la vida de los demás, debemos estar dispuestos, no sólo a estar involucrados, sino comprometidos y felices de dar cualquier cosa que el amor nos demande.

Amor
sin límites

Los ungidos del Amor

«El Espíritu del SEÑOR esta sobre mi, porque me ha ungido para anunciar el evangelio a los pobres. me ha enviado para proclamar libertad a los cautivos, y la recuperación de la vista a los ciegos; para poner en libertad a los oprimidos; para proclamar el año favorable del SEÑOR»
(Lucas 4:18-19, *LBLA*).

¿Ya se dio cuenta que el Espíritu del Amor fue quien ungió a Jesús? Debido a que Jesús es el Ungido de Dios, y que Dios es Amor, podemos decir con toda confianza que Jesús es el Ungido del Amor. Fue el Amor quien le otorgó el poder sobrenatural para aniquilar las obras del diablo y también fue el amor quien lo ungió para ir: *«…haciendo bienes y sanando a todos los oprimidos por el diablo…»* (Hechos 10:38).

En Isaías 10:27, se nos da una descripción más detallada de lo que puede hacer la unción: *«Acontecerá en aquel tiempo que su carga* (la del opresor) *será quitada de tu hombro, y su yugo de tu cerviz, y el yugo se pudrirá a causa de la unción»*.

Imagine, a alguien encorvado a causa de un gran peso o carga en su espalda, la cual es tan pesada que no le permite andar erguido. Además, tiene un yugo alrededor de su cuello con una cadena. Esa persona no tiene manera alguna de ser libre ni del yugo ni del peso en su espalda. ¡Es algo terrible!

¡Y de pronto viene Jesús! ¡El Ungido del Amor! A remover la cargar de esa persona, y le ayuda a caminar erguido de nuevo. Luego le quita el yugo, pero no está satisfecho con sólo quitárselo, sino que ¡lo destruye por completo!

El poder de la unión del Amor obró durante el ministerio terrenal de Jesús, ¡y hoy en día sigue funcionando! Si usted ya recibió a Jesús como su Salvador, puede estar seguro que la unción del Amor que estaba en Jesús se encuentra obrando en su vida. Puede recibir esa unción por fe y remover cada carga que el enemigo ha intentado poner en su vida. También puede creer con confianza que el poder de Dios está obrando justo ahora, destruyendo cada yugo que el diablo ha usado para detenerlo y oprimirlo.

¿Por qué? Porque Dios lo ama y Él envió la unción con ese propósito.

Es más, debido a que Dios ama a las personas. Ha puesto esa unción en usted, a fin de que lleve a cabo el ministerio de Jesús. La palabra **cristiano** significa: "Los que le pertenecen al Ungido o los pequeños ungidos". Por tanto, si usted proclama ser cristiano —atrévase a actuar como uno—. Comience a creer que tiene el poder para remover cargas y destruir yugos en la vida de alguien más. ¡Atrévase a creer que usted es el ungido del Amor!

Amor
s i n   l í m i t e s

La llave maestra del Reino

«Te daré las llaves del reino de los cielos; todo lo que ates en la tierra quedará atado en el cielo, y todo lo que desates en la tierra quedará desatado en el cielo»
(Mateo 16:19, *NVI*).

Como miembros de la Iglesia del SEÑOR Jesucristo, a usted y a mí se nos han dado las llaves del Reino de los cielos. Se nos ha otorgado la PALABRA de Dios y la sabiduría del Espíritu Santo, a fin de que descubramos cuál es la llave específica que abrirá la puerta del poder sobrenatural de Dios en cada situación.

Sin duda, hay muchas llaves. Sin embargo, hay una llave maestra que funciona en todas las áreas. Es la llave que Jesús mismo usó en cada situación. Es la llave que conectó a Jesús con la sabiduría y el poder de Dios.

Me gusta decirlo de la siguiente manera: Es la llave maestra del Reino.

Y ¿cuál es esa llave? Es la llave del amor.

Descubrí esa verdad un día mientras meditaba en Efesios 3:19, la palabra **Cristo** significa: "El Ungido y Su Unción". Cuando lo aplicamos a la traducción del versículo, se oye de la siguiente manera: "Conozcan el amor del Ungido y Su Unción, el cual sobrepasa todo entendimiento, a fin de que sean llenos de toda la plenitud de Dios".

Mientras meditaba en ese versículo, pensé: *Sé que Dios me ama y lo sé, porque así está escrito en Su PALABRA. Pero ¿qué significa conocer el amor de Su Ungido?*

Esto no tenía sentido para mí, hasta que un día lo comprendí en mi corazón. De pronto, me di cuenta que el versículo se refería a ¡la unción para amar! En ese versículo se nos enseña que tenemos la misma unción en nuestro interior para amar que Jesús tenía. Cuando las personas vengan con contiendas y problemas —a fin de desviarnos del camino— y las circunstancias nos amenacen, recordemos que tenemos la misma unción que Jesús tenía para responder ante esas dificultades.

Si sólo tomamos la decisión de calidad de obedecer el mandamiento de 1 Juan 3:23, al creer en Jesús y amar a los demás, vamos a vivir conforme a esa unción. Viviremos en el poder sobrenatural de Su amor. Ya no necesitaremos vivir en nuestra limitada capacidad, sino recurriremos a Su habilidad —pues Él tiene la habilidad de amar en cada situación—.

Cuando decidimos vivir conforme a ese amor, muchas otras fuerzas espirituales se pondrán a nuestra disposición. Y como se nos enseña en Efesios 3:19-20 ,conoceremos: *«… el amor de Cristo, que excede a todo conocimiento, para que seáis llenos de toda la plenitud de Dios. Y a Aquel que es poderoso para hacer todas las cosas mucho más abundantemente de lo que pedimos o entendemos, según el poder que actúa en nosotros».*

¡Gracias a Dios que existe la llave maestra del amor!

Amor
sin límites

La marca divina de la excelencia

"Pero el servicio sacerdotal de Jesús es mucho más excelente, así como el pacto del cual es Mediador de un mejor pacto, puesto que se basa en mejores promesas"
(Hebreos 8:6, NAS).

Cada cristiano comprometido, de todo corazón, aspira a tener excelencia en la vida y en el ministerio. Y no podemos evitarlo, pues tenemos la naturaleza de Dios. Hemos nacido de nuevo a la imagen de Jesús. Y Jesús fue un hombre de excelencia. Todo lo que hizo durante Su ministerio terrenal fue excelente, y Su unción de excelencia también está disponible para usted y para mí.

¿Por qué no vivimos conforme a ésta como deberíamos?

Primero, porque hemos estado más relacionados con la definición mundana de excelencia. Hemos pensado que excelencia significa tener una vida de primera e ilustre. Hemos comparado la excelencia con excepcionales talentos vocacionales, y magnificamos nuestros esfuerzos en la iglesia, el trabajo y nuestra casa.

Ésas cosas son buenas, pero no son el sello de la excelencia de Dios. Su excelencia se inspira en el amor y encuentra Su máxima expresión en éste. En Salmos 36:7, leemos: "Cuán excelente es Dios, Tú misericordia" (Traducción libre de la *King James Version*).

Cualquier cosa que no sea una expresión del amor de Dios, está lejos de ser excelente —no importa cuán eficiente e impecable parezca—. Algo hecho con una gran destreza, es de mala calidad, ante los ojos de Dios si no fue hecho con amor. Un ministerio eficientemente organizado, con buen mercadeo y bien administrado; está errado ante los ojos de Dios si no actúa en amor.

Por esa razón, nuestra primera decisión, si deseamos ser partícipes de la excelencia de Jesús, es nunca comprometer nuestra vida de amor. Y esa decisión, comienza cuando declaramos: *Yo soy hijo de Dios y por consiguiente hijo del Amor. El amor de Dios ha sido derramado en mi corazón por medio del Espíritu Santo. Dios me ha ordenado vivir conforme a ese amor. Por tanto, a partir de hoy cumpliré Su orden.*

Una vez que tomemos esa postura, empezaremos hacer las cosas que el amor nos demande: cosas como dar, refrenar nuestra lengua, ser amables con los demás (sin importar cómo actúen ellos con nosotros) y mantener nuestros pensamientos alineados con el amor de Dios. Cuando no vivamos así, nos rehusaremos a dar excusas. Y en vez de tomar esa actitud, seremos sinceros con nosotros mismos ante Dios (no dije condenarse, sino ser sinceros). Cuando nos equivoquemos, nos arrepentiremos y cambiaremos. De manera inmediata haremos cambios y regresaremos a la ley del amor.

A medida que obedezcamos, descubriremos que estamos subiendo de nivel en cada área de la vida. Seremos mucho más hábiles y eficientemente organizados. Nuestro servicio al SEÑOR y a los demás será de primera. Seremos los mejores, porque nos esforzaremos en amar más... y eso marca toda la diferencia.

Amor
sin límites

Cuide su gran boca

«Exhorto ante todo, a que se hagan rogativas, oraciones, peticiones y acciones de gracias, por todos los hombres; por los reyes y por todos los que están en eminencia, para que vivamos quieta y reposadamente en toda piedad y honestidad. Porque esto es bueno y agradable delante de Dios nuestro Salvador, el cual quiere que todos los hombres sean salvos y vengan al conocimiento de la verdad»
(1 Timoteo 2:1-4).

Una de nuestras prioridades como creyentes del Nuevo Testamento, es orar por los líderes de las naciones. ¿Por qué? Porque esos líderes tiene bajo su mando multitudes de hombres y mujeres que necesitan escuchar el Evangelio. Sus decisiones pueden abrirle la puerta a ese Evangelio para que muchos sean salvos… o cerrarles la puerta y mantener a esas personas en tinieblas espirituales.

El amor de Dios en nuestro interior, debería motivarnos a orar por esos líderes. El amor debería mantenernos de rodillas, pidiendo para que Dios transforme sus corazones hacia la justicia. Es el amor el que debe inspirarnos a orar por ellos ante Dios en el nombre de Jesús.

Cuando los creyentes oran de esa manera, los milagros suceden. Por ejemplo, en 1991 durante la Guerra del Golfo. Los creyentes levantaron su clamor y se inundó el cielo con una gran ola de oración. La Iglesia abrió su "gran boca" de fe y poder, y sucedió uno de los más grandes milagros que alguna vez hayamos visto en nuestra nación.

El cuarto ejército mejor equipado en el mundo, fue vencido por la más inauditas y abrumadoras probabilidades en la historia de las guerras. Ellos terminaron con 150,000 víctimas y nosotros con 400. ¿Será que esa victoria ocurrió, porque la Fuerza Aérea y el ejército estaban bien entrenados y equipados? En parte quizá, pero el mayor elemento para obtener la victoria, fue la participación de los cielos.

Y estamos seguros de ello, porque poco tiempo después de esa gran victoria en el Golfo, nuestro bien entrenado ejército fue a Somalia. Sin embargo, cuando entraron en peligro; las personas usaron la crítica, la contienda y pleitos, en lugar de orar. Abrimos nuestra gran boca; pero sólo para quejarnos, pues no estábamos de acuerdo con esa misión. No apoyamos ni al Presidente ni a su administración. Y como resultado, nuestro ejército bien entrenado y equipado, sufrió grandes pérdidas y fue expulsado por mercenarios y traficantes de drogas.

Como creyentes comprometidos a vivir en amor, nunca debemos permitir que eso vuelva a suceder. Debemos mantener a nuestros líderes en oración y asegurarnos que tomen las decisiones correctas, en lo que respecta a nuestra nación. Luego, debemos respaldarlos, no con crítica, sino con continuas oraciones. Debemos abrir nuestras grandes bocas ante el trono de la gracia, y mantenerlos cubiertos con amor.

Amor
sin límites

No se quede ahí sentado… haga algo

«Pero alguno dirá: Tú tienes fe, y yo tengo obras. Muéstrame tu fe sin tus obras, y yo te mostraré mi fe por mis obras. Tú crees que Dios es uno; bien haces. También los demonios creen, y tiemblan. ¿Mas quieres saber, hombre vano, que la fe sin obras es muerta?»
(Santiago 2:18-20).

¿Cree usted que Dios lo ama? ¿En realidad cree y está seguro que es así?

Sólo hay una manera de saberlo con toda certeza. Examine su vida y vea si está actuando conforme a ese amor.

Cuando realmente cree en algo, actúa de acuerdo con ello. Por ejemplo, si alguien irrumpe en una habitación diciendo:"¡El edificio está en llamas!", todos los que crean en esa advertencia, saldrán de inmediato. Pero los que no crean, sólo dirán:"No siento olor a humo, ¿alguien lo siente?". Se quedarán ahí sentados, esperando que sus sentidos les indiquen si lo que les dijeron fue cierto.

Ahora bien, agreguémosle otro elemento a esa ilustración. Supongamos que quien irrumpe en la habitación diciendo:"¡El edificio está en llamas!", es un bombero. Después de haber cambiado al personaje de la historia, sería insensato no obedecer sus palabras; pues él sabe de lo que está hablando.

Ésa es la posición que usted y yo tomamos en la actualidad. Cuando Dios —Quien sabe de lo que habla— nos dice que nos ama. La mayoría de nosotros, lo cree en su mente; pues cuando alguien les pregunta, responden:"Por supuesto que sí, yo sé que Dios me ama". No obstante, la mayoría de nosotros no hace nada al respecto. Nos quedamos ahí sentados, esperando que algo nos muestre la evidencia de esa verdad.

Esa evidencia no vendrá ¡hasta que nos levantemos y hagamos algo! ¿Por qué? Porque el simple hecho de saber que Dios nos ama no es suficiente. Sólo actuar conforme a ese conocimiento, nos dará resultados.

¿Quizá se pregunte:"Qué debería hacer?

Primero, abra su boca y diga algo. Comience por declarar cuánto lo ama Dios. Sustituya confesiones como:"¡Cielos! Espero que todo salga bien en esta situación". Por:"Alabado sea Dios, estoy confiado de que todo saldrá bien en esta situación, pues mi Padre me ama y perfeccionará Su obra en mí" (Salmos 138:8). Aproveche cada oportunidad para expresar su fe en el amor de Dios.

Segundo, empiece a actuar conforme a la PALABRA de Dios. Por ejemplo, cuando se nos enseña, con base bíblica, que como creyentes podemos imponer nuestras manos sobre los enfermos y estos sanarán, no se refugie en el temor. No se siente a preguntarse si al imponer las manos, sucederá algo o no. Levántese y actúe, crea que Dios lo ama lo suficiente para respaldarlo. Al hacerlo, el amor de Dios dejará de ser un concepto religioso para usted… y se volverá una realidad. Entonces empezará a ser testigo de lo que el poder del amor puede hacer.

Kenneth

Amor
sin límites

Continuas conversaciones con Dios

«Orad sin cesar»
(1 Tesalonicenses 5:17).

Nuestra comunión con Dios es lo mejor que nos ayuda a crecer en la revelación del amor —no sólo cuando oramos o cuando asistimos a la iglesia, sino durante todo el día—. Durante sus actividades cotidianas, establezca citas para conversar con Dios; es decir, ore sin cesar. Desarrolle una consciencia de que Dios se encuentra en su interior y con usted. Permanezca con Él todo el día.

Por supuesto, hay momentos en que debemos hacer oraciones formales de suplica, de petición e de intercesión; sin embargo, no limite sus conversaciones con Dios a sólo ese tipo de oraciones. La oración no sólo es pedir cosas o pedir que las cosas cambien. Ese tipo de oraciones son importantes; no obstante, desarrollar una amistad auténtica y amorosa con su Padre celestial, es vital para tener una vida de fe plena y saludable.

Usted y yo, pudimos haber evitado orar muchas veces para que algo cambiará o fuera vencido en nuestro vida, de haber tenido una íntima comunión con nuestro amoroso Padre celestial —siguiendo Su dirección o como se nos enseña en Efesios 2:10, andando en los buenos caminos que Él preparó para nosotros—.

Podemos vivir de esa manera, si desarrollamos una relación continua con Dios. No de una manera mística o poco realista, sino como debe ser… como la relación que un Padre tiene con su hijo entusiasta, quien está en constante desarrollo y aprendizaje… que hace preguntas y comparte sus secretos… nunca con temor de fallar y de empezar de nuevo… sabiendo que todo el tiempo la sombra, la cobertura y el amor de su Padre y Amigo fiel están cerca… nunca para condenarlo… jamás para acusarlo… sino siempre para honrar la sangre y nombre de Jesús.

¿Le gustaría tener ese tipo de relación con Dios?

¡Le explicaré cuál es la clave! La clave son las oraciones basadas en la PALABRA, realizadas en amor y con fe.

Jesús enseño en Lucas 18:1: «… *sobre la necesidad de orar siempre, y no desmayar*». Por tanto, confíe en Su PALABRA. Ore y nunca desista ni dé un paso atrás. Converse con el SEÑOR de manera constante, como si fuera su Padre o como si fuera su mejor Amigo.

Él es su Padre y su Amigo, y usted lo sabe. Él estará con usted cuando nadie más lo apoye. Dios lo ama como nadie más en esta vida. Dios es el más inteligente, sabio y poderoso Amigo que alguien pueda tener.

Acéptelo como Su mejor amigo. Y al ser constante en su comunión con Él, obtendrá una revelación más profunda de cuánto Dios lo ama.

Amor
sin límites

Mantengamos nuestras prioridades en orden

«Mirad, pues, con diligencia cómo andéis, no como necios sino como sabios, aprovechando bien el tiempo, porque los días son malos»
(Efesios 5:15-16).

Uno de los más grandes beneficios de vivir regidos por el amor, es que éste nos ayuda a mantener nuestras prioridades en orden. Siempre y cuando estemos perdidamente enamorados de Jesús, jamás perderemos de vista el hecho de que Su Segunda Venida está próxima. Vivamos cada día con gran expectativa de Su venida.

Amar a Dios y a las personas de este mundo, por quienes derramó Su sangre, debería motivarnos a vivir; a fin de ganar para Él, la mayor cantidad de almas que podamos. Nuestra prioridad No. 1 es ayudar al SEÑOR a llenar el barco de la salvación, antes de que zarpe.

La política, el sistema financiero y la educación no son lo más importante.

Cada cosa tiene su lugar, sin embargo, cuando nuestros corazones están llenos del amor de Dios, nada es más importante que obedecerle a Él. Debemos estar atentos y ser prontos para seguir Sus instrucciones, pues sabemos que ser diligentes en cuanto a lo que Jesús nos pide que seamos y hagamos, nos dará como resultado la máxima cosecha de preciosas almas, antes que suceda la Gran Tribulación sobre la Tierra.

Al ser obedientes en nuestra vida cotidiana, le damos al Espíritu de Dios la oportunidad de presentarle a Jesús a las personas; incluso cuando usted y yo no nos demos cuenta. Cuando permitimos que el amor, el gozo, la paz, la fe y todas las manifestaciones del fruto del Espíritu Santo gobiernen nuestra vida, afectaremos la vida de las personas que conocemos. Ya sea que Dios nos guíe de manera directa, a realizar o a confesar algo, o no. Nuestras sonrisas y amabilidad en medio de una situación difícil pueden preparar a una persona, a fin de que alguien lo gane para Jesús.

Ése es el amor de Dios que debe fluir a través de cada creyente que se encuentra en las calles, para que pueda ministrar de uno en uno a los perdidos; a fin de ganar la mayor cantidad de personas en estos últimos días. ¡Gracias a Dios por los evangelistas, los pastores y los maestros que ministran a tiempo completo! Son personas maravillosas, sin embargo, en la Biblia se nos enseña que su trabajo es edificar a los santos para la obra del ministerio. Pues al final, Jesús, a través de los miembros de Su Cuerpo, será quién levanté ¡la más grande cosecha de estos últimos tiempos!

Para lograr realizar esas tareas, tenemos que ordenar nuestras prioridades. Debemos mantener nuestros ojos enfocados en Jesús, nuestros oídos atentos a Su voz y nuestros corazones llenos de Su amor.

Si lo hacemos, aprovecharemos estos últimos días y cada oportunidad para ganar almas para Cristo. Y en Su Segunda Venida, lo escucharemos decir: «¡Bien hecho, buen siervo y fiel!».

Kenneth

Amor
sin límites

Entrando en el gozo del Señor

«Si permanecéis en mí, y mis palabras permanecen en vosotros, pedid todo lo que queréis, y os será hecho. En esto es glorificado mi Padre, en que llevéis mucho fruto, y seáis así mis discípulos. Como el Padre me ha amado, así también yo os he amado; permaneced en mi amor ... Estas cosas os he hablado, para que mi gozo esté en vosotros, y vuestro gozo sea cumplido»
(Juan 15:7-9,11).

¡El gozo de vivir! ¡Qué maravillosa suena esa frase!

Las personas han buscado gozo desde el día en que se cometió alta traición en el huerto de Edén. Y desde que el Espíritu Santo se derramó, el día de Pentecostés, el gozo del SEÑOR ha estado disponible para todos aquellos que deseen recibirlo. Jesús expresó que deseaba que disfrutáramos del gozo —y a plenitud—.

¿Qué debemos hacer para conseguirlo? Amar al SEÑOR con todo nuestro corazón, con toda nuestra alma y con todas nuestras fuerzas. Debemos darle el primer lugar en nuestra vida.

A eso se refería Jesús cuando declaró: *«Permaneced en Mí»*, Dios no quiere que acudamos a Su presencia cuando nuestros planes se frustran, sino que permanezcamos con Él y en Él todo el tiempo. Debemos darle el primer lugar en nuestra vida al SEÑOR todo el tiempo. Y cuando Sus planes se convierten en nuestros planes, funcionarán y traerán gran gozo a nuestra vida. Porque Sus planes siempre nos traen éxito.

Recuerde lo siguiente: Lo que Jesús realizó en la Cruz fue por nosotros. Y lo que hagamos aquí en la Tierra debe ser por Él.

En pocas palabras, habitamos en Jesús y le damos el primer lugar al hacer de Su Palabra nuestra máxima autoridad. Creemos lo que se encuentra escrito en la Biblia porque Jesús lo dijo, y debemos actuar conforme a ella... ahora. Cuando obedecemos, experimentamos gran gozo; pues el gozo de vivir proviene de hacer lo correcto. Y cuando creemos en y actuamos conforme a la PALABRA hacemos lo correcto ¡todo el tiempo!

Quizás usted diga: "Bien, yo creo eso, hermano Copeland; sin embargo, a veces me cuesta saber cómo aplicar la PALABRA en una situación específica de mi vida".

Lo sé, y por esa razón, Jesús le pidió al Padre que nos enviara al Espíritu Santo. Y nos fue dado para que fuera nuestro Ayudador, nuestro Guía, nuestro Maestro y nuestro Consejero. El Espíritu Santo habita en nuestro interior, y cuando acudimos a Él, se encarga de que recibamos la sabiduría de Dios en nuestra vida.

Una vez que Él nos hace saber cuál es la voluntad de Dios para nuestra vida, estamos obligados a obedecer. Démosle la prioridad a Su consejo y actuemos conforme a éste de la misma manera en que obedecemos la PALABRA escrita. Si deseamos seguir habitando en Jesús, debemos amarlo lo suficiente para llevar a cabo lo que se nos enseña por medio de la PALABRA, y por medio de Su Espíritu —todo el tiempo, sin quejarnos—.

Cuando obedezcamos, descubriremos el verdadero gozo de vivir. ¡Entraremos en el gozo del SEÑOR!

Amor
sin límites

Sí quiero

«Cuando Jesús bajó de la ladera de la montaña, lo siguieron grandes multitudes. Un hombre que tenía lepra se le acercó y se arrodilló delante de él. —Señor, si quieres, puedes limpiarme —le dijo. Jesús extendió la mano y tocó al hombre. —Sí quiero —le dijo—. ¡Queda limpio! Y al instante quedó sano de la lepra»
(Mateo 8:1-3 *NVI*).

Sí quiero, ésas son las palabras más reveladoras que Jesús haya expresado.

Ésa es la frase que resuena en los oídos de cada creyente que oye Su voz. Es la frase que echa fuera nuestras dudas, y hace desvanecer nuestros temores. Es la respuesta para todos aquellos que se acercan confiadamente al trono de la gracia, y preguntan: "SEÑOR, ¿quieres suplir mi necesidad?".

¡Sí quiero! ¡Sí quiero! ¡Sí quiero!

Ésa es la respuesta que el Padre de amor siempre le da a aquellos que le piden. Es una respuesta que inspira fe. Una vez que el leproso escuchó esa respuesta, le fue fácil recibir la ministración de Jesús y creer, después de entender que era la voluntad de Dios que él fuera sano.

Quizá usted pregunte: "¿Pero acaso no hay ocasiones en las que Dios responde: ¡No!? ¿Acaso no hay momentos en los que yo debo decir: No mi voluntad, sino la Tuya?".

El único momento en el que puede preguntar esto es cuando sus peticiones no están basadas en la PALABRA y en las promesas de Dios, o cuando por inmadurez pide algo que le dañará, en lugar de beneficiarlo.

Una de las definiciones de la frase **sí quiero**, nos revela qué sucede en ese tipo de situaciones. **Sí quiero** significa: "Respetar el valor o la importancia de las cosas; examinando cuál es la mejor opción para escoger la más valiosa. Dios siempre sabe cuál es el valor y la verdadera importancia de todas las cosas, y ya escogió lo que quiere. Sus decisiones ya se encuentran registradas en Su PALABRA escrita. Y por medio de esa PALABRA nos ha provisto una descripción perfecta de Su amorosa voluntad.

Por otro lado, en nuestra naturaleza humana no siempre tenemos la habilidad de saber lo que en realidad es valioso. Por esa razón, las personas toman muchas decisiones equivocadas y hacen cosas que dan resultados desastrosos. En Proverbios 14:12 ,leemos: *«Hay camino que al hombre le parece derecho; pero su fin es camino de muerte».*

Recuerde ese versículo cuando ore. No permita que sus deseos y su entendimiento humano determinen qué debe pedir. Vaya primero a la PALABRA, y busque lo que en ella se nos promete. Busque y lea lo que su Padre celestial escribió con tanto amor para usted.

Y cuando lo encuentre, acérquese a Dios con gozo y con confianza para realizar su petición, sabiendo que incluso antes de que presente su petición, Su respuesta es…

Sí quiero.

Amor
sin límites

Buena voluntad para con los hombres

«Había pastores en la misma región, que velaban y guardaban las vigilias de la noche sobre su rebaño. Y he aquí, se les presentó un ángel del Señor, y la gloria del Señor los rodeó de resplandor; y tuvieron gran temor. Pero el ángel les dijo: No temáis; porque he aquí os doy nuevas de gran gozo, que será para todo el pueblo: que os ha nacido hoy, en la ciudad de David, un Salvador, que es CRISTO el Señor. Esto os servirá de señal: Hallaréis al niño envuelto en pañales, acostado en un pesebre. Y repentinamente apareció con el ángel una multitud de las huestes celestiales, que alababan a Dios, y decían: ¡Gloria a Dios en las alturas, y en la tierra paz, buena voluntad para con los hombres!»
(Lucas 2:8-14).

La historia que se relata en estos versículos, no solo forma parte de la historia de la Navidad. Ni tampoco es sólo un dulce mensaje que se escribe dentro de una tarjeta. Es el anuncio más poderoso que se ha enviado desde los cielos. Y con éste se establece para siempre la buena voluntad de Dios para con los hombres.

Observe que el ángel no dijo que Dios tiene buena voluntad para con los hombres algunas veces. Tampoco expresó: "Dios quiere bendecirte hoy, pero quizá mañana no. Uno nunca sabe qué hará Dios".

¡No! ¡Y mil veces no!

Dios es amor, y Su voluntad para nosotros siempre será buena. Él envío a Jesús a la Tierra para que llevara nuestros pecados y nuestro castigo, a fin de que podamos disfrutar de esa buena voluntad. Jesús lo hizo para que tuviéramos: *«...vida... en abundancia»* (Juan 10:10). Todo el día, todos los días, y para siempre.

Tal vez alguien replique: "Sí es cierto, ¿por qué le ocurren tantas cosas malas a las personas?".

Por mucho que Dios desee BENDECIRNOS, no obliga a nadie a escoger Su voluntad. Pues Él no obligará a las personas para que lo reciban o hagan las cosas a Su manera. Aquellas personas que eligen a Dios y se someten a Su buena voluntad son BENDECIDAS. Y quienes no...no son bendecidas.

Sin embargo, rechazar la voluntad de Dios no hace que ésta cambie ni siquiera un poco. La voluntad de Dios permanece firme como una roca. No es un día sí y al día siguiente quizás no. La voluntad de Dios para nosotros siempre es buena.

En 2 Corintios 1:20, leemos: *«...todas las promesas de Dios son en él Sí, y en él Amén...»*. Por tanto, no permita que el diablo lo haga dudar por un segundo de los maravillosos planes para usted. Determine en su mente y en su corazón que Dios siempre obrará a su favor. Y después grite como los ángeles: *«...¡Gloria a Dios en las alturas, y en la tierra paz, buena voluntad para con los hombres!»*.

Amor
sin límites

Haga realidad el sueño de su Padre

«Yo entonces dije: ¿Quién eres, Señor? Y el Señor dijo: Yo soy Jesús, a quien tú persigues. Pero levántate, y ponte sobre tus pies; porque para esto he aparecido a ti, para ponerte por ministro y testigo de las cosas que has visto, y de aquellas en que me apareceré a ti, librándote de tu pueblo, y de los gentiles, a quienes ahora te envío, para que abras sus ojos, para que se conviertan de las tinieblas a la luz, y de la potestad de Satanás a Dios; para que reciban, por la fe que es en mí, perdón de pecados y herencia entre los santificados. Por lo cual, oh rey Agripa, no fui rebelde a la visión celestial»
(Hechos 26:15-19).

En este pasaje bíblico, en el cual el apóstol Pablo le describe su conversión al rey Agripa, observamos la más sorprendente revelación. Dios tiene un sueño para la humanidad. Dios tiene una visión celestial que sólo pueden realizar personas, como usted y como yo. ¿Cuál es esa visión?

El Señor le describió esa visión a Pablo en tres partes: Primero, que nuestros ojos espirituales sean abiertos. Segundo, que seamos trasladados de las tinieblas a la luz, y de la potestad de Satanás hacia el poderío de Dios. Tercero, que recibamos nuestra herencia divina.

Muchos cristianos han cumplido la primera y la segunda parte de esa visión. Ellos ya nacieron de nuevo y llevan una vida santa. Sin embargo, no se han apoderado de la plenitud de su herencia en Dios. No han recibido LA BENDICIÓN y el poder para disfrutar una vida sobrenatural, aquí en la Tierra; a fin de darle testimonio al mundo del amor y de la gracia de Dios.

Ésa es la herencia que está reservada para nosotros en Jesús. La cual incluye toda la provisión necesaria para que seamos plenos en cada área de nuestra vida —en espíritu, alma y cuerpo—. Esa herencia nos da el poder para ser llenos de toda la plenitud de Dios.

Nuestro Padre no estará plenamente complacido hasta que recibamos esa herencia. Por tanto, ¡levantémonos en fe y tomémosla! Pero no lo hagamos para ser superhéroes espirituales ni sólo porque deseemos disfrutar una vida plena y maravillosa. Llevémoslo a cabo porque nuestro anhelo sea ver el cumplimiento de la visión celestial de Dios.

Cambiemos hoy las razones por las cuales deseamos recibir de Dios. Dejemos de tratar de recibir nuestra sanidad y nuestra liberación sólo porque estamos heridos y con gran necesidad. No tratemos de cumplir nuestro destino eterno, a fin de sentirnos felices y satisfechos con nuestra vida. Hagámoslo para agradar a nuestro Padre celestial y para ayudar a Jesús a cumplir Su visión.

Cuando el diablo trate de robarnos nuestra herencia celestial, expresemos: *Te resisto Satanás, en el nombre de Jesús. Huye de mí, pues soy coheredero con Jesús. ¡Quita tus manos de mi vida, ahora!*

Levántese en amor por el Padre, y haga realidad el sueño de Su Padre.

Amor
sin límites

Reclame lo que es suyo

«Y ahora, hermanos, os encomiendo a Dios, y a la palabra de su gracia, que tiene poder para sobreedificaros y daros herencia con todos los santificados» (Hechos 20:32).

Dios lo ama tanto que pagó el más alto precio por usted, no sólo para liberarlo del pecado y de la muerte; sino también para que disfrute de la plenitud de su herencia en Jesús. El SEÑOR llevó las llagas en Su cuerpo, a fin de que usted recibiera sanidad. Él se hizo pobre para que usted pudiera ser rico. Sufrió el más alto castigo para que usted tuviera paz y plenitud —en espíritu, alma y cuerpo—.

Jesús derramó Su preciosa sangre para ratificar la voluntad y el pacto eterno. La única manera en que podemos manifestarle nuestro amor y nuestro aprecio por Su sacrificio, es recibiendo esa herencia y reclamándola por fe.

En la actualidad, la palabra **reclamar** ha adquirido mala reputación en algunos círculos. Las personas han criticado a la gente de fe al llamarlos: "La multitud de fe que proclama y demanda". Cuando somos conscientes de lo que el Padre nos ha heredado y el precio que pagó por esa herencia, estamos siendo mal agradecidos y faltos de amor al ser negligentes e infieles en reclamar nuestra herencia.

A continuación, le ejemplificaré lo que hacemos en realidad cuando no reclamamos nuestra herencia. Imagine una mesa larga y a un juez con un testamento, diciéndole: "Tu padre te dejó una herencia. Las propiedades y los activos descritos en este documento ahora te pertenecen". Usted primero leería ese documento para saber qué le han heredado. Y luego, realizaría los arreglos necesarios para tomar posesión de todo lo que le pertenece.

Ahora bien, supongamos que después de leer el testamento, alguien entra a la habitación y le dice: "Tomaré las tierras y los edificios que le pertenecían a tu padre, y viviré en la propiedad que él te heredó". ¿Qué haría usted? Se quedaría sentado y exclamaría: "Bueno, creo que no era la voluntad de mi padre que tuviera esas cosas".

¡No! Usted permanecería firme y reclamaría lo que le pertenece. Exigiría el cumplimiento de la voluntad de su padre en la cara de ese hombre, y le gritaría: "¡Ladrón, no podrás robarme! Esta tierra me pertenece. Tengo los documentos legales que lo prueban. Así que, ¡fuera de mi propiedad!".

¿Cree que deshonraría a su padre al hacerlo? ¿Cree que estaría actuando de manera arrogante o presuntuosa al demandar lo que le pertenece? ¡Por supuesto que no! Al contrario, estaría honrando la voluntad de su padre. Estaría ratificando sus palabras, y honrando su nombre.

Hacemos lo mismo cuando reclamamos lo que Dios nos ha provisto por medio de Su PALABRA. Al reclamar lo que nos pertenece, y al no permitir que el enemigo nos diga lo contrario; por fe, glorificamos a nuestro Padre. Al reclamar las promesas de nuestro pacto estamos procurando que Él reciba lo que es justo por el precio que pagó: el gozo de ver a Sus hijos disfrutando de la plenitud de su herencia en el nombre de Jesús.

Amor
sin límites

Tome su lugar en la mesa

«El Espíritu mismo da testimonio a nuestro espíritu, de que somos hijos de Dios. Y si hijos, también herederos; herederos de Dios y coherederos con Cristo, si es que padecemos juntamente con él, para que juntamente con él seamos glorificados»
(Romanos 8:16-17).

Coherederos con Cristo. ¡Qué poderosa frase! Si alguna vez se ha sentido tentado a dudar de cuán grande es el amor que Dios le tiene, o si alguna vez se ha preguntado si ocupa un lugar especial en Su corazón; recuerde lo siguiente: Dios lo ha hecho coheredero con Cristo.

Usted no es como un segundo beneficiario, y tampoco ocupa un lugar inferior al de Jesús. Cuando usted aceptó a Jesús como su SEÑOR y Salvador, no sólo lo recibió a Él; sino también Su posición de justicia ante Dios y todo lo que Él le ha dado a Jesús.

¿Qué incluye eso? ¡Todo! En Hebreos 1:2, se nos enseña que Jesús es heredero de **¡todas las cosas!**

Quizá alguien argumenta: "Lo sé, sin embargo, en Romanos 8:17, se nos enseña que debemos sufrir para recibir nuestra herencia. Tenemos que permitir que el diablo nos azote durante un tiempo con pobreza, enfermedades y dolencias; a fin de que podamos darle al Señor algo de gloria, ¿cierto?".

¡No! Permitir que el diablo traiga de nuevo los efectos de la maldición, de los cuales ya fuimos redimidos; no glorifica en nada a Jesús ni a nosotros. No honramos a Dios cuando permitimos que la pobreza y la enfermedad vengan sobre nosotros, ni tampoco lo honramos cuando pecamos.

Nuestro sufrimiento debe ser espiritual —no físico—. Y éste proviene de la presión de permanecer firmes en fe y paciencia; incluso cuando las cosas parecen no tener esperanza. Dicho sufrimiento, también proviene de permanecer firmes y en contra de todas las cosas por las cuales Jesús murió en la Cruz. Él llevó nuestros pecados, a fin de que pudiéramos resistir al pecado. Llevó nuestras enfermedades, por tanto, resistamos la enfermedad. Y llevó nuestra pobreza; así que resistamos la escasez.

Algunas personas piensan que debemos esperar hasta llegar al cielo para disfrutar de nuestra herencia con Jesús. Creen que necesitamos esperar hasta que muramos para participar del festín que se nos describe en el Salmo 23. Sin embargo, no es así. En ese Salmo se nos enseña que Dios ha preparado mesa para nosotros en presencia de nuestros enemigos; por tanto, no es un festín celestial, ¡porque allá no tendremos enemigos!

Se supone que debemos disfrutar de esa mesa **aquí** y ahora. Todo lo que está descrito en ese Salmo nos pertenece. Y nuestro Padre espera que peleemos la buena batalla de la fe para tomar nuestro lugar. Dios espera que tomemos nuestra silla, que quitemos al diablo y digamos: "¡Papá podrías alcanzarme el pan!".

Si piensa que no tiene derecho para reclamarlo, piénselo de nuevo. Su Padre lo ama tanto que lo ha hecho coheredero con Cristo. A usted se le entregó el lugar de Él en la mesa. Y todo lo que lo que Él tiene, le pertenece a usted, ¡en Su grandioso nombre!

Día 190 Amor
sin límites

Dulce satisfacción

«Jesús les dijo: Mi comida es que haga la voluntad del que me envió, y que acabe su obra»
(Juan 4:34).

Cuando a usted le place cumplir la voluntad del SEÑOR, le demuestra que lo ama. Cuando está enamorado de Dios disfruta más llevar a cabo Sus planes que los suyos. Cumplir la voluntad del SEÑOR, le satisface más que cualquier otra cosa.

En estos años, Gloria y yo hemos aprendido a estar en comunión con Dios, y a realizar cualquier corrección necesaria; a fin de mantenernos lo más apegados posible a Su perfecta voluntad. Pues sólo queremos ver que ésta se cumpla, tanto en nuestro ministerio como en nuestra vida personal. Hace años, aprendimos que si buscamos la voluntad y los planes de Dios, y los obedecemos con todo nuestro corazón; Su BENDICIÓN y Su unción estarían ahí para nosotros. Eso es mucho mejor que idear algún plan que en mí opinión pueda funcionar, y luego tratar de convencer a Dios para que BENDIGA ese plan.

¿Cómo puede usted descubrir la voluntad de Dios para su vida? Estudiando y meditando en la PALABRA de Dios hasta que reciba la revelación, y vea de manera clara, en su ser interior, lo que el SEÑOR le está pidiendo. Al captar esa instrucción en su corazón, puede estar seguro de que su mente, también la captará de inmediato.

Escuché a T.L. Osborn, el gran ganador de almas y apóstol en las naciones, decir que había descubierto la voluntad de Dios; leyendo y meditando en Marcos 16:15-20: «… *Id por todo el mundo y predicad el evangelio a toda criatura…*». El hermano Osborn explicó que leyó y oró por ese pasaje hasta que supo qué debía hacer al respecto.

Esa Escritura es un buen punto de partida, pues ésa es la voluntad de Dios para todo el Cuerpo de Cristo. Todos formamos parte de ese plan, de una manera u otra.

Por supuesto, averiguar cuál es el plan de Dios para su vida requiere tiempo. Tiempo invertido en la PALABRA, en oración y en comunión con su Padre celestial. Sin embargo, si en realidad ama al SEÑOR, estará dispuesto a invertir ese tiempo.

Cuando lo haga, descubrirá que ha invertido muy bien. También sabrá que Dios lo ama y que desea realizar Su perfecta voluntad en su vida, más de lo que usted podría desearlo. ¿Por qué? Porque es ahí donde se encuentra su éxito, su liberación, donde las cosas funcionan bien. Simplemente es el mejor lugar para que habitemos.

Por tanto, no le tema a la voluntad de Dios para su vida. Pues Su voluntad no es un lugar de terrible sufrimiento o escasez. Dios lo conoce a usted, sabe lo que usted puede hacer, y lo que Él puede realizar a través de usted. Lo que para otros podría ser el peor lugar del planeta, para usted parecerá el cielo en la Tierra; pues está donde Dios desea que esté. Brindándole una dulce satisfacción que sólo se obtiene al agradar a su Padre celestial. Y una gran gratificación que obtienen sólo aquellos que aman a Dios lo suficiente como para obedecer Su maravillosa voluntad.

Amor
sin límites

Descubra los secretos del amor de Dios

«Porque el que habla en lenguas no habla a los hombres, sino a Dios; pues nadie le entiende, aunque por el Espíritu habla misterios»
(1 Corintios 14:2).

El amor de Dios para nosotros va mucho más allá de lo que podamos pedir o pensar, ese amor es, en gran parte, un misterio para nosotros. Es tan maravilloso que nuestra mente humana no lo puede comprender. En Efesios 3:19, leemos: "...el amor de Cristo... sobrepasa todo entendimiento" (*AMP*). Eso significa que necesitamos de la fuerza y el poder de Dios para comprender ese amor.

En 1 Corintios 2:9, se nos enseña lo mismo acerca de LA BENDICIÓN que Dios nos ha dado: *«Antes bien, como está escrito: Cosas que ojo no vio, ni oído oyó ni han subido en corazón de hombre, son las que Dios ha preparado para los que le aman».*

Si tan sólo nos quedáramos con ese pensamiento, estaríamos en un gran problema y estaríamos condenados a vivir sin la revelación del amor y la provisión de Dios. Pero gracias a Dios en el versículo 10 seguimos leyendo: *«Pero Dios nos las reveló a nosotros por el Espíritu; porque el Espíritu todo lo escudriña, aun lo profundo de Dios».*

Si vamos más allá de nuestra mentalidad humana y nos introducimos en el ámbito espiritual, Dios expandirá nuestro entendimiento. Nos dará una revelación cada vez más profunda de cuánto Él nos ama. Y nos mostrará las cosas grandes y ocultas que no conocemos.

¿Cómo podemos introducirnos en ese ámbito espiritual?

Una de las mejores maneras que conozco para lograrlo, es orando en lenguas. Cuando oramos en lenguas, oramos esos misterios. Los sacamos de lo profundo de nuestro espíritu, y nos colocamos en una posición en la cual el Espíritu Santo puede darnos la interpretación; a fin de que podamos entenderla.

Tal vez usted diga: "Hermano Copeland, jamás lo conseguiré."

Sí puede, porque en la Biblia se nos enseña de manera clara que al orar en lenguas, debe orar para recibir la interpretación (1 Corintios 14:13). Y con cualquier cosa que Dios le pida que realice, Él le dará la habilidad para hacerlo. ¡Entonces comience!

Y mientras esté orando en lenguas, estará incrementando sus fuerzas espirituales; a fin de que pueda hacer suyas las poderosas revelaciones que Dios quiere darle. Y estará poniendo en práctica lo que se nos enseña en Judas 20: *«...edificándoos sobre vuestra santísima fe, orando en el Espíritu Santo».*

Dios no está tratando de mantener sus secretos ocultos de nosotros. Tampoco desea que la plenitud de Su BENDICIÓN permanezca como un misterio, sino lo que Él desea es que de continuo descubramos más acerca de este tema.

Déle al Señor la oportunidad de hacerlo. Invierta tiempo orando en lenguas y sumérjase en el espíritu, a fin de que Dios pueda revelarle los secretos de Su amor.

Amor
sin límites

La eterna primavera

«pero veo otra ley en mis miembros, que se rebela contra la ley de mi mente, y que me lleva
cautivo a la ley del pecado que está en mis miembros… Porque la ley del Espíritu de vida
en Cristo Jesús me ha librado de la ley del pecado y de la muerte»
(Romanos 7:23 – 8:2).

Ser esclavos del pecado y de la carne es como vivir en un lugar desolado y tenebroso. Es como vivir a pleno invierno, donde las noches son largas y los días están llenos de tormentas. Son días en lo que desearíamos clamar como el apóstol Pablo: *«¡Miserable de mí! ¿quién me librará de este cuerpo de muerte?»* (Romanos 7:24).

Sería un triste y solitario clamor si no hubiera una respuesta para éste. Pero gracias a Dios, ¡sí hay una respuesta!

¡Y es Jesús! ¡En Él encontramos nuestra primavera! Cuando nos apartamos del pecado y nos acercamos al Espíritu de Su amor, todo a nuestro alrededor comienza a darnos señales de nueva vida. Su poder y Su perdón nos hace libres de todo lo malvado y perverso que hay en este mundo. Y nos rodea con Su maravilloso calor y luz.

Por asombroso que parezca, este tipo de vida ha estado ahí todo el tiempo. Ha permanecido ahí, así como la vida de la primavera se encuentra presente en los estériles árboles del invierno. Ésta vida sólo está a la espera de la época indicada para florecer.

A causa de que Dios nos ama, Él siempre está ahí para nosotros. Incluso en las épocas de invierno cuando tropezamos y caemos en el pecado, o cuando permitimos que el enemigo nos engañe y nos arrastre de nuevo a las tinieblas.

Incluso en esos momentos, Dios se encuentra ahí. Nunca nos dejará ni nos abandonará, Él está en nuestro interior esperando Su época indicada; a la expectativa de que desatemos nuestra fe. Él espera que palabras de arrepentimiento salgan de nuestro corazón y de nuestra boca, las cuales Él pueda respaldar con Su poder.

No existe cantidad tan grande de muerte ni de tinieblas que puedan hacer que se aleje, ni siquiera la cantidad más grande de pecado puede vencer Su amor.

En el preciso momento que comenzamos a arrepentirnos y a actuar conforme a Su perdón, la primavera vuelve a surgir. Su amor comienza a florecer en nuestra vida. Mientras más vivamos en amor, más crecerá éste en nosotros. Su misericordia comenzará a surgir por todas partes con brillantes y deslumbrantes colores, como las flores nuevas en un jardín. La dulce fragancia del Espíritu nos indicará que todo está BIEN. La sangre de Jesús ha expulsado al pecado y a la muerte. Ahora, la vida fluye una vez más, pues ¡es primavera!

Gracias a Dios, la ley del espíritu de vida en Cristo Jesús nos ha hecho libres de la ley del pecado y de la muerte. El invierno se acabó para siempre, y viviremos en ¡la eterna primavera!

Amor
sin límites

Vasijas de Su gloria

«Mas no ruego solamente por éstos, sino también por los que han de creer en mí por la palabra de ellos, para que todos sean uno; como tú, oh Padre, en mí, y yo en ti, que también ellos sean uno en nosotros; para que el mundo crea que tú me enviaste. La gloria que me diste, yo les he dado, para que sean uno, así como nosotros somos uno» (Juan 17:20-22).

En algunas ocasiones, he escuchado a algunas personas que afirman: "Dios nunca compartirá Su gloria con nadie". Por lo regular, lo expresan con un tono de voz muy religioso. Y si usted desconoce la verdad, pensará que esa afirmación no sólo es espiritual; sino que también es absolutamente cierta.

El problema es que ese tipo de expresiones contradice la Biblia.

Por difícil que sea para nuestra mente comprenderlo, Dios nos ama tanto que a través de Jesús nos dio Su gloria. Por supuesto, no podemos argumentar que la tenemos por nuestros propios méritos. Pues no hicimos nada para ganarla o merecerla; ya que ésta forma parte de nuestra herencia. Es un regalo para nosotros, de parte de nuestro SEÑOR Jesucristo —el SEÑOR de la gloria y del amor—.

Cuando la gloria de Dios se manifiesta, grandes e inusuales cosas suceden. Una vida sobrenatural entra a escena y cambia las cosas de manera repentina. En Romanos 6:4, se nos explica que Jesús resucitó por la gloria del Padre. Y en Efesios 1:19-20, se nos enseña que ese mismo poder glorioso obra en y a favor de nosotros como creyentes.

La palabra **gloria** en hebreo significa: "La divinidad de Dios, es decir, Su divinidad y toda la bondad que ésta conlleva, la divinidad de Su esplendor y de Su majestad". Y en su bondad, esplendor y majestad se encuentra escondido Su poder. En Lucas 2, leemos que fue la gloria de Dios la que brilló alrededor de los ángeles que anunciaron el nacimiento de Jesús, y esa misma gloria fue la que brilló en el rostro de Jesús en el monte de la Transfiguración.

Esa misma gloria fue la que cegó al apóstol Pablo camino a Damasco. Esteban vio la gloria de Dios cuando los judíos comenzaron a apedrearlo. En Apocalipsis 15:8, se nos enseña que es la gloria de Dios la que llena ¡el templo celestial!

Nuestra mente natural se sorprende ante esa idea, y expresa: "¿Qué puede hacer esa gloria en un don nadie como yo? ¡Si ni siquiera puedo entenderla!".

¡Por supuesto que puede entenderla! Es más, usted es una vasija de Su gloria. En 2 Corintios 4:6-7, leemos: *«Porque Dios, que mandó que de las tinieblas resplandeciese la luz, es el que resplandeció en nuestros corazones, para iluminación del conocimiento de la gloria de Dios en la faz de Jesucristo. Pero tenemos este tesoro en vasos de barro, para que la excelencia del poder sea de Dios, y no de nosotros»*.

Recuerde esta declaración la próxima vez que escuche a alguien decir que Dios nunca compartirá Su gloria. De un grito de alabanza al asombroso Dios de amor y gracia, quien lo escogió para depositar Su gloria en usted.

Kenneth

Reciba su herencia de amor

«BENDITO sea el Dios y Padre de nuestro SEÑOR Jesucristo, que nos ha
BENDECIDO con toda BENDICIÓN espiritual en los lugares celestiales en Cristo,
según nos escogió en El antes de la fundación del mundo, para que fuéramos
santos y sin mancha delante de El. En amor nos predestinó para adopción como
hijos para sí mediante Jesucristo, conforme al beneplácito de su voluntad...
también hemos obtenido herencia, habiendo sido predestinados según el propósito
de aquel que obra todas las cosas conforme al consejo de su voluntad»
(Efesios 1:3-5,11, *LBLA*).

Hace algunos años, alguien me relató la historia de una estudiante universitaria. Ella vio su nombre en el diario local, en el cual se anunciaba que había heredado una considerable suma de dinero. ¿Puede imaginarse cuán sorprendida estaba?

Lo único que impedía que ella usara ese dinero para suplir sus necesidades era desconocer que éste existía. Era obvio que la persona que se lo heredó y el banco, querían que lo disfrutara y tenían el dinero en una cuenta a su nombre. Sin embargo, ella no podía retirar dinero de una cuenta que no sabía que existía.

Cada uno de nosotros como hijos de Dios, poseemos una cuenta como esa. Es una cuenta que contiene todas las cosas pertenecientes a la vida y la piedad (2 Pedro 1:3). Como coherederos con Jesús se nos ha entregado una herencia que puede eclipsar el sol. Es tan extensa que no existe mente humana que pueda comprender la magnitud de lo que nos pertenece.

Lo mejor de todo es que ésta ¡ya nos pertenece! No la heredaremos después de morir, pues cuando Jesús murió, nos dejó esa herencia. No obstante, tenemos el mismo problema que esa joven universitaria tuvo. La mayoría de nosotros ni siquiera sabemos que tenemos una herencia. Otros han escuchado al respecto; sin embargo, no saben que ya les pertenece —y aquí en la Tierra es donde la necesitamos—. Además, hay otros que han oído acerca del tema, pero no creen que les pertenezca. Si la estudiante universitaria no hubiera creído en esa herencia y tampoco hubiera recibido ese dinero, entonces esa herencia no le hubiera beneficiado en nada. Su benefactor se la hubiera dejado en vano, si ella se hubiera negado a creer lo que vio en el diario acerca de su herencia.

No permita que la falta de conocimiento o la incredulidad, le roben su herencia. Indague en la PALABRA y averigüe más acerca de lo que le pertenece en Jesús.

Después de todo, su Padre celestial desea que usted la reciba. Dios lo ama tanto que envió a Jesús a salvarlo, y para asegurarse de que usted reciba su herencia. Gracias a Jesús usted es parte de Su familia mediante un lazo consanguíneo, a fin de que reciba todo lo que es de Él.

Dios abrió una cuenta celestial a su nombre. Por tanto, extienda sus manos de fe y comience a recibir ¡su herencia de amor!

Amor
sin límites

La misericordia que lo hace rey

«Inclinad vuestro oído, y venid a mí; oíd, y vivirá vuestra alma; y haré con vosotros pacto eterno, las misericordias firmes a David»
(Isaías 55:3).

Dios, en Su gran amor, nos prometió a cada uno de nosotros, entregarnos las misericordias firmes de David. ¿A qué se refiere con las misericordias firmes de David? Son las misericordias que Dios nos otorga para recibir grandeza, a pesar de nuestros pecados y errores.

En 2 Samuel 7:8, se nos relata que Dios tomó a David del redil: «...*de detrás de las ovejas, para que fueses príncipe sobre mi pueblo, sobre Israel*». ¡Dios tomó a David de la nada, y lo convirtió en rey! Y hace lo mismo por todos aquellos que hemos recibido a Jesús como nuestro SEÑOR y Salvador. Nos levantó de las cenizas del pecado, y nos convirtió en príncipes, junto a los príncipes de Su pueblo (Salmo 113:7-8). Dios nos sacó de las tinieblas, y nos transformó en la luz del mundo. Nos liberó de la maldición, y nos hizo como a Abraham: una BENDICIÓN para todas las familias de la Tierra (Génesis 12:3).

Quizá usted piense que su vida es un completo desastre, y que Dios no podría hacer nada para ayudarlo. ¡Pero sí puede! Es más, usted puede estar seguro de que Él lo hará; pues Dios mismo dijo que Sus misericordias son **¡firmes!** La palabra **firme** tiene un significado poderoso: "Sin lugar a dudas, certero, confiable y positivo. Y también quiere decir: Fiable, seguro, fidedigno, que nunca se ausenta, huye o abandona; infalible y firme.

Ni siquiera debe preguntarse si Dios derramará Sus misericordia sobre usted, y mucho menos pierda su tiempo deseando que Dios le permita hacer hago grande en Su reino. Puede estar seguro de que así será porque ¡Su PALABRA es firme!

Entonces, puede abrir la puerta para que esas misericordias fluyan en su vida, haciendo lo mismo que David llevó a cabo. Él tomó para sí las palabras que le dijo, las puso en su boca y las declaró en alabanzas al Señor. Así fue como David vivió bajo el poder y el pacto de Dios.

Abraham hizo lo mismo. En Romanos 4:20-21, leemos: «*Tampoco dudó, por incredulidad, de la promesa de Dios, sino que se fortaleció en fe, dando gloria a Dios, plenamente convencido de que era también poderoso para hacer todo lo que había prometido*» (NVI).

No espere a que las tormentas de la vida lo azoten para proclamar esa verdad. Hágalo todo el día, los siete días de la semana. Llene su boca con las promesas de Dios selladas con sangre, y alábelo basado en esas promesas. Entonces, cuando el diablo venga a intentar robarle, será detenido por la muralla de fe y alabanza que lo rodean. El enemigo no podrá impedir que las misericordias firmes de David lo saquen de la nada y lo conviertan en un rey.

Amor
sin límites

BENDECIDOS para BENDECIR

«Entonces Jesús les dijo otra vez: Paz a vosotros. Como me envió el Padre, así también yo os envío»
(Juan 20:21).

Existe una razón por la cual nosotros, como creyentes, necesitamos recibir toda LA BENDICIÓN que Dios nos ha prometido. Y por esa misma razón, deberíamos pelear la buena batalla de la fe, y recibir la plenitud de la victoria que Jesús compró para nosotros —en espíritu, alma y cuerpo—. Pues esa razón, no sólo se refiere a que tengamos nuestras necesidades suplidas y disfrutemos de buena salud. Tampoco se refiere a que podamos disfrutar nuestra vida y mirar televisión cómodamente. No, la razón va mucho más allá de eso.

Deberíamos hacerlo porque amamos al SEÑOR Jesús, porque Él nos envió a ser Sus representantes en este mundo, así como Jesús fue enviado a ser el representante del Padre en el mundo. Es importante que cumplamos con esa función porque Dios nos ha dado un propósito y un llamado, y debemos desear cumplirlo.

Pareciera que muchos cristianos tienen la idea de que Jesús realizará Sus obras en la Tierra sin la ayuda de Su Iglesia. Piensan que aun sin nosotros, Él puede ministrar a las personas y cumplir la Gran Comisión. Sin embargo, eso no es lo que se establece en el Nuevo Testamento. En éste se nos enseña que somos el Cuerpo de Cristo en la Tierra. Aunque Jesús es la Cabeza, las obras que está realizando hoy en el planeta, las lleva a cabo ¡a través de nosotros!

Nuestro cuerpo es importante para Jesús, pues es el templo de Su Espíritu Santo. Necesitamos que nuestro cuerpo sea fuerte y saludable, a fin de que llevemos a cabo lo que Él necesita. Nuestra mente es importante para Jesús, por tanto, debemos mantenerla libre de la opresión del diablo. Es importante que tengamos mentes ágiles, y llenas de la sabiduría de Dios, a fin de que podamos servirle de manera efectiva al Maestro. Nuestras finanzas son importantes para Jesús. Debemos ser prósperos para tener el dinero suficiente, a fin de llevar a cabo lo que Jesús nos ha llamado a cumplir en este planeta.

¿Recuerda cómo Jesús sanó y liberó al endemoniado de Gadara? Lo liberó de la legión de demonios, lo cubrió y sanó su mente. Pero ahí no terminó la historia. Antes de irse, Jesús le dijo a este hombre: *«...Vete a tu casa, a los tuyos, y cuéntales cuán grandes cosas el Señor ha hecho contigo...»* (Marcos 5:19).

Jesús liberó a ese hombre para que cumpliera un propósito, y un llamado. Y Dios hará lo mismo con usted y conmigo.

Por esa razón, es muy egoísta de nuestra parte sentirnos satisfechos con menos de lo que Dios desea que obtengamos, o permitir que el diablo nos derrote en cualquier área de nuestra vida. Jesús necesita que seamos prósperos y que disfrutemos de buena salud, así como prospera nuestra alma. Si siempre estamos enfermos, en la quiebra y heridos, seremos incapaces de cumplir la misión que Dios nos ha encomendado. Jesús necesita que seamos espiritual, física y financieramente capaces para culminar la obra que Él comenzó.

Dios necesita que seamos BENDITOS para BENDECIR. Y si en realidad lo amamos, eso haremos con exactitud.

Amor
sin límites

He aquí viene el soñador

«...Entonces José fue tras de sus hermanos, y los halló en Dotán. Cuando ellos lo vieron de lejos, antes que llegara cerca de ellos, conspiraron contra él para matarle. Y dijeron el uno al otro: He aquí viene el soñador»
(Génesis 37:17-19).

La historia de José, la cual se relata en el Antiguo Testamento, se refiere a un hijo a quien su padre amaba mucho. Trata acerca de un joven a quien Dios le dio sueños y se atrevió a creerlos. También es la historia de aquellos que no tenían sueños propios y, trataron de robar y destruir el sueño de su hermano. Sin embargo, los hermanos de José no pudieron robar ese sueño, pues él se mantuvo confiado en Dios aun en medio de las circunstancias difíciles, hasta que vio su sueño hecho realidad.

Ésa no sólo es la historia de José, también es su historia; pues usted es un hijo a quien Su padre ama mucho. Usted tiene un destino, y un sueño que Dios le ha dado. Ahora, la pregunta es: ¿Se atreverá a creerlo y permanecerá firme hasta ver ese sueño hecho realidad?

Hace años, Gloria se formuló la misma pregunta mientras leía un libro del hermano Oral Roberts. En el libro, él retaba a los creyentes a escribir sus sueños, y a confirmarlos en la PALABRA de Dios. También los reto a que tomaran una postura firme de fe, y que se rehusaran a permitir que alguien los disuadiera de lo contrario. Y Gloria hizo exactamente lo que el hermano dijo. Escribió los sueños que Dios le había dado para su ministerio, para nuestra familia y para la casa que siempre había deseado.

Desde entonces, todos esos sueños se han vuelto realidad. Sin embargo, la manera en que se cumplió el sueño de la casa, fue uno de los más interesantes. Muchas veces, durante todos esos años, hubo circunstancias en las que parecía que el sueño de Gloria no se realizaría. Pero Gloria no le prestó atención a las circunstancias negativas. Siguió coleccionando revistas, fotos y artículos que le ayudaban con la visión y el plan de su casa.

Pero lo más importantes es que se mantuvo recopilando las promesas de la Palabra. Encontró escrituras con relación a la casa, al terreno, a los árboles y a los muebles. Tenía cubierto con la PALABRA cada detalle de la casa. Cada una de esas escrituras fortaleció su fe. Por fin, llegó el día en que su fe se convirtió en la evidencia de ese sueño (Hebreos 11:1). La casa fue construida, y ahora vivimos bajo el umbral del sueño de Gloria.

Dios lo ama tanto como a Gloria, y anhela cumplir sus sueños. Sin embargo, puede hacerlo sólo si usted se atreve a creer. Por tanto, comience a dar pasos de fe hoy. Escriba los sueños que Dios le ha dado, y las escrituras que respalden dichos sueños. Cultive el hábito de leer su lista de versículos y sueños. Luego, visualícese y hable como si ya fueran una realidad. No algún día, ¡sino ahora!

Quizá algunas personas se burlen e intenten desanimarlo. Y talvez las circunstancias parezcan estar firmes en su contra. Pero no permita que esas cosas lo detengan. Sea como José, manténgase firme confiando en Dios a pesar de todo. Viva de tal manera que cuando las personas lo vean digan: "He aquí viene el soñador". Siga creyendo hasta que vea sus sueños hechos realidad.

Amor
sin límites

Usted conoce la respuesta correcta

*«Humillaos, pues, bajo la poderosa mano de Dios, para que él os exalte cuando fuere
tiempo; echando toda vuestra ansiedad sobre él, porque él tiene cuidado de vosotros.
Sed sobrios, y velad; porque vuestro adversario el diablo, como león rugiente, anda
alrededor buscando a quien devorar; al cual resistid firmes en la fe...»*
(1 Pedro 5:6-9).

En una ocasión, escuché la historia de un león que deambulaba por la selva rugiendo
y alardeando de su poder. Cada vez que se encontraba a un animal, rugía y le preguntaba:
«¿Quién es el rey de las bestias?». Uno tras otro, se doblegaban ante él con temor —la cebra,
el antílope, el mono y el flamenco—, expresándole lo que quería escuchar: «¡Eres tú león! Tú
eres el rey de las bestias».

Antes de que acabara el día, el león se encontró con un elefante. Y le expresó rugiendo:
«¡Dime elefante! ¿Quién es el rey de las bestias?». Sin decir palabras, el elefante se acercó y
enrolló su trompa en el cuello del león, lo levantó y lo balanceó un par de veces en el aíre y
lo lanzó a un lodazal; clavándolo de cabeza como un dardo.

Aquel viejo león luchó para liberarse del lodo, sacudió su cabeza, vio al elefante y le
expresó: «No tienes que ser tan rudo, ¡sólo porque no sabes la respuesta correcta!».

Recuerde esa historia la próxima vez que el diablo venga a **rugirle**. Recuérdele que no
es el rey de su vida. El SEÑOR Jesucristo es su Rey. ¡Y Él es el Rey de reyes! Jesús ya hizo
todo lo necesario para derrotar y humillar al enemigo. En la Biblia se nos enseña que Dios:
*«Desarmó a los poderes y a las potestades, y por medio de Cristo los humilló en público
al exhibirlos en su desfile triunfal»* (Colosenses 2:15, *NVI*). Jesús destruyó por medio de la
muerte, a quien tenía el imperio de la muerte; es decir, el diablo (Hebreos 2:14).

Cuando usted acepto a Jesús como el SEÑOR de su vida, Él se convirtió en su Hermano
de pacto. Jesús le ha dado Su poder y Su autoridad. En resumen, ya le dijo: *No te preocupes
por esa situación hermanito. Echa tu preocupación sobre Mí, Yo te amo y cuidaré de ti. Por
tanto, cuando Satanás quiera venir en tu contra; resístelo y Yo te defenderé. El diablo huirá de
ti, así como huye de Mí, pues estamos juntos en esto. Y debido a que ya lo derroté, ¡está bajo
la planta de tus pies!*

Cuando usted comprenda el pacto de amor que posee en Jesús, no huirá aterrorizado
ante el enemigo. Tomará la PALABRA de Dios, y en el nombre de Jesús, lo enrollará alrededor
de su cuello y lo quitará de su camino. Y cuando le pregunte quién es el rey, hágalo huir;
pues usted es un hijo de pacto que conoce la respuesta correcta.

Amor
sin límites

No permita que los problemas
lo atribulen

«…Y alabaré de mañana tu misericordia; porque has sido mi amparo y refugio en el día de mi angustia. Fortaleza mía, a ti cantaré; porque eres, oh Dios, mi refugio, el Dios de mi misericordia»
(Salmos 59:16-17).

De vez en cuando, escucho como algunas personas acusan a los predicadores de fe, por decirles a las personas que si creen en Dios, no volverán a tener problemas nunca más. En lo personal, jamás he escuchado a ningún predicador decir algo así; tampoco creo que haya alguien tan ingenuo como para creer algo así. Mientras vivamos en este planeta, el diablo intentará destruir nuestra vida. Jesús lo expresó de manera muy clara: *«…En este mundo afrontarán aflicciones, pero ¡anímense! Yo he vencido al mundo»* (Juan 16:33, NVI).

Entonces, ¿de dónde sacan las personas la idea de que los predicadores de fe pregonamos una vida libre de problemas? Quizás sea por la actitud que tomamos ante los problemas. Pues no nos atribulamos por las aflicciones que vienen a nuestra vida, debido a que confiamos en Dios, y en la revelación que tenemos de cuán poderoso es Él y de cuánto nos ama. Tampoco nos quejamos o lloramos por las aflicciones, pues creemos que Jesús ya venció; y confiamos en que Él nos defenderá. Somos conscientes de nuestro pacto de amor con Dios, por tanto, permanecemos a la expectativa de que usará todo Su poder para protegernos y llevarnos a la victoria.

Cuando pienso en la implacable protección del amor de Dios, y en la valentía que ésta inspira; viene a mi mente la historia de un amigo quien se encontró con un grupo de elefantes, en un coto de caza, durante su visita a África. Él y el guía se acercaron para contemplar mejor a los animales; cuando de pronto un enorme elefante se les puso enfrente, levantó su trompa y realizó una señal de advertencia. Les hizo saber que si daban un paso más, los aplastaría como si fueran una uva.

En un segundo, comprendieron la razón de la amenaza del elefante. Detrás de ese enorme elefante estaba su cría, y se dieron cuenta que para el padre, ellos representaban una amenaza. Por demás está decir que de inmediato, dieron marcha atrás.

Usted al igual que yo sabe muy bien que ese pequeño elefante era ajeno a lo que estaba pasando. No estaba, preocupado ni molesto. ¿Está usted seguro? Por supuesto que sí. ¿Por qué habría de preocuparse si su gigantesco padre estaba de su lado? ¿Por qué desperdiciaría un solo segundo preocupándose? Si quien se comprometió a cuidarlo puede aniquilar a cualquier enemigo.

El pequeño elefante no estaba atribulado. Dejó toda la situación en las manos de su padre y se sentó a disfrutar, viendo como su padre se encargaba de la situación por él. Así es como usted debe actuar. Después de todo, el Dios todopoderoso es nuestro Padre, y el SEÑOR Jesús es nuestro Hermano de pacto. Y ambos nos han prometido nunca dejarnos, ni abandonarnos. Ellos nos aman con Su implacable protección de amor.

Con ellos de nuestro lado, ¿por qué deberíamos permitir que los problemas nos atribulen?

Kenneth

El Dios de todas las edades

«Los muchachos se fatigan y se cansan, los jóvenes flaquean y caen; pero los que esperan a Jehová tendrán nuevas fuerzas; levantarán alas como las águilas; correrán, y no se cansarán; caminarán, y no se fatigarán»
(Isaías 40:30-31).

En estos días, a muchas personas les preocupa saber qué sucederá con ellos en su vejez. En lo natural, no hay garantías reales. Las inversiones no pueden ofrecer verdadera rentabilidad. Las pólizas médicas no son seguras. Las empresas encuentran, cada vez más, formas de evadir el pago de las jubilaciones. El egoísmo y la contienda son tan fuertes en las familias que algunos ni siquiera están seguros de que sus familiares los amen y los valoren cuando envejezcan.

Sin embargo, si usted es un hijo de Dios no tiene por qué preocuparse, Dios lo amará y lo valorará a cualquier edad. Él jamás se olvidará de usted, ni lo abandonará. De hecho, si está dispuesto a aceptar por fe, en lugar de jubilarlo, Él le dará nuevas energías. Dios renovará sus fuerzas a tal punto que se sentirá con más fuerza y vida que las personas que tienen la mitad de su edad. En el Salmo 103 se nos enseña que Dios llenará su boca de bien, de modo que se rejuvenezca como las águilas.

Sé por experiencia propia que Dios hará eso por usted. Hubo un tiempo en mi vida y en el ministerio que estaba tan cansado que quería morir. Salí del país, invertí un tiempo a solas con el SEÑOR y le expresé: «Ya llegué al fin, ya no tengo más fuerzas. O salgo renovado de aquí o me tendrán que cargar en un ataúd».

Por demás está decirle que no necesité de un ataúd. El SEÑOR me contestó: *Estás comenzando la segunda parte de tu vida.* Cuando salí de ese lugar, era más fuerte en todo aspecto —en espíritu, alma y cuerpo— de lo que era cuando tenía 25 años.

Dios me rejuveneció como a las águilas, y hará lo mismo por usted. Dios hará de su tercera edad la mejor y más brillante época de su vida. Él lo hará una prueba viviente, para que todos los que lo rodean, sepan que Dios es el Dios de **todas** las edades. Y al final, ¡Dios hará que ellos lo **envidien**!

El pacto de sangre del amor

«Y le dijo: Yo soy el SEÑOR que te saqué de Ur de los caldeos, para darte esta tierra
para que la poseas. Y él le dijo: Oh Señor DIOS, ¿cómo puedo saber que la poseeré?
El le respondió: Tráeme una novilla de tres años, una cabra de tres años, un
carnero de tres años, una tórtola y un pichón. El le trajo todos éstos y los partió
por la mitad, y puso cada mitad enfrente de la otra; mas no partió las aves... Y
aconteció que cuando el sol ya se había puesto, hubo densas tinieblas, y he aquí,
apareció un horno humeante y una antorcha de fuego que pasó por entre las
mitades de los animales. En aquel día el SEÑOR hizo un pacto con Abram...»
(Génesis 15:7-10, 17-18, *LBLA*).

Cuando Dios quería que Abraham supiera cuánto Él le amaba y cuán comprometido estaba en cumplir las promesas que le había hecho; realizó un pacto de sangre. Lamentablemente, en nuestras culturas se sabe muy poco acerca de los pactos. Los hemos reemplazado con contratos impresos en papel y firmados con tinta —contratos llenos de promesas que se pueden romper—.

En los tiempos de Abraham no era así. En su cultura como en otras culturas, de la actualidad y de esa época, basadas en pactos; cuando dos personas o dos familias se unían en un pacto de sangre, era un compromiso serio e inquebrantable. Cuando el animal que se ofrecía para el pacto se partía en dos, los que iban a pactar debían caminar sobre una senda de sangre, y se hacían promesas el uno al otro.

Se juraban lealtad el uno al otro. Luego, expresaban: "Todo lo que tengo y todo lo que soy, de ahora en adelante, te pertenece a ti tanto como a mí. Pelearé en contra de cada uno de tus enemigos. Asimismo, usaré cada una de mis fortalezas para ayudarte, nunca padecerás necesidad. Ofreceré mi vida por ti de ser necesario. Además, mientras yo viva tú nunca estarás solo".

Para sellar ese pacto, hacían cortes en sus manos y mezclaban su sangre. Se dejaban la cicatriz en la piel, a fin de que ésta se convirtiera en una marca importante que nunca se desvanecería. Y ésta se convertiría en una marca permanente de su pacto de sangre.

Eso es lo más cercano, en esta Tierra, al pacto de amor que Dios estableció con nosotros. No sólo es un contrato de papel y tinta. Es un compromiso fiel entre el Padre y Jesús, el cual fue sellado con la sangre de Jesús. Las cicatrices están en Su cuerpo resucitado —los agujeros en Sus manos y pies—, y son la marca eterna del juramento que Dios nos ha hecho a todos aquellos que estamos en Cristo, Él se ha unido a nosotros por la eternidad.

Dios nos amará para siempre con Su pacto de sangre de amor.

Amor
sin límites

Señor, esto lo hago para Ti

«Cuando el Hijo del Hombre venga en su gloria, y todos los santos ángeles con él, entonces se sentará en su trono de gloria, y serán reunidas delante de él todas las naciones; y apartará los unos de los otros, como aparta el pastor las ovejas de los cabritos. Y pondrá las ovejas a su derecha, y los cabritos a su izquierda. Entonces el Rey dirá a los de su derecha: Venid, benditos de mi Padre, heredad el reino preparado para vosotros desde la fundación del mundo. Porque tuve hambre, y me disteis de comer; tuve sed, y me disteis de beber; fui forastero, y me recogisteis; estuve desnudo, y me cubristeis; enfermo, y me visitasteis; en la cárcel, y vinisteis a mí. Entonces los justos le responderán diciendo: Señor, ¿cuándo te vimos hambriento, y te sustentamos, o sediento, y te dimos de beber? ¿Y cuándo te vimos forastero, y te recogimos, o desnudo, y te cubrimos? ¿O cuándo te vimos enfermo, o en la cárcel, y vinimos a ti? Y respondiendo el Rey, les dirá: De cierto os digo que en cuanto lo hicisteis a uno de estos mis hermanos más pequeños, a mí lo hicisteis»
(Mateo 25:31-40).

Si deseamos recibir elogios de Jesús el día que entregue las recompensas eternas, debemos tomar en cuenta lo siguiente: No podemos servir a Jesús e ignorar a nuestros hermanos y hermanas en Cristo. En otras palabras, no podemos servirle a la Cabeza pasando por encima del Cuerpo.

Algunas personas, se han esforzado por recibir una promoción espiritual dentro de la Iglesia, y literalmente han pasado por encima de los demás—lastimándolos y sacándolos del camino— para lograrlo. Si alguien se queja, ellos le responden: "Sólo estoy cumpliendo mi llamado. Estoy aquí para servirle a Jesús, no a ti".

En realidad, ellos no le están sirviendo a Jesús. Pues es imposible servirle a la Cabeza mientras patean el Cuerpo. Jesús lo explicó de manera clara: «*...en cuanto lo hicisteis a uno de estos mis hermanos más pequeños, a mí lo hicisteis*».

El hecho es, que si deseamos ministrar a la Cabeza de la Iglesia, primero debemos ministrar al Cuerpo. Al comprender este principio, no sólo estaremos dispuestos a servirnos unos a otros, sino también ¡estaremos felices de hacerlo!

Medite en esto por un momento. ¿No sería maravilloso expresarle su amor a Jesús esta semana comprándole un traje nuevo? ¿No sería extraordinario BENDECIRLO con una porción de comida casera? ¿No sería estupendo abrazarlo, y decirle cuánto lo ama y lo aprecia? ¿No sería excelente cortarle el césped?

Quizá usted diga: "¡Jesús no necesita esas cosas! No necesita un traje nuevo, ni comida casera, ni que lo animen y tampoco que corten el césped de Su casa".

Sus hermanos las necesitan. Y si ellos las necesitan, Jesús también. Entonces ¡hágalo! Invierta el tiempo para BENDECIR al SEÑOR. Comience por buscar maneras de servirle a los hermanos y hermanas que lo rodean. Luego, en cada obra de amor y en cada acto de servicio que haga, alce sus ojos al cielo y diga: SEÑOR, esto lo hago para Ti.

Amor
sin límites

Como piedras vivas

«Acercándoos a él, piedra viva, desechada ciertamente por los hombres, mas para Dios escogida y preciosa, vosotros también, como piedras vivas, sed edificados como casa espiritual y sacerdocio santo, para ofrecer sacrificios espirituales aceptables a Dios por medio de Jesucristo»
(1 Pedro 2:4-5).

Una de las razones más importantes por las cuales, como miembros del Cuerpo de Cristo, debemos aprender a vivir en amor, es porque Dios nos ha puesto juntos. Dios nos ha colocado uno a la par de otro para edificarse a Sí mismo una morada, de la misma manera en que las rocas de construcción se colocan juntas para edificar fuertes muros.

Sé un poco acerca del tema, pues uno de los hermanos de Gloria era albañil. Él construyó la chimenea de nuestra cabaña de oración, y yo observé cómo la hacía. Mientras la construía, me di cuenta que es muy distinto colocar una roca que un ladrillo. Todos los ladrillos tienen la misma forma y tamaño. Cuando alguien toma un ladrillo y lo coloca en cualquier parte, funciona y encaja porque todos son similares.

Pero con las rocas es una historia completamente diferente. Cada una es diferente, algunas son grandes y hermosas; otras pequeñas y extrañas. Tienen bordes filosos e irregulares, y el albañil las coloca a cada una en el lugar correcto. Cuando el hermano de Gloria construyó nuestra chimenea, escogió una roca con un gracioso aspecto de "L"; y la colocó justo en medio. Habían otras rocas fuertes y sólidas a su alrededor; sin embargo, dejaron un espacio que sólo una pequeña roca podía llenar.

Ése es un perfecto ejemplo de cómo edifica Dios el Cuerpo de Cristo. El SEÑOR nos ha tomado y nos ha colocado junto a alguien muy diferente a nosotros. Él nos coloca junto a personas que tienen bordes afilados que irritan nuestra carne. El Señor nos pone junto a personas con quienes, que por lo regular, no nos relacionaríamos.

¿Por qué? Porque Sus caminos son más altos que los nuestros. Dios ve más allá de lo que nosotros vemos. Él conoce nuestras debilidades y fortalezas; por consiguiente, nos colocó de tal manera que las fortalezas de uno, ayuden a las debilidades del otro. Dios nos colocó así para que mis asperezas puedan afilarlo, y que su dureza lime mis asperezas.

Por supuesto, hablando desde el punto de vista humano, el resultado sería un desastre. Ya que es una oportunidad para entrar en conflictos y contiendas. Por esa razón, debemos andar en el amor **ágape**. Es necesario **escoger** el amor —no porque sea fácil o porque sintamos el deseo de hacerlo—, sino porque estamos comprometidos con el SEÑOR, y con nuestros hermanos.

Cuando obedezcamos, el amor se convertirá en la argamasa que nos une a todos. Nos transformará de piedras tambaleantes a un muro sólido e inquebrantable. El amor nos une a la perfección, y hace de nosotros la santa morada del SEÑOR.

Kenneth

Día 204

Amor
sin límites

Usted sólo no lo logrará

«y no asiéndose de la Cabeza, en virtud de quien todo el cuerpo, nutriéndose y
uniéndose por las coyunturas y ligamentos, crece con el crecimiento que da Dios»
(Colosenses 2:19).

Todos nosotros, los que hace algunos años fuimos salvos, hemos intentado crecer en el SEÑOR; y en ocasiones, nos hemos estancado. Hemos descubierto que sin importar qué hagamos, pareciera que ya crecimos todo lo que podíamos crecer. Y nos preguntamos: "¿Por qué no puedo superar este obstáculo en mi vida? ¿Por qué no logro ir a otro nivel de prosperidad o de salud divina? Sé lo que se nos enseña en la Biblia, pero no veo que se cumpla a plenitud en mi vida".

En una ocasión, mientras me hacía esas preguntas, el SEÑOR me recordó Efesios 4:15-16. En ese pasaje se nos enseña que, como creyentes, crecemos a la imagen de Jesús, mientras todo el Cuerpo de Cristo se ajusta y se une por las coyunturas que cada uno suple. Y a medida de que cada uno realiza su parte, el crecimiento viene debido a que nos edificamos unos a otros en amor.

Eso significa, que nuestra madurez espiritual no sólo se origina quedándonos en casa a leer la Biblia y a escuchar enseñanzas (por muy útil e importante que sea). Tampoco de sentarnos a orar horas en lenguas (aunque sea muy edificante). La plenitud de nuestro crecimiento y desarrollo en Jesús, proviene de nuestra comunión unos con otros.

Algo poderoso y sobrenatural sucede cuando los creyentes se reúnen, lo cual no sucede cuando están solos. Por esa razón, prefiero predicar en lugares llenos de personas que en estudio de televisión con algunas cuantas personas y una cámara. He descubierto que el hambre que tienen otros creyentes por la PALABRA de Dios, hace que muchas cosas surjan de mi espíritu. Cuando le predico a esa clase de personas, su actitud hace que surja tal revelación en mí, de modo que cuando les predico yo aprendo tanto como ellos.

Por otro lado, he recibido revelaciones de otros ministros. Por ejemplo, he invertido todo un día tratando de comprender una profecía de los últimos tiempos, y termino tan confundido como cuando empiezo. Sin embargo, he escuchado a hombres como Hilton Sutton, a quien Dios le ha revelado ese tipo de cosas, y puedo comprenderlas de manera fácil. Y me pregunto: *¿Por qué no me di cuenta antes?*

Y se debe a que no fui diseñado para descubrirlas, sin la ayuda del hermano Sutton. No tengo todo el equipo espiritual para crecer por mí mismo, ni usted tampoco. Por esa razón, necesitamos los unos de los otros.

Mientras más amo y mientras más recurro a la provisión que Dios ha depositado en usted… mientras más usted me ame, y recurra a la provisión que Dios ha depositado en mí… seremos más como Jesús. Entre más nos unamos en amor, más rápido creceremos ¡en todas las cosas en Él!

Día 205 **Amor**
s i n   l í m i t e s

Escogidos por Dios

«Porque conocemos, hermanos amados de Dios, vuestra elección»
(1 Tesalonicenses 1:4).

Es maravilloso ser escogido.

Cada niño que ha estado en la clase de deportes, esperando a que los mejores atletas de la clase escojan a los integrantes de su equipo; sabe cuán maravilloso es que lo escojan. Cada actor y músico que intenta ingresar al grupo de actuación o a la banda de la escuela, sabe qué se siente estar parado frente a la pizarra de anuncios, y buscar con ansias su nombre para saber si fue escogido.

La mayoría de nosotros, en algún momento u otro, hemos experimentado la vergüenza y el dolor que se siente, cuando deseamos que nos seleccionen; y a pesar de agitar nuestras manos y de gritar:"¡Escójanme! ¡Escójanme!", no somos elegidos. La mayoría de nosotros sabe qué se siente ser despreciado y rechazado; mientras vemos a otro ocupar el lugar que tanto deseábamos. Sabemos qué se siente querer ser mejores y más valiosos, a fin de que "algún día, alguien nos escoja".

Por esa razón, el mensaje más grande que hemos escuchado es el mensaje del evangelio. Pues representa las buenas nuevas que cada uno de nosotros estaba esperando: **¡Alguien me escogió!**

No es cualquier alguien… sino el Dios todopoderoso. El Creador eterno, el más Excelso, el más Maravilloso, el altísimo Dios quien nos escogió, desde antes de la fundación del mundo. El SEÑOR nos vio a través de todos los tiempos, y nos vio en la peor de las condiciones; pues nos observó cayendo de la gloria a las tinieblas de pecado. Sin embargo, nos amó tanto que expresó:"Yo lo escojo".

Nadie le pidió a Dios que nos escogiera. Nadie le pidió a Jesús que fuera a la Cruz; pues la humanidad no comprendía el plan de redención, ya que éste era un misterio desconocido en Dios. Fue Dios quien decidió salvarnos. Fue Él quien le pidió a Jesús que derramara Su sangre, a fin de sacarnos de las tinieblas y llevarnos a la luz eterna de Su familia.

Permita que la gran magnitud de esa revelación inunde su manera de pensar. Dios ya lo seleccionó, lo escogió antes de que usted lo conociera a Él, antes de que usted fuera justo, y antes de que usted aceptara a Jesucristo como su SEÑOR.

Recuerde esa verdad, la próxima vez que sienta la tentación de agitar su mano, y declarar "SEÑOR, ¡escógeme para ser sano! ¡Elígeme para recibir LA BENDICIÓN¡ ¡Escógeme para ser próspero!". Recuerde que Dios lo escogió antes de la fundación del mundo. Él ya lo eligió para que naciera de nuevo, para que viva en bienestar; lo seleccionó para que fuera próspero, y lo eligió para ser más que vencedor en cada área de su vida.

Por tanto, deje de clamar y comience a regocijarse. Dé un grito de júbilo, y exprese: *Gracias Dios, ¡Por escogerme!*

Amor
sin límites

Nuestro *Shaddai*

«Era Abram de edad de noventa y nueve años, cuando le apareció Jehová y le dijo: Yo soy el Dios Todopoderoso; anda delante de mí y sé perfecto. Y pondré mi pacto entre mí y ti, y te multiplicaré en gran manera»
(Génesis 17:1-2).

Cada vez que Dios se presentó a Sí mismo en la Biblia con un nombre en particular, lo hizo siempre con el objetivo de dar a conocer una dimensión más amplia de Su amor. Algunas veces, por desconocer el idioma hebreo, nos perdemos de la revelación que Dios nos está manifestando; pues no traducimos de manera correcta los nombres de Dios.

Por ejemplo, cuando Dios le dijo a Abraham: "Yo soy el Dios todopoderoso", el verdadero significado en hebreo es: "Yo soy El *Shaddai*", aunque **El Shaddai** significa: "El todopoderoso" o "el Ser Supremo", la raíz de donde se deriva la palabra *Shaddai* literalmente trae alusión a una mujer que alimenta a su hijo. Entonces el *Shaddai* puede traducirse como: "El Dios que satisface las necesidades de sus hijos".

¡Cielos! ¡Qué maravillosa descripción de Dios es! Por un lado, denota la inagotable y abundante fuente de recursos que Él tiene para nosotros. El SEÑOR se da a conocer como el máximo Proveedor, y además tiene más que suficiente para todo lo que necesitemos.

Por otro lado, ese nombre no sólo revela que Dios es una fuente completa, sino que está ansioso por compartir esos recursos. También se describe de esa forma en un comentario bíblico, el cual nos enseña: «El título *Shaddai* en realidad nos indica la plenitud y las riquezas de la gracia de Dios, y también les recuerda a los lectores hebreos que de Dios proviene toda buena dádiva y todo don perfecto; es decir, que Él no se cansa de derramar Su misericordia sobre Su pueblo, y que está más dispuesto a dar que a recibir de ellos ».[11]

Por ejemplo, así como una madre produce mucha leche para nutrir a su bebé y para que crezca. De la misma manera nuestro Dios, está tan lleno de compasión que busca por toda la Tierra quien reciba esos recursos. Y no sólo está dispuesto a compartirlos, sino que haya satisfacción y libertad al hacerlo.

Ésa es una revelación maravillosa. Sin embargo, lo siguiente es aún más sorprendente: Abram no fue quien se acercó a Dios y le pidió que fuera su Proveedor divino. Pues ¡Abram no conocía lo suficiente a Dios como para pedirle algo! ¡Fue el Señor quien tomó la iniciativa! Fue Dios quien se acercó a él, y le dijo: "Abram, aquí estoy para ti. Seré yo quien te BENDIGA y quien te hará multiplicar. Derramaré sobre ti, Mi fuente inagotable".

A nosotros, como simiente de Abraham (Gálatas 3:7), Dios nos ha prometido lo mismo por medio del Espíritu Santo y de Su Palabra escrita, Él nos ha prometido lo que le prometió a Abraham. Está aquí para ser nuestro *Shaddai*, y en Su amor y abundante provisión, ¡somos ricamente BENDECIDOS!

---

[11] Girdlestone, *Sinónimos del Antiguo Testamento y su relación con la doctrina cristiana* (Oak Harbor, WA: Logos Research Systems Inc., 1998) p. 32.

No coloque LA BENDICIÓN sobre un estante

«Y éstos son los que fueron sembrados en buena tierra: los que oyen la palabra y la reciben, y dan fruto a treinta, a sesenta, y a ciento por uno»
(Marcos 4:20).

Hace algunos años, justo al terminar la grabación de un nuevo disco, el SEÑOR me indicó que les ofreciera esa grabación totalmente gratis a todos mis colaboradores. Y añadió: *incluso págales el envío, y no les pidas ni un centavo. Quiero usar esta música para BENDECIRLOS de una manera muy especial.*

Sabía que llevar a cabo lo que Dios me estaba indicando saldría muy costoso, pero amo al SEÑOR y a mis colaboradores; por tanto, compré suficientes copias para enviarles una a todos los que aparecieran en nuestra lista de contactos. Luego, escribí una carta en la cual incluí un formulario de solicitud, que debían llenar y reenviarme si deseaban recibir el disco, y por supuesto que se los enviaría gratis.

Para mi asombro, ¡sólo una pequeña cantidad respondió! Por consiguiente, acudí de nuevo al SEÑOR para discutir al respecto. Y le dije: «¿Qué pasó?».

Y Su respuesta fue: *Te sucedió lo mismo que me pasa a Mí todo el tiempo. He provisto LA BENDICIÓN para Mi pueblo, y siempre la ofrezco como un regalo. Sin embargo, la mayoría no responde. Estoy dispuesto a entregársela, pero ellos no quieren recibirla.*

Entonces pensé: *¡Es cierto!* Pues la mayoría de personas no reciben LA BENDICIÓN del Dios de amor; por las mismas cuatros razones por las que mis colaboradores no recibieron el disco que les ofrecí.

Número uno, porque no la quieren. Entiendo que sean así con mi música… pero me deja atónito el hecho de que tomen esa actitud con LA BENDICIÓN de Dios. Pero lo hacen. Incluso he escuchado a algunas personas decir: "No necesito orar en lenguas, no le veo ningún beneficio. No necesito prosperidad financiera". Sólo dése cuenta que Dios nos ama lo suficiente como para darnos muchas bendiciones, pero nosotros no las apreciamos lo suficiente como para recibirlas.

Número dos, las personas no disfrutan de LA BENDICIÓN de Dios, pues desconocen que está disponible para ellos. Al igual que algunos de mis colaboradores que no leyeron la carta, y no se percataron de que tenía un regalo para ellos. Algunos hijos de Dios no invierten tiempo suficiente para leer la Palabra, y descubrir todo lo que Dios les ha provisto. Por esa razón, aunque las bendiciones de Dios para la gente ya hayan sido pagadas con la sangre de Jesús, ellos continúan sin usarlas; pues las tienen colocadas en un hermoso estante.

Número tres, hubo personas que leyeron la carta, pero no la creyeron. Dudaron de mi disposición y de mi compromiso de cumplir lo que les había prometido.

Y número cuatro, hubo personas que sí leyeron la carta, la creyeron; sin embargo, no actuaron conforme a ésta. Se distrajeron con otras cosas y se perdieron de la BENDICIÓN.

Cuando se trata de recibir LA BENDICIÓN de Dios, no permita que ninguna de esas cuatro razones lo detenga. No deje LA BENDICIÓN sobre en un estante. Descubra lo que Dios ha provisto para usted, créalo y recíbalo.

¡Disfrute de **todas** las buenas dádivas que Dios ha reservado amorosamente para usted!

Kenneth

Amor
sin límites

LA BENDICIÓN de dar

«En todo os he enseñado que, trabajando así, se debe ayudar a los necesitados, y recordar las palabras del Señor Jesús, que dijo: Más bienaventurado es dar que recibir»
(Hechos 20:35).

La mayoría de personas recitan este versículo sin tener la menor idea de lo que en realidad significa. Expresan en su tono de voz más santo "¡Amén hermano! Es más BIENAVENTURADO dar que recibir".

¿Por qué? ¿alguna vez se ha formulado esa pregunta? ¿Por qué es mejor dar que recibir?

Permítame explicárselo, cuando usted da comienza a comprender algo más acerca del corazón de Dios. También cuando da con una actitud alegre y con un deseo genuino de bendecir, logra darle un vistazo a los planes que Su Padre Celestial ya tenía en mente de bendecir a otra persona. Mientras más dé, más comprenderá cuánto gozo recibe al dar. Entonces empezará a descubrir cuán emocionante es ser como el SEÑOR. Y será más consciente de que Dios habita en su interior, y que Su naturaleza emana vida cuando usted empieza a expresarlo.

Además, a medida que usted experimente el gozo de BENDECIR a otros, obtendrá ,de forma directa, la perspectiva de cuánto el SEÑOR disfruta bendecirlo; y como resultado, su fe se incrementará. Por esa razón, dar activa el proceso de recibir. Por el contrario, recibir no activa el proceso de dar. Cuando usted da, su revelación del amor de Dios se incrementa, y podrá recibir más. Luego, como resultado de comprender la emoción del proceso de dar a los demás, ¡recibir sólo se vuelve un medio para dar más!

Si usted comienza a dar y continúa haciéndolo, se parecerá más a Dios cada día. Deseará suplir cada necesidad que vea en su camino. Mi madre era así, no tanto en el área financiera, sino en la oración. Ella obtuvo una revelación del poder de la oración, y comenzó a orar por otros desde que era muy joven. Permanecía ante el trono de Dios de día y de noche, pidiendo BENDICIÓN o ayuda para aquellos que la necesitaban. Invirtió su vida orando por las personas, y obtuvo más gozo del que se imagina.

En el proceso, ella aprendió más de Dios que de cualquier otra persona que conozca. Era tan cercana a Dios que podía lograr que Él hiciera cualquier cosa por ella. Recuerdo que en una ocasión el SEÑOR me garantizó que nunca fracasaría en el ministerio. Cuando le pregunté al respecto, me respondió: *Porque tu madre siempre esta ante Mí.*

Mi madre se comportó de esa manera incluso en sus últimos días sobre la Tierra. Justo antes de morir, estaba tan débil que el médico le ordenó que no orara por nadie. Su cuerpo estaba debilitado, y él quería que ella guardara fuerzas. Sin embargo, aún en esas circunstancias oró para que las personas que se encontraban a su alrededor en ese hospital, se recuperaran por completo.

Incluso en momentos en los que se esperaba que ella pidiera oración, aún tenía la emoción de dar a los demás. Sin duda, entró al cielo gritando: "¡Aleluya!", y buscando a alguien por quien orar, ¡pues ella descubrió que es más BIENAVENTURADO dar que recibir!

Día 209

Amor
sin límites

Todo por los perdidos

*«hasta que todos lleguemos a la unidad de la fe y del conocimiento del Hijo de Dios,
a un varón perfecto, a la medida de la estatura de la plenitud de Cristo; para que ya
no seamos niños fluctuantes, llevados por doquiera de todo viento de doctrina…»*
(Efesios 4:13-14).

Mientras más crezcamos en amor, menos permitiremos que cualquier viento de doctrina nos aparte de ese amor. Estaremos cimentados de manera segura sobre las verdades que se nos enseñan en la Biblia, y no vamos a alejarnos de las personas sólo porque no estén de acuerdo con nosotros. Dejemos de expresar cosas como: "No puedo tener comunión con las personas de esa iglesia porque nuestras doctrinas son muy diferentes". En lugar de eso, los visitaremos para recibir lo bueno que Dios les ha dado, y compartiremos con ellos lo que Dios nos ha dado a nosotros.

Actuar de otra manera, sería falta de madurez.

Talvez alguien argumente: "No estoy seguro de hacer eso hermano Copeland. No queremos empezar a relacionarnos con cualquier tipo de persona, pues algunos de esos grupos ni siquiera creen en Jesús".

Lo sé, ¡por esa razón, necesitamos alcanzarlos! Es obvio que no podemos tener una comunión muy estrecha con ellos, como la tenemos con nuestros hermanos y hermanas en el Señor; pero tampoco podemos ganarlos permaneciendo alejados de ellos. No podemos decirles que Jesús los ama si no compartimos algo de tiempo con ellos. Por esa razón, no hemos podido evangelizar a personas como los musulmanes, y los seguidores de la nueva era. Nos hemos escondido de esas personas, pues tenemos miedo que al rodearnos de ellos, sus creencias paganas nos influencien y nos contaminen.

Eso ocurriría si fuéramos muy inmaduros y faltos de conocimiento de lo que se nos enseña en la Biblia; es decir, que no sepamos en qué creemos. Sin embargo, no deberíamos ser inmaduros, sino ser tan fuertes en la fe y en la PALABRA que no sería necesario ocultarnos de otras personas. Es más, necesitamos crecer en el amor a tal punto de estar más interesados en las personas que en su rechazo, y podamos testificarles Jesús.

Ésa fue la actitud que tomó el apóstol Pablo. No huyo de las personas que eran distintas a él. Sino se acercó a ellos, y les dijo: *«Aunque soy libre respecto a todos, de todos me he hecho esclavo para ganar a tantos como sea posible. Entre los judíos me volví judío, a fin de ganarlos a ellos. Entre los que viven bajo la ley me volví como los que están sometidos a ella (aunque yo mismo no vivo bajo la ley), a fin de ganar a éstos. Entre los que no tienen la ley me volví como los que están sin ley (aunque no estoy libre de la ley de Dios, sino comprometido con la ley de Cristo), a fin de ganar a los que están sin ley. Entre los débiles me hice débil, a fin de ganar a los débiles. Me hice todo para todos, a fin de salvar a algunos por todos los medios posibles»* (1 Corintios 9:19-22, NVI).

El amor no huye ni se oculta; sino alcanza a los perdidos. El amor nos inspira a convertirnos en personas que ayudan a los demás, a fin de que podamos traer a todos los que podamos al reino de Dios.

Kenneth

Amor
sin límites

No se pierda LA BENDICIÓN más grande

«…(el Amor) no busca lo suyo…»
(1 Corintios 13:5).

Cuando empezamos a amarnos lo suficiente los unos a los otros, estamos dispuestos a hacer a un lado nuestros propios intereses con el propósito de que otra persona sea BENDECIDA. Nos colocamos en una posición donde Dios puede manifestarse en medio nuestro. Abrimos las puertas, para que Él pueda derramar la abundancia de Su bondad, no sólo sobre las personas que amamos; sino ¡sobre nosotros mismos!

Asimismo, nos ponemos en una posición de recibir. En lugar de ser tacaños y de aferrarnos a nuestros propios deseos egoístas con férrea determinación, abrimos nuestras manos para compartir con los demás —y en el proceso, descubrimos que somos libres para recibir lo que nuestro Padre ha intentado darnos—.

Hace años, experimente un ejemplo maravilloso de esta verdad cuando un pastor me expresó cuánto había luchado con respecto a algo que debía realizar, en una convención que el ministerio realizó en su ciudad. Él quería apoyar la reunión, no obstante, estaba preocupado porque uno de los otros predicadores, que había sido invitado a la convención, también tenía su iglesia en esa área. Él me expresó: «Tenía miedo de que las personas de mi iglesia lo escucharan predicar y que ellos pensaran que era mejor predicador que yo. Y que al final, decidieran unirse a esa iglesia; y yo perdiera la mitad de mis miembros».

Sin embargo, gracias a Dios el amor prevaleció en el corazón de ese pastor. Oró al respecto y se dio cuenta que las personas no le pertenecían a él, sino a Dios. Y si otro predicador era mejor, debían irse a su iglesia. Debían ir donde fueran más BENDECIDOS.

El siguiente domingo, el pastor subió al púlpito y animó a todos los miembros a asistir a la convención. Y no sólo se limitó a decirles que asistieran al servicio donde yo predicaría, sino también a los otros servicios donde el otro pastor invitado predicaría. Como era de esperarse, muchas personas asistieron a escucharlo.

¿Su iglesia sufrió algún daño? ¡Por supuesto que no! De hecho, el siguiente domingo tuvo la más grande asistencia que jamás había tenido. Las siguientes semanas, su iglesia siguió creciendo al punto que la congregación ¡alcanzó un crecimiento alrededor del 40%!

Otro hecho interesante que sucedió fue que, poco tiempo después, el SEÑOR guió al otro predicador a cerrar su iglesia, y a enfocarse más en su ministerio misionero. Así que algunas personas de esa iglesia, se unieron a la iglesia del otro pastor.

¿Ya se dio cuenta de lo que pudo haberse perdido si el pastor hubiera permitido que en lugar del amor, el egoísmo tomara control? Habría evitado que su gente recibiera LA BENDICIÓN de la convención, y se hubiera perdido del crecimiento que Dios quería darle a su iglesia. Al tratar de aferrarse a lo que tenía, habría perdido LA BENDICIÓN más grande que siempre acompaña a aquellos que se atreven a vivir en amor.

Amor
sin límites

Un lugar en la mesa del Rey

«El rey David averiguó si había alguien de la familia de Saúl a quien
pudiera beneficiar en memoria de Jonatán»
(2 Samuel 9:1, *NVI*).

Es casi imposible describir el amor de Dios porque es superior al amor natural. Sin embargo, existe una historia en el Antiguo Testamento que nos brinda un asombroso ejemplo. Es la historia del rey David y su amor por su amigo de pacto, Jonatán. En la Biblia leemos que ambos estaban tan comprometidos el uno con el otro, y tan dispuestos a entregar su vida uno por el otro, que sus mismas almas se entrelazaron juntas en amor.

No obstante, si lee al respecto, encontrará que la hermandad fue cortada por los celos y la crueldad del rey Saúl, el padre de Jonatán. Saúl exilió a David de su hogar —a pesar de su valentía y de su leal servicio— y lo persiguió por años. En las Escrituras hallamos muchos relatos de las veces en que Saúl intentó asesinar a David y desacreditar su nombre. Finalmente, el rey se obsesionó tanto con matar al joven, que le costó el trono de Israel… y también, la vida de su hijo Jonatán.

Quizá se imagine que el terrible trato que David recibió en las manos del padre de Jonatán, lo haría desistir de su compromiso con su amigo, o que los años de crueldad menguarían el fervor de su amor. Pero no fue así.

Al contrario, David seguía anhelando de todo corazón expresarle su lealtad a su amigo, su disposición de servirle y de darle. Al final, después que David se convirtió en rey, no pudo soportar más y exclamó: "¿Acaso no queda **ninguno** en la casa de Saúl a quien yo pueda mostrar misericordia por amor a Jonatán?".

Y resultó que sí había alguien. Jonatán tenía un hijo minusválido llamado Mefiboset, quien vivía en un precario lugar llamado Lodebar. Sin duda, él se había escondido allí pensando que el poderoso David intentaría buscarlo y matarlo en venganza por todo el daño que su abuelo le había ocasionado. Pero David no buscaba a quien castigar, sino buscaba a alguien en quien pudiera derramar todo su amor.

Por consiguiente, envió una diligencia real a Lodebar para llevar a Mefiboset al palacio y para darle un lugar en la corte del Rey, así como también, un lugar en su mesa por el resto de su vida. David, incluso ordenó que se le entregaran al muchacho todas las riquezas de la casa de su abuelo. ¿Por qué? Porque Mefiboset era el heredero del amigo de pacto de David, Jonatán. A pesar de la enfermedad del muchacho, y de sus limitaciones naturales, David lo amó por amor a Jonatán. Y lo amó como a un hijo.

¿Le resulta familiar esta historia? Seguro que sí. Éste es un ejemplo del amor que Dios tiene por cada uno de nosotros, quienes somos herederos de Cristo Jesús. A pesar de nuestras debilidades y limitaciones, somos amados incondicionalmente y para siempre por amor a Jesús. Por medio de Él, se nos ha brindado un lugar en la mesa del rey. Y nos convertimos en los amados hijos de Dios.

Kenneth

Día 212 Amor
sin límites

El Dios que proveerá

«Por la fe Abraham, cuando fue probado, ofreció a Isaac; y el que había recibido las promesas ofrecía su unigénito, habiéndosele dicho: En Isaac te será llamada descendencia; pensando que Dios es poderoso para levantar aun de entre los muertos, de donde, en sentido figurado, también le volvió a recibir»
(Hebreos 11:17-19).

Si usted no comprende qué es un pacto, jamás podrá asimilar cómo un Dios de amor pudo pedirle a un hombre como Abraham que sacrificara a su único hijo. Esto podría parecerle algo absolutamente horrible e insensible de realizar. De seguro, lo primero que se imaginará será a Abraham llorando y lleno de angustia por la idea de perder a Isaac, y con su corazón afligido por el mandato de Dios.

Nada podría estar más alejado de la verdad que esa suposición. Dios estableció un pacto con Abraham, un pacto que ratificó con sangre. Una de las promesas del pacto de Dios fue que la simiente de Abraham saldría de Isaac, por tanto él estaba por completo convencido de que Dios no iba a permitir que el muchacho muriera. Y si lo hubiera permitido, habría tenido que resucitarlo; pues la promesa ya había sido dada. El pacto debía cumplirse. Dios le había mostrado a Abraham las estrellas del cielo, y le dijo: «*...Así será tu descendencia*» (Génesis 15:5).

Justo antes de que Abraham atara a Isaac para colocarlo en el altar, el niño le preguntó: "Papá, ¿dónde está el cordero para el sacrificio?". Abraham confiado, debido a que estaba tan seguro del resultado, le respondió: "Dios proveerá" (Génesis 22:8).

En esa frase hallamos la verdadera razón por la que Dios le pidió a Abraham el sacrificio de su hijo. Fue porque el Señor mismo anhelaba proveer un gran sacrificio para toda la humanidad. Él deseaba plasmarlo en las leyes eternas del cielo a las cuales él estaba sujeto para realizarlo por honor... y eso fue exactamente lo que cumplió la disposición de Abraham de entregar a Isaac.

Yo creo que si hubiéramos visto lo que estaba ocurriendo en el cielo en ese momento, quizá habríamos visto a Dios diciéndole a Jesús: *Muy bien, Hijo. Abraham cumplió con lo que se le indicó. Como Mi hermano de pacto, él ofreció a su único hijo por Mí. ¿Cómo no haría Yo lo mismo por él?*

El Dios de todo amor estaba dispuesto a enviar a Su Hijo unigénito a la Tierra como un sacrificio para pagar el precio del pecado. Él anhelaba intercambiar la vida de Jesús por la vida de todos nosotros, a fin de que por medio de la fe pudiéramos ser llamados hijos de Abraham. Ése era Su plan de redención. Ya que fue a un hombre a quien se le entregó el dominio de la Tierra, fue un hombre quien tuvo que abrir la brecha para que Dios pudiera cumplir Su plan. Eso era lo que Él demandaba de Abraham.

No fue ninguna prueba cruel la que Dios le pidió a Abraham e Isaac en esa montaña de sacrificio. Sino era Dios extendiendo Su mano de amor para proveer un plan que ofrecería misericordia a todas las personas. Era Dios alcanzando a un mundo desesperado por un Redentor, y convirtiéndose en el Dios que proveerá.

Amor
sin límites

La peor pesadilla del diablo

«Por lo demás, hermanos míos, fortaleceos en el Señor, y en el poder de su fuerza. Vestíos de toda la armadura de Dios, para que podáis estar firmes contra las asechanzas del diablo»
(Efesios 6:10-11).

La mayoría de personas no se percata de que en estos versículos se señala poderosamente la ceremonia del pacto de sangre. Pues cuando se habla de este tema, lo único que viene a su mente es la época cuando las personas que deseaban efectuar un pacto, asesinaban a un animal, se paraban en la sangre de éste, y se realizaban promesas entre sí. Por ejemplo, sobre esa sangre se juraban utilizar cualquier arma y recurso de poder que tuvieran a su disposición para protegerse.

Básicamente se decían el uno al otro: "Ya no estás limitado por tu propia fuerza porque ahora estamos juntos. Mi fuerza es tu fuerza. Y mi poder es tu poder". Entonces, como una demostración de ese pacto, intercambiaban sus armas y sus armaduras.

Ésa es la imagen que nos viene a la mente cuando leemos acerca de permanecer en el pacto y colocarnos la armadura de Dios. Debemos pensar en el pacto de amor que Dios estableció con nosotros por medio de la sangre de Jesús. Deberíamos vernos a nosotros mismos permaneciendo sobre esa preciosa sangre y recibiendo las armas del Dios todopoderoso, mientras nuestro Hermano de Pacto, el SEÑOR Jesucristo nos declara: "Se me ha entregado todo el poder y la autoridad en el cielo y sobre la Tierra. Por tanto vayan… y Yo estaré con ustedes. Todo el que se levante en contra de ustedes tendrá que enfrentarse conmigo. ¡Así que sean fuertes en Mí y en el poder de Mi fuerza!".

Cuando comencemos a pensar de esa manera, el diablo huirá de nosotros. Retrocederá y dirá: "Siento mucho haberte molestado. En realidad no quise hacerlo. Por favor, guarda esa espada y prometo que me iré".

Sólo existe una cosa que asusta al diablo más que un creyente que comprende el poder y los privilegios de su pacto con Dios. Y es, un creyente que entiende que sus hermanos y hermanas en el SEÑOR permanecieron en esa sangre con él cuando el pacto fue establecido. Éste es un cristiano que sabe que así como este pacto de amor nos hizo uno con Jesús, nos hace uno con los demás.

Un creyente con esa revelación, no puede estar en contra de su hermano en Cristo más de lo que podría estar en contra del mismo SEÑOR Jesús. No puede criticar a ese hermano y llamarlo su enemigo una vez que han permanecido juntos en el pacto de sangre. ¡Simplemente no puede hacerlo! Para Él no hace ninguna diferencia la apariencia, el pasado, la cultura o la denominación de ese hermano; porque la sangre del Cordero se encuentra entre ellos, y ¡ésta vence todo lo demás!

El diablo tiembla sólo de pensar en esa sagrada alianza. Ésa es su peor pesadilla. Y a medida que avancemos hacia una mayor revelación de nuestro pacto de amor, será una pesadilla que de seguro ¡se hará realidad!

Kenneth

Día 214 **Amor**
sin límites

Es tiempo de crecer

«Y todo aquel que participa de la leche es inexperto en la palabra de justicia, porque es niño; pero el alimento sólido es para los que han alcanzado madurez, para los que por el uso tienen los sentidos ejercitados en el discernimiento del bien y del mal»
(Hebreos 5:13-14).

Muchas de las necesidades de los cristianos no han sido suplidas porque desconocen cómo vivir conforme a su pacto de redención. No es porque Dios no los ame, ni porque Él no haya preparado provisión para ellos. Sino porque ellos no han aprendido lo suficiente acerca de la PALABRA para participar de ella. Muchos tienen años de ser salvos, sin embargo, han permanecido como niños espirituales. Por tanto, son inexpertos en la PALABRA de justicia.

Por ejemplo, un bebé puede estar en una casa llena de provisión, pero eso no les haría ningún bien, ¿o sí? El refrigerador podría estar abastecido de toda clase de comida y el guardarropa lleno de cobijas y ropa. Podría haber suficiente dinero por toda la casa para que él comprara cualquier cosa que necesite, pero mientras sea un bebé; no podrá utilizar nada de esto.

Ésa es exactamente la situación en la que muchos cristianos se encuentran ahora mismo. Están rodeados de la provisión de Dios. En la Biblia leemos que Él ya les ha provisto todo lo perteneciente a la vida y a la piedad. Sin embargo, se encuentran en el suelo, llorando, pataleando, y diciendo: "Dios, ¡no entiendo! ¿Por qué no cuidas de mí?, ¿por qué no suples mis necesidades?, ¿acaso no me amas, Señor?".

¡Claro que Él nos ama! Por eso planeó nuestra vida antes de la fundación del mundo, y apartó todo lo que pudiéramos necesitar; a fin de que fuéramos abundantemente BENDECIDOS. No obstante, Él también espera que nosotros maduremos. Él no está dispuesto a tratarnos como bebés para siempre. El SEÑOR necesita que nos paremos, tomemos nuestra Biblia y descubramos lo que nos ha provisto. Y espera que comencemos a recibir estas bendiciones por fe.

Quizá alguien diga: "¿Tomar nuestra Biblia?".

¡Sí, su Biblia! Pues ésta es una copia del pacto que Dios estableció con usted. En ella se explican con detalle Sus promesas, y de ella obtenemos la revelación de todo lo que se nos ha dado. Si la lee, descubrirá que no existe tal cosa como los hijos de pacto de Dios que deban vivir sin que sus necesidades sean suplidas. Sólo hay hijos de pacto, que por su inexperiencia en la PALABRA, no pueden tomar ventaja de todo lo que se ha provisto.

Recuerde esto la próxima vez que piense que Dios no cuida de usted. Deténgase de inmediato y declare: *No, ésa es una mentira del diablo. Dios ya ha suplido todas mis necesidades de acuerdo a sus riquezas en gloria.* Después, tome su Biblia y descubra cómo apropiarse de esa provisión por fe. Deje atrás su niñez espiritual. Madure y goce de los beneficios de su pacto con Dios.

Amor
sin límites

El siervo más grande de todos

«Y todo lo que pidiereis al Padre en mi nombre, lo haré, para que el Padre sea glorificado en el Hijo. Si algo pidiereis en mi nombre, yo lo haré»
(Juan 14:13-14).

A menudo, durante los tiempos de oración y comunión con el SEÑOR, nuestro corazón se llena de deseo por servirle. Una y otra vez, a medida que nos enamoramos más de Él, anhelemos más y más cumplir Su voluntad, y expresamos: *SEÑOR, haré cualquier cosa que me pidas. Sólo deseo ser una BENDICIÓN para Ti.*

Es fácil comprender por qué nos sentimos así. Después de todo, Él es el Dios todopoderoso. Él es el único que nos ama con un infalible amor. Él es nuestro Redentor. ¡Él es el perfecto, omnipotente y maravilloso SEÑOR!

Ahora bien, muchas veces nos cuesta comprender que a pesar de nuestros fracasos y a pesar de la debilidad de nuestra carne, Él sigue sintiendo lo mismo por nosotros. Su corazón está deseoso por servirnos. Él nos expresa: *Hijo, sólo pídeme algo. Hija, sólo pídeme algo. ¡Yo deseo ser una BENDICIÓN para ti!*

Ése simple pensamiento ofende la mentalidad religiosa. Ésta rechaza por completo la idea de que el Dios todopoderoso se pondría a Sí mismo en la posición de servirnos. Sin embargo, el hecho es que eso es exactamente lo que Él ha realizado. Jesús lo demostró con claridad justo antes de ir a la Cruz, quitándose la túnica, poniéndose una toalla y lavando los pies de Sus sorprendidos discípulos. En Filipenses 2:7, leemos que para conseguir nuestra redención, Jesús: "se despojó a Sí mismo [de todo privilegio y justa dignidad], para asumir la apariencia de siervo…" (*AMP*).

Quizá alguien argumente: "Sí, pero ése era Jesús, no Dios Padre, el todopoderoso". Jesús mismo declaró: «*…No puede el Hijo hacer nada por sí mismo, sino lo que ve hacer al Padre…*» (Juan 5:19).

Un día, el SEÑOR me reveló esa verdad cuando me dijo: *Kenneth, ¿Acaso no harías tú cualquier cosa que Yo te pidiera?*

—Señor, Tú sabes que lo haría —le respondí—. Entonces Tú sólo necesitas decirme qué deseas, y yo lo haré. Estoy disponible para ti, las 24 horas del día.

—*Pues Yo no cambio* —me respondió—. *Yo haré cualquier cosa que me pidas. ¿No recuerdas que en Mi PALABRA afirmo que cualquier cosa que me pidas en el nombre de Jesús, te la daré? Tengo un pacto contigo. Estoy más comprometido contigo de lo que tú lo estás conmigo. Entregué a Mi Hijo y derramé Su sangre por ti. ¿Cómo podría negarte algo?*

Ésa es la clase de pacto de amor que Dios tiene para nosotros, y debemos comenzar a creerlo. Necesitamos percatarnos que nuestro deseo de servir a nuestro SEÑOR es sólo un pálido reflejo de Su deseo por servirnos. Ciertamente nuestro Maestro es el Siervo más grande de todos.

Amor
sin límites

Firmado, sellado y librado

«Sino que os habéis acercado al monte de Sion, a la ciudad del Dios vivo, Jerusalén la celestial, a la compañía de muchos millares de ángeles, a la congregación de los primogénitos que están inscritos en los cielos, a Dios el Juez de todos, a los espíritus de los justos hechos perfectos, a Jesús el Mediador del nuevo pacto, y a la sangre rociada que habla mejor...»
(Hebreos 12:22-24).

Cuando un creyente comprende el amor de Dios y forma parte del pacto de redención que el amor le ha provisto, su manera de hablar cambia hacia las demás personas. Deja de invertir su tiempo hablando de las circunstancias naturales y de los problemas que lo rodean, y en lugar de eso invierte su tiempo hablando de lo que ese pacto le provee.

Ese tipo de creyente declara todo el tiempo: "Gracias a Dios. Estoy sano. Él lo afirmó en su PALABRA. Yo lo creo y se cumple".

Quizá alguien pueda preguntarle: "¿Cómo puedes decir eso, si andas por ahí cojeando? ¡Todos pueden ver que no estás sano!".

Yo le diré por qué él puede hablar de ésta manera. Puede declararlo porque su mente está enfocada más en el pacto que en sus circunstancias. La PALABRA de Dios es más real en su corazón de lo que puede ver, oír o sentir en el mundo natural. Es decir, su mente está anclada a su pacto con Dios.

Mientras que otras personas piensan en sus síntomas o en sus difíciles situaciones, este creyente está pensando en lo que Dios le ha dicho. Medita en la sangre de Jesús que fue derramada, a fin de ratificar esa PALABRA en su vida. Piensa en los ángeles que han sido enviados como siervos ministradores para ayudarle a cumplir esa PALABRA a su favor. También medita en todos los hombres y mujeres de pacto que existieron antes de él, quienes confiaron en la PALABRA y la vieron cumplirse en su vida. Personas de fe como Abraham, quien *«...habiendo esperado con paciencia, [y] alcanzó la promesa»* (Hebreos 6:15).

Cuando una persona con esa actitud declara: "¡Gracias Dios, soy sano!", o expresa: "Ésta es la victoria que vence al mundo, y ¡es mi fe!", no está hablando por su propio ego ni está confiando en sí mismo, sino en Dios. Él está hablando basado en la fe del poderoso amor de sus compañeros de pacto. Se siente tan seguro en ese amor que llama las cosas que no existen como si existieran (Romanos 4:7) sin siquiera acobardarse.

Esa persona no expresa estas declaraciones intentando hacer que sucedan. Sino las declara porque se encuentra establecido en el amor, en el poder y en la fidelidad de Dios, y en lo que a él respecta, éstas ya se han cumplido. No tiene que verlas para creerlas. Lo sabe porque cree que ciertamente verá LA BENDICIÓN que el Padre ha prometido. A esto se le llama ser firmado, sellado y librado por el pacto de amor.

Amor
sin límites

Los hijos de sus hijos

«Mas la misericordia de Jehová es desde la eternidad y hasta la eternidad
sobre los que le temen, y su justicia sobre los hijos de los hijos»
(Salmos 103:17).

El pacto de amor de Dios es tan fuerte y posee un largo alcance que no sólo lo cubre a usted, sino se extiende a sus hijos y a sus nietos. Claro, un día ellos aceptarán a Jesús como su SEÑOR y entrarán a ese pacto por sí mismos, pero hasta ese entonces, Dios cuidará de ellos por amor a usted. Él los protegerá y los BENDECIRÁ, sólo por el hecho de ser simiente suya.

No lo sé sólo porque está escrito en la Biblia, sino porque he visto que se ha cumplido en mi familia. Lo descubrí al observar a algunos de mis familiares. Ni siquiera el más rebelde puede alejarse de los ángeles de Dios cuando sus padres permanecen en su pacto con Él.

El mejor ejemplo es mi primo, Larry. Su madre y la mía fueron compañeras de oración durante años y oraban para que nosotros llegáramos al reino de Dios. Por años, ambos intentamos irnos al infierno, pero mi madre y mi tía, Barbara, simplemente no lo permitieron. Ellas conocían el amor de Dios y la PALABRA, por tanto, permanecieron de rodillas, y se aferraron a su fe hasta que nos rendimos y fuimos salvos.

En especial, el caso de Larry fue muy interesante; pues mientras él se drogaba y cometía toda clase locuras, el Espíritu de Dios rodeaba su vida, y era tan fuerte que asustaba a sus amigos. Finalmente le dijeron: "No nos drogaremos más contigo. Cada vez que ingieres drogas, ¡comienzas a predicar!". (En realidad yo era igual. Gané a muchas personas para el SEÑOR antes de nacer de nuevo).

Los expertos le dijeron a mi tía que aún cuando Larry dejara de drogarse, su mente quedaría en estado vegetal debido al daño que ya había recibido su cerebro. Sin embargo, los médicos no conocían el amor de Dios. Desconocían que Él cuidaba a ese joven por amor a la tía Barbara, y tampoco sabían que el pacto de mi tía cubría a su hijo.

Pero gracias a Dios, ella sí lo sabía. Por consiguiente, siguió llamándolo BENDITO. El diablo intentó maldecirlo, no obstante, al igual que el profeta pagano, Balaam descubrió que nadie puede maldecir a aquellos que Dios ha BENDECIDO (Números 23:8). El SEÑOR cuidó de Larry hasta que él fue salvo y fue bautizado con el Espíritu Santo. Él restauró su mente por completo al punto que Larry pudo regresar a la universidad y graduarse de una licenciatura en terapia física, además obtuvo un título en medicina que es de los más difíciles de obtener.

Al final, comenzó a predicar y a pastorear una iglesia. También es bueno haciendo eso. Siempre me gusta decirle: *Larry, si tu mente se encuentra en estado vegetal, ¡eres la zanahoria más predicadora que he visto!* Ahora, ambos podemos reírnos al respecto, sin embargo, sabemos que somos la demostración viva de cuán lejos puede llegar el amor de Dios. Somos la prueba viviente de que Su pacto se extiende hacia los hijos de sus hijos.

Kenneth

Lleve el amor al trabajo

«Siervos, obedeced en todo a vuestros amos terrenales, no sirviendo al ojo, como los que quieren agradar a los hombres, sino con corazón sincero, temiendo a Dios. Y todo lo que hagáis, hacedlo de corazón, como para el Señor y no para los hombres; sabiendo que del Señor recibiréis la recompensa de la herencia, porque a Cristo el Señor servís»
(Colosenses 3:22-24).

La Iglesia podría ganar grandes cantidades de personas para el SEÑOR, si los creyentes llevaran consigo el amor de Dios a sus lugares de trabajo. Las personas se están alejando del evangelio por causa de los cristianos que llevan su Biblia a la oficina mientras engañan a su jefe durante todo un día de trabajo. Es triste cuando los creyentes profesan su fe con sus compañeros de trabajo, y llegan tarde todas las mañanas, utilizan el horario de trabajo para encargarse de situaciones personales, invierten sus horas chateando con sus compañeros, y encima de todo ¡hablan mal de su jefe!

Un cristiano que se comporta de esa manera le daría más gloria a Dios dejando su Biblia en casa y manteniendo su boca cerrada hasta que aprenda a demostrar el amor y la integridad de Dios con su vida, y no sólo con sus labios. Es una declaración muy fuerte, pero así es. Conozco a un hombre judío, que durante años ignoró el evangelio a causa de los malos hábitos de trabajo de personas que conocía y que se hacían llamar cristianos. A pesar del testimonio de ellos, él fue salvo, pero no precisamente gracias a ninguno de ellos, ni por ellos.

Por otro lado, los creyentes que sí andan en amor en su trabajo, brillan como estrellas en una oscura noche. ¡Ellos predican sin pronunciar una sola palabra! Cuando alguien trabaja con diligencia y mantiene una buena actitud, atrae la atención de las personas. Es algo sorprendente cuando un empleado da el 110% en el trabajo —no sólo cuando su jefe está observándolo, sino también cuando no lo observa—.

Hablando a nivel general, el mundo de los negocios en estos días es uno de los lugares más despiadados que usted pueda encontrar. Éste es considerado un ambiente normal por los empleados que se menosprecian y traicionan entre sí en un esfuerzo por salir adelante. Para ellos criticar a los supervisores y a quienes ejercen puestos de autoridad es algo común.

Sin embargo, como creyentes, el amor de Dios nos hace actuar de manera diferente. Éste nos demanda que sirvamos a nuestros jefes con la misma devoción y excelencia con la que servimos al mismo Jesús. El amor de Dios producirá en nosotros que lleguemos un poco más temprano y que volvamos a tiempo después de la hora del almuerzo. También nos inspirará a expresarnos con amabilidad y respeto acerca de nuestros jefes y supervisores —enfocándonos en sus fortalezas y no en sus debilidades—.

Cuando andamos en amor en nuestro trabajo, nos olvidamos de la presión que debemos ejercer para obtener nuestro propio éxito; y buscamos formas de contribuir al éxito de los demás, mientras confiamos en que el SEÑOR traerá nuestra recompensa, ésta **vendrá**. Y la veremos, no sólo a través de incrementos salariales y ascensos, sino en almas ganadas para el SEÑOR. Y ésa es la mayor recompensa de todas.

Amor
sin límites

Ahuyente a las moscas

«Y perseguiréis a vuestros enemigos, y caerán a espada delante de vosotros. Cinco de vosotros perseguirán a ciento, y ciento de vosotros perseguirán a diez mil, y vuestros enemigos caerán a filo de espada delante de vosotros. Porque yo me volveré a vosotros, y os haré crecer, y os multiplicaré, y afirmaré mi pacto con vosotros»
(Levítico 26:7-9).

Hasta ahora, la mayoría de cristianos se ha enfocado principalmente en su propio crecimiento espiritual. Nos hemos percatado de que somos nosotros los responsables de desarrollar nuestra fe; y de utilizarla para vencer nuestra carne, y para derrotar al diablo. Ésta ha sido una buena y necesaria revelación. Sin embargo, entre más crezcamos en amor, más conscientes seremos de que no podemos cumplir el plan de Dios sobre la Tierra de forma individual. Éste sólo puede cumplirse cuando nos unimos como un solo cuerpo.

Individualmente, quizá podamos enfrentar a los demonios que vengan en nuestra contra. Podemos resistir y vencer a los pequeños demonios de enfermedad y de desanimo que nos atacan a nosotros, y a nuestras familias. Pero ésos no son los únicos que andan por allí. Existen miles que de continuo actúan para molestar, irritar y obstaculizar el progreso de la Iglesia. Existen muchos de estos demonios a los cuales Jesús los comparó con las moscas llamando a Satanás: Belcebú, que significa: "señor de las moscas".

Ninguno de nosotros, en lo individual, puede enfrentarlos a todos a la vez, sin embargo, cuando comenzamos a andar juntos en amor, en la Biblia se afirma que nuestro poder espiritual y nuestra efectividad aumentan exponencialmente. De pronto, el protagonista que Dios estableció en Levítico, entra en acción y no sólo nos desharemos de esos pequeños demonios personales que han obstaculizado nuestros pasos, sino también estaremos expulsando a miles de los que han estado oponiéndose ¡al plan de Dios en la Tierra!

Esto sucedió en el libro de Hechos. Allí leemos que los primeros creyentes eran de un solo corazón y de una misma alma (Hechos 4:32). Ellos se amaban tanto y permanecían tan unidos que la Iglesia estalló en crecimiento. A diario se veían señales y maravillas. Las personas sacaban a los enfermos a las calles para que fueran sanados cuando Pedro pasara por ahí. La Iglesia tuvo mucho éxito en Jerusalén y el diablo no pudo hacer nada para impedirlo.

¿Puede suceder esto de nuevo? ¡Por supuesto! Puede y ocurrirá. Mientras más nos unamos en amor, más poder veremos. Cuando nos comprometamos los unos con los otros, así como nos hemos comprometido con el SEÑOR, rehusándonos a criticarnos y buscando de manera continua cómo bendecir a los demás y edificándonos entre nosotros, pisotearemos al diablo en cada movimiento. Y la Iglesia del SEÑOR Jesucristo ahuyentará a las moscas.

Kenneth

Amor
sin límites

La espada que lo hace libre

«Fueron afligidos los insensatos, a causa del camino de su rebelión y a causa de sus maldades; Su alma abominó todo alimento, y llegaron hasta las puertas de la muerte. Pero clamaron a Jehová en su angustia, y los libró de sus aflicciones. Envió su palabra, y los sanó, y los libró de su ruina»
(Salmos 107:17-20, *NVI*).

La PALABRA escrita de Dios es una expresión de Su amor por usted. La razón por la que usted sostiene una Biblia en su mano, y lee las promesas y la provisión de Dios, se debe a que Él lo ama tanto que hizo posible que usted las tuviera.

En ocasiones olvidamos el gran precio que se pagó para que esa PALABRA llegara a nosotros. No me refiero sólo a los US$30 que usted paga por una Biblia en la librería. Me refiero a los hombres y mujeres que entregaron su vida por ella, y que pasaron años traduciéndola e imprimiéndola. Estas personas, literalmente, derramaron su sangre para que la Biblia fuera impresa.

Esos hombres y mujeres fueron vigorizados por la gracia de Dios e inspirados por el Espíritu Santo. Dios los llevó a realizar lo que hicieron porque lo ama a usted. Él anhela que usted sea libre de toda atadura del diablo y, la verdad de la PALABRA es la que lo liberta.

Jamás olvidaré una visión que el SEÑOR me mostró en los primeros años de mi ministerio. Me encontraba orando en una pequeña iglesia al sur de Texas, puesto que iba a predicar en algunas reuniones. De pronto vi, con los ojos de mi espíritu, a un dragón entrando por la puerta principal de la iglesia. Era tan grande que ocupó todo el lugar. Tenía ojos centellantes y fuego salía por su boca, quemando mi ropa y golpeaba mi espalda.

En la visión, Jesús se encontraba a mi lado y claramente vi como Él estaba disgustado con ese dragón (de hecho, yo estaba dándole la espalda al dragón). Y pensé: *¿Por qué Jesús no hace algo al respecto? ¿Por qué no utiliza esa espada que posee en Su mano y mata a esta bestia?*

En ese momento, Él me entregó la espada. Yo no quería recibirla, pero sabía que estaría en problemas si no la tomaba, así que tomé la espada. De forma sorprendente, ésta me levantó del suelo y sentí un impacto de poder a través de mi brazo y por todo mi cuerpo. De pronto, ya no sentía miedo de esa enorme lagartija. Empuñé la espada contra él y en el momento en que ésta lo tocó, lo partió a la mitad. Cuando eso sucedió, me percaté de que ¡estaba lleno de personas que se había tragado!, y la espada del Espíritu los había hecho libres.

Recuerde esto la próxima vez que tome su Biblia. No la trate como si sólo fuera un buen libro. Utilícela como la espada del Espíritu, un obsequio del amor que proviene directamente del Padre y que ha sido enviado para libertarlo.

Amor
s i n   l í m i t e s

Derrotado por el ejército del amor

«Sobre todo, tomad el escudo de la fe, con que podáis apagar todos los dardos de fuego del maligno. Y tomad el yelmo de la salvación, y la espada del Espíritu, que es la palabra de Dios; orando en todo tiempo con toda oración y súplica en el Espíritu, y velando en ello con toda perseverancia y súplica por todos los santos»
(Efesios 6:16-18).

La armadura espiritual que Pablo describe en Efesios 6, tiene como fin equiparnos para la oración. Él nos instruye a ponernos el cinturón de la verdad, la coraza de justicia, el apresto del evangelio y el yelmo de la salvación, alzando el escudo de la fe y la espada del Espíritu —**¡orando siempre… por todos los santos!**—.

Muchos cristianos pasan por alto ese último paso. Con entusiasmo, se han colocado su armadura espiritual y han tomado sus armas. Pero lo han hecho para obtener sus propias victorias personales, en lugar de hacerlo para obtener la victoria en favor de un hermano.

Aunque, no hay nada de malo en orar por nosotros mismos, no deberíamos conformarnos con orar de esa manera. Es necesario que oremos por la sanidad, la liberación y prosperidad unos de otros. Cuando oramos de esa forma, levantamos un muro espiritual contra el cual Satanás no puede hacer nada. Jesús enseñó que si dos de nosotros nos ponemos de acuerdo en cualquier cosa que pidamos, nos será hecha por nuestro Padre que está en los cielos (Mateo 18:19). Al orar los unos por los otros, activamos esa ley espiritual y con toda seguridad obtendremos los resultados.

Dios jamás pretendió que utilizáramos nuestro escudo de fe sólo para nuestra propia protección. Él deseaba que uniéramos nuestros escudos para el bien común. Los escudos romanos, en los tiempos de Pablo, tenían ganchos a los lados. Cada escudo superaba en tamaño a una persona y llegaban hasta la parte inferior. Cuando los soldados enfrentaban serios ataques, apoyaban sus escudos en el suelo y los enganchaban para formar una sólida barrera de protección.

Eso es lo que nosotros, como creyentes, debemos realizar por medio de la oración. Debemos unir nuestros escudos de fe y comprometernos a pelear unos por otros. Tenemos que ir a la batalla como hermanos de pacto, y confesar: *Permaneceré aquí tanto como pueda y usaré cada arma que Dios me ha entregado para mantener al diablo alejado de ti. Ambos hemos nacido del mismo Espíritu y fuimos comprados con la misma sangre. Pelearé con más violencia por ti en oración que por mí, porque te amo de la misma manera que Dios me ama a mí.*

Cuando utilizamos las armas de nuestra milicia con esa actitud, al diablo le será difícil enviar algo en contra de nosotros. Todo el tiempo nos cuidaremos unos a otros. No importa qué área de la iglesia ataque el diablo, encontrará a alguien orando y empuñando la espada del Espíritu en su contra. También hallará una muralla sólida de fe que no podrá derribar ni atravesar. Y el ejército del amor lo derrotará por completo.

Kenneth

Amor
sin límites

La voluntad del Rey

«La exposición de tus palabras alumbra; hace entender a los simples. Mi boca abrí y
suspiré, porque deseaba tus mandamientos. Mírame, y ten misericordia de mí, como
acostumbras con los que aman tu nombre. Ordena mis pasos con tu PALABRA…»
(Salmos 119:130-133).

Es lamentable cuán poco de la BENDICIÓN del padre reciben Sus hijos. Pues en Su amor, Él ha
provisto todas las cosas en abundancia para que las disfrutemos. Él pagó esas bendiciones con Su propia
sangre y las ha reservado para nosotros, a fin de que las tomemos cada vez que lo deseemos. También,
nos dio descripciones detalladas de éstas en Su PALABRA para que podamos alcanzarlas y tomarlas con
las manos de la fe.

Sin embargo, una y otra vez, lo hemos privado del deleite de vernos recibir esas provisiones. Sin duda,
Su amoroso corazón de Padre se ha entristecido cuando nos mira sufrir escasez sin necesidad alguna,
debido a que no hemos leído o hemos creído Sus promesas. Y no hemos tomado Su PALABRA en serio.

Hace años, escuché una historia acerca de una mujer que por mucho tiempo sirvió como dama de
compañía a la reina de Inglaterra. Ella inició su servicio cuando era joven y vivió la mayor parte de su vida
en el palacio. Jamás aprendió a leer ni a escribir, y cuando la reina murió y ella fue destituida del servicio
real, quedó como indigente —una anciana mujer sin la esperanza de un empleo remunerado—.

Por años, esa dama vivió en pobreza en una pequeña choza cerca del río. Un día, un predicador fue a
visitarla pues había escuchado de su glorioso pasado, y le preguntó: "¿Es verdad que pasó toda su vida al
servicio de la reina?".

«¡Oh, sí! —le respondió, irradiando orgullo—. Yo serví a su señoría por mucho años. Tengo una
prueba colgando aquí en la pared».

Intrigado por este pedazo de historia, el predicador se aproximó para examinar el documento el
cual había sido enmarcado y poseía un lugar de honor en la pequeña casa. Mientras leía las palabras allí
escritas, se consternó al descubrir la voluntad de la reina, en la cual ordenaba que en honor al fiel servicio
de su dama de compañía, ella fuera ricamente provista de una casa, de sirvientes, ropa y comida por el
resto de su vida. Y el documento estaba firmado y sellado por la misma reina.

Aunque la apreciable anciana, por años había honrado y estimado el testamento de la reina, jamás
lo había leído ni entendido lo que se le prometió. Por consiguiente, nunca pudo tomar en serio la voluntad
de la reina ni recibir lo que su majestad le había provisto.

No permita que esa triste historia se cuente acerca de usted. Determínese a averiguar lo que su Rey
todopoderoso le ha provisto en abundancia. Déle a Su PALABRA —la cual es Su voluntad para usted— un
lugar de honor, no sólo en su casa, sino también en su corazón. Permita que Su PALABRA le dé luz, a fin de
que pueda creer y recibir ¡todas las abundantes BENDICIONES del SEÑOR!

Amor
sin límites

En los brazos de Jesús

«…Si nos amamos unos a otros, Dios permanece en nosotros, y su amor se ha perfeccionado en nosotros»
(1 Juan 4:12).

¿Recuerda el antiguo dicho: "La práctica hace al maestro"? Cuando se trata de amar, éste dicho es por completo cierto. La manera en que usted puede perfeccionar el amor de Dios en su vida es practicando ese amor con los demás.

No lo practique sólo con aquellos que son fáciles de amar —aquellos que son amables y gentiles con usted—. (En la Biblia se nos enseña que incluso los pecadores pueden hacer eso). Determine amar a quienes lo irritan y tienen una actitud desagradable hacia usted. Ame a propósito a las personas más difíciles de amar.

No espere sentado a que un cálido sentimiento sobrenatural lo motive a hacerlo. Dé un paso de fe y determine amarlas por voluntad propia. Puede comenzar pidiéndole a Dios que lo ayude a ver a esa persona como Él la ve. Si es alguien que no ha sido amable con usted, esto puede resultarle difícil. De hecho, puede irritarle un poco que Dios también los ame a ellos. Seamos sinceros. En ocasiones, todos nosotros, en nuestro egoísmo carnal, vemos a alguien que actúa con maldad y pensamos: *¿Cómo podría Dios amar a este tonto?*

Cuando yo era un niño escuché a mi madre hablando con un hombre de fe acerca de una persona de mal testimonio. Ella dijo «Cómo corregirá Dios a esa persona».

Él le respondió: «Con misericordia. Con gran misericordia».

Incluso siendo un adolescente, yo sabía de lo que hablaba ese hombre: "Dios tratará con ellos con misericordia, al igual que lo hizo con usted… y al igual que lo hizo conmigo. Si no fuera por Su misericordia, ninguno de nosotros habría sobrevivido. Por tanto, es sabio que extendamos esa misma misericordia hacia los demás".

Ésa es la actitud a tomar cuando le pida a Dios que lo ayude a ver a alguien más como Él lo ve. Cultive esa actitud recordando cuántas veces el Padre ha sido gentil con usted cuando ha actuado mal. Medite en el precio que Jesús pagó para salvarlo cuando aún era un pecador. Después, con esa mentalidad, comience a orar por la persona que le ha costado tanto amar.

En ocasiones, inicio el proceso viendo a esas personas en mi mente y entonces visualizo a Jesús acercándose por detrás de ellos y tomándolos entre Sus brazos. Los veo completamente rodeados de Él. Y pienso: *Sí, Señor, es así como Tú me tratas. Me amas cuando no lo merezco. Ayúdame a hacer con ellos lo que Tú hiciste por mí. Sólo permite que yo pueda transmitir la misericordia y la compasión que Tú tienes por ellos.*

Quizá usted piense ahora que no puede lograrlo, sin embargo, le garantizo que si da pasos de fe, descubrirá que sí puede. Y verá que entre más crea en el amor que Dios tiene por usted, y entre más lo practique con los demás, más se perfeccionará éste en su vida.

Amor
sin límites

Transformados a la imagen del amor

«Así que, todos nosotros, a quienes nos ha sido quitado el velo, podemos ver y reflejar la gloria del Señor. El Señor, quien es el Espíritu, nos hace más y más parecidos a él a medida que somos transformados a su gloriosa imagen»
(2 Corintios 3:18, *NTV*).

Como hijos de Dios, usted y yo debemos crecer a la imagen de Jesús. Con cada día que transcurre debemos hablar, pensar y actuar más como Él. En lugar de llorar atemorizado por las tormentas de la vida que vienen contra nosotros, necesitamos aprender a tomar autoridad sobre éstas. Debemos confesar lo mismo que Jesús: *Calla y enmudece.*

Algunos amigos piensan que imaginar que podamos llegar a ser como el SEÑOR es una blasfemia. Sin embargo, en el Antiguo Testamento se nos afirma con claridad que ése es nuestro destino. Jesús mismo afirmó: *«El que en mí cree, las obras que yo hago, él las hará también; y aun mayores hará, porque yo voy al Padre»* (Juan 14:12).

El apóstol Pablo escribió que estamos: "...predestinados para ser conforme a la imagen de Su Hijo, para que Él sea el primogénito entre muchos hermanos" (Romanos 8:29, *NAS*), y para que: *«...crezcamos en todo en aquel que es la cabeza, esto es, Cristo»* (Efesios 4:15).

El apóstol Juan lo expresó de esta manera: *«...como él es, así somos nosotros en este mundo»* (1 Juan 4:17).

Estas escrituras son sorprendentes y todo creyente por instinto sabe que son ciertas. Nuestro espíritu al instante da testimonio de que hemos nacido de nuevo para ser como Jesús. Dios desea realizar a través de nosotros ¡las mismas cosas que realizó a través de Él!

En ocasiones, algunos de nosotros lo hemos logrado. Hemos vivido momentos en los que experimentamos la vida, y el poder de Dios fluyendo sin obstáculos a través nuestro. Pero aún no estamos viviendo a ese nivel todos los días. ¿Por qué? ¿Qué estamos olvidando?

La plenitud del amor de Dios.

El amor es la clave de todo. Debido a que Jesús es el amor hecho carne, ser conforme a Su imagen significa adoptar la imagen del amor. Por consiguiente, entre más lo contemplemos a Él en nuestro corazón y nos percatemos de que hemos nacido de ese amor, más plena será la revelación de Jesús en nosotros.

Hace algún tiempo, el SEÑOR me indicó que necesitamos desarrollar, a un nivel más alto, la revelación que hemos recibido acerca de que Dios es amor y que Su amor se encuentra en nosotros, a fin de que lo utilicemos. Él me dijo: *A medida que desarrolles y ejerzas ese amor, no sólo te llenará, sino eliminará el temor de tu alma. Una vez que el temor sea expulsado, comenzarás a dar pasos de fe y a vivir de una manera que el mundo no puede explicarse. Y se preguntarán: ¿Quién es ése que incluso detiene y calma las tormentas?* Ellos verán en nosotros al mismo Jesús y a Su imagen de amor.

Amor
sin límites

Conforme a su fe

«…Conforme a vuestra fe os sea hecho»
(Mateo 9:29).

La fe obra por el amor. Ya hemos reconocido ese hecho muchas veces. Pero ¿sabía usted que el amor no puede obrar sin la fe?

Es verdad. Yo podría amarlo con todo mi corazón. Podría amarlo tanto al punto de comprarle una casa, dejarle un automóvil nuevo en la entrada, y entregarle las llaves de ambos bienes —pero si usted no confía en mi amor, estos obsequios no le beneficiarían en nada—. Cuando intente darle las llaves, se negaría a recibirlas diciendo: "No, usted no puede engañarme. Yo sé que no me compró un automóvil y ciertamente no creo que me haya comprado una casa. Así que quédese con sus tontas llaves porque no creeré esa mentira".

¿Será esto ridículo? No, ésa es la realidad. De hecho, supe la historia de un caso real como éste hace algunos años en Chicago. Un hombre que había vivido en una terrible pobreza, apenas sobrevivía con la ayuda de algunos programas sociales del gobierno, fue contactado por alguien y le informó que había sino nombrado heredero de una multimillonaria fortuna.

Imagínese. Una persona que vivía en la calle, hambrienta, padeciendo calor y frío. Quizá usted piense que saltaría de alegría al recibir esa noticia, emocionado por la posibilidad de que alguien le proveyera algo.

Pero no lo estaba. Al contrario, se negó a creerle al mensajero y le dijo: "A mí nadie me ha regalado nada y nadie me dará nada. Váyase de aquí y déjeme solo".

Según cuenta la historia, le pidieron al alcalde de la ciudad que los ayudara a convencer a este hombre para recibir su herencia. Por tanto, llegó en su limosina frente al sucio lugar donde este hombre vivía, y él con claridad se percató de que fuera el alcalde. Pero aún así no le creyó: "No… —replicó—. Nadie jamás me ha regalado nada y no van a comenzar a hacerlo ahora. Así que súbase a su lujoso automóvil y váyase".

El alcalde le ordenó al hombre que lo acompañara. Le dijo que el estado se había cansado de pagarle su comida cuando él tenía un millón de dólares en el banco. Así que llevó al hombre al banco, quien iba quejándose y refunfuñando en todo el camino.

Lo más triste es que muchos cristianos son así. Tienen un Padre celestial que los ama tanto, que les ha provisto todo lo que podrían llegar a necesitar. Tienen una herencia tan rica que literalmente es inagotable, sin embargo, no han desarrollado la suficiente fe en el amor de Dios para recibirla, en cambio declaran: "SEÑOR, no te pido mucho. Sólo lo suficiente para que mi familia y yo sobrevivamos".

Y, a pesar de las riquezas que Dios anhela darnos, Él se ve obligado a repartir esa pequeña provisión a Sus hijos que le han pedido como el SEÑOR lo establece: *Conforme a su fe, les sea hecho*.

Kenneth

Amor
sin límites

Atrévase a vivir como una persona digna

«Por lo cual también nosotros, desde el día que lo oímos, no cesamos de orar por vosotros, y de pedir que seáis llenos del conocimiento de su voluntad en toda sabiduría e inteligencia espiritual, para que andéis como es digno del Señor, agradándole en todo, llevando fruto en toda buena obra, y creciendo en el conocimiento de Dios»
(Colosenses 1:9-10).

La religión ha desarrollado en muchos cristianos una actitud que ahoga la revelación del amor de Dios para ellos. Les ha enseñado que no son dignos de ser llamados Sus hijos. Así que en lugar de entrar confiadamente ante el trono de la gracia y disfrutar de la comunión con su Padre, de continuo se encogen de miedo y se quedan afuera, quejándose por lo indignos que son.

Para la mayoría, su intención es honorable. Ellos desean ser humildes ante el SEÑOR. Anhelan darle toda la gloria por lo que Él ha hecho por ellos y no gloriarse ellos mismos. Sin embargo, esa manera de acercarse a Dios no es Bíblica. En lugar de honrar al SEÑOR lo están deshonrando negándose a recibir los regalos que les ha entregado.

Aunque como pecadores, todos éramos indignos de la salvación, al aceptar a Jesús como nuestro SEÑOR, Su sangre nos dignificó. Él se hizo pecado, a fin de que nosotros fuéramos la justicia de Dios. Cuando lo recibimos como nuestro Salvador, Él nos entregó la autoridad para convertirnos en hijos de Dios.

¿Sabe usted lo que eso significa? Significa que cuando usted se menosprecia a sí mismo, está menospreciando la obra que Él realizó en usted. Cuando le expresa lo indigno que usted es, le está diciendo que la sangre de Jesús no fue suficiente para santificarlo ni para dignificarlo.

En resumen, usted está rehusándose a tomar el lugar que le corresponde en la familia de Dios y Él pagó un precio muy alto para dárselo. Eso entristece su corazón. Medite al respecto, y verá por qué. ¿Cómo se sentiría si usted adoptara a un niño abandonado, y lo amara como si fuera su hijo biológico, y aún así él se rehusara a verlo directo a los ojos? ¿Cómo se sentiría si usted le diera lo mejor de todo, y que él no se lo recibiera porque se siente indigno?

Es probable que lo haga llorar, y entonces piense: "Estoy invirtiendo todo mi dinero en este niño, sólo porque lo amo. Intento darle una maravillosa vida, ¡y lo único de lo que habla es de lo indigno que se siente!".

No trate a su Padre celestial de esa manera. No frustre Su amor. Reciba su posición de amor como hijo nacido de nuevo en la familia de Dios. Ése es el más grande honor para Él. En lugar de hablarle de cuán indigno es usted, dígale cuán digno de alabanza es Él. Cada vez que se acerque al SEÑOR, hágalo con su cabeza en alto y con gozo en su corazón. Sea osado y tome su lugar como el hijo que ha sido dignificado por el amor de su Padre. Atrévase a vivir como una persona digna ante el SEÑOR, agradándole por completo.

Amor
s i n   l í m i t e s

Mantenga su mirada en Jesús

«Pero ahora en Cristo Jesús, vosotros que en otro tiempo estabais lejos,
habéis sido hechos cercanos por la sangre de Cristo»
(Efesios 2:13).

Algunas veces, a medida que los creyentes comenzamos a madurar en las cosas de Dios y a llevar vidas santas, ese primer amor apasionado que tenían por el SEÑOR comienza a menguar. ¿Ha notado eso alguna vez? En los primeros meses de su vida cristiana, quizá lloran de gratitud cada vez que oran. A menudo sobreabundan en adoración cuando le expresan al SEÑOR cuánto lo aman, y cuánto valoran la purificación que recibieron por medio de Su sangre preciosa.

Sin embargo, a medida que el tiempo transcurre, algo cambia. Ellos aún aman al SEÑOR. Aún oran y lo adoran. Pero de alguna manera, Dios no parece tan cercano o amado como lo era en esos primeros maravillosos días.

¿Por qué sucede esto?

A menudo, la razón es muy simple. En los primeros días de su vida con el SEÑOR, esos creyentes depositan toda su confianza en la sangre de Jesús. Ellos no tienen buenas obras en las que puedan confiar y deben depositar toda su confianza en el Salvador, y simplemente se acercan a Dios por medio de la fe en Él.

Sin embargo, cuando crecen, sin siquiera darse cuenta, permiten que su atención cambie. Ahora están más atentos a sus éxitos o fracasos espirituales de lo que estaban en Jesús. comienzan a acercarse al SEÑOR pensando que Él los aceptó gracias a su buen comportamiento o que los rechazó por su mal comportamiento. De forma inconsciente, ellos caen de su lugar en la gracia para quedarse en un lugar basado en las obras. Pierden el afecto que una vez tuvieron por Dios debido a que comenzaron a tratar de ganárselo en lugar de recibirlo como un regalo de su comunión con Él.

No permita que eso le suceda. Sin importar cuántas maravillosas obras el SEÑOR realice en su vida… ni cuántas cosas extraordinarias Él le permita llevar a cabo… jamás, nunca traiga esas obras delante del trono de Dios. Jamás establezca su confianza en ellas.

En lugar de ello, mantenga su mirada en Jesús. Recuerde que **sólo** Su sangre lo acercará a Dios siempre. Ya sea que haya actuado de forma maravillosa o lamentable, sigue siendo su fe en Él, y sólo en Él, la que asegura su lugar con el Padre. Es sólo a través de Jesús que usted tiene acceso por la fe al lugar de gracia en la cual estamos firmes (Romanos 5:2).

Si usted mantiene siempre estas verdades en su mente, jamás perderá ese primer amor que tenía por el Único que pagó todo por usted. Nunca dejará de estar agradecido por el sacrificio de su Salvador y por la sangre que lo acercó a Él.

Establecido en la sangre

«Entonces los soldados del gobernador llevaron a Jesús al pretorio, y reunieron alrededor de él a toda la compañía; y desnudándole, le echaron encima un manto de escarlata, y pusieron sobre su cabeza una corona tejida de espinas, y una caña en su mano derecha; e hincando la rodilla delante de él, le escarnecían, diciendo: ¡Salve, Rey de los judíos! Y escupiéndole, tomaban la caña y le golpeaban en la cabeza. Después de haberle escarnecido, le quitaron el manto, le pusieron sus vestidos, y le llevaron para crucificarle»
(Mateo 27:27-31).

Como creyentes, tenemos un pacto que ha sido ratificado en la sangre de Jesús. Cada provisión descrita en la PALABRA y cada promesa que Él estipuló en la Biblia, ha sido establecida para siempre en Su preciosa sangre. Jesús siendo el sacrifico del pacto de Dios por nosotros, se convirtió en la garantía de nuestra divina bendición. Su sangre dio fin a todo debate, y estableció para siempre el hecho de que el Padre nos ama y ha prometido proveernos todo lo perteneciente a la vida y a la piedad.

Al comprender esa revelación, prácticamente le parecerá algo profano cuando escuche a alguien decir: "Yo no sé si la voluntad de Dios es sanarme. Ni estoy seguro de que Él vaya a suplir mis necesidades". Y quizá también podría argumentar: "En realidad no creo que la sangre de Jesús signifique tanto. Después de todo, Dios es soberano. Él puede decidir romper Su promesa e ignorar la sangre".

Usted ni siquiera podría pensar en algo así, y mucho menos expresarlo. Su corazón estará anclado, su mente establecida con firmeza y todo su ser estará cimentado en la fe. Cada vez que piense en la PALABRA, recordará la sangre y estará plenamente confiado en que Dios hará por usted lo que ha prometido.

Sin embargo, para comprender este punto, debe meditar en lo que sucedió en la Cruz. Concéntrese al punto que se vea ahí parado en El monte Calvario. Medite tanto en eso que pueda sentir el olor del calabozo donde Él fue azotado, y pueda ver la carne desprenderse de Su cuerpo mientras que se forman en Su espalda las llagas por su sanidad.

Permita que el Espíritu Santo le ayude a escuchar el sonido del martillo golpeando esos clavos sobre Su cuerpo y vea la sangre que brota de Sus heridas, mientras la risa y la burla de los hombres ignorantes y pecadores contamina el aire. Véalo colgado de la Cruz, y recuerde Gálatas 3:13-14: *«Cristo nos redimió de la maldición de la ley, hecho por nosotros maldición (porque está escrito: Maldito todo el que es colgado en un madero), para que en Cristo Jesús la bendición de Abraham alcanzase a los gentiles, a fin de que por la fe recibiésemos la promesa del Espíritu».*

Permita que la sangre del pacto eterno realice en su interior aquello para lo cual fue diseñada. Deje que ésta resuelva para siempre cualquier pregunta que pueda tener acerca del amor de Dios. Permítale que elimine toda duda y lo deje plenamente convencido de que Él siempre cumplirá Su PALABRA en usted.

Amor
sin límites

Ésas sí son buenas noticias

«Porque no me avergüenzo del evangelio, porque es poder de Dios para salvación a todo aquel que cree; al judío primeramente, y también al griego. Porque en el evangelio la justicia de Dios se revela por fe y para fe, como está escrito: Mas el justo por la fe vivirá»
(Romanos 1:16-17).

Con el paso de los años, la religión ha diluido el verdadero significado del evangelio. Nos ha dado la idea de que éste no es más que una dulce lección de escuela dominical. La religión redujo el evangelio a un conjunto de normas y reglamentos que tenemos que obedecer para evitar que Dios se moleste con nosotros.

Sin embargo, el **evangelio** significa: "Buenas noticias". En la Biblia se afirma que el evangelio es el poder de Dios; no obstante, en los estatutos de los reglamentos hay pocas buenas noticias y muy poco poder.

Un día, pensaba en el pacto que Dios estableció con Abraham en el Antiguo Testamento. Estaba meditando en el día en que Dios celebró ese pacto con la sangre de los animales, y le juró a Abraham bendecirlo y ser su Dios. De pronto, escuché esta pregunta en mi corazón: *¿Si le hubieras preguntado a Abraham esa noche qué era el evangelio, qué crees que te habría respondido?*

Al instante, supe la respuesta. Él habría dicho: "Hermano, le diré que son buenas noticias. El Dios todopoderoso tomó la decisión de ¡celebrar un pacto conmigo! Él prometió proveerme, BENDECIRME y protegerme. Afirmó que cualquiera que me maldijera sería maldito. Así que no se meta conmigo o terminará en contra de Dios mismo. Esa promesa es mía para siempre".

Quizá alguien diga: "Pero ese fue Abraham. Yo no tengo un pacto con Dios como él lo tuvo".

Lo tiene si ha nacido de nuevo. Sin embargo, su pacto fue establecido en la sangre más sagrada. Éste fue ratificado en la sangre de Jesús. Y en la Biblia se nos enseña que por medio de Él, LA BENDICIÓN de Abraham ¡es suya!

Y ¿qué es LA BENDICIÓN? Averígüelo en Génesis 12, donde Dios le dice a Abraham: *«Y haré de ti una nación grande, y te bendeciré, y engrandeceré tu nombre, y serás bendición. Bendeciré a los que te bendijeren, y a los que te maldijeren maldeciré; y serán benditas en ti todas las familias de la tierra»* (Versículos 2-3).

Con razón, en la Biblia se nos enseña a orar ¡por aquellos que nos persiguen! Tenemos un pacto de amor con el Dios todopoderoso. Él está de nuestro lado, y cualquiera que venga en contra nuestra se levanta contra el SEÑOR. Es por ello que ningún arma forjada contra nosotros prosperará, y toda lengua que se levante en nuestra contra será condenada (Isaías 54:17). ¡Ésta es nuestra herencia de pacto!

¡Ésas son buenas noticias, amigo mío! ¡Ése es el poder de Dios obrando a nuestro favor! ¡Ése es el evangelio de amor!

Amor
sin límites

Recuerde el pacto

«Y circuncidará Jehová tu Dios tu corazón, y el corazón de tu descendencia, para que ames a Jehová tu Dios con todo tu corazón y con toda tu alma, a fin de que vivas»
(Deuteronomio 30:6).

Cuando pensamos en el pacto que tenemos con Dios gracias a Jesús, de inmediato, recordamos LA BENDICIÓN que éste nos provee. Recordamos (como deberíamos) las marcas de ese pacto en el cuerpo de Jesús, las cicatrices en Su cabeza producidas por la corona de espinas y las llagas en Su espalda, las marcas de los clavos en Sus manos y el agujero en Su costado —esas marcas significarán para siempre la promesa de Dios de entregarnos Su todo a nosotros como Su pueblo de pacto—.

Sin embargo, también debemos recordar que llevamos la marca del pacto. Al igual que la circuncisión de los santos del Antiguo Testamento, la nuestra no es una marca que pueda verse fácilmente. Llevamos la señal del pacto en nuestro espíritu. Ésta es la circuncisión del corazón.

Cuando digo que debemos recordarla, no me refiero simplemente a que no debamos olvidarla o que en ocasiones debamos recordarla. El término **recordar** es una palabra de pacto y significa: "Estar continuamente consciente de aquel con quien se tiene un pacto". Dios recuerda Su pacto con nosotros al punto de llevarnos de manera perpetua en Su mente y en Su corazón. Él nos recuerda de forma continua, poniéndose Él mismo y a todos Sus recursos a nuestra disposición. De igual manera, como Su pueblo de pacto debemos mantenerlo de forma total y absoluta en nuestra mente, las 24 horas del día, todos los días de nuestra vida.

Debemos recordar que estamos comprometidos a amarlo. Tenemos que estar más enfocados en suplir Sus necesidades, porque Él supla las nuestras. Es necesario que nos enfoquemos en lo que podemos realizar por Él y en cómo podemos ministrar a Su Cuerpo.

Nuestra principal motivación debe ser el deseo de BENDECIRLO, más que nuestro deseo de recibir Su BENDICIÓN. Es necesario que nos olvidemos de nuestra voluntad, y que permitamos que la voluntad de Dios nos consuma. A medida que crezcamos en nuestro pacto de amor con Él, dejaremos de orar por nuestras necesidades; pues estaremos demasiado ocupados orando por las necesidades de los demás, que Dios ha puesto en nuestro corazón. Y a nosotros jamás nos faltará nada, pues mientras atendemos los negocios de Dios; Él cuidará de nosotros.

Sólo cuando comencemos a amar al SEÑOR de esa manera, descubriremos en realidad de qué se trata un pacto. Así es como recordaremos incontables veces al día todo lo que somos y que todo lo que tenemos le pertenece a Dios como nuestro compañero de pacto. Seremos guiados por el amor que se encuentra en nosotros, a fin de ser Sus siervos, Sus campeones sobre la Tierra… y para ser cualquier cosa que Él necesite que seamos.

Sólo entonces descubriremos qué significa en realidad vivir.

Kenneth

Día 231

Amor
sin límites

Cuando el amor se enfada

«Entonces Jehová dijo a Moisés: Anda, desciende, porque tu pueblo que sacaste de la tierra de Egipto se ha corrompido. Pronto se han apartado del camino que yo les mandé; se han hecho un becerro de fundición, y lo han adorado, y le han ofrecido sacrificios… Ahora, pues, déjame que se encienda mi ira en ellos, y los consuma; y de ti yo haré una nación grande. Entonces Moisés oró en presencia de Jehová su Dios, y dijo: Oh Jehová, ¿por qué se encenderá tu furor contra tu pueblo, que tú sacaste de la tierra de Egipto con gran poder y con mano fuerte?… Vuélvete del ardor de tu ira, y arrepiéntete de este mal contra tu pueblo. Acuérdate de Abraham, de Isaac y de Israel tus siervos, a los cuales has jurado por ti mismo, y les has dicho: Yo multiplicaré vuestra descendencia como las estrellas del cielo; y daré a vuestra descendencia toda esta tierra de que he hablado, y la tomarán por heredad para siempre. Entonces Jehová se arrepintió del mal que dijo que había de hacer a su pueblo»
(Éxodo 32:7-8, 10-14).

No piense que por vivir en amor jamás se enojará. Pues Dios mismo se enojó por la maldad y la injusticia, y Él siente lo mismo que nosotros ante esas situaciones. Ahora bien, la diferencia entre Su enojo y el nuestro, es que el de Él es mucho más grande, sin embargo, Dios no peca cuando se enoja como lo hacemos nosotros. Él jamás pierde el control. A medida que crezcamos en amor y en otros frutos del espíritu (como la templanza), tampoco perderemos nuestro temperamento. Como leemos en Efesios 4:26, nos enojaremos pero no pecaremos.

La naturaleza de Dios hace también que Él fácilmente sea amable (Santiago 3:17). Él está dispuesto a dejar Su enojo, aunque tenga la razón y sea justo que se moleste. También está dispuesto a dejar Su ira y a perdonar sólo porque Sus amigos de pacto se lo piden. Por ejemplo, en este caso, el amor de Dios por Moisés causó en Él que tuviera misericordia de los israelitas, aunque no la merecían ni se la pidieron en ese momento.

Al hacer eso, Él nos dio el ejemplo. Nos reveló cómo debemos tratar a aquellos que provocan en nosotros, no sólo enojo, sino también indignación justa. Debemos amar como Él ama y estar dispuestos a dejar nuestro enojo aun cuando sea justificado. Es necesario que seamos misericordiosos sólo porque nuestro Amigo de pacto, el SEÑOR Jesucristo lo ha pedido.

Él declaró: «*…perdonad, si tenéis algo contra alguno…*» (Marcos 11:25). Aunque las personas que nos han hecho mal no merezcan misericordia, y aunque ni siquiera estén arrepentidas, por amor al Maestro, cederemos ante Su petición. Dejaremos nuestro enojo y realizaremos lo que Él nos ha pedido hacer.

Amor
sin límites

Sigan sirviendo

«Y el que quiera ser el primero entre vosotros será vuestro siervo; como el Hijo del Hombre no vino para ser servido, sino para servir, y para dar su vida en rescate por muchos»
(Mateo 20:27-28).

¿Alguna vez se ha molestado con alguien que no apreció su amabilidad? O ¿alguna vez ha expresado: "¡No puedo creer que me hayan tratado tan mal! Después de todo lo que he hecho por ellos, ¿cómo pudieron olvidar todo lo que me deben?".

La próxima vez que se sienta tentado a tomar esa actitud, recuerde esto: en el momento en que usted adopta la mentalidad de mártir, se aleja de la cobertura del amor. Pues está utilizando las buenas obras que ha realizado por esa persona como un tipo de manipulación emocional. En lugar de alegrarse por BENDECIR a los demás, está demandando algo a cambio.

Quizá alguien diga: "¿A caso no todos lo hacen?".

Jesús no. Cuando Él llegó a la Tierra, no vino a intentar hablar con las personas para que le creyeran, a fin de obtener algo de ellas. Él vino a entregarse a Sí mimo por completo y sin reservas para que todo aquel que en Él creyera no se perdiera, sino tuviera vida eterna.

El se sacrificó por amor al mundo, aunque no había ninguna garantía de que alguien lo recibiera. Y de hecho así fue. Cuando Él fue enviado a la Cruz, nadie valoró o entendió lo que Él estaba realizando, pues era un misterio escondido en Dios. La gente se burló de Él y lo menospreció, sin embargo, no se ofendió ni expresó: "¿Padre, puedes creer esto? Estoy derramando Mi sangre por ellos, y ellos ni siquiera lo valoran". No, Jesús oró: *Padre, perdónalos porque no saben lo que hacen.*

Incluso después que resucitó, la mayoría de Sus seguidores no le recibieron. En la Biblia leemos que se le apareció a casi 500 personas después de Su resurrección (1 Corintios 15:6). Y Él les dijo: *Vayan a Jerusalén y esperen por la promesa del Espíritu Santo.* Pero sólo 120 se encontraban en el Aposento Alto el día de Pentecostés. Usted bien podría pensar que todos estarían allí después de haberlo visto resucitar, pero no fue así. Es claro que aunque vieron con sus propios ojos lo que Él había realizado por ellos, no respondieron como debieron.

Jesús jamás permitió que la ingratitud de las personas le afectara. No tenemos ningún registro de que Él se haya quejado al respecto. Simplemente continúo realizando lo que el amor de Dios en Él le indicaba: Siguió dando, sirviendo y derramando Su vida.

Y nosotros, como Sus discípulos, debemos actuar de la misma manera.

Amor
sin límites

Diseñado por el amor

«Porque habiendo anunciado Moisés todos los mandamientos de la ley a todo el pueblo, tomó la sangre de los becerros y de los machos cabríos, con agua, lana escarlata e hisopo, y roció el mismo libro y también a todo el pueblo, diciendo: Esta es la sangre del pacto que Dios os ha mandado»
(Hebreos 9:19-20).

En ocasiones, las personas leen el Antiguo Testamento y se pierden de la maravillosa demostración de amor de Dios que allí se revela. Al leer acerca de La ley Mosaica y del sacrificio de animales que dicha ley requería, por su falta de conocimiento, expresan: "¿Qué clase de Dios impone un sistema como éste?".

¡Un Dios que ama a la gente! Aunque la humanidad se encontraba bajo el dominio del diablo y debido a eso, se convirtieron en un una raza fracasada, Dios amaba a la gente de esa época. A pesar de que se encontraban muertos en el espíritu y no había forma de que fueran regenerados, Dios aún anhelaba suplir sus necesidades. El amor que Él sentía por ellos era tan grande, que aún sabiendo que en realidad no podían corresponderle en amor, Él deseaba establecer un pacto con ellos para poder BENDECIRLOS.

El problema fue que ellos no pudieron cumplir su parte del pacto. Se encontraban tan corrompidos en lo espiritual, que lo incumplieron antes de irse a dormir el primer día —y el SEÑOR lo sabía—. El castigo por quebrantar un pacto era la muerte, y Él deseaba ayudarlos, no lastimarlos. Por ello, Él debía buscar otro medio.

Por tanto, el sacerdocio se incluyó en el Antiguo Pacto. Él designó a cierto grupo de personas para representarlo, y básicamente dijo: "Escuchen, Mis hermanos y hermanas de pacto, sé que fallarán, que romperán nuestro acuerdo y pecarán. Y cuando eso ocurra, en lugar de que ustedes mueran, sacrificaremos a un animal. Dejaremos que ese animal sea su sustituto, y de esa manera podré cumplir con las demandas de justicia sin lastimarlos. Podremos mantener nuestro pacto y Yo podré BENDECIRLOS a pesar de su pecado".

Dios no hizo eso porque fuera insensible a la muerte de un animal. Si todo hubiera ocurrido conforme al plan inicial de Dios, jamás habría habido muerte en la Tierra. Adán fue quién le abrió la puerta a la muerte. Al entrar el pecado y la muerte en la Tierra, algo debía hacerse para proteger a las personas de la maldición del pecado y de la muerte. Por esa razón, Dios instituyó las leyes del Antiguo Testamento y el sacerdocio —para proteger a Su amado pueblo de los efectos de su propio pecado, a fin de establecer un pacto de BENDICIÓN con ellos, a pesar de su condición de pecado—.

Ésa fue una solución temporal, una sombra de lo que sería el maravilloso Sacerdocio de nuestro SEÑOR Jesucristo, quien vendría para pagar el castigo del pecado y nos limpiaría de éste, para siempre. Por tanto, éste fue claramente concebido por el más grande corazón de compasión que existe. Fue diseñado por el Dios de amor.

Amor
sin límites

La imagen perfecta del amor

*«Acercándose uno de los escribas, que los había oído disputar, y sabía que
les había respondido bien, le preguntó: ¿Cuál es el primer mandamiento de
todos? Jesús le respondió: El primer mandamiento de todos es: Oye, Israel; el
Señor nuestro Dios, el Señor uno es. Y amarás al Señor tu Dios con todo tu
corazón, y con toda tu alma, y con toda tu mente y con todas tus fuerzas.
Este es el principal mandamiento»*
(Marcos 12:28-30).

La más grande imagen del pacto de amor que se haya visto sobre la Tierra fue la relación entre
el SEÑOR Jesús y Su Padre celestial. Se amaban el uno al otro con amor absoluto e inquebrantable. El
Padre exaltó a Jesús diciendo: *«Este es mi Hijo amado… a él oíd»* (Mateo 17:5). Y Jesús exaltó al Padre
y declaró: *«…nada hago por mí mismo, sino que según me enseñó el Padre, así hablo»* (Juan 8:28).

A través del amor, ellos se encontraban en perfecta unión uno con el otro.

Algunas veces pensamos que Jesús mantuvo esa perfecta unión con el Padre, pues sólo nos
enfocamos en el hecho de que Él era el Hijo de Dios. Pero le recuerdo que también era el Hijo del
Hombre. Jesús fue tan humano durante Su vida terrenal como usted y yo. Se cansó, tuvo hambre y sed
como cualquier otra persona. Él experimentó presión y tentación.

Sin embargo, Jesús siempre obedeció al Padre. No pecó ni una vez ni quebrantó el pacto con
Dios, ¿por qué? Porque se encontraba tan enamorado de Su Padre que no podía soportar romper esa
unión. Él estaba tan comprometido con el Padre y el Padre con Él, que cuando caminaban juntos usted
no podría diferenciar dónde comenzaban los pasos de uno, y dónde terminaban los pasos del otro.
Ellos se fusionaron a través del amor.

Por esa razón, Jesús agonizó en gran manera en el huerto de Getsemaní. Tan sólo pensar en
separarse del Padre hizo que sudara gotas de sangre. No estaba molesto por el dolor físico ni por la
muerte que experimentaría en la Cruz, sino estaba sufriendo por la idea de separarse de Su Padre. Esto
causó en Él tanto dolor que tan sólo pensar en ello casi lo mata.

En realidad, fue el amor que Jesús tenía por el Padre —el mismo amor que produjo la vida y la
unión que ellos tenían—, el que demandó que esa unión fuera quebrantada. Fue el amor el que lo
llevó a la Cruz para derramar Su sangre de vida. Fue el amor el que le hizo aceptar en Su espíritu puro
y sin pecado, todo el horror de la humanidad caída. Fue el amor el que lo llevó al infierno a sufrir el
castigo por nuestro pecado.

Jesús amó tanto al Padre que anhelaba entregarle de nuevo el mundo que Dios tanto amaba. El
padre amaba tanto a Jesús que al cumplirse la redención le dio el Nombre que es sobre todo nombre,
y lo coronó como SEÑOR de todo. Ése es un verdadero pacto de amor.

En usted, yo veo a Jesús

«Porque el amor de Cristo nos constriñe, pensando esto: que si uno murió por todos, luego todos murieron; y por todos murió, para que los que viven, ya no vivan para sí, sino para aquel que murió y resucitó por ellos. De manera que nosotros de aquí en adelante a nadie conocemos según la carne; y aun si a Cristo conocimos según la carne, ya no lo conocemos así»
(2 Corintios 5:14-16).

El mandamiento de amar a su prójimo como a usted mismo es maravilloso. Y su significado representa más de lo que la mayoría de personas intenta realizar. Sin embargo, como miembros del Cuerpo de Cristo, tenemos un llamado más grande: Vivir para Jesús, al vivir por los demás. En otras palabras, fuimos llamados a amar a nuestros hermanos y hermanas en el SEÑOR, así como amamos al mismo Jesús.

Pero quizá alguien diga: "Hermano Copeland, de seguro no se está refiriendo a que debo tratarlo a usted; así como trataría a Jesús".

Sí, así es. Y, yo debo tratarlo a usted de la misma manera. Después de todo, somos un solo Cuerpo y un solo espíritu con Él. En la Biblia leemos que cuando uno sufre, todos sufrimos. Cuando uno es honrado, todos somos honrados. Pues estamos vinculados por medio de una unión sobrenatural.

Medítelo por un momento. Jesús está en mí, y yo estoy en Él. Jesús está en usted, y usted está en Él. Eso significa que todos estamos unidos. Yo no puedo separarlo a usted de Jesús. Ni puedo tratarlo a Él de cierta forma, y a usted de otra, pues lo que yo le haga a usted, se lo hago a Jesús. Y cualquier cosa que usted me haga a mí, se la hace a Él.

Cuando comprendamos esta revelación, seremos como el apóstol Pablo y dejaremos de ver a los demás conforme a nuestros prejuicios. Dejaremos de pensar que por vivir en diferentes trajes de piel estamos separados unos de otros. Entenderemos que en realidad somos uno en Jesús, pues todos somos parte de Él.

Eso significa que al verlo a usted, veré a Jesús. Por consiguiente, debo amarlo como si usted fuera Jesús. Debo cuidarlo con amor **ágape**, el cual se interesa en lo que puedo hacer por usted, y no en lo que usted pueda hacer por mí. Después de todo, si voy a tratarlo como a Jesús, lo trataré como si usted hubiera realizado todo por mí, como si hubiera muerto por mí; y como si usted fuera la razón por la cual puedo ir al cielo.

Buscaré formas de BENDECIRLO, así como también oportunidades para cuidarlo. Nada de lo que realice afectará mi amor por usted. Ningún factor en lo natural impedirá que me comporte de esa manera. No me importará su color de piel ni su pasado denominacional. Cuando lo vea, veré a Jesús. Veré al Único que me amó y se entregó por mí.

Cuando lo vea a usted, veré al Único que amo.

Amor
sin límites

Hágalo a la manera de Dios

«Ustedes han oído que se dijo: "Ojo por ojo y diente por diente. Pero yo les digo: No resistan al que les haga mal. Si alguien te da una bofetada en la mejilla derecha, vuélvele también la otra. Si alguien te pone pleito para quitarte la capa, déjale también la camisa. Si alguien te obliga a llevarle la carga un kilómetro, llévasela dos. Al que te pida, dale; y al que quiera tomar de ti prestado, no le vuelvas la espalda»
(Mateo 5:38-42, *NVI*).

La mayoría de nosotros, se impresiona por completo con la idea de responderles con amor a los que nos maltratan. Queremos discutir con el SEÑOR al respecto, pues para nosotros responde en amor no funciona. Pues desde nuestra limitada perspectiva humana, si no abofeteamos a la otra persona, y si no conseguimos un abogado y presentamos una contrademanda ante la persona que intenta sacar ventaja de nosotros; seremos golpeados, derribados y derrotados.

Por tanto, en lugar de vivir en amor y realizar las cosas a la manera de Dios, insistimos en actuar a nuestra manera —como si nosotros supiéramos mejor que el SEÑOR cuál es la forma más sabia de actuar—. Y como resultado, pecamos y no obtenemos éxito. Nos perdemos de LA BENDICIÓN que nos traería nuestra obediencia.

Cometí el mismo error cuando era niño, mientras mi papá intentaba enseñarme a jugar béisbol. Él me dio el bate, me colocó las manos de forma correcta sobre el bate, luego se alejó y me lanzó la pelota. Pero tan pronto como pude, reposicioné mis manos para poder sostener el bate a mi manera —y lo hice de forma incorrecta—.

Mi padre me dijo: «Kenneth, jamás podrás pegarle a nada sosteniendo el bate de esa manera. Debes tomarlo como te indiqué». Después de corregirme, se alejó para lanzarme la pelota, y yo de nuevo tomé el bate de manera incorrecta.

Así que argumenté: *A mí no me funciona hacerlo a tu manera. Tengo que hacerlo a mi manera.*

Papá se preparó y me lanzó la pelota y, por supuesto, a pesar de mis mejores esfuerzos fallaba. Al recordar esto, reconozco que era ridículo que yo pensara que sabía más de béisbol que mi papá. Tenía cuatro años, y él era un hombre mayor. Además, prácticamente él era un jugador de béisbol profesional y deseaba compartir conmigo los beneficios de su sabiduría. Él quería prepararme para que pudiera sacar la bola del campo de juego, pero no podía lograrlo mientras yo no confiara en él e hiciera lo que me indicara.

Nuestro Padre celestial actúa de la misma forma. Cuando nos pide que respondamos en amor, incluso con quienes actúan como nuestros enemigos, intenta prepararnos para la victoria. Él nos coloca en posición para recibir LA BENDICIÓN que viene cuando vivimos en amor, ¡a fin de que podamos sacar al diablo del campo de juego!

Amor
sin límites

La única forma razonable de actuar

«Es, pues, la fe la certeza de lo que se espera, la convicción de lo que no se ve»
(Hebreos 11:1).

Cuando se dé cuenta de lo mucho que Dios lo ama, más se enamorará de Él. Y deseará con todo su corazón BEDECIRLO. Valorará lo que le ha dado y comenzará a buscar formas de compensarlo.

Aunque, Dios continuará dándole, habrá ocasiones en las que mientras usted esté adorándolo y diciéndole lo mucho que lo ama y desea servirle. Él lo interrumpirá justo en medio de su adoración para pedirle que realice algo: *¿Recuerdas lo que dije acerca de que Mi pueblo debería vivir en buenas casas? Pues quiero que sepas que tengo una buena casa para ti. Es mucho mejor de la que tienes ahora, y anhelo que la obtenga.*

Cuando usted se encuentra en la atmósfera del amor, no es difícil tener fe en promesas como ésa. Tampoco es difícil creer en la PALABRA de Dios. Usted no tiene que luchar ni estresarse. Sólo regocíjese y diga: *¡Gracias, SEÑOR! Yo valoro esa promesa. Comenzaré a empacar mis cosas hoy, así estaré preparado ¡cuando sea el momento de mudarme!*

Algunas personas piensan que esa clase de fe es rara o extrema. Sin embargo, esa clase de fe es perfectamente razonable entre aquellos que se aman y confían entre sí. Incluso en el mundo natural, sucede de esa forma.

Por ejemplo, digamos que usted tiene un hermano mayor que siempre lo amó y lo cuidó mientras crecía. Siempre estuvieron ahí el uno para el otro, contra viento y marea. Ambos realizaron siempre sacrificios el uno por el otro, y siempre cumplieron su palabra entre ustedes.

Supongamos que, con el tiempo su hermano se vuelve multimillonario. Un día, lo llama y le dice: "Hola, sólo quería que supieras que compré la casa al otro lado de la ciudad, la que te gustaba tanto. Sabía que te interesaba, y pensé que sería divertido comprártela. Firmaré los papeles mañana y le pediré al agente inmobiliario que te visite y te entregue las llaves".

¿Cómo respondería usted? Gritaría, saltaría y le contaría a sus amigos. Y se comportaría como una persona ¡que acaba de recibir una casa nueva!

Quizá alguien pregunte: "Y ¿cómo sabe que esa casa le pertenece? ¿Ya vio los papeles? ¿Tiene las llaves en su mano? Quizá la voluntad de su hermano no sea regalarle esa casa. ¿Cómo puede estar seguro?".

Usted podría responderle: "Mi seguridad radica en el amor que mi hermano y yo nos tenemos el uno por el otro. Y él nunca me ha mentido. Por tanto, si él me dio su palabra, ¡esa casa es prácticamente es mía!".

Así de simple puede ser creer y recibir las promesas del Señor. En la atmósfera del amor, ésa es la única forma razonable de actuar.

Amor
sin límites

Diga la verdad

«Vosotros sois de vuestro padre el diablo, y los deseos de vuestro padre queréis hacer. El ha sido homicida desde el principio, y no ha permanecido en la verdad, porque no hay verdad en él. Cuando habla mentira, de suyo habla; porque es mentiroso, y padre de mentira»
(Juan 8:44).

Vivir en amor significa más que sólo ser amable y dulce con las personas. Significa decirles la verdad con las mejores intensiones de su corazón, es decir, negarse a mentirles.

Con el pasar de los años, me he sorprende ver con cuánta frecuencia mienten las personas cristianas: "Lo siento, no pude ir a su reunión la otra noche, hermano Copeland. Le aseguro que deseaba asistir, pero se me dificultó hacerlo". A veces, en el espíritu, sé que no están diciendo la verdad. Jamás pretendieron asistir a la reunión. Ellos deseaban quedarse en casa y mirar televisión. Eso en realidad no me molesta, pero que mientan al respecto, sí. Me gustaría que me respeten lo suficiente como para decirme la verdad.

Si vamos a ser personas de amor, debemos ver la mentira desde otra perspectiva; pues es necesario que comprendamos que el mismo diablo es el padre de la mentira. La primera vez que él aparece en la Biblia, está mintiéndole a Adán y a Eva diciéndoles que la PALABRA de Dios no es verdad; y luego les da un consejo afirmándoles que los bendecirá.

Y por supuesto, no fue así, pues él es un engañador. El enemigo le prometerá todo para obtener lo que usted tiene, y luego no le dará nada a cambio. El diablo es el padre del pacto de la falsedad. Es el creador de la palabra en la que no se puede confiar.

Como cristianos, debemos rechazar cualquier tipo de relación con la mentira. Es necesario que odiemos tanto mentir, al punto que tengamos que eliminar cada indicio de mentira en nuestra vida. En lugar de ser las peores personas en el mundo con las cuales se quiera hacer negocios (como ha sido en el pasado), los cristianos tenemos que ser los mejores candidatos con los que deseen negociar.

Nuestra palabra tiene que cumplirse, aún cuando la de nadie más se cumpla. Los creyentes no deben alegrarse por realizar negocios con un apretón de manos, sino deben insistir en firmar documentos, realizar contratos y darles una copia a todos los involucrados. Se debe hacer no porque necesiten un documento escrito que los obligue a cumplir su palabra, sino porque son cuidadosos. Y anhelan llevar a cabo todo lo que prometieron al punto de tenerlo por escrito, a fin de asegurarse de no olvidar ningún detalle.

En lugar de buscar la manera de no cumplir nuestra palabra, debemos ser como Dios —quién está absolutamente determinado a cumplir Su palabra a plenitud—. Nuestro Dios es el Padre del amor, no el padre de la mentira. Por tanto, desechemos las mentiras y seamos como Él. En situaciones grandes o pequeñas, digamos la verdad.

Antes de que apunte

"Vivan en armonía, unos con otros; no altivos (burlones, altruistas, exclusivos), sino que con gusto adaptándose [a las personas y cosas] y entréguense a sí mismos para realizar tareas que demuestren humildad. No se subestimen, no sean sabios en su propia opinión"
(Romanos 12:16, *AMP*).

La humildad es el distintivo de una persona que ha madurado en el amor. Ésta es la característica del creyente a quien Dios puede confiarle el verdadero poder. Por esa razón, a menudo usted encontrará que las personas que viven en verdadera autoridad espiritual son lentos en criticar a los demás. Quizá tengan mucha sabiduría espiritual y conocimiento, sin embargo, jamás la utilizarán para menospreciar a un hermano o hermana en el SEÑOR.

Incluso si observan a alguien comportarse mal y pueden demostrar, con base bíblica, que la persona está equivocada, se niegan a juzgarlo. Son lo suficientemente humildes, como para percatarse de que es probable que existan aspectos de la situación de esa persona que ellos no comprendan. Y los aman lo suficiente como para hacer ajustes en su propia actitud, a fin de darle al hermano equivocado el tiempo y el espacio para crecer.

Sin embargo, las personas inmaduras son lo opuesto. Ellos son rápidos para señalar las faltas de los demás. Utilizarán la verdad bíblica, para acribillar el pecado en la vida de alguien más, y jamás se detendrán a pensar en el daño que causaron en el proceso. Nunca se les ocurrirá que su arrogante actitud entristece aún más al Espíritu Santo que los defectos del hermano que pretendían corregir.

Las personas que actúan de esa manera (y en ocasiones todos actuamos así) me recuerdan cómo era mi hijo, John, de pequeño cuando aprendió a disparar un arma. Era un buen tirador y no tenía ninguna dificultad en acertarle a su objetivo. Sin embargo, jamás lo dejé sin mi supervisión cuando íbamos a cazar juntos, pues aún carecía de sabiduría.

Por ejemplo, en una ocasión salimos juntos y él vio una enorme y fea araña subiendo a un lado del granero. Él deseaba matarla, así que tomó su escopeta y le apuntó.

—¡No hagas eso! —le dije mientras tomaba su arma—. ¡Harás un gran agujereo en la pared de ese granero!

John exclamó con timidez: «Es cierto, no me había puesto a pensar en el granero».

Así éramos usted y yo, cuando comenzamos a aprender acerca de las cosas de Dios. Tenemos todo nuestro equipo espiritual. La fe de Dios reside en nosotros, y contamos con la capacidad de utilizarla. Tenemos la unción del Espíritu Santo, y la capacidad de utilizarla. Contamos con la PALABRA de Dios, y la autoridad para usarla. Sin embargo, antes de que Dios pueda depositar ese poder por completo en nosotros, debemos crecer y madurar en amor.

Necesitamos ser muy sabios para tolerar a una araña por un momento, por el bienestar del granero... y ser bastante humildes para consultarle a nuestro Padre antes de apuntar, pues quizá haya algunas cosas que aún no sepamos.

Kenneth

No juzgue al siervo de otra persona

«¿Quién eres tú para juzgar al siervo de otro? Que se mantenga en pie, o que caiga, es asunto de su propio señor. Y se mantendrá en pie, porque el Señor tiene poder para sostenerlo»
(Romanos 14:4, *NVI*)

Hace años, el SEÑOR habló a mi corazón y me formuló una pregunta que jamás olvidaré: *¿Sabes cuál es uno de los más grades problemas que tengo con el Cuerpo de Cristo?*

—No, señor —le respondí—. No lo sé.

—*Es su obstinada determinación de corregirse unos a otros* —me replicó.

De inmediato comprendí que era verdad. Pensé acerca de todas las contiendas y debates que habían surgido con respecto a pequeños temas doctrinales, y que terminaron trayendo división a la Iglesia. Recordé todas las cosas desagradables y contrarias al amor que he escuchado de creyentes y ministros hablar de los demás, todo en nombre de las correcciones bíblicas.

Con el pasar de los años, he visto a algunas personas invertir más tiempo estudiando la PALABRA en un esfuerzo por demostrar que alguien más está equivocado, del que invierten para recibir sabiduría y gracia para corregir sus propias faltas y fracasos. El SEÑOR no desea que hagamos eso. Él jamás planeó que utilizáramos la PALABRA para destruir a alguien más con ella.

No importa que pensemos que nuestros amigos servidores estén en un error, Dios no nos llamó a juzgarlos. Él nos llamó a vivir en amor y a ser ejemplo para ellos. Él nos llamó para que nos consideremos *«…unos a otros para estimularnos al amor y a las buenas obras»* (Hebreos 10:24). También nos llamó a expresar cosas que edifiquen: *«…a fin de dar gracia a los oyentes»* (Efesios 4:29).

Obviamente, si nuestro amigo o hermano creyente está en pecado y cede ante la conducta inmoral, no podemos ignorar ese hecho. Necesitaremos acercarnos con amor para ayudarlo, y decirle: "No creo que en realidad usted quiera estar en esos caminos. Pues ese estilo de vida lo lastimará y le robará LA BENDICIÓN de Dios. Permítame darle una mano, y ayudarlo a salir de esa trampa".

Sin embargo, por lo general terminamos discutiendo acerca de temas cuestionables, los cuales sólo se basan en la opinión de cada quien. Por esa razón, en la Biblia se nos enseña a no involucrarnos en discusiones sobre diferentes opiniones (Romanos 14:1). ¡Éstas no marcan mucha diferencia! simplemente nos sacan de nuestra vida de amor, y nos llevan hacia argumentos legalistas que perjudican, en lugar de ayudar al Cuerpo de Cristo.

Recuerde esto: Ninguno de nosotros está absolutamente en lo correcto con respecto a cada tema espiritual. Incluso si estuviéramos en lo correcto acerca de todo lo que sabemos, en el ámbito general de las cosas, no sabemos mucho. Por tanto, nuestra propia falta de conocimiento nos hace estar equivocados en algunas situaciones. Además, en la Biblia no se nos indica que debemos ser técnicamente correctos en todo. Sólo se nos requiere que seamos mayordomos fieles (1 Corintios 4:2) Es decir, que vivamos en amor.

Amor
s i n   l í m i t e s

Usted nació para amar

*«Habiendo purificado vuestras almas por la obediencia a la verdad,
mediante el Espíritu, para el amor fraternal no fingido, amaos unos a otros
entrañablemente, de corazón puro; siendo renacidos, no de simiente corruptible,
sino de incorruptible, por la palabra de Dios que vive y permanece para siempre»*
(1 Pedro 1:22-23).

Negarnos a olvidar el pasado, nos priva de la energía divina que necesitamos para amar a los demás. Al parecer insistimos en arrastrarlo adondequiera que vamos. Algunas veces, expresamos: "Oh, SEÑOR, no sé cómo amar a las personas como se debe. He sido tan egoísta toda mi vida. Todo el tiempo he sido desconsiderado y poco amable. Perdóname pero siempre he sido así".

Es importante, que entendamos que ésa no es la manera en que el SEÑOR nos ve, Él nos ve a través de la redención. Dios siempre lo ha visto purificado por la sangre de Jesús, y vestido con Su justicia. Cuando usted se acerca al trono de la gracia para contarle al SEÑOR cuán malo era hace 25 años, Él desconoce de quién le está hablando. Dios olvidó sus iniquidades, las quitó de su ser, y las envió tan lejos como lo está el Este del Oeste.

En lo que a Él respecta, el día que usted nació de nuevo, ¡fue el día que nació de nuevo! Una amiga lo descubrió por experiencia propia, cuando le pidió al SEÑOR que le regalara una nueva secadora de ropa para su cumpleaños. Ella se sorprendió cuando llegó su cumpleaños, y no vio ninguna señal de su obsequio. Sin embargo, meses después, una noche alguien la llamó, y le dijo: "Por favor, perdóneme por llamarla tan tarde, pero el SEÑOR me indicó que le obsequiara mi secadora; y me pidió que lo hiciera ¡antes de la media noche de hoy!". Cuando mi amiga revisó el calendario, se percató que ¡ésa era la fecha en que había nacido de nuevo!

Cuando nace de nuevo, su pasado no existe más. Por ejemplo, sería una insensatez tomar a un bebé recién nacido, y expresar: "Cielos, ¿no es precioso? ¿No es hermoso? Es una lástima que tenga un pasado tan terrible".

¿Pasado? ¿Qué pasado? ¡Ese bebé no tiene ningún pasado! Si apenas es un recién nacido. ¡Es una nueva criatura!

Lo mismo ocurre con usted. Cuando nace de nuevo, se convierte en una nueva creación. En la Biblia leemos que las cosas viejas pasaron y que ¡todas son hechas nuevas! Es decir, que usted intercambió su vida, su pasado y su naturaleza por la de Jesús.

Cuando usted vea su pasado a través de esa relevación, declarará con valentía: "Sí, SEÑOR, puedo amar a las personas como Tú quieres que lo haga. Amar es algo natural para mí, pues poseo Tu naturaleza. En Ti, tengo un pasado de bondad y compasión. Por medio de la sangre de Jesús y de la PALABRA, ¡he nacido para amar!".

Kenneth

El pecador más grande de todos

«Y aconteció que estando él sentado a la mesa en la casa, he aquí que muchos publicanos y pecadores, que habían venido, se sentaron juntamente a la mesa con Jesús y sus discípulos. Cuando vieron esto los fariseos, dijeron a los discípulos: ¿Por qué come vuestro Maestro con los publicanos y pecadores? Al oír esto Jesús, les dijo: Los sanos no tienen necesidad de médico, sino los enfermos. Id, pues, y aprended lo que significa: Misericordia quiero, y no sacrificio. Porque no he venido a llamar a justos, sino a pecadores, al arrepentimiento»
(Mateo 9:10-13).

En los días de Jesús, el grupo de personas más despreciables sobre la Tierra eran los fariseos. A este grupo de personas, Jesús los reprendió con mayor severidad. Le advirtió a Sus discípulos que no fueran como ellos: *«Porque atan cargas pesadas y difíciles de llevar, y las ponen sobre los hombros de los hombres; pero ellos ni con un dedo quieren moverlas»* (Mateo 23:4).

Esas palabras revelan el error en el que incurrían esas personas: No tenían misericordia de los pecadores.

Para un fariseo, un pecador era la persona más corrompida que existía sobre la faz de la Tierra. Si uno de ellos se encontraba con un pecador en el mercado y pasaba al lado de éste rozándolo, iba directo a su casa a tomar un baño y a lavar su ropa. Y, se justificaban, creyendo que Dios odiaba a los pecadores tanto como ellos.

Cuando Jesús enseñó que el cielo se regocija por el arrepentimiento de un pecador, esa declaración contradijo por completo sus tradiciones. Ellos rechazaron el concepto de que existiera tal misericordia. ¿Por qué? En primer lugar, porque pensaban que no la necesitaban. Erróneamente creían que sus obras religiosas les habían otorgado un lugar a la diestra del Padre. Y no se percataban de que la misericordia de Dios era la que los mantenía vivos. Y tampoco comprendían que eran los peores pecadores.

El primero que recibió esa revelación fue el apóstol Pablo. Él se llamaba a sí mimos el peor de los pecadores (1 Timoteo 1:15), pues antes de nacer de nuevo, no tenía misericordia. Pablo pensaba que los cristianos estaban equivocados, por tanto, tenía que encarcelarlos y matarlos. Ya que no tenía misericordia de ellos.

Ante Dios, una persona que no tiene misericordia es el pecador más grande de todos. Por tanto, como hijos de Dios, ésa es la única falta de la cual debemos cuidarnos. No caigamos en la trampa de los fariseos. Nunca debemos despreciar a alguien por haber sido presa del pecado.

Al contrario, siempre recordemos que todos hemos pecado, y hemos caído de la gloria de Dios. Tengamos presente que Él nos ama a pesar de cómo seamos. Y debemos estar siempre preparados para demostrar la misericordia que Él nos ha dado.

Amor
sin límites

La misericordia que nunca termina

«¡Alabad a Jehová, porque él es bueno, porque para siempre es su misericordia. Alabad al Dios de los dioses, porque para siempre es su misericordia»
(Salmos 136:1-2).

En el Antiguo Testamento, el término **misericordia** se utilizaba para referirse al amor *ágape*, es decir, el amor de Dios. Gracias a que Él es misericordioso, es bueno con quienes no merecen esa bondad. Y debido a que Él es misericordioso, nos otorga LA BENDICIÓN, y más favor del que podríamos merecer. Su misericordia hizo que Él mismo interviniera enviando a Jesús para que pagara el precio por nuestros pecados… a fin de darnos las recompensas de justicia que sólo Él merece.

La misericordia es una cualidad que sólo se encuentra en Dios. Así como Él es amor, también es misericordia. No existe misericordia fuera del Padre, Él es la fuente de toda misericordia. Por tanto, toda la misericordia que recibimos, en realidad la recibimos del Padre. La misericordia es siempre y para siempre un don de Dios.

En realidad, la misericordia es una parte inalterable de la naturaleza del Señor. En el hebreo original del Salmo 136, sólo dice: "Den gracias al SEÑOR, ¡porque Él es bueno! Su misericordia es para siempre". La palabra **perdura** ni siquiera se encuentra en el hebreo. Los traductores la agregaron en un intento de magnificar el hecho de que la misericordia de Dios es infinita. Para que Su misericordia desaparezca, Dios mismo tendría que desaparecer; pues Él es bondad y misericordia para siempre.

Dios derrama de Su bondad en cada área de su vida. Él no sólo tiene misericordia de usted **en el** área espiritual, no sólo perdona sus pecados, y después declara: "Muy bien, eso es todo lo que recibirás de Mí. Te he librado del pecado y te llevaré al cielo, sin embargo, tendrás que soportar esa enfermedad en tu cuerpo. Después de todo, tú te la buscaste por tu propia negligencia. Por tanto, no te sanaré".

Para que Dios diga algo como eso, Su misericordia ¡tendría que dejar de existir y obrar! Y de acuerdo con la Biblia, eso es imposible. Porque la misericordia de Dios ¡perdura para siempre!

Además, en el Salmo 145 leemos que Él está lleno de misericordia y de compasión. Si el Padre lo abandonara después de librarlo del 60 o 70 por ciento de sus aflicciones, significaría que sólo fue misericordioso en un 60 o 70 por ciento, ¿cierto? Pero eso es imposible, pues en la Biblia se nos asegura que Él es 100 por ciento misericordia, ¡Él es 100 por ciento misericordioso todo del tiempo!

Lo único que puede estorbar la misericordia de Dios en su vida es que usted falle en recibirla. Por tanto, ¡no intente obtenerla en sus propias fuerzas! Tenga fe y confíe en Él, pues esto le abre la puerta a la misericordia de Dios en cada área de su vida. Y al igual que el salmista, usted también estará declarando a gran voz: "El SEÑOR es bueno, y Su misericordia ¡perdura para siempre!".

Kenneth

Amor
sin límites

La razón de todo

*«Recorría Jesús todas las ciudades y aldeas, enseñando en las sinagogas de
ellos, y predicando el evangelio del reino, y sanando toda enfermedad y
toda dolencia en el pueblo. Y al ver las multitudes, tuvo compasión de ellas;
porque estaban desamparadas y dispersas como ovejas que no tienen pastor.
Entonces dijo a sus discípulos: A la verdad la mies es mucha, mas los obreros
pocos. Rogad, pues, al Señor de la mies, que envíe obreros a su mies. Entonces
llamando a sus doce discípulos, les dio autoridad sobre los espíritus inmundos,
para que los echasen fuera, y para sanar toda enfermedad y toda dolencia»*
(Mateo 9:35-10:1).

Muchos cristianos desean vivir bajo el poder y bajo la unción de Jesús. Casi todos
nosotros anhelamos realizar las obras que Él hizo. Pero en ocasiones, olvidamos el verdadero
propósito de esas obras. No recordamos que la unción no vino sobre Jesús para que tuviera
un ministerio grande, ni tampoco para impresionar a las personas y demostrarles que Él era
el Hijo de Dios.

Dios lo ungió, a fin de que Él pudiera demostrarles el amor del Padre a las personas.
El SEÑOR invistió de poder a Jesús para que llevara misericordia, sanidad y liberación a los
necesitados. El amor de Dios fue la razón de crear la unción, y la compasión fue la que le dio vida.

La misericordia inspira la compasión, y es una fuerza impresionante. La compasión hará
que un padre salte a un ardiente infierno para salvar la vida de su hijo. Hará que una persona
desarrolle el fuerte instinto de estar determinada a proteger, apoyar o proveerle a alguien; al
punto de que nada puede detenerla.

Cuando la compasión actúa, toma de Dios cada don del Espíritu que se requiere para suplir
las necesidades de alguien. Actúa de inmediato, toma el poder de Dios y libera Su unción para
aliviar el sufrimiento y llevar liberación a las personas que con desesperación la necesitan.

Cuando Jesús vio las grandes multitudes, y se dio cuenta que Él no podía ministrarlos a
todos; la compasión fue la fuerza que lo motivó a llamar a Sus discípulos, Jesús les entregó
el poder sobre espíritus inmundos, y para sanar toda clase de enfermedades. No lo hizo con
el fin de obtener más fama o para expandir la dimensión de Su organización. Tampoco lo
llevó a cabo para que Sus discípulos se sintieran bien con ellos mismos, y para que tuvieran
una reputación como hombres de fe y de poder. Lo hizo porque deseaba desesperadamente
suplir las necesidades de las personas. El amor lo motivó a hacerlo.

Hoy en día, nuestra motivación debe ser la misma. Mientras más actuemos motivados por
el amor de Dios, más actuaremos bajo Su poder y bajo Su Unción. El amor es la razón de todo.

Amor
sin límites

El amor que prevalece

«y ordenó decapitar a Juan en la cárcel. Y fue traída su cabeza en un plato, y dada a la muchacha; y ella la presentó a su madre. Entonces llegaron sus discípulos, y tomaron el cuerpo y lo enterraron; y fueron y dieron las nuevas a Jesús. Oyéndolo Jesús, se apartó de allí en una barca a un lugar desierto y apartado; y cuando la gente lo oyó, le siguió a pie desde las ciudades. Y saliendo Jesús, vio una gran multitud, y tuvo compasión de ellos, y sanó a los que de ellos estaban enfermos»

(Mateo 14:10-14)

No comprender la grandeza del amor de Dios —el cual habita en nuestro interior—, es la razón por la que, como creyentes, no vivimos en amor a plenitud. Medimos el amor con un parámetro equivocado. Cuando nos acercamos malhumorados a otras personas, sólo porque tuvimos un mal día, nos excusamos diciendo: "¡Lo hago porque en realidad no tengo mucho amor!". Después terminamos sintiéndonos condenados y desanimados. Medimos nuestra capacidad interna por nuestro comportamiento externo, y depositamos más fe en nuestra debilidad carnal que en la PALABRA.

Es hora de cambiar esta situación. Es momento de dejar de creer en nuestras experiencias, y comenzar a creer en lo que se afirma en la Biblia. Pues en ella, leemos que hemos sido hechos partícipes de la naturaleza divina. También se nos afirma que Dios depositó en nuestro interior el mismo amor que le entregó a Jesús (Juan 17:26).

¿Qué tan poderoso es ese amor? Observe la vida de Jesús, y lo descubrirá. Incluso en algunas ocasiones cuando Él estaba atravesando circunstancias dolorosas y difíciles, hizo a un lado Sus propios sentimientos, y ministró a otros. Debido a Su compasión por ellos, hasta se olvidó de Sí mismo.

La manera en que Jesús actuó ante la muerte de Juan el bautista, revela esa verdad con claridad. Sin duda, ése fue un momento doloroso para Él; pues Juan era Su primo, un miembro de Su propia familia. Juan era el único hombre sobre la faz de la Tierra que en realidad conocía la verdadera identidad de Jesús. Bajo cualquier circunstancia, su muerte hubiera sido una gran pérdida. Sin embargo, la repugnante razón de su asesinato y la despreciable manera en que ocurrió, no fue cualquier circunstancia.

Al principio, Jesús reaccionó de la manera en que la mayoría de nosotros habría reaccionado. Tomó un tiempo a solas, pues deseaba un tiempo para asimilar lo que había sucedido.

Pero cuando las personas lo siguieron y lo hallaron, Él los recibió. Su amor por ellos prevaleció por encima de Su dolor personal. La compasión surgió en Su interior como una ola, quitó toda la preocupación, y lo motivó a ministrar a las personas.

¿Desea saber qué clase de amor se encuentra en su interior? No vea su triste pasado, vea el poderoso amor del SEÑOR. Observe cómo ese amor prevalece aún en los momentos de dolor personal. Ésa es la clase de amor que habita en usted.

Amor
sin límites

Más poderoso que la muerte

«Aconteció después, que él iba a la ciudad que se llama Naín, e iban con él muchos de sus discípulos, y una gran multitud. Cuando llegó cerca de la puerta de la ciudad, he aquí que llevaban a enterrar a un difunto, hijo único de su madre, la cual era viuda; y había con ella mucha gente de la ciudad. Y cuando el Señor la vio, se compadeció de ella, y le dijo: No llores. Y acercándose, tocó el féretro; y los que lo llevaban se detuvieron. Y dijo: Joven, a ti te digo, levántate. Entonces se incorporó el que había muerto, y comenzó a hablar. Y lo dio a su madre»
(Lucas 7:11-15).

La compasión del Dios todopoderoso es la fuerza más poderosa del Universo. Literalmente es más fuerte que la muerte. La compasión se compara al mismo poder de resurrección de Dios y responde al clamor del corazón de una persona. La compasión ignora el hecho de que esa persona no tenga fe para recibir LA BENDICIÓN.

La compasión hizo que Jesús navegara en medio de una tormenta y llegara a un cementerio, donde un hombre endemoniado gritaba, y se cortaba a sí mismo con piedras. La compasión lo invistió de poder para liberar a ese hombre, aún cuando éste no era capaz de pedir su propia liberación.

La compasión motivó a Jesús a rescatar de las manos de sus acusadores, a una mujer sorprendida en adulterio, y a permanecer a su lado hasta que sólo quedaron ellos dos. Por compasión, Él la perdonó aun cuando ella esperaba que la condenara. La compasión la libró, incluso cuando esperaba ser apedreada hasta morir.

Cuando la viuda de Naín estaba llorando detrás del ataúd de su único hijo, la compasión produjo que Jesús se acercara, resucitara al joven y se lo devolviera a su madre. Ella no estaba pidiéndole ayuda a Dios, es probable que ni siquiera supiera que Él podía ayudarla. Sin embargo, Jesús no pudo resistirse a ignorar esa situación. El llanto de esa madre tocó Su corazón, su dolor lo impactó tanto que Él irrumpió en ese funeral, sin ser invitado, y lo detuvo. Resucitó al joven, tomó a su madre del brazo, y le expresó: "No llores más".

Ahora que el mundo más la necesita, ¿dónde está esa clase de compasión? Sigue aquí. Se encuentra en usted y en mí, y en todo creyente sobre la faz de la Tierra.

En 1 juan 4:17, leemos que así como Jesús es, somos nosotros en este mundo. Atrevámonos a creerlo y permitamos que Su compasión obre de nuevo a través de nosotros.

Un generador divino de amor

«Mas a todos los que le recibieron, a los que creen en su nombre, les dio
potestad de ser hechos hijos de Dios; los cuales no son engendrados de
sangre, ni de voluntad de carne, ni de voluntad de varón, sino de Dios»
(Juan 1:12-13).

A veces, a algunos creyentes les cuesta creer que el mismo amor que fluía a través de Jesús; ahora fluye a través de ellos. Quizá expresen: "¡Eso es imposible! Talvez podría tener una pobre imitación de Su amor".

Piensan que están siendo humildes al confesar esas palabras, pero de hecho, la sola idea de que tengamos una pobre imitación del amor de Dios, es en realidad una actitud bastante arrogante. Nada de lo que podamos llevar a cabo en nuestras propias fuerzas, podría compararse con lo que haríamos basados en el amor de Dios. El amor verdadero que se encuentra en nuestra vida, proviene del Señor; y ése es el mismo amor que se encuentra en Jesús.

Medite en el nuevo nacimiento, y comprenderá esa verdad. Cuando aceptamos a Jesús como el SEÑOR de nuestra vida, Dios nos resucita de la muerte espiritual entregándonos Su propia vida. Las cosas viejas quedan atrás, y el Padre nos hace nuevas criaturas al habitar en nuestro interior. En ocasiones, a ese proceso se le llama: **regeneración**.

Me agrada ese término porque describe con exactitud lo que nos sucedió. Cuando nacimos de nuevo, nos unimos a Dios, y Él se convirtió en nuestro generador. Su luz y Su vida comenzaron a fluir a través de nosotros.

Eso no significa que somos iguales a Él. Tampoco quiere decir que seamos como Dios, quien es soberano. Significa que estamos conectados a Él. Su misma vida, amor y poder residen en nuestro ser. Nosotros no los producimos, sin embargo, se encuentran dentro de nosotros.

Piense en la toma de corriente eléctrica en su pared, y verá a qué me refiero. Esa toma de corriente cuenta con energía, ¿no es así? El poder no se origina ahí. Proviene de la planta de energía de la ciudad. Pero el poder que esta planta genera —ese mismo poder, no una imitación de éste— se encuentra presente en esa toma de corriente. ¿Cuánto poder hay ahí? Todo lo que usted necesite. Si lo sigue consumiendo, éste continuará fluyendo. La energía no se acabará, a menos que la planta se quede sin ella (o que su conexión con ésta sea interrumpida). Y tendrá toda la que necesite para realizar lo que desee.

Con ese ejemplo, resulta fácil ver que cuando nos conectamos por fe a Jesús, nos conectamos a todo lo que Él es. Y de esa manera, contamos con la capacidad, no sólo para amar **como** Él ama; ¡sino para amar **con Su amor**! Podemos tener tanto de ese amor conforme creamos, y todo lo que necesitemos. ¡Mientras más tomemos, más fluirá ese amor a través de nosotros!

Kenneth

Jesús terminará la obra

*«Por tanto, nosotros también, teniendo en derredor nuestro tan grande
nube de testigos, despojémonos de todo peso y del pecado que nos asedia, y
corramos con paciencia la carrera que tenemos por delante, puestos los ojos
en Jesús, el autor y consumador de la fe...»*
(Hebreos 12:1-2).

La fe obra por el amor. Ésa es una importante verdad bíblica, sin embargo, ¿sabía usted que lo opuesto también es cierto? El amor obra por la fe. Y mientras confiemos y creamos que éste se encuentra en nuestro interior, más viviremos en la plenitud del amor.

Tener comunión con Jesús todos los días, andar y hablar sólo con Él; incrementará el fluir de Su amor en nuestra vida. ¿Por qué? Porque Él es el Autor y **Consumador** de nuestra fe (Hebreos 12:2). El término consumador se refiere a una persona que perfecciona o termina algo. Por ejemplo, en el área de la carpintería, el leñador que corta un árbol puede comenzar un proyecto de ebanistería. Sin embargo, el consumador es el artesano, quien es lo suficientemente hábil para tallar la madera y terminarla. Él es la persona que sabe cómo transformar esa rústica pieza de madera en un fino y hermoso piano.

En lo espiritual, Jesús es nuestro Autor y Consumador. Él inició esta obra de fe y de amor en nuestro interior, y la terminará. Mientras más tiempo pasemos en comunión con el Señor —no sólo durante los momentos especiales y privados de oración, sino durante todo el día, en las situaciones normales de la vida— más podrá formarnos a Su imagen.

Dios puede llevarnos a un nivel en el que no sólo seamos como Él por dentro, sino también por fuera.

Quizá alguien argumente: "Hermano Copeland, de seguro no estará insinuando que podemos ser como Jesús".

No, no estoy insinuándoselo, estoy asegurándoselo. Nacimos de nuevo conforme a Su imagen, y a medida que andemos con Él y le permitamos que nos enseñe, nos instruya y nos ayude a crecer; comenzaremos a vernos y a actuar más como Jesús.

Años atrás, me hablaron de una persona que estaba molesta con un predicador que se hizo mi amigo, esta persona expresaba: "Ahora, ese predicador está arruinado; pues comenzó a juntarse con ese Copeland y los dos andan por ahí ¡actuando como si fueran un pequeño Jesús!".

En realidad, esos comentarios me BENDECÍAN, ya que ése es mi objetivo: ser como Jesús. Pensar, vivir y amar como Él.

El mismo Jesús nos indicó que nos amemos los unos a los otros como Él nos ama (Juan 13:34). Si Él lo dijo, significa que contamos con esa capacidad de amar. Quizá nos parezca que no lo estamos logrando —en especial si acabamos de comenzar nuestra vida con Él—. Tal vez parezcamos tan rústicos como un tronco que acaban de cortar en el bosque. No obstante, si continuamos viviendo por fe con Jesús y permanecemos apegados a Él, el SEÑOR terminará la obra que comenzó en nosotros. Y nos convertirá en un instrumento delicadamente afinado de Su amor.

Amor
sin límites

Igual a su padre

"…Sean dignos siervos y buenos ministros de Jesucristo, siempre nutridos con las verdades de la fe y de la buena instrucción, la cual han seguido de cerca… ejercítense en la misericordia (piedad), [manteniéndose en forma en el ámbito espiritual]"
(1 Timoteo 4:6-7, *AMP*)

Cuando usted nació de nuevo, se convirtió en un hijo de Dios. Quizá sea consciente de esa verdad. Sin embargo, ¿alguna vez se ha detenido a pensar qué significa en realidad?

Un hijo, nace a imagen de sus padres. O desde el nacimiento, ya tiene todas las cualidades físicas que sus padres poseen. Cuando mi hijo, John, era tan sólo un niño, podía pararlo a mi lado y se podía notar que éramos parecidos. Poseía todos los músculos y órganos que yo, en su cuerpo tenía cada hueso que yo tenía, nada le hacía falta. Tenía mi color de piel y mis ojos. Usted podía verlo y saber de quién provenía, es decir, podía ver que era mi hijo.

Claro que era más pequeño que yo, aún le faltaba crecer. Yo era un hombre adulto y él era un niño. Sin embargo, en muchos sentidos usted podía ver cómo sería este niño, sólo con verme.

Lo mismo puede afirmarse en lo espiritual acerca de usted, y de su Padre celestial. Usted nació de Él, en su interior cuenta con todos los elementos que Dios tiene en Su interior. Incluso puede afirmar que debido a que Él es amor, usted es amor. No se encuentra tan bien desarrollado en esa área como su Padre, y tampoco es tan maduro ni tan fuerte, pero si continua creciendo y permitiéndole a Él que le enseñe y lo instruya; al final amará como el Señor gracias a que nació de nuevo con Su capacidad de amar. Usted nació de nuevo para ser igual a su Papá.

Recuérdelo la próxima vez que se sienta débil o titubee en su vida de amor. En lugar de condenarse y desanimarse por su debilidad, aparte su mirada de sí mismo y póngala en Jesús. Enfoque la mirada de su corazón en Él, y regocíjese; pues su destino es llegar a ser como Él.

Después, enfoque su energía en crecer en Él. ¿Cómo? Realizando las mismas actividades para su espíritu, que aquellas que realiza para que su cuerpo físico crezca. ¡Aliméntese! Nutra su corazón con las verdades de la fe. Invierta tiempo leyendo y meditando en la PALABRA de Dios. Luego, asegúrese de ejercitarse mucho. Desarrolle su fuerza espiritual poniendo en práctica lo que aprende. Practique amar. Ame en toda oportunidad, y ¡ciertamente crecerá!

Amor
sin límites

Una revelación que cambia la vida

"Que sean profundamente arraigados en el amor y fundamentados con
seguridad en él, que tengan el poder y sean fuertes para aprender y asimilar
con todos los santos [el devoto pueblo de Dios, la experiencia de ese amor],
cuán ancho, largo, alto y profundo es [el amor]"
(Efesios 3:17-18, *AMP*).

Existen algunas oraciones bíblicas que usted puede repetir, las cuales le ayudarán a crecer más fuerte en el amor. Una de éstas es la oración que plasmó el apóstol Pablo en Efesios 3. Sería bueno que la repitiera para sí, tan a menudo como el Espíritu Santo se la recuerde.

Quizá usted pregunte: "Pero ¿por qué debo orar para recibir el amor? Yo creía que en la Biblia se estipulaba que ya poseo el amor de Dios derramado sobre mi corazón".

Así es, sin embargo, eso no significa que esté actuando conforme a éste a plenitud. Tampoco quiere decir que esté fluyendo automáticamente y en abundancia a través de usted. Aunque el amor de Dios habita en su interior, quizá usted no esté arraigado ni fundamentado en éste. Además, es probable que no comprenda mucho acerca de su profundidad y de su poder.

La revelación plena del amor, proviene del Espíritu Santo. Él puede iluminar en gran manera el amor de Dios en su corazón, al punto que comience a verlo y experimentarlo como nunca antes. En Efesios 3:19, leemos que Él puede hacer que usted conozca ese amor en una forma que sobrepasa el entendimiento mental.

Lo cual sólo se logra a través del encuentro personal. Es decir, la clase de relación íntima que hace que dos personas sean una.

Nuestra vida será transformada al comenzar a recibir ese tipo de revelación acerca del amor de Dios. El amor ya no será sólo una acción, sino se convertirá en el hilo que teje nuestro corazón y nuestra vida. Llegaremos a ser uno, no sólo con Dios sino con los demás; es decir, con todos los santos. Nuestro corazón estará entrelazado en Cristo Jesús.

Ya no será importante ni para usted ni para mí, cuál es nuestra denominación. Pues el vínculo de amor entre nosotros hará que eso sea irrelevante. El mismo amor que nos compromete con Jesús a estar dispuestos a entregar nuestra vida por Él, hará que estemos comprometidos y dispuestos a entregar nuestra vida unos por otros.

De pronto, los conceptos bíblicos como el de la prosperidad, ya no significarán lo mismo para nosotros. Por ejemplo, el significado de la prosperidad ya no será tener suficiente sólo para suplir nuestras necesidades; sino tener más que suficiente para suplir las necesidades de los demás. Ésa es la clase de gracia y revelación del amor que proviene del Espíritu Santo, la cual vino sobre la Iglesia Primitiva. Ésta hizo que ellos vendieran sus propiedades, y lo que obtuvieron de éstas lo entregaran para que nadie padeciera escasez. Si oramos y continuamos creciendo en amor, de seguro volveremos a recibir esta revelación.

Amor
sin límites

SEÑOR, ¿acaso ya no me amas?

«Hermanos míos, tened por sumo gozo cuando os halléis en diversas pruebas,
sabiendo que la prueba de vuestra fe produce paciencia. Mas tenga la paciencia
su obra completa, para que seáis perfectos y cabales, sin que os falte cosa alguna»
(Santiago 1:2-4).

¿Ha sentido alguna vez que las cosas eran más sencillas cuando recién se convirtió a Cristo? ¿Alguna vez ha pensado que Dios le ponía más atención cuando acababa de nacer de nuevo? Si es así, no debe sorprenderse. Muchos de nosotros, a lo largo de nuestro andar con el SEÑOR, hemos descubierto que así es.

En los primeros días de nuestra vida cristiana, si nos enfermábamos acudíamos al pastor; le pedíamos que orara y al instante sanábamos. Cuando nos quedábamos sin dinero y le clamábamos al SEÑOR por ayuda, Él resolvía nuestra situación sin tener que esperar demasiado.

Sin embargo, a medida que crecíamos en el SEÑOR, las cosas comenzaron a cambiar. Lo que solía venir de forma instantánea y fácil, ahora requiere un poco más de esfuerzo espiritual. En ocasiones, pareciera que a Dios no le interesan tanto nuestras necesidades; y deseamos preguntarle: "SEÑOR, ¿acaso ya no me amas?".

¡Ciertamente Él nos ama! Y nos ama tanto que nos ayuda a crecer. Dios nos permite extender y fortalecer nuestros músculos espirituales. Nos pide que permanezcamos firmes en la PALABRA, y que desarrollemos nuestra fe. Nos ama tanto que se ocupa de nuestra vida, y nos protege de cada dificultad y desafío. Él está comprometido a ayudarnos a crecer, a perfeccionarnos, completarnos, y a que nada nos falte.

Piense en lo que sucede en la vida de un niño, y verá a qué me refiero. Cuando un bebé nace, sus padres realizan todo por ese niño y no exigen nada de él. Cuando el bebé hace un ruido, su mamá se pone de pie y va corriendo a suplir su necesidad. Cuando llora por ayuda —ya sea por un peligro real o imaginario— su papá lo abraza al instante, y le dice: "No te preocupes. Papi no permitirá que nadie te lastime".

Sin embargo, 15 años después la situación será muy diferente. Si ese niño está recostado en el sofá mirando televisión, y llora para que su madre le lleve una bebida; ella ni siquiera se moverá. Sólo le responderá: "Hijo, si tienes sed, levántate y consigue algo de beber tú mismo". ¿Le hablará de esa manera porque no se preocupa por él? No, al contrario. Lo dirá porque sabe que es tiempo de que ese niño crezca.

Que este ejemplo sea un alivio para usted cuando deba permanecer firme en su fe, a fin de recibir algo de Dios. Permita que le infunda ánimo cuando enfrente un desafío, y en lugar de evadirlo; Dios le pedirá que camine hacia la victoria a través de Su fuerza, pero deberá hacerlo usted mismo. Recuerde que eso no significa que Él lo ame menos. Al contrario, quiere decir que lo ama lo suficiente como para ayudarlo a crecer en todo aquello para lo cual lo creó.

Kenneth

Día 252 Amor
sin límites

En cuanto a mí...

«Cuando Abram tenía noventa y nueve años, el SEÑOR se le apareció, y le dijo: Yo soy el Dios Todopoderoso; anda delante de mí, y sé perfecto. Y yo estableceré mi pacto contigo, y te multiplicaré en gran manera. Entonces Abram se postró sobre su rostro y Dios habló con él, diciendo: En cuanto a mí, he aquí, mi pacto es contigo...»
(Génesis 17:1-4, *LBLA*).

El pacto de sangre que Dios estableció con Abraham es el mejor ejemplo del Antiguo Testamento del verdadero amor **ágape**. En éste vemos a Dios, por Su propia voluntad, jurando un pacto de sangre con Abraham para BENDECIRLO, cuidarlo y para ser todo lo que Abraham necesitaba que Dios fuera.

Dios no esperó a que Abraham correspondería a Su amor para efectuar ese compromiso. Él no expresó: "Abraham, si continúo teniendo buenos sentimientos hacia ti, seguiré demostrándote Mi amor. Pero si me ofendes y me subestimas, te abandonaré".

No, Dios decidió amar y comprometerse con Abraham, sin importar lo que él decidiera. Abraham podía recibir Su amor o rechazarlo. Podía aceptar el compromiso de Dios o despreciarlo. Pero Dios ya lo había decidido. Él le expresó: *En cuanto a Mí, he aquí, Mi pacto es contigo.*

Él nos ama de la misma manera. Dios determinó amarnos antes que decidiéramos corresponderle a Su amor. Envió a Jesús a la Cruz para que realizara el más precioso sacrificio de sangre... mientras que nosotros aún éramos pecadores. No esperó a ver qué haríamos. Él se adelantó y llevó a cabo el compromiso de amor: *En cuanto a Mí, he aquí, Mi pacto es con ustedes.*

Ahora que hemos recibido Su amor, Dios espera que nos amemos unos a otros de la misma manera. De hecho, nos ordena que lo hagamos, y que tomemos la misma decisión que Él tomó. También desea que nos comprometamos a amar a los demás —sin importar cómo nos respondan—, ya sea que valoren o no nuestro amor. El SEÑOR espera que honremos el pacto de sangre de Jesús con los demás, con el mismo amor incondicional que Él nos ha demostrado. Y espera que les digamos: "Sin importar cómo actúes ni qué hagas, en cuanto a mí, yo tengo un pacto contigo".

¿Cómo podemos vivir conforme a ese amor? Primero, tomando la decisión de amar; segundo, haciéndolo por voluntad propia. Es claro que usted no puede amar en sus propias fuerzas ni en su propia voluntad. Ahora bien, usted sí debe usar su voluntad para abrirle la puerta al amor de Dios, el cual habita en su interior. Cuando tome la decisión, y abra la puerta, Su poderoso pacto de amor correrá a través suyo.

Amor
sin límites

¿Decisión... o liberación?

«Enseñaba Jesús en una sinagoga en el día de reposo; y había allí una mujer que desde hacía dieciocho años tenía espíritu de enfermedad, y andaba encorvada, y en ninguna manera se podía enderezar. Cuando Jesús la vio, la llamó y le dijo: Mujer, eres libre de tu enfermedad. Y puso las manos sobre ella; y ella se enderezó luego, y glorificaba a Dios. Pero el principal de la sinagoga, enojado de que Jesús hubiese sanado en el día de reposo, dijo a la gente: Seis días hay en que se debe trabajar; en éstos, pues, venid y sed sanados, y no en día de reposo"
(Lucas 13:10-14).

El amor se interesa más en suplir las necesidades de una persona que en analizar el trasfondo teológico. Su interés se enfoca en ayudar a resolver los problemas de alguien, no en averiguar quién es el culpable.

He escuchado grandes discusiones espirituales referentes a la opresión que un demonio puede ejercer sobre el espíritu de un cristiano, o si éste sólo puede oprimir su alma y su cuerpo. Se han invertido incontables horas discutiendo este tema, mientras que muchos creyentes que sufren tormentos demoniacos continúan sin recibir ayuda.

Cuando un demonio atormenta a un creyente, no debe importarnos dónde se encuentra. Podría estar en su bolsillo ¡a quien le importa! Lo que interesa es liberar a ese hermano.

Quizá usted no acostumbre a debatir acerca de demonios. Sin embargo, todos en algún momento hemos adaptado la mentalidad de los fariseos en nuestra vida. ¿Cuán a menudo habla con otro creyente acerca de las equivocaciones de algún hermano? ¿Qué tan seguido se involucra en conversaciones donde critican a otras personas de la iglesia?

Por ejemplo, hay creyentes que critican de la siguiente manera: "¡Esa mujer necesita prestarle más atención a sus hijos¡ ¿Ha notado cómo los viste? ¡Ni siquiera los peina antes de venir a la iglesia¡ Claro, no estoy afirmando que eso sea grave, pero usted me entiende. Es sólo que me preocupan esos niños".

Si en realidad nos preocupáramos por esos niños, nos acercaríamos con amabilidad a ayudar a esa madre; en lugar de criticarla. Oraríamos por ella, y la visitaríamos para saber qué podemos hacer por ella. Les compraríamos ropa nueva a los niños, si la necesitaran. En lugar de enfadarnos, porque esa madre no vive a la altura de nuestros estándares religiosos, animémosla... apoyémosla... y honrémosla (a pesar de sus limitaciones) como una hija que es del Dios altísimo.

Realicemos lo que sea para que supere sus dificultades, y dejemos que continúe con su vida. Así es como actúa el amor.

Amor
sin límites

Reavivando la compasión en su interior

« Pero el que tiene bienes de este mundo y ve a su hermano tener necesidad, y cierra contra él su corazón, ¿cómo mora el amor de Dios en él? Hijitos míos, no amemos de palabra ni de lengua, sino de hecho y en verdad».
(1 Juan 3:17-18).

Si un creyente no vive en amor y es indiferente ante las necesidades de las personas que lo rodean, significa que cerró la puerta de su corazón; y se negó a actuar conforme a la compasión de Dios. Quizá tema que lo rechacen o lo lastimen, si le expresa a alguien el amor que hay en su interior. O tal vez cerró la puerta, por temor a que se aprovechen de su compasión, y mejor racionó sus recursos porque le pedían una y otra vez.

Todos nosotros, en alguna ocasión, hemos enfrentado esos temores. Sin embargo, si nos mantenemos en continúa comunión con Dios y leemos la Palabra; descubriremos que esos temores no tienen fundamento. El SEÑOR prometió que si damos, se nos dará —en buena medida, apretada y rebosante—. Él prometió que si amamos, damos y buscamos primero Su reino, todo lo que necesitemos ¡también se nos añadirá!

El problema en la mayoría de nosotros es que cuando aprendemos esas cosas, encerramos el amor de Dios en nuestro interior, por tanto tiempo, que apenas podemos sentir que se encuentra allí. Quizás la misericordia de Dios fluyó con tanta fuerza y nosotros nos resistimos a permitir que se manifestara; al punto que nunca más volvió a agitarse en nuestro corazón.

Si alguna vez llega a estar en esa situación, siembre en la vida de alguien con necesidad; pues es una de las mejores formas de reavivar la compasión de Dios que se encuentra en su interior. Si usted no tiene el hábito de sembrar, quizás la idea no le emocione al principio, y ni siquiera note a las personas necesitadas a su alrededor. Y es probable que tenga que hacer un gran esfuerzo para localizarlas.

Sin embargo, puedo asegurarle que cuando desarrolle el hábito de sembrar, algo maravilloso comenzará a suceder en su interior. Cuando comience a activar el amor a través de dar, sentirá que en su interior surge un profundo anhelo por ayudar a los demás. Y descubrirá que ha reavivado la compasión de Dios que se encontraba en su corazón.

De inmediato querrá sembrar otra vez, pues cuando siembra, crece el deseo de hacerlo una y otra vez. Después de hacerlo varias veces, se sorprenderá por cómo será guiado para dar con mayor facilidad. El río de la compasión de Dios no sólo habitará, sino también **abundará** en usted. A medida que ceda ante ese río, éste fluirá con mayor fuerza. Se lo digo por experiencia, usted se sentirá tan gozoso ¡que nunca más volverá a cerrarle la puerta a la compasión!

Amor
sin límites

Cuidado con las zorras

«Cazadnos las zorras, las zorras pequeñas, que echan a perder las viñas…»
(Cantares 2:15).

Cuando hablamos acerca de vivir en amor, por lo general pensamos que amar sólo representa realizar actos importantes para cambiar el mundo. Pensamos en qué podemos hacer para ayudar a la gente pobre de nuestra ciudad… o qué podemos llevar a cabo para demostrar más amor con los hermanos de la iglesia. Sin embargo, el amor comienza en casa, y se expresa con pequeñas acciones, aparentemente insignificantes.

Por ejemplo, el verdadero amor hará que una madre se deshaga de esa vieja, fea y descolorida bata de baño con agujeros; la cual ha vestido cada mañana para el desayuno en los últimos 10 años. Quizá esa bata sea muy cómoda y su favorita. Pero el amor causará que se percate de cómo le afecta a los demás esa desagradable bata. El amor hará que ella sea consciente de que su familia ora para que la haga pedazos y para que un día se ponga algo nuevo y limpio. El amor producirá que ella desee ser una BENDICIÓN —incluso a la primera hora del día— para su esposo y sus hijos.

El verdadero amor hará que un padre reaccione al hecho de que su familia apreciaría que el día sábado, vista algo más que esa vieja camiseta con agujeros. Aunque sea su día libre, el amor causará que él desee vestirse como si las personas de casa fueran tan importantes como las de la oficina. Claro que puede vestirse casual y estar relajado, pero el amor le ayudará a lograrlo, demostrándole a su familia un poco de respeto.

Por las mañanas, cuando sea la hora de levantar a los niños para ir a la escuela, el amor convencerá a ambos padres de entrar en la habitación de sus hijos, con amabilidad y gentileza a despertarlos; no sólo introducir la cabeza por la puerta, y gritar: "¡Levántense!". El amor impedirá que cuando vean a sus hijos, a la primera hora del día, los critiquen y los corrijan de forma indebida. El amor les mostrará la forma de ayudar a esos padres a sentirse bien con ellos mismos y con su día.

El amor resolverá pequeños problemas y equivocaciones, y los sustituirá con palabras bondadosas y de entendimiento, evitando que se conviertan en grandes traumas. Cuando alguno de los niños bote un vaso de leche, el amor evitará que los padres actúen como si ese accidente fuera un delito federal. O cuando pierdan el dinero de su almuerzo, el amor no hará que se sientan como perdedores el resto de su vida.

En lugar de permitir que pequeñas zorras de egoísmo y molestia echen a perder el viñedo de la familia, deje que el amor los cubra y los proteja. El amor tomará todas las oportunidades posibles para nutrir y cultivar a sus seres más cercanos y más queridos; y convertirá su hogar en un refugio seguro y pacífico para cada miembro de la familia. En otras palabras, el amor convertirá su hogar en un lugar celestial para vivir.

Kenneth

Amor
sin límites

Los corderos de amor victoriosos

«¿Quién nos separará del amor de Cristo? ¿Tribulación, o angustia, o persecución, o hambre, o desnudez, o peligro, o espada? Como está escrito: Por causa de ti somos muertos todo el tiempo; somos contados como ovejas de matadero. Antes, en todas estas cosas somos más que vencedores por medio de aquel que nos amó»
(Romanos 8:35-37)

Habrá ocasiones en las que pensara que si usted vive en amor, los demás se aprovecharán de usted. Le parecerá que amar a quienes lo odian y lo maltratan lo convertirá en víctima. Sin embargo, vivir conforme al amor de Dios jamás lo convertirá en víctima. Al contrario, le dará la victoria en todas las oportunidades que tenga para vivir en amor.

Uno de los mejores ejemplos de la actualidad que he visto de una persona que vive en el poder del amor, es el de mi buen amigo Johnny Johnson. Un hombre de color que creció en medio del prejuicio racial en las profundas áreas del Sur. Su padre le enseñó, siendo tan sólo un niño, a ser misericordioso con los niños que lo maltrataban. "Johnny, sus cerebros se sobrecalientan bajo la luz del sol, debido a su piel blanca —le decía su padre—. Ellos no tienen una piel negra que los proteja como tú la tienes, por tanto, debes ser amable con ellos y ayudarlos".

Johnny creyó las palabras de su padre, y trató a sus perseguidores con tanta bondad que los convencía de su error; y él se convirtió en uno de los más populares niños de su escuela. Cuando comprendió que las palabras de su padre no eran ciertas, él ya había aprendido el trasfondo de la lección: El amor vence a la hostilidad, y supera a la derrota.

Cuando Johnny Johnson se enlistó en la infantería de la Marina de los Estados Unidos, ese entendimiento le dió a un éxito sin precedente… y una vez que lo consiguió, le concedió gracia. Él relata que en una ocasión, después de convertirse en Secretario de la Marina; un almirante blanco no lo reconoció aún después de que Johnny se presentara por su nombre. El almirante, simplemente no podía creer que un hombre de color pudiera ostentar ese rango.

En lugar de ofenderse y hacer miserable la vida de ese hombre (lo cual pudo hacer con facilidad), Johnny ignoró el incidente y lo trató con tal respeto y amor, que pocos días después, ese almirante se arrodilló frente a él para pedirle perdón. Claro, Johnny lo perdonó y, en ese momento, el almirante aceptó al SEÑOR.

Algunas personas asegurarían que, haber permitido que un hombre blanco, de rango inferior, lo tratará de forma tan despectiva era señal de debilidad. Otros asegurarían que ese hecho convirtió a Johnny en víctima del racismo. Pero al final, no fue víctima de ningún perjuicio, pues él vivía en amor. Obtuvo la victoria, y con amor venció el demonio del racismo. Mientras que los demás consideraron a Johnny como una oveja de matadero, él siguió los pasos de su Maestro, y se convirtió en un cordero de amor victorioso.

Amor
sin límites

El plan de Dios, a prueba de fallos

«Porque has puesto a Jehová, que es mi esperanza, al Altísimo por tu habitación, no te sobrevendrá mal, ni plaga tocará tu morada. Pues a sus ángeles mandará acerca de ti, que te guarden en todos tus caminos. En las manos te llevarán, para que tu pie no tropiece en piedra. Sobre el león y el áspid pisarás; hollarás al cachorro del león y al dragón. Por cuanto en mí ha puesto su amor, yo también lo libraré; le pondré en alto, por cuanto ha conocido mi nombre. Me invocará, y yo le responderé; con él estaré yo en la angustia; lo libraré y le glorificaré. Lo saciaré de larga vida, y le mostraré mi salvación»
(Salmo 91:9-16).

A menudo pensamos que el Salmo 91, describe la protección divina que les pertenece a quienes tienen fe en Dios. Sin embargo, también es la descripción de protección para quienes viven en amor. Debido a que Dios es amor, aquel que habita en Él, habita en el amor. Por tanto, esta persona ha depositado su amor en Dios y vive amando a los demás (1 Juan 5:1).

Dios le promete un plan absoluto de protección a prueba de fallos a quienes habiten en el amor. Aprendí acerca de la tecnología a prueba de fallos en mi entrenamiento como piloto. Por ejemplo, un avión de propulsión, el cual yo estaba calificado para volar, contaba con un mecanismo a prueba de fallos; construido dentro de su sistema de combustible. Dicho sistema, estaba diseñado para dejar abierta la válvula que enviaba el combustible a las diferentes partes del motor del avión, si ésta fallaba y no permitía que se cerrará. El sistema garantizaba que el avión no se quedaría, a 40,000 pies de altura, sin combustible en el motor.

El sistema no garantizaba que la válvula no fallaría, pero si fallaba; se aseguraba de que el fallo no fuera fatal. Aun si algo salía mal, usted estaría protegido.

Para nosotros el amor de Dios funciona de la misma forma. Éste nos protegerá de nuestros errores y fracasos. Nos brindará la perfecta protección, a pesar de que nosotros no somos perfectos.

Cuando atravesamos situaciones en las que no sabemos qué hacer, si decidimos seguir el camino del amor, estaremos bien. Cuando el peligro esté acechando a nuestro alrededor y las circunstancias nos agobien, si confiamos en que Dios nos ama y amamos a los demás, podremos descansar con la seguridad de que todo saldrá bien.

Cuando vivimos en amor, los ángeles nos acompañan y el diablo permanece bajo nuestros pies. Aún cuando el mundo tiemble, y todas las garantías de protección del mundo natural estén desapareciendo; el amor será un refugio que jamás fallará.

Kenneth

Amor
sin límites

Cuando las bendiciones lo alcanzan

*«Acontecerá que si oyeres atentamente la voz de Jehová tu Dios, para guardar
y poner por obra todos sus mandamientos que yo te prescribo hoy, también
Jehová tu Dios te exaltará sobre todas las naciones de la tierra. Y vendrán sobre
ti todas estas bendiciones, y te alcanzarán, si oyeres la voz de Jehová tu Dios»*
(Deuteronomio 28:1-2).

Cuando guardemos el mandamiento del amor de Dios, no tendremos por qué perseguir LA
BENDICIÓN. ¡Porque ésta nos alcanzará! Mientras nos ocupemos de buscar a Dios —averiguando
qué desea Él que realicemos... por quién desea que oremos... a quién debemos animar... dónde
desea Él que sembremos nuestros talentos y nuestros recursos—; literalmente, LA BENDICIÓN
vendrá sobre nosotros y nos alcanzará.

Por experiencia, se lo puedo asegurar, las BENDICIONES que nos alcanzan son las mejores.
Incluso son mejores que las que obtenemos cuando luchamos y nos esforzamos, ya que LA
BENDICIÓN que Dios envía sobre su vida, va más allá de todo lo que pueda soñar para usted.

Años atrás, Gloria y yo comprendimos la magnitud de esa revelación, cuando el SEÑOR
comenzó a BENDECIRNOS con algunos automóviles impresionantes. No habíamos utilizado nuestra
fe para recibir automóviles costosos. En ese época, yo conducía una camioneta, la cual estaba en
perfecto estado, y me gustaba mucho. Sin embargo, durante una de nuestras reuniones, una persona
se me acercó y me entregó las llaves de un flamante Mercedes-Benz. Estuve agradecido por ello,
pero no sabía cómo llegue a recibirlo. No había orado para recibir ese automóvil, tampoco realicé
una confesión relacionada con ese automóvil. Pero lo recibí.

Y como si eso no fuera suficiente, al volver a casa después de una de esas mismas reuniones,
había otro automóvil parqueado en la entrada de la casa. De pronto, ¡mis automóviles valían más que
mi casa! Estaba tan sorprendido que hablé con el Señor, y le pregunté: *¿Qué está sucediendo aquí?*

Entonces, Él me recordó todos los automóviles que había regalado (cuando Gloria y yo hicimos
un recuento, nos percatamos de que hasta ese momento, habíamos sembrado casi diecisiete
automóviles, siete camionetas y siete aviones). Y Dios me dijo: *Tú obedeciste Mi mandamiento.
Cumpliste lo que te pedí en el ámbito de la siembra, y Mi BENDICIÓN te alcanzó. ¡Así que disfrútala!*

Cuando sembré esos medios de transporte, no me percaté de que eran mi semilla. Tampoco
había estado en la presencia de Dios orando: "He obsequiado esos automóviles y esas camionetas
como semilla, así que será mejor que te encargues de que obtenga mi cosecha". No, ni siquiera
pensé en orar de esa manera. Sólo me mantuve a la expectativa de que Él supliría mis necesidades
de acuerdo con Sus riquezas en gloria.

Al final, comprendí que lo que Dios decidiera hacer era asunto de Él —no mío—. A mí me
corresponde amar a las personas, predicar la PALABRA, cuidar al Cuerpo de Cristo y ganar almas
para Jesús. Si me ocupo en llevar a cabo estas actividades, siempre viviré en LA BENDICIÓN.

Obtenga un poco de satisfacción

«…Dios es amor. Todo aquel que es nacido de Dios, no practica el pecado, porque la simiente de Dios permanece en él; y no puede pecar, porque es nacido de Dios»
(1 Juan 4:8, 3:9).

Cuando disfrutamos de una vida de amor, disfrutamos de una vida libre de pecado. No porque seamos incapaces de pecar, sino porque el amor echa fuera el deseo de pecar. El pecado es egoísta, y el egoísmo no satisface a nadie más que a nosotros mismos; y siempre lastima a otras personas. Incluso, los pecados que los demás no notan, entristecen al Espíritu Santo. Por consiguiente, todo tipo de pecado infringe un corazón lleno de amor.

Las personas que intentan cumplir mandamientos religiosos sólo para mantenerse "en lo correcto", siempre terminan en pecado. Llevan a cabo aquello que intentan no realizar. Eso se debe a que ellos aún se encuentran atrapados en un círculo de egoísmo, y el pecado les brinda la única satisfacción que pueden obtener.

Sin embargo, cuando vivimos en amor, la autosatisfacción no nos emociona porque no existe satisfacción en autosatisfacernos. Pues el amor se satisface cuando damos. A medida que viva en amor será un adicto en hacerle el bien a los demás. ¡Se conectará al amor para BENDECIR a los demás!

En 1 Corintios 16:15, leemos acerca de un grupo de creyentes que vivieron tanto en amor que *«…se han dedicado al servicio de los santos»*. ¡Comprendo muy bien por qué lo hicieron! He obtenido los momentos más gratificantes de mi vida cuando la compasión de Dios ha fluido a través de mí en un nivel muy alto.

Recuerdo una reunión en la que el Espíritu Santo se movió a través de mí, a fin de poder ministrar a las personas con SIDA. Sentía el amor de Dios tan intenso en mi corazón, que orar por ellos no fue suficiente, sino también terminé abrazando a esas personas —aunque muchos de ellos ¡parecían no estar dispuestos a recibir un abrazo!—. Más tarde, me enteré que alguien llamó para solicitar un casete del servicio, y nos contó que fue completamente sanado.

Pienso en los momentos en que la compasión de Dios desciende sobre mí, y me impacta. Un día mientras permanecía a la par de una mujer que deliraba, estaba ciega y sus piernas estaban llenas de gangrena debido a la diabetes. El amor de Dios me invadió por completo, y sin darme cuenta, comencé a gritarle a esa enfermedad, ordenándole que se fuera en el nombre de Jesús. Mientras reprendía esa enfermedad, vi cómo sus piernas comenzaron a cambiar, ese color negro mortal a un rosado saludable. Tuve el privilegio de presenciar cómo sus ojos, una vez más comenzaron a ver.

Yo prefiero cinco minutos, obrando en la compasión y bajo la unción de Dios que ser el hombre más adinerado del mundo. Y no desaprovecharía ningún segundo por algún tonto pecado, no vale la pena. Después de todo, ¿qué puede ofrecerme el pecado? Si usted nace de Dios, vivir en amor le brinda la única y verdadera satisfacción que existe.

Kenneth

Amor
sin límites

¡Despreocúpese por completo!

«Por nada estéis afanosos, sino sean conocidas vuestras peticiones delante de Dios en toda oración y ruego, con acción de gracias. Y la paz de Dios, que sobrepasa todo entendimiento, guardará vuestros corazones y vuestros pensamientos en Cristo Jesús»
(Filipenses 4:6-7).

Una vez que usted comienza a vivir en amor —a confiar en el amor que Dios siente por usted y a transmitir ese amor a los demás—, disfrutará la vida más pacífica que pueda imaginar. Será libre por completo del temor y de la preocupación. Y cuando la preocupación venga a su mente, podrá entregársela al SEÑOR, sabiendo que Él cuida de usted.

Usted y yo fuimos diseñados para vivir libres de preocupaciones. Nuestra mente no fue creada para enfrentar la presión de resolver cómo protegernos de toda situación. Nuestro cuerpo, tampoco fue diseñado para soportar el estrés causado por el enojo, la frustración y el temor. Todas estas circunstancias pueden matarnos. Colapsamos bajo la presión de estos factores porque no fuimos creados para vivir con ellos.

Fuimos creados para vivir en una atmósfera de amor. Sin embargo, permanecer en esa atmósfera requiere práctica. Y debemos practicar cómo entregarle al SEÑOR nuestras aflicciones, y después, tenemos que disciplinarnos para no tomarlas. Practiquemos cómo tomar autoridad sobre nuestra mente, y negarnos a siquiera considerar esas preocupaciones en nuestros pensamientos.

Escuché una historia acerca de un gran hombre de fe que debía pagar muchas cuentas, y no tenía dinero. Ya le había entregado su situación al SEÑOR, entonces alguien tomó sus facturas de gastos, se las agitó en el rostro y le preguntó qué haría al respecto. Entonces en lugar de intimidarse, las tomó, y las lanzó al aire exclamando: "Ya le entregue esa preocupación al SEÑOR". Luego se marchó.

Él fue un ministro que dedicó su vida a amar y a servir a los demás. Tenía fe en el amor de Dios, por tanto, actuó conforme a esa fe. Efectivamente, horas después, esas cuentas habían sido pagadas.

Quizá alguien diga que tomar esa actitud es un acto de irresponsabilidad, pero no lo es. Vivir en amor y confiar en Dios, es el acto más responsable que usted pueda realizar.

"Sí hermano Copeland —dirá usted— Pero ¿acaso no tenemos que llevar a cabo lo correcto en medio de circunstancias como esa?".

Actuar en amor **es** lo correcto. Si usted vive en amor, tomará las decisiones más sabias. Tomará el poder de Dios para sobrellevar la situación. Y al confiar en el amor de Dios, mantendrá abierta la puerta de la fe para que Él obre.

¿Por qué debe preocuparse si puede vivir en amor y sin preocupaciones? Viva despreocupado, y descubrirá que ¡ése es un estilo de vida maravilloso!

Ahuyente el temor

«Y cuando os acerquéis para combatir, se pondrá en pie el sacerdote y hablará al pueblo, y les dirá: Oye, Israel, vosotros os juntáis hoy en batalla contra vuestros enemigos; no desmaye vuestro corazón, no temáis, ni os azoréis, ni tampoco os desalentéis delante de ellos; porque Jehová vuestro Dios va con vosotros, para pelear por vosotros contra vuestros enemigos, para salvaros»
(Deuteronomio 20:2-4).

En la Biblia leemos con claridad que el perfecto amor echa fuera todo temor. Sin embargo, aun cuando usted viva en amor, el temor no se marcha fácilmente sin pelear. Así como resistimos todo lo demás que el diablo quiere obligarnos a aceptar, tenemos que resistir de forma rotunda al temor. Cuando éste asome su cabeza, debemos rechazarlo y echarlo fuera de nuestra vida.

El término griego traducido como **echar fuera**, conlleva la idea de un poderoso movimiento para "lanzar" o "impulsar".[12] El amor no sólo le muestra la puerta al temor, sino también lo lanza ¡tomándolo de las orejas!

¿Por qué el amor hace que tratemos al temor de esa manera? Porque el temor no respeta al Dios que amamos. El temor declara que el SEÑOR es mentiroso cuando expresa: "Él no te protegerá en esta situación. No puedes confiar en Dios porque no te cuidará".

¿Qué haría usted si alguien entrara a su casa y le dijera esas cosas con respecto a su cónyuge? ¿Cómo respondería ante esos insultos?, ¡Usted echaría a esa persona de su casa!

Así debemos tratar al temor, echémoslo fuera de nuestra vida no hablemos más conforme a éste, ni hablemos de él como si fuera algo normal. Mejor rechacémoslo, resistámoslo con la PALABRA de Dios. Y de manera rotunda neguémonos a actuar conforme al temor.

Cuando mi nieta Lyndsey, era una niña, contrajo una meningitis mortal. Cuando mi hija, Kellie, la llevó al hospital; Lyndsey ya estaba delirando perdiendo la consciencia. El médico le dijo a Kellie que muchos niños habían muerto en ese hospital por causa de la misma enfermedad y que lo más probable era que Lyndsey también moriría. Y afirmó que si vivía, sin duda sufriría daño cerebral, perdería el oído y sufriría otros terribles percances.

Todo padre sabe qué clase de temor lo invade en momentos como ése. Y el temor viene con venganza para robar nuestra fe y nuestra victoria. Sin embargo, Kellie ama demasiado a Lyndsey como para entregársela a la enfermedad. Ella no estuvo dispuesta a titubear en la fe que necesitaba para permanecer en la PALABRA por la vida de su hija, y rechazó por completo el temor.

En vez de llorar, preocuparse y expresar: «Santo Dios, Lyndsey morirá. ¿Qué haremos?». Kellie permaneció firme en su fe, justo en medio de esa situación, y confesó: «¡NO TEMERÉ!».

Y al permanecer firme en su fe, el poder de Dios respaldó su decisión, y junto a nuestra familia y amigos, peleó la buena batalla de la fe y ganó. Como resultado, Lyndsey se encuentra viva y bien hoy día. El amor obtuvo la victoria y ¡ahuyentó al temor!

---

[12] *Diccionario teológico del Nuevo Testamento*. 1964-c1976. Vols. 5-9 editado por Gerhard Friedrich. Vol. 10, información recopilada por Ronald Pitkin, G. Kittel, G. W. Bromiley & G. Friedrich, Ed. (Grand Rapids, MI: Eerdmans), Vol. 1, p. 526.

Kenneth

Amor
sin límites

Un avivamiento que el diablo no puede detener

«Porque por un solo Espíritu fuimos todos bautizados en un cuerpo, sean judíos o griegos, sean esclavos o libres; y a todos se nos dio a beber de un mismo Espíritu. Además, el cuerpo no es un solo miembro, sino muchos. Mas ahora Dios ha colocado los miembros cada uno de ellos en el cuerpo, como él quiso»
(1 Corintios 12:13-14, 18).

Quizá usted piense que sólo un terrible pecado carnal puede hacer que los creyentes se aparten del amor. O que tal vez sólo cuando el diablo los insta a robarse entre sí o que se mientan uno a otro, los aparta del amor y los conduce a la contienda. Pero generalmente no es así, ya que el diablo tiene éxito cuando nos divide haciéndonos discutir sobre temas aparentemente espirituales.

Por ejemplo, el enemigo nos convence de romper la relación que tenemos con nuestro prójimo cuando él abandona la iglesia a la que asistimos, y elige unirse a una iglesia al otro lado de la ciudad. Aunque él intente seguir la dirección del SEÑOR, muy a menudo nos enfadamos por su decisión; creemos que está equivocado y entramos en contienda con él. Pero aún si no estuviera en lo correcto (sería arrogante de nuestra parte presumir que sabemos mejor que ellos lo que el SEÑOR los está guiando a hacer. Nosotros estaríamos doblemente equivocados si nos ofendemos y dejamos de tratarlo con amor. Con esa actitud, estamos jugando en las manos del diablo.

Es tiempo de ponerle un alto a esa clase de situaciones. En lugar de darle la espalda a nuestro prójimo por dejar nuestra iglesia, llamémoslo un domingo por la tarde, y digámosle: "Hola, ¿qué aprendiste hoy en tu nueva iglesia? ¿Tuvieron un servicio maravilloso?".

Sigamos compartiendo con los demás y permitamos que nuestro amor por los demás crezca, en lugar de limitarlo. Podríamos salir a cenar juntos, invitar a los pastores de ambas iglesias y pasar un gran momento en el SEÑOR, amarnos y ¡aprender unos de otros!

Eso quizá le parezca extraño, pero Dios está haciendo que el amor crezca en el Cuerpo de Cristo. Estamos permitiendo que Dios sea Dios, y que Él coloque cada miembro en el Cuerpo de Cristo de acuerdo con Su voluntad; en lugar de exigirle que lo haga conforme a la nuestra. Estamos llegando a un punto en el que nos amamos tanto unos a otros como para permitir que ese tipo de situaciones nos separen.

Cuando alcancemos esos niveles, le daremos más problemas al diablo de los que haya enfrentado y será completamente incapaz de detenernos, pues no tiene cómo contraatacar el poder del amor. El amor siempre lo vencerá porque el amor nunca falla.

Cuando comencemos a vivir en amor y nos neguemos a apartarnos de él, iniciaremos un avivamiento que no podrá detenerse. Desataremos el mover de Dios, el cual se extenderá por todo el mundo, y luego producirá el arrebatamiento de la Iglesia en el rapto. Nos amaremos los unos a los otros ¡en la cena de las bodas del Cordero!

Amor
sin límites

Como nadie más

«Les escribo a todos ustedes, los amados de Dios que están en Roma, que han sido llamados a ser santos. Que Dios nuestro Padre y el Señor Jesucristo les concedan gracia y paz»
(Romanos 1:7, NVI).

¿Alguna vez se ha desanimado por sus propios fracasos? ¿Ha tropezado con sus defectos y limitaciones tantas veces que está cansado de sí mismo? En esos momentos, necesita detenerse y pensar en lo mucho que Dios lo ama. Cierre sus ojos y declare: *Soy un hijo amado de Dios.*

Quizá su mente lo contradiga, interrumpa su meditación y le afirme: "¿Cómo puedes pensar eso, cosa fea? Siempre estás cometiendo errores que después Él tiene que limpiar. Siempre lo molestas para pedirle algo. ¿Por qué Dios amaría a un desastre como tú?".

Le explicaré por qué lo ama: porque Él es su Padre. Dios posee en Su interior ese amor por usted que sólo un padre o una madre siente. Él cuenta con un incentivo en su interior que lo motiva a suplir sus necesidades. Dios ve en usted Su misma imagen, y se complace tanto en quien es usted que está dispuesto y anhela realizar lo que sea para ayudarlo a crecer.

Medite en el amor que sienten los padres naturales, a fin de que pueda comprender este concepto con facilidad. En la Biblia leemos que recibimos la semejanza de nuestra paternidad de Dios, y todos saben que un bebé recién nacido tiene algo que hace que sus padres lo amen. Quizá ni siquiera hayan deseado tener un bebé nueve meses atrás, pero cuando toman en sus brazos a ese pequeño ser; se enamoran de él. De pronto, todo el dolor, todo el dinero que les costará criarlo, todas las noches sin dormir que tendrán que enfrentar, parecerán nada comparados con el valor de ese hijo amado.

En los siguientes días, lo consolarán incontables veces cuando llore. Le cambiarán "miles" de pañales, lavarán "pilas" extra de ropa, porque el bebé ensuciará la ropa de **todos**. Sin embargo, todas estas inconveniencias desaparecerán cuando les extienda sus pequeñas brazos. El corazón de los padres se derretirá de amor, y dirán: "¿No es hermoso? ¿No es el bebé más precioso que hayas visto?".

Ése es el amor que su Padre celestial siente por usted. Su corazón puede acercase a Dios, y expresarle: ¡Abba!, ¡Padre! Gracias a que Su corazón se acercó a usted primero, y le manifestó: *¡Amado hijo de Mi corazón! Te amaba tanto que envié a Jesús. Te amo tanto que nunca te desampararé. Y siempre estaré contigo, hasta el fin del mundo.*

A veces, es difícil recibir esa clase de amor cuando ha fallado o se ha equivocado. Pero en esos momentos es cuando más lo necesita. Es allí cuando debe correr hacia el Único que lo ama como nadie más.

Kenneth

Día 264 Amor
sin límites

¡Sólo Dios podía pensarlo!

«Porque mis pensamientos no son vuestros pensamientos, ni vuestros caminos mis caminos, dijo Jehová. Como son más altos los cielos que la tierra, así son mis caminos más altos que vuestros caminos, y mis pensamientos más que vuestros pensamientos»
(Isaías 55:8-9).

La manera en que Dios ama es más alta que nuestra forma de amar. Él tiene ideas, que nosotros jamás las pensaríamos. Debemos sintonizar nuestro corazón a Su voz y escuchar lo que Él tiene que decirnos. Sólo podemos vivir en amor cuando cumplimos lo que Él nos pide.

En una ocasión, me encontraba podando el césped de mi casa; y cuando terminé, el SEÑOR me dijo que deseaba que cortara el césped de la casa de mi vecino. Al principio, no estaba muy emocionado al respecto, en primer lugar, porque cortar el césped no es algo que disfrute hacer. Si Gloria me lo permitiera, yo colocaría cemento en todo el patio, y lo pintaría de verde; y así jamás tendría que volver a cortar el césped.

En segundo lugar, no estaba seguro de que mi vecino apreciara que yo podara su césped. Ni siquiera lo conocía. Él podía pensar que lo estaba insultando y haciéndole ver que no realizaba un buen trabajo cortándolo él mismo. Sin embargo, intenté persuadir a Dios de esa idea (lo cual siempre es inútil. Lo mejor es que debe realizar lo que Él le indique, sin murmurar ni discutir porque jamás cambia de parecer. Ya que después de que usted termine de quejarse, Dios seguirá pidiéndole que realice lo que en un principio le ordenó). Por tanto, obedecí y comencé a trabajar en ello.

Cuando estuve en el césped de mi vecino, el SEÑOR me habló: *Ahora, mientras caminas por esta propiedad, quiero que hagas lo mismo que le indiqué a Abraham, y reclames el suelo por donde caminas. Reclama ese territorio para Jesús.* Jamás se me habría ocurrido, pero comencé de inmediato. En realidad, tuve un buen tiempo orando y podando esa tarde.

Al final, resultó que los vecinos ni siquiera se encontraban en casa. Estaban fuera de la ciudad y el césped volvería a crecer antes que ellos volvieran, así que jamás sabrían que yo lo había podado. Sin embargo, unas semanas más tarde, una dama rubia y de baja estatura llegó a nuestra casa, y comenzó a evangelizarnos con tanta emoción que pensé que se desmayaría. "Debo hablarles de Jesús —expresó ella—. ¡Él los ama y los salvará!".

¿Sabe quién era? ¡Mi vecina! Resulta que una o dos semanas después de que yo cortara su césped, toda la familia asistió a un retiro de alcance evangelístico; y ¡todos aceptaron a Jesús! Nuestras familias se conocieron. Unos días después, ella volvió a visitarnos y nos preguntó si nuestros hijos podían ayudarla a iniciar un grupo de estudio bíblico para los niños del vecindario. Ellos ganaron niños de todo el vecindario… sobre el terreno que reclamé para Jesús mientras yo cortaba su césped. ¿Quién más que Dios podía haber pensado en algo así?

Amor
sin límites

Siembre la semilla

*"Y Él les dijo: Sean cuidadosos con lo que escuchan; ya que la medida
[de pensamiento y estudio] que le concedan [a la verdad que escuchan]
determinará la medida [de virtud y conocimiento] que retornará a su vida —y
más [en adición] les será dado a ustedes que oyen—"*
(Marcos 4:24, *AMP*).

Una revelación profunda y completa de cuánto lo ama Dios, sin duda, es la BENDICIÓN más valiosa que usted puede recibir. Esa revelación beneficiará cada área de su vida —todo lo que piensa, todo lo que siente y todo lo que hace—. Una revelación plena del amor de Dios, desvanecerá por completo el temor de su vida. También hará que su fe vuele hasta el cielo. Le dará la libertad de vivir conforme al poder y bajo la unción de Dios.

"Sí, hermano Copeland —quizá usted diga—, pero yo no tengo esa revelación. La deseo y se la he pedido a Dios. Sé que la necesito, sin embargo, el Señor no me la ha dado".

Claro que la tiene, Él ya se la dio: Dios la plasmó en Su PALABRA. La dejó en forma de semilla. Si toma una semilla y la siembra en su corazón, como Jesús lo indicó en Marcos 4, medita y ora por ella; ésta crecerá. Si dedica tiempo para tener comunión con el SEÑOR, con respecto a lo que leemos en la Biblia de Su amor por usted, y le permite que lo ayude a cortar toda la mala hierba que el diablo ha sembrado, y que ahoga la PALABRA; esas semillas florecerán y producirán en usted una revelación que llenará su corazón y su vida con Su fragancia.

Algunos se ocupan demasiado, y no invierten tiempo de calidad con el SEÑOR y Su Palabra. Luego resultan lastimados, y al tener problemas declaran: "Dios, ayúdame con esta situación ¡ahora mismo!".

Estas personas son como un joven granjero, cuyo padre le ayudó a comenzar su granja obsequiándole una parte de sus tierras, un cultivo lleno de semillas de algodón, y todas las herramientas necesarias para cultivar esa tierra. En lugar de cultivar las semillas, el joven insensato desaprovechó su tiempo realizando otras actividades. Cuando se quedó sin dinero, acudió a su padre en pánico: "¡Papá! Estoy en la quiebra. Necesito un cultivo de algodón, y ¡lo necesito hoy!".

¿Qué hace ese padre? Él no puede producir un cultivo de algodón para ese joven de la noche a la mañana. Quizá pueda darle dinero para sobrevivir por un corto tiempo, pero su hijo jamás prosperará hasta que tome los recursos que su padre le entregó y realice lo que sabe hacer.

Lo mismo sucede con la revelación del amor de Dios. Ésta no viene a nosotros sólo porque la anhelemos o sólo porque le roguemos a Dios por ella. Viene a nosotros porque honramos Su PALABRA lo suficiente como para cultivarla en lo profundo de nuestro corazón. Viene porque la valoramos tanto que meditamos en esa revelación y la estudiamos. Y su poder se derramará en la tierra de nuestro corazón a medida que le entreguemos el primer lugar en nuestra vida.

Kenneth

Amor
sin límites

Un gran final de amor

«Y apedreaban a Esteban, mientras él invocaba y decía: Señor Jesús, recibe mi espíritu. Y puesto de rodillas, clamó a gran voz: Señor, no les tomes en cuenta este pecado. Y habiendo dicho esto, durmió»
(Hechos 7:59-60).

En los momentos importantes de nuestra vida, todos deberíamos estar viviendo en amor. Tendríamos que obtener la victoria en esos momentos en que la presión surge y todos nos observan. Deberíamos ser como Esteban y, en la hora crucial cuando nos encontremos en la batalla más grande de nuestra vida, finalizar cubiertos de gloria. Ninguno desea que en momentos de tensión como esos, nuestras palabras sean motivo de persecución: "¡Ustedes cretinos! ¿Por qué me hacen esto? Espero que un día alguien los apedree ¡para que sepan cómo se siente!".

Esas palabras habrían ocasionado que Hechos 7 tuviera un patético final. Pero gracias a Dios, Esteban no las pronunció. Él estaba preparado para esa hora de dolor y presión, estaba lleno del Espíritu Santo, lleno de gracia y lleno del amor de Dios. No tuvo tiempo para preguntarse: "¿Qué dijo Jesús cuando estaba siendo crucificado?". No tuvo tiempo de pensar en nada, porque le estaban lanzando piedras a la cabeza.

No, en el momento que Esteban habló, expresó lo que abundaba en su corazón. Él expresó palabras llenas de amor: *«No les tomes en cuenta este pecado».*

¿Sabe por qué pronunció él esas palabras? Porque era un hombre que acostumbraba a vivir en amor. Pasaba sus días sirviendo a los demás, atendiendo mesas y repartiendo alimentos en la iglesia. Él le servía la gente tanto en lo natural como en lo sobrenatural. Permaneció tan lleno del Espíritu Santo y de fe que realizó grandes obras y milagros entre el pueblo..

En ocasiones, sobre-espiritualizamos a hombres como Esteban, y desconocemos que ellos han tenido que vivir en amor; al igual que nosotros debemos hacerlo. Esteban no flotaba en una esponjosa nube, realizando maravillas mientras las personas aplaudían. Para nada, lo más probable era que trabajaba en la "cafetería" con sus mangas arremangadas, sirviéndole pan sin levadura a la gente y oraba por su sanidad mientras comían. Quizá debía levantarse temprano y quedarse despierto hasta tarde para poder atender a todos. Esa clase de vida es el sello de un hombre que vivió en amor.

No me sorprendería saber que cuando comenzaron a lanzarle piedras, él ya estuviera preparado. Cuando la presión surgió, y todo el cielo y el infierno observaban, Esteban respondió con la compasión de Jesús; y dejó un legado que perduró miles de años. Él observó cómo se abrieron los cielos, y fue acogido por la gloria de Dios; y finalmente llegó a los brazos de su Maestro. Ahí descansó de las manos de sus perseguidores, y tuvo un gran final de amor.

Kenneth

Día 267 Amor sin límites

No sólo para mí

«Confesaos vuestras ofensas unos a otros, y orad unos por otros, para que seáis sanados…»
(Santiago 5:16).

Cuando aprendemos los principios de fe, a veces adoptamos una mentalidad egoísta; y comenzamos a pensar sólo en nosotros. En lugar de aprender a orar por la sanidad de los demás, enfocamos nuestra fe sólo en nosotros. Sólo pensamos en cómo utilizarla para aumentar nuestros ingresos. Estudiamos el Salmo 91 para creer sólo por nuestra protección y la de la nuestra familia.

Sin embargo, actuar de manera egoísta nos hacer perder el enfoque. Como creyentes, tenemos un pacto unos con otros. Fuimos llamados a comprometernos, al punto de velar por las necesidades de los demás; así como lo estamos por nuestras necesidades. En Filipenses 2:4, leemos: *«No mirando cada uno por lo suyo propio, sino cada cual también por lo de los otros»*.

¡De eso se trata la Iglesia! De vivir de acuerdo con nuestro pacto, de que mi familia ore y le crea a Dios por la suya, mientras su familia ora y cree por la mía. Se trata de reunirnos y buscar quien tiene una necesidad, ¡y suplir esa necesidad!

Una iglesia es un grupo de personas tan enamoradas de Jesús y entre sí, siempre buscan formas de BENDECIRSE. Además, aprenden a utilizar su fe para ayudarse y para edificarse entre sí.

Debido a que la fe obra por el amor, si no lo practicamos; jamás aprenderemos a vivir por fe. Si sólo activamos nuestra fe para nuestra liberación, nuestra sanidad y nuestro éxito; ¡nunca despegaremos! Dios no nos entregó Su PALABRA y Sus promesas sólo para usarlas "para nuestro propio beneficio; a fin de que podamos sobresalir". Nos las entregó para que le sirvamos a Él y a los demás.

Una vez que comenzamos una vida de servicio, creer por nuestras necesidades será tan fácil como caernos de un tronco que está flotando sobre el agua. Nuestra fe estará poderosamente respaldada por el amor, nuestra comunión con Dios y con los demás, que sólo descansaremos ¡y recibiremos lo que necesitamos!

Sólo inténtelo y verá a qué me refiero. Si se ha frustrado en la fe, porque no ve el resultado de lo que está creyendo; olvídese de sí mismo por un momento. Vaya y busque a otro creyente que tenga una necesidad mayor que la suya, y comience a creerle a Dios para que lo ayude a suplir la necesidad de su prójimo. No lo haga sólo por experimentar, hágalo de corazón. Permita que el amor de Dios fluya de usted hacia su hermano. Ore por él, siembre en él con pasión. Permanezca en fe con él, y ayúdelo a llevar su carga. Permita que Dios le muestre qué puede lograr su fe a través del amor.

Amor
sin límites

¿Cuánto vale usted?

«Sabiendo que fuisteis rescatados de vuestra vana manera de vivir, la cual recibisteis de vuestros padres, no con cosas corruptibles, como oro o plata, sino con la sangre preciosa de Cristo, como de un cordero sin mancha y sin contaminación»
(1 Pedro 1:18-19).

¿Alguna vez ha luchado para sentirse valorado? Todos hemos luchado por lo mismo. Las personas trabajan por largas horas, y sacrifican a sus familias para obtener la aprobación de un jefe y sentirse valorado en la oficina. Adquieren deudas comprando ropa nueva, automóviles y casas; esperando que, de alguna manera, los hagan sentirse más importantes. Incluso persisten en obtener notorios cargos de honor y respeto en la Iglesia, pues desean saber que son valiosos en el reino de Dios.

El problema es que tanto esfuerzo jamás nos brindará la comodidad que estamos buscando. Una vez que las obtenemos, vivimos en constante temor a perderlas. Nos atamos estos logros, sabiendo que perderlos sólo confirmará algo que siempre hemos temido: que en realidad, no valemos mucho.

En lugar de ayudar, la tradición religiosa hace que nuestros temores sean aun peores. Nos enseña que no somos nada, sólo unos gusanos espirituales que Dios escogió para sentir lástima. Que sólo somos viejos pecadores salvos por gracia.

Usted sabe que eso no es cierto. Sabe que confiar en Jesús y aceptarlo como su SEÑOR, lo convirtió en la justicia de Dios. Sin embargo, ¿alguna vez ha permitido que Su sacrificio responda a las persistentes preguntas con respecto a su valor?

El sacrificio de Jesús responde todo. Una vez que usted se percata de que Dios envió a Jesús a pagar el precio para salvarlo, nunca más volverá a preguntarse cuán valioso es usted. Ni tendrá que observar su desempeño, sus bienes o incluso el cargo que desempeña en su iglesia para saber cuánto vale.

Sólo vea a la Cruz, y diga: "¡Cuán preciosa fue la sangre de Jesús que ahí fue derramada! ¡Cuán precioso fue el Cordero inmolado de Dios, quien entregó Su vida por mí!".

Sea consciente de lo que está exclamando, ya que al hacerlo responderá para siempre las preguntas acerca de su valor. Usted es tan valioso para Dios como lo es Jesús, porque Dios entregó a Su Hijo en un intercambio por usted.

Quizá se cuestione: "¿Cómo pudo suceder tal cosa? ¡Conozco mis propios fracasos y defectos! No valgo tanto como para que me atribuyan ¡ese precio tan alto!".

No, no lo vale, tampoco yo. Sin embargo, Dios, gracias a Su gran amor por nosotros, pagó ese alto precio por nosotros. El Dios soberano, quién establece toda verdad y todo valor, declaró que somos tan preciosos como Jesús. En la sangre de Su Primogénito, Él fijó nuestro valor para siempre.

Amor
sin límites

Una lección desde la avenida Madison

«Así que, hermanos, os ruego por las misericordias de Dios, que presentéis vuestros cuerpos en sacrificio vivo, santo, agradable a Dios, que es vuestro culto racional. No os conforméis a este siglo, sino transformaos por medio de la renovación de vuestro entendimiento, para que comprobéis cuál sea la buena voluntad de Dios, agradable y perfecta»
(Romanos 12:1-2).

A veces, tenemos la idea de que enfrentar nuestra carne es más difícil de lo que en realidad es. Debido a que así sucedió por mucho tiempo en el pasado, tenemos la impresión de que la carne es fuerte y poderosa. Pero no lo es. Ésta cede ante la influencia que la rodea, se conforma a lo que constantemente está expuesta.

La avenida Madison confirma ese ejemplo. Si usted le entrega a una agencia publicitaria un enorme presupuesto y el tiempo suficiente, ellos pueden inundar los ojos y los oídos del público con algo para que pronto se acostumbren a ello. Por ejemplo, colocan fotografías de modelos vistiendo *jeans* acampanados en revistas, anuncian los *jeans* en programas de televisión y en vallas publicitarias…; y de inmediato, las personas que juraron jamás utilizarlos, andarán por toda la ciudad ¡vistiendo pantalones acampanados!

¿Por qué? Porque así es la carne humana. Está hecha para habituarse a las influencias que la rodean. Algunas de esas influencias provienen de nuestro interior, y algunas otras, del exterior. Algunas, inclinan a la carne hacia un sentido…; y otras, hacia otro. Sin embargo, la influencia más fuerte y consistente siempre gana. Una vez que comprenda cómo funciona ese principio, puede ponerlo a obrar a su favor; y permitirle que lo ayude en su deseo de ser completamente conforme a la imagen de Jesús y de disfrutar una vida de amor.

Debido a que el Espíritu Santo habita en su interior, la influencia de Dios obra en usted desde su interior. Luego sólo debe poner a obrar esa misma influencia desde el exterior. Y ¿cómo lo logra? De la misma forma que los anuncios de la avenida Madison: Renovando su mente al exponerla constantemente a Jesús. Invierta tiempo en la PALABRA y tenga constante comunión con Dios. Llene su mente con Sus pensamientos (con las Escrituras: ¡los mismos pensamientos de Dios!) y no con los pensamientos del mundo. Reemplace la imagen que tiene de sí mismo con la imagen bíblica de Jesús.

Después, practique y comience a actuar como Él. Permita que Su naturaleza fluya a través de su corazón. Así, en lugar de que su carne luche contra usted; progresivamente ésta será conforme a lo que usted es en su interior, y se convertirá ¡en la persona amorosa que su corazón anhela que sea!

Kenneth

Amor
sin límites

Sea Dios veraz

«¿Pues qué, si algunos de ellos han sido incrédulos? ¿Su incredulidad habrá hecho nula la fidelidad de Dios? De ninguna manera; antes bien sea Dios veraz, y todo hombre mentiroso...»
(Romanos 3:3-4).

Es asombroso cuántos creyentes afirman amar al SEÑOR, levantan sus manos y derraman grandes lágrimas de devoción cuando se encuentran en la iglesia; pero cuando salen, tratan a Dios como si fuera un mentiroso. Claro, ellos no se percatan de lo que hacen; sin embargo, lo hacen.

Lo notaríamos con más rapidez si actuáramos así con otra persona. Por ejemplo, supongamos que necesita que alguien pase por usted al aeropuerto, y su mejor amigo promete ir por usted. Asumiendo que ese amigo fuera una persona de palabra y que siempre ha sido fiel en cumplir lo que le ha prometido, usted creería su promesa, ¿cierto? No creerle sería una acción de desamor y de deshonra. Sería como abofetearle el rostro si usted continuara pidiéndole a otras personas que pasen a recogerlo. Los demás pensarían muchas cosas de su amigo si lo escucharan decir:"Él me aseguró que pasaría por mí, pero ¿podrías llegar tú también, sólo en caso de que no se presente? Es que no confío en él".

Jamás le haríamos algo como eso a un fiel amigo, sin embargo, los creyentes actúan así todo el tiempo con Dios. Reciben Sus promesas por medio de Su PALABRA —las cuales son muy serias para Él, pues garantizó esas promesas con la sangre de Su propio Hijo—, luego hablan y actúan como si la PALABRA fuera mentira. Tratan a Dios como a un mentiroso en quien no se puede confiar. Sé que esa declaración se escucha ruda, pero es la verdad; y necesitamos ser conscientes de ello.

Hace algunos años, durante una serie de reuniones en las que prediqué, asistí a una recepción que algunas personas habían preparado para los ministros. Cuando entré al salón, una persona me saludó, y me dijo:"Hermano Copeland, necesito que ore conmigo. Mi hermana está enferma, y no tiene esperanza de vida. Quiero que se ponga de acuerdo conmigo para que Dios intervenga, y cambie esa situación".

¡Por supuesto!, le respondí. Nos tomamos de las manos y nos pusimos de acuerdo en oración nos basamos en a las palabras de Jesús en Mateo 18:19—; siempre que dos personas estén de acuerdo en cualquier cosa y la pidan en Su nombre, les será hecha. Oramos y le dimos gracias a Dios por la respuesta. Más tarde vi a esa persona acercarse a otro predicador, y decirle:"Hermano, mi hermana se encuentra muy enferma. Creemos que morirá...". Quizás con una docena de ministros esa noche, pero ni una sola vez creyó verdaderamente en la PALABRA de Dios.

Es necesario que seamos realistas con respecto a nuestro amor por Dios, y dejemos a un lado ese tipo de conducta. Debemos honrar al SEÑOR creyendo realmente lo que Él nos asegura, y actuar como que ya lo tuviéramos. Debido a que Él derramó Su propia sangre para garantizarnos Sus promesas, honremos esas promesas dándole el amor que Dios merece.

Amor
sin límites

Medite en esto

«Por lo demás, hermanos, todo lo que es verdadero, todo lo honesto, todo lo justo, todo lo puro, todo lo amable, todo lo que es de buen nombre; si hay virtud alguna, si algo digno de alabanza, en esto pensad»
(Filipenses 4:8).

En Proverbios 23:7, se nos enseña que una persona actúa conforme a su manera de pensar. Eso significa que para vivir en amor, es necesario tener nuestra mente llena de pensamientos de amor hacia los demás —incluso hacia quienes no nos agradan—.

Quizá usted exprese: "Pero hermano Copeland, ¡no puedo! Conozco a algunas personas que son muy malas y amargadas, ¡y no puedo hacer nada para que me agraden!".

Sí, usted puede; pues todos tenemos el control total sobre lo que pensamos. Podemos elegir tener pensamientos negativos y de odio hacia alguien, o escoger pensar con amor y de forma positiva hacia esa persona. Es evidente que el Señor espera que nosotros escojamos tener pensamientos de bien y de amor.

Pero debemos ser conscientes de que la mayoría de nosotros necesitamos adiestrar nuestra mente para lograrlo. Hemos malgastado años, enfocándonos en los errores de las personas; en lugar de enfocarnos en las cosas que hacen bien. Es probable que alguien siempre se haya portado bien con nosotros, y le hayamos dado muy poca importancia. Pero, si esa persona nos dice algo desagradable una sola vez (a menos que nos controlemos), le gritamos y nos enojamos durante días, semanas, y en ocasiones, hasta años. Sólo por un simple comentario desagradable. Pensamos tanto en ese comentario, que cualquier cosa buena que la persona haya dicho o hecho en el pasado, queda sin ningún efecto.

El diablo siempre se encargará de que los pensamientos negativos bombardeen su mente. Sin embargo, usted puede evitar mantenerlos en su mente. Puede resistirlos y reemplazarlos con algo mejor. Un ministro expresó: «Usted no puede impedir que las aves vuelen sobre su cabeza, pero sí puede evitar ¡que aniden sobre su cabello!».

Una forma de evitar que los pensamientos faltos de amor tomen el control sobre su mente, es realizando confesiones de amor en voz alta. Es imposible que usted piense una cosa, y hable otra diferente al mismo tiempo. Si desea comprobarlo, comience a contar de uno a diez en su mente, e intente decir su nombre al mismo tiempo. No lo logrará. Su mente tiene que dejar de contar, para que pueda decir su nombre.

Alinee sus pensamientos en la dirección correcta, declarando algo positivo acerca de esa persona. Si no puede pensar algo positivo, recuerde que esa persona es tan preciosa que Jesús murió para salvarla. Y declare en voz alta: Mi Jesús ama a esas persona, *¡y yo también la amo!*

Amor
sin límites

Sin peces en su bañera

«Porque quiero que sepáis cuán gran lucha sostengo por vosotros, y por los que están en Laodicea, y por todos los que nunca han visto mi rostro; para que sean consolados sus corazones, unidos en amor, hasta alcanzar todas las riquezas de pleno entendimiento, a fin de conocer el misterio de Dios el Padre, y de Cristo, en quien están escondidos todos los tesoros de la sabiduría y del conocimiento»
(Colosenses 2:1-3).

Seamos sinceros, desde el punto de vista humano, hay algunas personas que son imposibles de amar. Hay personas que despreciarán las expresiones de bondad que usted les muestre. Incluso se molestarán sin que usted los ofenda.

Si usted los saluda y les dice: "¡Buenos días, se ve muy bien hoy!".

Podrían responderle: "De seguro le sorprende que me vea bien hoy, ya que no puedo darme el lujo de comprar la clase de ropa que usted se compra".

Ese tipo de personas no sólo estorbarán en su vida de amor, sino que lo harán enfurecer si intenta cambiarlas en sus propias fuerzas. Permanecerá despierto toda la noche pensando en cómo alcanzarlas… y no logrará nada.

¿Sabe por qué? Porque la respuesta no está en su mente, sino en su espíritu. Es allí donde el Espíritu Santo mora, y en la Biblia se nos enseña que en Él se encuentran escondidos **todos** los tesoros de la sabiduría y el conocimiento (lea Colosenses 2:3). Algunas veces leemos **todo** lo que se encuentra en la Biblia, contrario a cómo leemos **todo** el contenido de un libro de recetas. Cuando la receta nos indica que vertamos **toda** la azúcar en la batidora, no significa media taza, sino ¡significa **toda**! Por tanto, si desea descubrir esos tesoros, lea **toda** la Biblia de la misma manera que leería **todo** lo que se encuentra en un libro de recetas.

Invertir tiempo para pensar en cómo adquirir sabiduría para vivir en amor, es como ¡pescar en su bañera! No pescará nada porque no hay nada ahí. Por tanto, comience a pescar en donde está la sabiduría. Sintonice su corazón con la oración y la alabanza. Adore al SEÑOR y ore en lenguas por un momento. Cuando lo haga, usted comenzará a sacar provecho de la sabiduría de Jesús.

El SEÑOR sabe todo lo referente a cómo amar a las personas. Él sabe cómo amar a las personas dulces y a las amargadas. Dios puede darle la gracia para hacer que las críticas no produzcan ningún efecto en su vida, de la misma manera en que el agua no puede producir ningún efecto en las plumas de un pato. El Señor puede darle la sabiduría necesaria, a fin de que sepa qué responder ante cada situación, y el corazón para amar a las personas que nadie más ama.

Quizá ellos sean tan rudos que nunca aceptarán que el amor que les demostró los alcanzó. Pero si usted sigue la dirección del Espíritu, éstas personas, en su corazón, sabrán que fueron amadas.

Amor
sin límites

Permanezca en la luz

«El que ama a su hermano, permanece en la luz, y en él no hay tropiezo.
Pero el que aborrece a su hermano está en tinieblas, y anda en tinieblas, y
no sabe a dónde va, porque las tinieblas le han cegado los ojos»
(1 Juan 2:10-11).

¿Alguna vez ha sentido como si tropezara en la oscuridad intentando encontrar el plan de Dios para su vida?

Todos nos hemos sentido así algunas veces. Hemos atravesado situaciones en las que no pudimos distinguir con claridad la dirección del Espíritu Santo, y sentimos que andábamos en la oscuridad tratando de encontrar la luz. Cuando nos encontremos en esa situación, analicemos nuestra vida de amor; pues quizá sin darnos cuenta, nos hemos apartado del amor y hemos caído en contienda con los demás. Y como resultado, nuestra visión espiritual se ha nublado; pues la contienda ha cegado nuestros ojos.

Tal vez usted diga: "Pensé que eso sólo le sucedía a las personas que odian a sus hermanos, y yo no odio a nadie".

Pero no debe basarse en su definición. Pues la definición bíblica de odio es más amplia que la nuestra. De acuerdo con las Escrituras, si tenemos algo en contra de nuestro hermano, nuestras oraciones serán estorbadas (Marcos 11:25). Si guardamos rencor, falta de perdón o tenemos malas intensiones en contra de alguien; nos salimos la senda del amor, y entramos a la senda del odio.

He descubierto que no son los grandes conflictos los que me hace tropezar. Pues cuando tengo un problema grande con alguien, busco al SEÑOR lo suficiente hasta estar segura de que la actitud en mi corazón hacia esa persona es la correcta. Son las mínimas molestias las que me causan problemas. Es la actitud que demuestro ante la mesera que me sirvió mal lo que ordené, y al parecer ni siquiera le importa. Es el enojo al que cedo, cuando llena de ira le bocino al joven que sin prestar atención se metió a mi carril en la carretera. Es el tono fuerte de voz que utilizo con la persona que llama por teléfono, para ofrecerme productos e interrumpe mi noche… nuevamente.

Cuando ignoramos esas pequeñas actitudes y ofensas, éstas empiezan a acumularse y a obscurecer la iluminación del Espíritu en nuestro interior. Contristan al Espíritu Santo, y ahogan el fluir del amor hasta que poco a poco vamos perdiendo el poder espiritual. Por lo general, ni siquiera sabemos cómo llegamos a esa condición. Nos enteramos a que punto hemos llegado hasta el momento en que oramos, y no recibimos la respuesta a nuestras oraciones. Y tampoco podemos sentir la dirección de Dios.

No caiga en esa trampa. Cuide con mucha diligencia su corazón en los grandes problemas —y también en los pequeños—. Cuando sienta que se está alejando del amor, y está acercándose a la ira y a la contienda; deténgase y arrepiéntase. Luego, haga algo bueno. Edifique a esa persona al declarar palabras de BENDICIÓN sobre su vida. Salga de las tinieblas, y vuelva al amor; a fin de que la luz de Dios pueda seguir brillando en usted.

Amor
sin límites

Valore la sangre

«¿Cuánto mayor castigo pensáis que merecerá el que pisoteare al Hijo de Dios, y tuviere por inmunda la sangre del pacto en la cual fue santificado, e hiciere afrenta al Espíritu de gracia?»
(Hebreos 10:29).

Cuando no perdonamos a nuestros hermanos creyentes, negándonos a amarlos por algo que hayan hecho; deshonramos la sangre de Jesús. Ése es un tema muy serio, pues nos coloca en posición de ser juzgados y castigados. No podemos escapar a ese castigo suplicando misericordia, pues la misericordia se recibe por medio de la sangre. Y cuando nos negamos a extender misericordia no podemos recibir ese beneficio.

Recuerda el día en que nació de nuevo e hizo la siguiente oración: *Padre, perdona mis pecados. Acepto a Jesús como mi SEÑOR. Por favor, entra a mi corazón.* ¿Por qué el Padre no lo rechazó? ¿Por qué no le dijo: No, no quiero que formes parte de esta familia de fe, puedes estropear las cosas. Sé qué has hecho y no quiero un hijo así?

Le diré por qué Dios no dijo eso. Porque honró la sangre de Jesús más que a sus pecados. Dios consideró esa sangre tan preciosa que la contó como pago suficiente por la deuda que usted tenía con Él. En lo que al Señor respecta, cuando la sangre de Jesús fue derramada, el problema del pecado fue resuelto para siempre. Los pecados fueron perdonados de una vez por todas. Sólo debe recibir ese beneficio es recibir a Jesús como Señor para recibir ese beneficio.

Ahora que ya hemos recibido esos beneficios, es un mandato divino que perdonemos a los demás, de la misma manera en que Dios nos perdonó por medio de Cristo (Efesios 4:32). Eso significa que debemos poner la sangre de Jesús por encima de los pecados de las personas. Significa que tenemos que valorar la sangre de Jesús, y ver esa sangre como pago suficiente; por cualquier ofensa que una persona cometa. Es necesario amarnos de manera incondicional, y perdonarnos el uno al otro; no porque lo hayamos ganado o lo merezcamos; sino porque tenemos un pacto con Dios y con las demás personas por medio de la sangre de Jesús. No hagamos nada que deshonre la sangre de Jesús.

Cuando usted comprenda lo serio que es deshonrar la sangre de Jesús, no se dejará manipular por sus emociones cuando alguien le haga daño. En lugar de permitirle a sus sentimientos carnales e insensatos que lo dominen, levántese en el espíritu y honre la sangre de Jesús. Su Sangre será razón suficiente para perdonar a su hermano. A través de la fe en esa Sangre, le ofrecerá a los demás el perdón que Dios le extendió a usted.

Kenneth

Día 275

Amor
sin límites

El más grande amor
que se haya conocido

«Nadie tiene mayor amor que este, que uno ponga su vida por sus amigos»
(Juan 15:13).

Para apreciar en realidad la profundidad con la que Jesús nos ama, necesitamos comprender cuánto Él sacrificó —no sólo cuando murió en la Cruz, sino cada día que vivió en este mundo pecaminoso—. Debemos meditar en el hecho de que Él dejó la indescriptible gloria de los cielos donde había vivido por siempre. Un lugar donde sólo existe gozo, paz, armonía y amor; y vino a habitar a un lugar, que comparado con Su hogar era un basurero, un lugar lleno de odio, robos, asesinatos y toda clase de violencia imaginable.

Él renunció a los privilegios de Su divinidad. Y abandonó Su forma celestial, la cual le permitía ser Omnipresente, Omnisciente y Omnipotente. En la biblia se nos enseña que Él se despojó de esos privilegios, (Filipenses 2:7) y se limitó a vivir en un cuerpo de carne y sangre. Siendo Dios, se hizo hombre. No un superhombre, sino un verdadero ser humano que sintió hambre y se cansó como cualquier otro. Renunció a Su divino conocimiento, y tomó la mente de un hombre que debía crecer en la PALABRA, al igual que usted y yo. Él tuvo que averiguar quién era por medio de la oración, y el estudio de las Escrituras, Isaías y Salmos. Él permaneció firme en esas palabras cuando las dudas lo atacaron, cuando llegaron las tentaciones, y el diablo le dijo: «...*Si eres el Hijo de Dios...*» (Lucas 4:3).

Jesús tuvo que permanecer firme en la PALABRA de Dios por fe, después de Su crucifixión; cuando se encontró en las puertas del infierno pagando todo el precio por nuestros pecados. También tuvo que creer que Dios podía sacarlo de ese lugar, y resucitarlo; aunque esto nunca antes se había realizado. ¡Nunca nadie había salido del infierno! ¿Y si algo salía mal? Desde el punto de vista de la historia de la humanidad, Jesús estaba tomando un riesgo que ningún otro hombre había tomado jamás.

¿Qué lo motivó a tomar ese riesgo tan grande?

El amor, sólo el amor.

El amor hizo que Jesús se convirtiera en el Hijo del Hombre —no sólo por 33 años, ¡sino para siempre!—. Incluso después de Su resurrección de entre los muertos, no volvió a Su forma anterior, siguió con Su forma humana, con un cuerpo glorificado, que era tanto Dios como hombre —pero era más hombre después de todo—. Ahora, Él vive para interceder por nosotros (Hebreos 7:25). Aún tiene los agujeros en Sus manos y en Sus pies. Todavía tiene el agujero en Su costado y las cicatrices en Su cabeza. Aún lleva en Su cuerpo glorificado las marcas de Su eterno sacrificio. Las lleva como evidencia innegable de Su amor por nosotros... el más grande que haya conocido.

Amor
sin límites

Por fe, no por sentimientos

«Pero teniendo el mismo espíritu de fe, conforme a lo que está escrito: Creí, por lo cual hablé, nosotros también creemos, por lo cual también hablamos» (2 Corintios 4:13).

Todos atravesamos por momentos en los que no sentimos el amor de Dios. Existen ocasiones, en las cuales nos encontramos atravesando grandes dificultades y pruebas que humanamente hablando, no pareciera que Dios cuidará de nosotros. Es en esos momentos, cuando somos tentados a expresar cosas absurdas como: "Sé que Dios me ama, sin embargo, siento que Él está demasiado lejos de mí. Si hiciera algo para probarme que está cerca, me ayudaría. Si tan sólo pudiera ver Su rostro o sentir Su gentil toque sobre mi frente, yo creería".

Esa clase de pensamientos son incorrectos. La fe en el amor de Dios, no surge por ver el rostro de Jesús o sentir Su mano. La fe en su amor proviene, al igual que otros tipos de fe — ¡por oír la PALABRA de Dios!—.

Una vez que hayamos escuchado la PALABRA referente al amor de Dios, no tendremos porque depender de si lo sentimos o no en nosotros. No debemos utilizar nuestros ojos físicos para comprobar si la PALABRA es verdad. Nuestra responsabilidad es creer esa PALABRA, y confesarla como es debido.

De hecho, cuando no sentimos el amor de Dios, es cuando más convencidos debemos estar, pues esos momentos son los que el diablo utiliza para aprovecharse de nosotros. En esos instantes ejerce presión sobre nuestra carne, y sobre nuestras emociones; intentado hacer que abramos nuestra boca y confesemos palabras que le permitan causar estragos en nuestra vida.

No se lo permita. Tampoco actúe por lo que siente o por lo que ve. Quizá sienta una sequía espiritual, la cual nunca antes había sentido en su vida; sin embargo, eso no cambia la situación. En la PALABRA se nos afirma de continuo que Dios lo ama, y que Él jamás lo dejará ni lo desamparará.

Por tanto, en lugar de ceder ante el espíritu de duda, mantenga el espíritu de fe. Crea y confiese la verdad acerca del amor de Dios. No importa cómo se sienta en su carne, abra su boca y comience a alabar al SEÑOR por Su misericordia, y declare: *No importa cómo me pueda sentir, la verdad es que mi Dios me ama. Jesús me amó lo suficiente como para dejar Su gloria, venir a la Tierra y morir por mí. Me amó tanto que fue al infierno por mí. Y ahora me ama tanto que vive por siempre ¡para interceder por mí! Él prometió estar conmigo hasta el fin del mundo, y yo creo que se encuentra aquí ahora mismo, ¡amándome y cuidándome!*

Si usted cree y declara esta confesión, esos sentimientos de sequía espiritual comenzarán a cambiar. Sus viejas emociones carnales, serán reemplazadas por el mover del espíritu; y en poco tiempo usted estará danzando, no sólo creyendo y confesando; sino también experimentando la verdad de Dios. Todo su espíritu, alma y cuerpo se regocijarán en la revelación del maravilloso amor de Dios.

Amor
sin límites

Dé el ejemplo

«Hijos, obedeced en el Señor a vuestros padres, porque esto es justo. Honra a tu padre y a tu madre, que es el primer mandamiento con promesa; para que te vaya bien, y seas de larga vida sobre la tierra. Y vosotros, padres, no provoquéis a ira a vuestros hijos, sino criadlos en disciplina y amonestación del Señor»
(Efesios 6:1-4).

Como padres cristianos, debemos dar el ejemplo de amor a nuestros hijos. Pues lo que ellos ven en nosotros es lo que esperan encontrar en Dios. Ésa es una razón, por la cual jamás debemos inculcar temor en ellos en nombre del amor.

El temor y el amor no son un equipo, son opuestos. En la Biblia se nos enseña que el temor atrae tormento. De acuerdo con el diccionario, **atormentar** significa: "Agitar, aterrorizar, tomar o paralizar para oprimir". Dios se opone por completo a estas cosas. Su amor las echa fuera. Por consiguiente, jamás intente utilizarlas para instruir a sus hijos.

En lugar de eso, instrúyalos de la manera que Dios lo instruye a usted. Él lo hace con Su PALABRA. No le menciona al diablo o lo envía a su vida para aterrorizarlo, a fin de que le obedezca. Dios envía al Espíritu Santo para guiarlo hacia toda verdad. Si usted ignora esa verdad y de todas maneras se mete en un problema, cuando lo invoque pidiéndole ayuda, Él no lo condenará. No lo golpeará como un perro ni lo dejará con la cola entre las patas. Él lo perdona y le enseña cómo evitar que vuelva a salir lastimado.

Recuerde eso la próxima vez que esté enseñándoles algo a sus hijos. Si los instruye para evitar una situación peligrosa, no los aterrorice. Sólo hábleles de los hechos. No diga cosas como: "Me da mucho miedo que hagas eso, y eches a perder tu vida. Me da mucho temor que no me escuches, y termines en la ruina".

Hábleles en amor, y crea en ellos así como su Padre celestial cree en usted. Expréseles su confianza en la habilidad que tienen de tomar decisiones correctas. Hágales saber que usted desea lo mejor para ellos, y que espera cosas maravillosas para su futuro.

Cuando se equivoquen, no actúe como si fuera el fin del mundo; no los lastime cuando se encuentren deprimidos. Confórtelos en su dolor. Hágales saber que los entiende, y está ahí para ayudarlos. Luego, hábleles lo que la PALABRA enseña, y dígales: "Mi amor, te amo y quiero que todo esté bien contigo. Analicemos lo que sucedió juntos, y veamos cómo puedes evitar volver a cometer esta equivocación".

Ya sea que sus hijos sean niños o adolescentes, ellos apreciarán su amabilidad y respeto. Les resultará más sencillo hacer lo que es correcto cuando usted se niegue a provocarlos y a pelear con ellos. Sus hijos, en realidad desearán honrarlo y obedecerle cuando les enseñe y los discipline en amor.

Amor
sin límites

El Sumo Sacerdote de nuestra confesión

«Por tanto, hermanos santos, participantes del llamamiento celestial, considerad al apóstol y sumo sacerdote de nuestra profesión, Cristo Jesús» (Hebreos 3:1).

Una vez que usted comprenda que ha nacido de nuevo, y que se le ha entregado la naturaleza de Dios; la pregunta que surge de inmediato es: "¿Cómo consigo expresar esa nueva naturaleza que llevo en mi interior? ¿De dónde obtengo el poder para apartar los deseos de mi carne, a fin de que pueda de continuo vivir en amor?".

La respuesta la encuentra en Hebreos 3:1. Usted recibe ese poder de: Jesús, el Apóstol y Sumo Sacerdote de su confesión.

Un apóstol es una persona que ha sido enviada para un propósito. Por ejemplo, si usted le da dinero a alguien y lo envía a la tienda a comprar pan, esa persona será su apóstol en la abarrotería. Por tanto, el término apóstol, no denota santidad. Sin embargo, cuando Dios envía a alguien y lo equipa para cumplir una tarea, ser un apóstol se vuelve algo sobrenatural. A eso añádale el concepto del Sumo Sacerdote, quien es alguien designado por Dios con la autoridad para hacer que Su PALABRA se cumpla en beneficio del pueblo, y con todos estos ejemplos usted puede tener una idea de lo que Jesús lleva a cabo por nosotros.

Él ha sido enviado por Dios, a fin de que ¡nuestra confesión de fe se cumpla! Por ejemplo, cuando lo confesamos como SEÑOR, Él, como el Sumo Sacerdote de esa confesión, hizo que el nuevo nacimiento se cumpliera en nuestra vida. Cuando declaramos: *Jesús, ¡ven a mi corazón! Te recibo como mi SEÑOR,* Cristo administró el poder necesario para convertirnos en nuevas criaturas —y al instante, las cosas viejas pasaron y ¡todas fueron hechas nuevas!—.

Más tarde, después de aprender que Jesús había comprado nuestra sanidad, pudimos confesar en fe: *SEÑOR Jesús, creo que por Tu llaga fui sanado. Por consiguiente, ¡yo creo, y recibo mi sanidad!* Cuando lo declaramos, Jesús —como el Sumo Sacerdote de nuestra confesión— se encargó de que esas palabras de pacto, las cuales expresamos, se cumplieran y fuéramos sanos.

De la misma forma, una vez que hayamos comprendido que el amor de Dios ha sido derramado sobre nuestro corazón por medio del Espíritu Santo, podemos recurrir a ese amor al realizar la siguiente confesión de fe: *SEÑOR Jesús, creo que he sido hecho partícipe de la naturaleza divina. Creo que el amor de Dios habita en mí, y que vivo en ese amor. Recibo el poder para vivir conforme a éste, ¡ahora!*

Cuando realizamos una confesión como esa, Jesús obra como el Sumo Sacerdote de nuestra confesión y utiliza Su autoridad para hacer que se cumpla lo que pedimos. Él libera toda la gracia que necesitamos para expresar Su naturaleza en nuestro interior. Administra todos los recursos espirituales necesarios, para permitirnos vivir en nuestra confesión de fe. Él nos otorga el poder para disfrutar una vida de amor.

Amor
sin límites

Viviendo de dentro hacia fuera

«Sabemos que somos de Dios, y el mundo entero está bajo el maligno»
(1 Juan 5:19).

¿Por qué será que sólo algunos cristianos viven de manera continua en amor? Debido a que nacemos de Dios y tenemos Su naturaleza de amor en nuestro interior, usted pensaría que lo logramos con facilidad, de manera casi automática. Sin embargo, todos sabemos que no existe nada fácil ni automático con respecto a vivir una vida de amor.

La razón es simple: Vivimos en un mundo guiado por el egoísmo. Constantemente nos encontramos rodeados por una sociedad llena de personas inconversas que sólo se preocupan por ellas mismas. Éstas nacen de las tinieblas, así como nosotros nacemos de la luz. Poseen una naturaleza de fracaso y egocentrista que de manera constante, se encuentran bajo la influencia del diablo. Su actitud los hacer confesar: "Debo cuidar de mí mismo, pues si no lo hago, ¡nadie más lo hará! Tengo que aprovechar y tomar todo lo que pueda, porque si no lo hago, ¡acabaré sin nada!".

En cierto modo, tienen razón. El padre de ellos, el diablo, no es como nuestro Padre celestial. El enemigo no suple las necesidades de sus hijos. De hecho, no le importan en lo absoluto. Sólo los utiliza, se aprovecha de ellos, y luego los desecha.

Debido a que constantemente estamos rodeados por esa clase de pensamientos, es fácil para nosotros como creyentes pensar igual. Cuando la presión del mundo recae sobre nosotros, a menos que de forma deliberada nos alimentemos con la PALABRA de Dios, terminaremos actuando justo como las personas a nuestro alrededor. Pensando de la siguiente forma: "Si no me propongo salir adelante, aunque sea de forma egoísta en este mundo, ¡jamás saldré adelante en nada!".

Sin embargo, a diferencia de las personas del mundo, no tenemos por qué pensar de esa manera. Tenemos a Alguien que vela por nosotros. Tenemos al Dios todopoderoso de nuestro lado. Él nos BENDICE constantemente y cuida de nosotros. Él se ha comprometido a velar porque ¡prosperemos y prevalezcamos!

No tenemos por qué buscar ese fin nosotros mismos. Podemos vivir en amor, y enfocarnos en suplir las necesidades de los demás. Podemos invertir nuestra vida dándole a los demás todo lo que podamos, en lugar de aprovechar y guardar todo lo que podamos para nosotros. Sabiendo que nuestro Dios ha prometido devolvérnoslo, ¡en una buena medida, apretada, remecida y rebosante!

Sin embargo, para lograrlo, debemos resistir la presión externa que intenta hacer que nos conformemos con los pensamientos de este mundo. Es necesario que de manera estricta renovemos nuestra mente con la mentalidad del amor, a fin de que cada vez que un pensamiento egoísta nos presione, podamos reconocerlo y rechazarlo. Al alimentarnos con verdades de la PALABRA, y tener comunión con el Espíritu Santo; fortalezcamos nuestro interior, para resistir la presión del mundo. Y vivir de dentro hacia fuera, conforme a la naturaleza y al poder del amor.

Amor
sin límites

¿Por qué es tan difícil creerlo?

«Mas el justo vivirá por fe...»
(Hebreos 10:38).

Algunas veces veo que los cristianos luchan y trabajan duro, haciendo su máximo esfuerzo por vivir por fe. Al observarlos, usted pensaría que tener fe en Dios es algo muy difícil de obtener, y una manera muy complicada de vivir.

Sin embargo, Dios jamás pretendió que vivir por fe fuera algo difícil. Él quiere que sea tan sencillo que hasta un niño pueda lograrlo. Al separar la fe del amor, nosotros mismos complicamos las cosas. Ése es un gran error, pues la fe obra por el amor.

Tener fe en Dios, básicamente significa confiar en Él. Antes de confiar en alguien, tenemos que conocer su corazón. Debemos saber no sólo lo que nos ha prometido, sino por qué nos lo prometió. A menos que conozcamos cuáles son sus intensiones, jamás podremos confiar plenamente en esa persona. Por ejemplo, si se encuentran bajo presión y tienen que escoger entre protegerse a sí mismos o a nosotros, mismos o a todos, nunca sabremos con exactitud qué decisión tomarán.

Por esa razón, cuando tenemos una pequeña revelación de Su amor, nos cuesta creer en Sus promesas. Y si de manera constante estamos invadidos de dudas, y nos preguntamos: *¿Y si las promesas de Dios están sujetas a condiciones, y de manera inconsciente hemos fallado en cumplirlas? ¿Y si en este contrato llamado Biblia existen cláusulas y excepciones que exoneran a Dios del cumplimiento de esas promesas? ¿Y si existen requisitos que no conocemos?*

Sin embargo, una vez que comprendamos el corazón de Dios, ese tipo de preguntas se desvanecerán. Cuando nos percatamos de que Dios realizó todas esas promesas, sólo porque nos ama, podremos descansar seguros; sabiendo que no sólo las cumplirá, sino que desea realizar por nosotros todo lo que ha declarado.

La razón que lo motiva a realizar todo por nosotros, es el puro amor que nos tiene. No debemos preocuparnos porque Dios escoja Sus propios intereses sobre los nuestros, pues Él ya probó en el Calvario que estaba dispuesto a sacrificarse a Sí mismo por nuestro beneficio. Al derramar Su propia sangre, nos demostró que cada promesa y cada palabra declarada fue motivada por Su gran amor. Él dio a conocer de forma definitiva, lo mucho que le importamos; al punto que desea suplir cada una de nuestras necesidades y que cuenta con el poder suficiente para realizarlo.

Sólo debemos invitarlo a entrar a nuestra vida, y Él se apresurará a realizar buenas obras para nosotros. ¡Tanto así nos ama!

Mientras más comprendamos esa verdad, más sencillo será tener fe. Después de todo, la fe es creer lo que Dios declara. La fe es simplemente confiar en que el Padre nos ha dicho la verdad. ¿Qué hay de difícil en comprender esa verdad?

Nada, cuando conocemos Su amor.

Amor
sin límites

Cuando su gozo desaparece

«Por lo demás, hermanos, gozaos en el Señor. A mí no me es molesto el escribiros las mismas cosas, y para vosotros es seguro»
(Filipenses 3:1).

¿Alguna vez ha notado que cuando el fruto del espíritu se describe en Gálatas, el amor encabeza la lista? Se debe a que el amor, es el fruto del cual todos los demás fluyen. Cuando el amor está presente, el gozo, la paz, la paciencia la benignidad, la bondad y la templanza, van detrás de éste. Cuando el amor está ausente, los demás también están ausentes.

Por esa razón, me he esforzado en prestarle mayor atención, no sólo a mi vida de amor, sino a mi nivel de gozo. Puesto que el gozo es el resultado inmediato de vivir en amor, he aprendido que cuando mi gozo comienza a menguar, es una señal segura de que en alguna parte, a lo largo del camino me aparté del amor y anduve en egoísmo.

Al principio, quizá no tengo idea de cuando sucedió. Simplemente noto que aunque haya comenzado mi día con gozo, de alguna manera un sentimiento de tristeza o molestia surge. Y me pregunto: *¿Qué sucede conmigo? ¿Hace un momento me sentía muy bien? ¿Qué ha robado mi gozo?*

Y de forma inevitable, mientras hago memoria de todo mi día, recuerdo algo insignificante, pero molesto que alguien me dijo, lo cual causó que me ofendiera sin darme cuenta. Recuerdo alguna situación en la que alguien me ofendió y yo fallé en responderle en amor. Y me doy cuenta de que a partir de ese momento, mi día comenzó a declinar, y mi gozo, —de manera lenta, pero segura, comenzó a esfumarse—.

Una vez que me he percatado de lo que ha sucedido, hago lo que sea necesario para arreglar la situación. Me arrepiento por fallar en vivir en amor, perdono a la persona que fue poco amable conmigo; y le extiendo un sincero sentimiento de gracia a esa persona que me irritó. Me disculpo si de alguna u otra forma respondí sin amor, y luego, hago bien las cosas.

Después, a propósito agito de nuevo mi gozo. Si estoy conduciendo mi automóvil, escucho un CD de alabanzas y canto (ni siquiera puedo seguir una tonada, por tanto, lo hago sólo cuando nadie me acompaña. No sería agradable cantar ¡cuando hay personas a mi alrededor!). Si persisten los pensamientos de contienda u ofensa, simplemente los resisto. Veo la situación bajo el entendimiento de la PALABRA de Dios, y me digo a mí misma: *¡Eso no fue nada! Estoy llena de amor, por consiguiente, no seré susceptible o ni me inquietaré al respecto. ¡No permitiré que el diablo los utilice para robar mi gozo!*

Si usted en serio desea llevar una vida de amor, le recomiendo que haga lo mismo. Cuídese a sí mismo, y cuando se vea abatido o deprimido, vea hacia atrás y dése cuenta qué hizo que se saliera del amor. Después regrese al camino, y agite su gozo de nuevo. Usted y las personas a su alrededor ¡estarán muy contentos de que lo haya hecho!

Amor
sin límites

¿Quién tiene el control?

"No permitan que nadie los engañe, y les mienta con excusas vanas y argumentos sin fundamento [por los pecados], porque a través de estas cosas la ira de Dios viene sobre los hijos de rebelión y desobediencia. Por tanto, no se junten o compartan con ellos. Porque una vez fueron tinieblas, pero ahora son luz en el SEÑOR; vivan como hijos de luz [para que guíen a los que han nacido en la luz]. Para que el fruto [el efecto o el resultado] de la Luz o el Espíritu [consistente] en todas las formas de amable bondad, rectitud de corazón y en la verdad de la vida" (Efesios 5:6-9, *AMP*).

Si desea estar en la autopista espiritual y crecer con más rapidez en su vida de amor, existe una cosa importante que debe realizar: deje de inventar excusas. Cuando vea que se ha equivocado y se ha apartado del amor, no pierda su tiempo explicando o razonando su comportamiento. No se haga el desentendido ni diga lo que un comediante declaró hace algunos años: "El diablo me obligó a hacerlo".

El enemigo no pude obligarlo a realizar nada. Usted es un hijo de Dios. Ni el diablo, ni el pecado que él le ofrece pueden ejercer dominio sobre su vida (Romanos 6:14). Por tanto, no intente echarle la culpa.

Tampoco señale a la persona que lo ofendió, pues no es su culpa. No importa lo que alguien diga o haga, el Espíritu de Dios, que habita en usted; le proveerá todo el poder que necesita para responder en amor. Él le permitirá llevar el fruto de bondad, mansedumbre y amor a toda situación.

Sin embargo, Él no controlará su carne por usted. Dios lo fortalecerá y lo ayudará, no obstante, usted es el único que debe activar esa fuerza y ese poder. Es su trabajo tomar autoridad sobre su mente y sobre su boca, y alinearlos con la ley del amor.

En una reunión, algunos años atrás, el Espíritu Santo manifestó esto por medio de una palabra de profecía: *Si tú no controlas tu carne, Yo tampoco lo haré.* Vea más allá de esa revelación, y descubrirá que si nosotros o Dios no tenemos el control de nuestra carne, alguien más lo tendrá. Y ese alguien es el diablo. Y si permitimos que Satanás controle nuestra carne, al final controlará nuestra vida. El enemigo no sólo robará nuestra vida de amor y nos impedirá llevar el fruto del espíritu; sino también nos robará LA BENDICIÓN de Dios.

No se lo permita. Levántese y sea responsable de usted mismo. Deje de inventar excusas. Cuando se equivoque y se aparte del camino del amor, admítalo de inmediato y haga lo necesario para regresar a la senda. Tome el control de su carne, y viva como un hijo de Luz todos los días.

Amor
sin límites

Obteniendo una cosecha de vida

«No os engañéis; Dios no puede ser burlado: pues todo lo que el hombre sembrare, eso también segará. Porque el que siembra para su carne, de la carne segará corrupción; mas el que siembra para el Espíritu, del Espíritu segará vida eterna. No nos cansemos, pues, de hacer bien; porque a su tiempo segaremos, si no desmayamos. Así que, según tengamos oportunidad, hagamos bien a todos, y mayormente a los de la familia de la fe»
(Gálatas 6:7-10).

¿No sería maravilloso que usted recibiera de forma continua bendiciones inesperadas? ¿No sería grandioso que el amor de Dios pareciera alcanzarlo e inundarlo una… y otra…y otra vez?

Tan sorprendente como se pueda escuchar, ésa es con exactitud la clase de vida que nosotros, como creyentes, estamos destinados a disfrutar. Y para recibirla, debemos cultivar el espíritu, viviendo constantemente en amor. Al tomar cada oportunidad que Dios nos dé para hacerle el bien a los demás, y para permitir que las fuerzas del amor, el gozo, la paz, la paciencia, la benignidad, la bondad, la fidelidad, la mansedumbre y el dominio propio fluyan de nosotros; podremos poner en marcha una cosecha de vida que nos traerá LA BENDICIÓN todos los días.

Lo opuesto también es verdad. Si invertimos nuestros días en el pecado y la contienda, cediendo ante nuestra carne en lugar de obedecer los consejos del Espíritu, cosecharemos miseria. Si somos demasiado holgazanes y egocéntricos, y no dejamos el control de la televisión y el sofá; a fin de realizar algunas cosas por los demás, en el futuro nos encontraremos lastimados y solos. Si somos severos y criticamos a las personas que nos han fallado, cuando necesitemos misericordia, los demás nos juzgarán.

En la Biblia se nos enseña que la paga del pecado es muerte. Aunque, como creyentes, hemos sido redimidos por medio de la sangre de Jesús del castigo eterno de la muerte, la paga del pecado sigue siendo muerte. Si continuamos viviendo en pecado al desobedecer el mandamiento del amor, el resultado de nuestro pecado vendrá y carcomerá la calidad de nuestra vida. Esas semillas de la carne que hemos sembrado darán fruto y corromperán nuestras relaciones, nuestra salud y nuestro éxito.

Si usted ha sembrado algunas semillas de la carne en el pasado (algo que todos hemos hecho), arrepiéntase de haberlo hecho. Reciba la purificación de la sangre de Jesús, declare un fracaso sobrenatural sobre esa cosecha y reciba la misericordia de Dios; a fin de que no tenga que comer el fruto de sus caminos.

Luego comience a trabajar en su cosecha de BENDICIÓN. Pídale al Espíritu Santo que le ayude a encontrar oportunidades de alcanzar a otras personas en amor. Deles una… y otra… y otra vez la bondad y el amor que a usted le gustaría recibir. Cuando su tiempo llegue, cosechará… cosechará… y cosechará ¡las más ricas recompensas de parte de Dios!

Amor
sin límites

Mantenga fuerte su corazón

"Hijo mío, atiende mis palabras; considera y obedece a mis razones. No permitas que se aparten de tu vista; guárdalas en el centro de tu corazón. Porque son vida para los que las encuentran, sanidad y salud para todo su cuerpo. Mantén y guarda tu corazón con toda diligencia y por sobre todo lo que guardas, porque de éste fluyen manantiales de vida"
(Proverbios 4:20-23, *AMP*).

Ya que el amor de Dios ha sido derramado sobre nuestro corazón, la pregunta más importante que nos podemos hacer, como creyentes es la siguiente:"¿Cómo puedo guardar mi corazón? ¿Cómo puedo mantener mi espíritu tan fuerte que domine mi carne, y me mantenga viviendo en amor?".

Estos versículos nos dan la respuesta. Guardamos nuestro corazón, al atender la PALABRA de Dios. Manteniéndola en nuestros ojos y oídos de manera constante, a fin de ayudarnos a permanecer a diario en una comunión viva con Él.

Nosotros no utilizamos la Biblia como las personas lo hicieron en el Antiguo Testamento. No la usamos como un reglamento a seguir o como una lista de leyes a obedecer; a fin de lograr una posición correcta delante de Dios. Nosotros nacimos de Su Espíritu, y por esa razón, ya tenemos una posición correcta delante de Él a través de la sangre de Jesús. Cuando usted lea las escrituras, el Espíritu Santo que habita en su interior, será el encargado de llenar esa Palabra de vida y de poder. Ésta fortalecerá y le brindará energía a la naturaleza de Dios que se encuentra en nosotros, también separará nuestra alma de nuestro espíritu; a fin de que nuestro corazón se convierta en la fuerza que domine nuestra vida (Hebreos 4:12, *AMP*).

Si guardamos la PALABRA en nuestro corazón con toda diligencia, las fuerzas espirituales que Dios ha depositado en nuestro interior —fuerzas como el amor, el gozo, la paz, la paciencia, la benignidad, la bondad, la fe y la templanza— fluirán fuertemente desde nuestro ser interior; y eliminarán todo obstáculo de la carne que intente detenerlas. Sin embargo, la palabra "diligencia" es una gran palabra. No es un término común que exprese pereza o despreocupación. Las personas diligentes toman en serio todas las cosas. Están enfocadas y determinadas. Y de manera constante, utilizan su esfuerzo para alcanzar sus metas.

Así debemos actuar cuando nos refiramos a: Atender la PALABRA. No podemos ser negligentes o despreocupados con respecto a ella. Tampoco podemos permitir que baje el nivel que tenemos de la PALABRA. Pues si lo permitimos, descubriremos que estamos creciendo espiritualmente débiles. Veremos nuestro corazón siendo dominado por las cosas del mundo, y los deseos de la carne. Y entonces pensaremos:"¿Qué me sucedió? Deseo vivir en amor con respecto a esta situación, pero ¡no puedo encontrar la fuerza para lograrlo!".

No se permita caer en esa condición. Invierta tiempo en la Biblia todos los días. Escuche al SEÑOR cuando le hable, a través de las verdades que en ella se encuentran. Mantenga su corazón fuerte con la PALABRA de Dios.

Amor sin límites

Siga creciendo cada día

«El SEÑOR os prospere, a vosotros y a vuestros hijos»
(Salmos 115:14, *LBA*).

Si yo tuviera que resumir la voluntad de Dios para nuestra vida en una sola palabra, podría escoger el término: prosperar. A través de la Biblia, Dios manifiesta de forma clara el deseo de prosperarnos en todas las áreas de nuestra vida. Él anhela que seamos prósperos, tanto en el ámbito físico como en el espiritual, en salud y en fuerza. Y quiere que recibamos bendiciones de toda clase.

Eso significa que no importa cuán exitosos hayamos vivido, en nuestra vida de amor hasta este momento, Dios puede seguir aumentando ese éxito; y ayudarnos a vivir en amor cada vez ¡más y más!

De hecho, descubrí que cuando nos referimos a las cosas del espíritu, jamás nos estancamos. Siempre nos estamos moviendo, ya sea que avancemos o retrocedamos, que progresemos o empeoremos, que aumentemos o disminuyamos… pero nunca permanecemos igual.

Eso se debe a que en el curso diario de la vida, tenemos dos opciones: tener o no una comunión con Dios. Practicar o no nuestra comunión de manera continua a través de la oración y de la PALABRA… o no la estamos poniendo en práctica. Si lo estamos haciendo, Dios, constantemente nos añadirá bendiciones. Y de igual manera, profundizará nuestra revelación de Su amor, y aumentará nuestra fuerza espiritual. Y como resultado, nuestra vida dará fruto más abundante, recibiremos cada vez más con mayores BENDICIONES.

Por otro lado, si pasamos nuestros días sin alimentarnos de la PALABRA o dejamos de invertir tiempo en oración, comenzaremos a decrecer. Recuerde que el diablo no toma vacaciones. Nos presiona en algún área de la vida todos los días. Por tanto, si no mantenemos una comunión continua con Dios, el enemigo comenzará a tomar la delantera. Nuestra carne tomará el control. Y los viejos hábitos de desamor, de los cuales ya hemos sido liberados, empezarán a resurgir en nuestra vida. El egoísmo del mundo, comenzará a llevarnos en la dirección incorrecta.

Si continuamos así, ocupándonos sólo de nuestros asuntos; sin dedicarle tiempo a Dios, cuando nos demos cuenta, estaremos metidos en problemas. Oraremos y le suplicaremos a Dios por ayuda, y mientras le pidamos ayuda sentiremos que en todo ese tiempo, Él ni siquiera nos escucha.

Sin embargo, el problema no es que Dios falle en escucharnos. Somos nosotros quienes fallamos en escucharlo a Él. Por esa razón, necesitamos permanecer en contacto con el SEÑOR todos los días. Es por ello que debemos orar, y buscar Su rostro; no sólo cuando atravesamos problemas, sino todo el tiempo.

Mantener nuestra comunión con Dios es lo más importante que podemos hacer. Si lo convertimos en nuestro objetivo primordial, experimentaremos Su el cumplimiento de Su maravillosa voluntad para nuestra vida. Seguiremos creciendo más y más en espíritu, alma y cuerpo. Y continuaremos creciendo en victoria día a día.

Amor
sin límites

Fragante y libre

«Yo soy la vid verdadera, y mi Padre es el labrador. Todo pámpano que en mí no lleva fruto, lo quitará; y todo aquel que lleva fruto, lo limpiará, para que lleve más fruto. Ya vosotros estáis limpios por la palabra que os he hablado»
(Juan 15:1-3).

Si hemos aceptado a Jesús como nuestro SEÑOR, todo el fruto del espíritu, incluyendo el fruto del amor, habita en nuestro interior. Sin embargo, para que ese fruto se desarrolle a su plenitud en nosotros, debemos ser podados. Dios tiene que cortar las ramas muertas de la carne que se adhieren a nosotros en el camino. Él debe limpiarnos de los pensamientos impíos que hemos adquirido del mundo.

¿Cómo nos limpia?

¡Con su PALABRA! Así leemos en Efesios 5:26, con: «...*el lavamiento del agua por la palabra*».

Dios no nos lava dos o tres veces. Lo hace una y otra, y otra, y otra vez. Eso se debe a que, hablando en el ámbito espiritual, vivimos en un mundo sucio, en una cultura impulsada por el egoísmo y el temor. El diablo constantemente nos bombardea con estas mentiras: *Dale a alguien un par de centímetros y se tomará un kilómetro y medio. Tienes que velar por ti mismo primero. Debes hacer por un lado a los demás, a fin de que puedas salir adelante.*

Incluso sin darnos cuenta, esa clase de pensamientos están tratando de aferrarse a nosotros. Intentan contaminar nuestro corazón, e impedirnos que cedamos al fluir del Espíritu. Aunque el egoísmo no se encuentra en nosotros, vendrá sobre nosotros; y obstaculizará nuestra vida de amor; a menos que lo eliminemos.

Por esa razón, necesitamos tomar una ducha espiritual todos los días. Dios mismo realizará la limpieza, sin embargo, ¡es necesario que nosotros nos metamos al agua! Debemos enjabonarnos con Su PALABRA, y aplicarla a nuestra vida, de manera en que Él nos dirija. De la misma forma en que tomaríamos una barra de jabón, y restregaríamos nuestros sucios codos después de un arduo día de trabajo en el jardín. Debemos prestarle mucha atención a lo que leemos en la PALABRA acerca de nosotros. Necesitamos ¡escucharla, estar de acuerdo con ella, y obedecerla!

Humanamente hablando, la mayoría de nosotros ni en sueños saldríamos un día sin tomar una ducha. Estoy segura que no planearíamos una semana sin bañarnos. ¿Por qué? Porque nos ensuciamos, y en poco tiempo ¡comenzaríamos a oler mal!

Cuando desatendemos la PALABRA por unos cuantos días, nos ocurre lo mismo en lo espiritual. El olor del mundo comenzará a saturar nuestro pensamiento, y ¡comenzaremos a tener mal olor! En lugar de ser pacientes y amables, andaremos malhumorados y agresivos. Comenzaremos a enfocarnos en lo que los demás pueden hacer por nosotros, en lugar de lo que nosotros podemos hacer por ellos.

Por tanto, manténganse fragante en lo espiritual, y libre de esa clase de pensamientos. Permita que Dios lo limpie continuamente con el lavamiento del agua de la PALABRA.

Amor
sin límites

Tenga un corazón alegre, hoy

"sean felices [en la fe] y regocíjense, y tengan un corazón alegre todo el
tiempo (siempre)"
(1 Tesalonicenses 5:16, *AMP*).

Uno de los actos más amorosos que usted puede realizar por las personas a su alrededor, es tener un corazón alegre y estar gozoso todos los días. Cuando usted está radiante y feliz, anima el espíritu de los demás, y su gozo ilumina el corazón de las personas. Sin embargo, muchos cristianos no hacen el más mínimo esfuerzo por tener un corazón alegre. No tienen comunión con el SEÑOR todos los días, ni agitan el gozo en su corazón. Cuando el diablo los ataca poniendo tristeza en su corazón, ceden ante la tristeza. Como resultado de esto, se deprimen y se entristecen mucho. Se desaniman y se convierten en una carga emocional para los demás.

En realidad, ese comportamiento es totalmente egoísta y como creyentes, no debemos aceptarlo. Se nos ha ordenado vivir en amor, ser gozosos y tener un corazón alegre. En las Escrituras, no se nos indica que debemos ser felices o regocijarnos en nuestra fe, sólo cuando deseemos o cuando las cosas salgan a la perfección en nuestra vida. No, se nos ha indicado que nos regocijemos todo el tiempo. También poseemos ¡la habilidad para lograrlo! Si andamos con Dios y en el espíritu, podemos vivir gozosos ¡todos los días!

Un amigo nuestro que en verdad aprendió cómo lograrlo es Jerry Savelle. A mí me encanta convivir con él, porque siempre tiene un corazón alegre. Está tan lleno de gozo que, a menudo, nos hace reír cuando estamos con él. Sin embargo, Jerry no tropezó accidentalmente con esa clase de gozo. Pues en realidad se regocija a propósito. Es decir, cultiva el gozo del SEÑOR.

Por ejemplo, cuando viaja y debe pasar unos días en una habitación de hotel lejos de su familia, tiene demasiadas oportunidades para deprimirse. Le gustaría estar en casa disfrutando el tiempo con las personas que ama. No obstante, en lugar de permitir que eso lo deprima, se anima a sí mismo. Incluso se dice a sí mismo cosas graciosas para hacerse reír. Por esa razón, él BENDICE en gran manera a las personas a su alrededor. Les produce gozo, pues es muy gracioso y agradable.

Algunas personas piensan que mientras más espirituales seamos, más tristes y más mal encarados debemos ser. Pero ésa es una idea muy alejada de la verdad. Dios es el ser más espiritual de todos, y en las Escrituras se nos afirma que ¡Él se ríe! En Sofonías 3:17, leemos: *«Jehová… se gozará sobre ti con alegría, callará de amor, se regocijará sobre ti con cánticos».*

El cielo es un lugar de felicidad. Las personas que viven allí no andan con caras largas. Ellos disfrutan la alegría y el gozo del SEÑOR. No tenemos que esperar hasta llegar al cielo, para unirnos a ellos. Si andamos con el SEÑOR y nos animamos a nosotros mismos, también podemos vivir de continuo ¡con un corazón alegre!

Amor
sin límites

No acepte ese pensamiento

«Porque las armas de nuestra milicia no son carnales, sino poderosas en Dios para la destrucción de fortalezas, derribando argumentos y toda altivez que se levanta contra el conocimiento de Dios, y llevando cautivo todo pensamiento a la obediencia a Cristo»
(2 Corintios 10:4-5).

Algunas veces, tenemos una idea equivocada de qué es vivir en amor, pues creemos que todo será color de rosa. Sin embargo, fracasamos cuando nos percatamos que debemos luchar contra el diablo en cada paso que damos, a lo largo del camino. El enemigo se ha empeñado por completo en mantenernos alejados de nuestra vida de amor, pues sabe que el amor es la clave para el éxito espiritual. Por esa razón, a menudo nos bombardea con pensamientos diseñados para apartarnos de nuestro rumbo. De manera repetida, nos recuerda las ofensas que los demás nos han hecho. Engrandece los defectos de estas personas, y nos presiona a pensar mal de ellas.

Si cedemos ante esos pensamientos, y los mantenemos en nuestra mente; muy pronto estaremos expresando palabras sin amor, y nos veremos "compartiendo" esos pensamientos con los demás. En otras palabras, estaremos transgrediendo la ley del amor.

Sin embargo, podemos frustrar los planes del diablo, al resistir cada pensamiento de desamor que llegue a nuestra vida. Cuando nos sintamos ofendidos, o pensemos con crueldad en contra de alguien, podemos tomar autoridad sobre nuestra mente, y declarar: *"No, me niego a aceptar ese pensamiento. No le daré lugar en mi mente. Yo amo a esa persona, y estoy dispuesto a pensar lo mejor de ella"*.

Algunos cristianos parece que no saben que tienen la habilidad de llevarlo a cabo, pues actúan como si no tuvieran el control de lo que piensan. Sin embargo, están equivocados; porque sí tenemos el control absoluto de nuestra mente. Por esa razón, Jesús nos expresó: *«No os afanéis, pues, diciendo…»* (Mateo 6:31).

De nosotros depende aceptar o rechazar un pensamiento. Si lo aceptamos, terminaremos declarándolo. Si lo rechazamos y nos negamos a confesarlo, ese pensamiento muere sin haber nacido, y jamás actuaremos conforme a éste.

Nuestra hija, Kellie, lo descubrió cuando era sólo una niña. A ella le desagradaba guardar sus juguetes, y hacía todo lo posible para evitarlo. Un día, Kenneth le dio una orden directa: «Kellie, ve a tu habitación ahora mismo, y guarda tus juguetes en el armario».

Y ella le respondió: «No, ése no es mi pensamiento».

Ella ya sabía, siendo una niña de sólo tres años lo que muchos cristianos maduros aún no han aprendido. Si ella no deseaba realizar algo, podía rechazar la idea. Recuerde esto, si no desea actuar de manera poco amorosa, entonces rechace esos pensamientos. Resista al diablo negándose a recibirlos. Luche en su contra llevando todo pensamiento cautivo ante la ley del amor, y vivirá en victoria en cada paso que dé en su vida.

No permita que el diablo escoja por usted

«…escogeos hoy a quién sirváis… pero yo y mi casa serviremos a Jehová»
(Josué 24:15).

En 1 Juan 3:9, leemos que si hemos nacido de nuevo, la naturaleza de Dios habita en nosotros. Tenemos Su amor, Su gozo, Su paz, Su bondad, Su paciencia, Su fidelidad y Su templanza. Quizá no los estemos poniendo en práctica, pero los tenemos en nuestro interior

Ahora bien, debemos tomar una decisión. Necesitamos decidir si nos rendimos ante la naturaleza de Dios en nosotros o si cederemos ante la presión de la carne, y del mundo a nuestro alrededor. Nosotros somos quienes decidimos vivir en amor o en contienda, vivir en gozo o en tristeza, vivir en paz o en tormento.

Algunos cristianos, ni siquiera se molestan en escoger. Simplemente van a la deriva por la vida, esperando a ver qué sucede. Ellos desean, fantasean y esperan que de algún modo terminen disfrutando una vida de amor, pero eso jamás sucede.

Siempre que pienso al respecto, recuerdo cuando anunciaban un servicio telefónico de llamadas a larga distancia. La persona decía: "Si usted no escoge una compañía de larga distancia, alguien más la escogerá por usted". Así actúa el diablo con nosotros. Si no tomamos la decisión, él la tomará por nosotros. Nos presionará para que nos rindamos ante la carne, con el fin de encerrarnos en una vida de pecado.

Pero en realidad, el enemigo no cuenta con el poder para lograrlo; pues en la Biblia leemos que cuando nacemos de nuevo, el pecado pierde su dominio sobre nosotros. Nuestra vieja naturaleza muere, y no debemos permitir que la carne gobierne nuestra vida. Pero ésta nos dominará, si no elegimos actuar conforme a las fuerzas espirituales que están en nuestro interior, y si no tomamos la decisión de servirle al SEÑOR.

Usted nunca se despertará una mañana viviendo en amor sin hacer ningún esfuerzo. Así no funcionan las cosas, es necesario que nosotros nos lo propongamos.

Yo lo hago casi todas las mañanas, durante mi tiempo de oración. De manera deliberada tomo la decisión de rendirme al fruto del espíritu, durante todo ese día. Por lo general, antes de ver o hablar con alguien, hago una cita para acercarme al SEÑOR, y toma la siguiente determinación: *SEÑOR, hoy seré gobernada por el amor, permitiré que el gozo y la paz fluyan desde mi interior. ¡Hoy tendré un buen día!*

No tomo esa decisión hasta que estoy en medio de un problema o enfrentando un dilema. Tampoco espero hasta estar un poco molesta, antes de tomar la decisión de si voy a vivir en amor o no. Lo determino antes de tiempo. Luego, cuando el reto se presenta, Dios mismo es quien me respalda, dándome la gracia y la fuerza para actuar conforme la decisión que tomé esa mañana. Y me da el poder para vivir en Su amor.

Amor
sin límites

Desarrolle su visión del amor

«Donde no hay un buen gobernante, el pueblo no sabe qué hacer, pero Dios bendice a los que obedecen su ley»
(Proverbios 29:18).

Si usted estudia en la Biblia el tema del amor, la Palabra le revelará una visión para su vida. Verá una imagen interna de quién es usted, a fin de que pueda ser la persona de amor que Dios diseñó que fuera. Meditar en las verdades bíblicas acerca del amor, hará por usted lo mismo que los videos de entrenamiento de atletas altamente calificados hacen, por las personas principiantes en un deporte. Meditar en esas verdades acerca del amor, le darán una imagen de cómo se ve en realidad el éxito, a fin de que pueda verse a sí mismo a la luz de esas verdades.

Algunos de nosotros, quienes no crecimos en hogares cristianos gobernados por el amor, con desesperación necesitábamos ese tipo de revelación. Y esto se debe a que no vimos demostraciones de amor cuando éramos pequeños, por tanto hemos tenido dificultades para visualizarnos viviendo en amor. Aunque ahora nacimos de nuevo, y deseamos seguir los impulsos de nuestra nueva naturaleza. Y gracias a los recuerdos de esas imágenes que llegan a nuestra mente, muy a menudo, caemos en hábitos faltos de amor; los cuales desarrollamos cuando éramos niños.

Por esa razón, debemos ser diligentes en reemplazar esas imágenes con imágenes de amor tomadas de la PALABRA. Debemos esforzarnos en mantener la PALABRA en el primer lugar de nuestro pensamiento, hasta lograr que la visión del amor se desarrolle por completo en nuestra mente.

Cuando veamos algo en nosotros que es contrario al amor, seamos sinceros y hagamos algo al respecto. Permitamos que la PALABRA nos corrija, y no permitamos que el diablo nos condene. Cuando veamos que no estamos viviendo conforme a nuestra visión del amor, hagamos la siguiente oración: *SEÑOR, veo que me equivoqué al actuar de esa manera. Me arrepiento de haber actuado sin amor. Ayúdame a cambiar.* Después de hacerla, podremos regocijarnos, confiados en que el Espíritu Santo, quien es nuestro Ayudador y mora en nuestro interior; nos permitirá realizar los cambios necesarios para cumplir la voluntad de Dios.

Si encuentra ciertos hábitos de falta de amor que son más difíciles de destruir que otros, escriba esa parte de su visión y colóquela en un espejo… en el refrigerador… y en el tablero del automóvil. Realice un poco de esfuerzo extra para mantener esa imagen de amor frente a usted. Si ha pasado toda una vida siendo testarudo y obstinado, quizá desee escribir estas palabras: "No insistiré en realizar mis caprichos o hacer las cosas a mi manera. Yo vivo en amor". Y póngalos en su mesa de noche, a fin de que duerma con esa visión en su mente.

Talvez eso le parezca extremo, pero cambiar un estilo de vida requiere trabajo: escribir confesiones, mantenerlas en sus pensamientos, y con diligencia grabarlas en su mente. Si lo hace, la visión del amor formará parte de usted, a tal punto que comenzará a vivir en él de manera inconsciente. Entonces usted será feliz y ¡cumplirá la ley del amor!

Amor
sin límites

No existe sustituto para la comunión

«No se dejen engañar: Las malas compañías corrompen las buenas costumbres»
(1 Corintios 15:33, *NVI*).

¿Por qué cree usted que las malas compañías corrompen las buenas costumbres? Porque las personas con quienes nos relacionamos tienen influencia en nosotros. Cuando convivimos con personas que tienen una mente negativa, pronto comenzaremos a pensar y a hablar de forma negativa. Pero cuando nos relacionamos con personas que tienen una mente positiva, nosotros actuaremos de forma positiva y optimista.

Por esa razón, si usted desea vivir en amor, tenga comunión con Dios. Él es amor, entonces mientras más comunión tenga con el SEÑOR; más vivirá usted en amor. Mientras más escuche Su voz y atienda Su PALABRA, actuará de forma más amable y sus palabras estarán más llenas de amor. Sin que lo note, Su naturaleza comenzará a "contagiarlo". La influencia de Dios hará que sus cualidades se manifiesten de forma natural; y usted empezará a vivir, a hablar y a actuar en amor.

¿Ha conocido a alguien que haya sido criado en una parte del país en donde las personas hablan de manera diferente? Si esa persona se muda después de haber crecido en ese lugar, a menudo pierde gran parte de su acento original. Y comienza a hablar más como las personas del área donde vive en ese momento. Pero si la colocamos en un grupo de personas de su ciudad natal, su manera de hablar cambiará. Ese acento original regresará más fuerte que nunca. La influencia de las personas de casa, sacará de forma natural su acento y las frases que utilizaban al crecer. De pronto, sin ningún esfuerzo, se escucharán de nuevo como las personas que solían ser.

Lo mismo nos sucede cuando tenemos comunión con el SEÑOR. Su presencia y Su personalidad divina influirá tanto en nuestra vida que, sin esforzarnos, nos amoldaremos a la imagen de Jesús. Comenzaremos a actuar por fuera por quienes somos en el interior —una nueva creación nacida de la naturaleza de Dios—. Un autor que comprendió ese principio fue Donald Gee. En su libro que habla acerca del fruto del Espíritu, escribió:

> Perder nuestra comunión con el Señor, nos hace fracasar cuando queremos producir fruto espiritual. Ni la más grande cantidad de obras cristianas, y tampoco ejercer los dones cristianos puede sustituir nuestra comunión con Dios. Ahora bien, nuestra constante comunión con Cristo produce el fruto del Espíritu sin que lo notemos. Otros lo notarán antes que nosotros, y de esa manera es mejor.[13]

Recuerde eso la próxima vez que su agenda esté saturada, y se encuentre demasiado ocupado como para pasar tiempo con el SEÑOR. Acuérdese que Su compañía es lo que produce el fruto del espíritu. Sólo Su compañía puede producir el amor de Dios en usted.

---

[13] Donald Gee, The Fruit of the Spirit [El fruto del Espíritu] (Springfield: Gospel Publishing House, 2006) p. 13.

Amor
sin límites

Usted no está preparado para ir a la pila de leña

«El que en mí no permanece, será echado fuera como pámpano, y se secará;
y los recogen, y los echan en el fuego, y arden»
(Juan 15:6).

La comunión que tenemos todos los días con el SEÑOR, nos mantiene habitando en Él y produciendo el fruto del amor, Por esa razón, el diablo siempre intenta distraernos. Nos presiona con horarios ocupados e intenta convencernos de que no tenemos tiempo para tener comunión con Dios. Cuando nos sentamos a leer la PALABRA y a orar, se esfuerza en distraernos, poniendo pensamientos de otras cosas y nos interrumpe de una forma u otra.

Si cedemos ante esas presiones y abandonamos nuestro tiempo de oración, luego el diablo nos condenará. Hace que no nos acerquemos al SEÑOR de nuevo, convenciéndonos de que Dios está molesto con nosotros por haber fallado una vez. En lugar de aprovechar la primera oportunidad y retomar nuestra comunión con Él, nos apartamos pensando que nos castigará y nos juzgará por los tiempos de comunión que nos hemos perdido.

El diablo puede citar de forma incorrecta las escrituras, y afirmar que Dios está cansado de nuestros fracasos; y está listo para lanzarnos al fuego. Nos dirá que Dios nos ha lanzado ¡a la pila de leña!

No escuche esas mentiras. Dios no se molesta con usted cuando no tiene comunión con Él. El Señor lo ama. Está ansioso esperando a que se acerque a Él, y cuando lo haga, Dios se acercará a usted. Le hablará, lo ayudará y lo BENDECIRÁ, pues eso es lo que anhela hacer.

Por esa razón, Dios nos ordena que habitemos en Él. Pues sólo a través de esa comunión, puede entregarle la gracia y la fuerza que usted necesita para vivir en victoria. Dios es la vid, y usted es el pámpano. Si éste se aparta por sí solo de la vid, se secará —y no se secará porque la vid esté molesta con el pámpano—, sino porque sin ese contacto de vida entre ellos, la vid no puede hacer lo que debería por la rama.

Además, en esa escritura no se nos enseña que **la vid** sea la que reúne ramas marchitas y las queme —ahí se afirma que es **el ser humano** quien lo hace—. Cuando dejamos de invertir tiempo con el SEÑOR, nos quemamos por las circunstancias de la vida. Cuando los problemas surgen, no tenemos la vida divina fluyendo a través de nosotros para vencerlos. Si no hemos estado habitando en el SEÑOR, nuestra fe no estará preparada; y el fruto del espíritu no fluirá a través de nosotros, ni la sabiduría de Dios estará obrando en nuestra vida.

Por tanto, no permita que el diablo lo engañe llevándolo a esa condición. No deje que lo distraiga y que lo prive de su comunión con el SEÑOR. Tampoco acepte que lo condene y lo convenza de que Dios lo ha lanzado a la pila de leña, porque no desea tener comunión con usted. Resista esas mentiras, sea consciente de que es el diablo —no el SEÑOR— quien añora que sea quemado.

Amor
sin límites

Siga el fruto

«Guardaos de los falsos profetas, que vienen a vosotros con vestidos de ovejas, pero por dentro son lobos rapaces. Por sus frutos los conoceréis. ¿Acaso se recogen uvas de los espinos, o higos de los abrojos? Así, todo buen árbol da buenos frutos, pero el árbol malo da frutos malos»
(Mateo 7:15-18).

No fuimos llamados a juzgar ni a criticar a los líderes cristianos; sin embargo, necesitamos inspeccionar el fruto de ellos. Antes de proponernos seguir la enseñanza de alguien o imitar su estilo de vida, tenemos que examinar el fruto en la vida de esta persona. Debemos observar en ellos no sólo la popularidad, los dones espirituales espectaculares o su éxito en el ministerio; sino también la evidencia de que están viviendo conforme al fruto del espíritu —el primero y el más importante de éstos es el amor—.

No importa qué tan bueno sea alguien profetizando o realizando milagros, si no está siguiendo el camino del amor, no está siguiendo a Dios; por tanto usted no debe seguirlo. Quizá estas personas se denominen apóstoles, profetas, pastores, maestros o evangelistas. Incluso pueden tener el llamado y la capacidad para obrar en estas áreas. Pero si no viven en amor, al final, terminarán apartándose del camino.

El apóstol Pablo tenía los dones ministeriales más poderosos que la Iglesia haya visto; sin embargo, nunca expresó: "Síganme porque soy un apóstol", tampoco manifestó: "Síganme porque tengo un ministerio mundial". Él declaró: *«Imítenme a mí, como yo imito a Cristo»* (1 Corintios 11:1, *NVI*).

Jamás se impresionen por la posición de un líder o por el éxito que pueda tener, sin antes haber examinado el fruto de su vida. Si halla buen fruto, sígalo. Si no lo encuentra, no lo critique ni lo condene. No hable mal de ellos con las demás personas, sólo ore por ellos; y busque a alguien que sí tenga buen fruto en su vida. Busque a un líder que viva en amor y que manifieste el fruto en su vida: gozo, paz, paciencia, fe, bondad y templanza. Busque a alguien que tenga una vida —y no sólo una enseñanza— que pueda seguir.

Cuando lo haga, recuerde que también tiene la responsabilidad de guiar a otros. Aunque usted no haya sido llamado a un ministerio de tiempo completo, o a uno de los cinco ministerios en la Iglesia; fue llamado a ser un ejemplo para los creyentes jóvenes. Por tanto, sea un buen ejemplo. Déles a quienes lo rodean, o a quienes sean menos maduros en el SEÑOR, una oportunidad de examinar su fruto. Permita que encuentren en usted una vida que ellos puedan seguir —una vida llena de amor—.

Mayor es el que está en usted

*«Amados, no creáis a todo espíritu, sino probad los espíritus si son de Dios;
porque muchos falsos profetas han salido por el mundo. En esto conoced
el Espíritu de Dios: Todo espíritu que confiesa que Jesucristo ha venido en
carne, es de Dios; y todo espíritu que no confiesa que Jesucristo ha venido
en carne, no es de Dios; y este es el espíritu del anticristo, el cual vosotros
habéis oído que viene, y que ahora ya está en el mundo. Hijitos, vosotros
sois de Dios, y los habéis vencido; porque mayor es el que está en vosotros,
que el que está en el mundo»*
(1 Juan 4:1-4).

No hay duda al respecto, el espíritu del anticristo está obrando en el mundo hoy. Podemos notar la gran influencia del diablo con sólo oír las palabras y ver la vida de las personas a nuestro alrededor. Vemos en la televisión y en las revistas oposición hacia la santidad y las cosas de Dios. Pareciera que la sociedad se está revelando contra cada restricción, y que las fuerzas del diablo los presionan más y más hacia la inmoralidad y las tinieblas.

Quizá en algún momento haya querido expresar: "Si Dios es amor, ¿por qué no hace algo con todo lo que está sucediendo?".

Él **está** haciendo algo al respecto. Nos ha puesto a usted y a mí, —a todos los creyentes— en medio de esta situación; y nos ha dotado de poder para vencer las tinieblas. Somos la luz de Dios en este mundo. Y sin importar cuán grande lleguen a ser las tinieblas; no podrán apagar nuestra luz.

Sentí un gran alivio para mí cuando descubrí esta revelación. Kenneth y yo enfrentábamos varias situaciones imposibles. En ese entonces, parecía que el diablo tenía el control, no sólo del mundo a nuestro alrededor; sino también de nuestra vida. Entonces descubrimos que Dios nos hizo vencedores, y comenzamos a declarar: "¡Mayor es el que está en nosotros!".

Entre más creíamos y actuábamos conforme a esa declaración, más victoria obteníamos. Poco a poco, Kenneth y yo tomamos el poder que Dios nos había otorgado —por medio de Su Espíritu, y de Su Palabra—expulsamos al diablo de nuestra vida, de nuestro matrimonio, de nuestra familia y de nuestras finanzas. Luego, con ese mismo poder vencedor, comenzamos a ayudar y a influir en la vida de otras personas. Descubrimos lo que el amor de Dios puede hacer en nosotros, y ¡a través de nosotros!

La próxima vez que se sienta abrumado por las circunstancias de la vida o por las tinieblas del mundo a su alrededor, recuerde que Mayor es el que está en usted. No permita que el diablo lo perturbe con las cosas que esté haciendo, mejor invierta los papeles. Levántese como un vencedor, pues para eso lo diseñó Dios. Permita que Su amor en su interior brille, y comience a disipar las tinieblas ¡con la luz de Dios!

Amor
sin límites

Desarrolle una defensa fuerte

«Y al que vosotros perdonáis, yo también; porque también yo lo que he perdonado, si algo he perdonado, por vosotros lo he hecho en presencia de Cristo, para que Satanás no gane ventaja alguna sobre nosotros; pues no ignoramos sus maquinaciones»
(2 Corintios 2:10-11).

Continuamente el diablo está ideando planes y estrategias para sacar a los creyentes. De manera constante envía ofensas, circunstancias problemáticas, presiones y tentaciones diseñadas para hacernos tropezar e impedirnos terminar nuestra carrera en Dios.

Podemos defendernos contra esas estrategias, desarrollando el fruto del espíritu en nuestra vida. Si este fruto —amor, gozo, paz, paciencia, benignidad, bondad, fe, mansedumbre y templanza— habita en nuestro interior, siempre nos ayudará a vencer.

La mayoría de personas piensan que el fruto del espíritu es sólo para BENDECIR a los que están a nuestro alrededor. Es cierto que BENDICE a otros, sin embargo, vivir conforme al fruto del espíritu; también nos BENDICE a nosotros. El fruto del espíritu nos ayuda a combatir las fuerzas de las tinieblas que nos rodean, y a levantarnos sobre los desafíos que enfrentamos cada día de nuestra vida.

Medítelo por un momento, y con facilidad verá por qué el fruto nos ayuda. Por ejemplo, si el diablo intenta desanimarnos, el gozo eliminará ese desánimo. Cuando trate de tentarnos con la presión de lujuria y satisfacción de los deseos de la carne, la templanza nos dará la fuerza que necesitamos para triunfar. Tal y como un escritor declara:

> Debido a Su amor por nosotros, el Padre añora que comencemos a cultivar cada fruto del espíritu; pues desea que seamos vencedores. Un creyente no puede ser un vencedor completamente exitoso si le hace falta uno de los frutos en su vida; ya que en esa área en particular, el diablo concentrará su ataque. Cada fruto del espíritu ayuda al creyente a enfrentar mejor las situaciones en su vida. Cada fruto del espíritu tiene la misión de obtener la victoria para usted en cada área de su vida.[14]

Por ejemplo, debido a que el amor no es susceptible, no se queja o es resentido ni toma en cuenta el mal que le hacen; cuando el diablo envíe a alguien para que lo lastime o lo trate mal, ese ataque no le hará ningún daño. El amor impedirá que esa ofensa lo agreda. Lo guardará de sucumbir ante la estrategia del diablo, e impedirá que usted entre en contienda y en pecado. Arruinará los planes del enemigo, y éste no tendrá opciones para dañarlo o destruirlo. ¡El amor es su mejor defensa!

14 *A Call for Character: Developing the Fruit of the Spirit In Your Life*, Greg Zoschak. 1991. Harrison House. Inc.: Tulsa, Oklahoma.

Amor
sin límites

Tomando el camino angosto

«Entren por la puerta estrecha. Porque es ancha la puerta y espacioso el camino que conduce a la destrucción, y muchos entran por ella. Pero estrecha es la puerta y angosto el camino que conduce a la vida, y son pocos los que la encuentran»
(Mateo 7:13-14, *NVI*).

Al parecer, algunos creyentes piensan que vivir en amor es opcional. Actúan como si tuvieran el derecho de ofenderse si lo desean… o de comportarse rudos y poco amables cuando no están de buen humor. Actúan de esa manera sin siquiera percatarse de que al hacerlo, están pecando.

Usted podría preguntar: "¿Pecando? Ésa es una palabra bastante fuerte".

Lo sé, sin embargo, es la palabra correcta. Y si vamos a vivir conforme a LA BENDICIÓN y en la vida abundante de Dios, será mejor que dejemos de actuar de esa manera, y llamarlo como se debe.

El amor es un mandamiento de Dios para nosotros. No es una sugerencia ni una alternativa; es una orden. Cuando no vivimos en amor, desobedecemos esa orden. En otras palabras, estamos en pecado.

No tenemos que matar a alguien o adulterar para estar en desobediencia ante Dios. Tampoco tenemos que insultar o evadir nuestros impuestos. Lo que el diablo tiene que hacer para que caigamos en pecado, es convencernos de vivir en egoísmo, ponernos a nosotros mismos en primer lugar e ignorar a los demás. Para llevarnos al camino de la destrucción, sólo debe convencernos de que no vivamos en amor.

Obedecer la ley del amor es difícil, en especial cuando lo hace con sus propias fuerzas. De hecho, será imposible. Sin embargo, no debe hacerlo en sus propias fuerzas. Usted es una persona nacida de nuevo, tiene un Salvador que derramó Su sangre; a fin de que pudiera tener la vida y el amor de Dios en su interior. Dios mismo lo ha investido de poder para amar de la misma manera que Él ama.

Quizás haya sido una persona egoísta antes de conocer al SEÑOR, no obstante, Él lo libró de ese egoísmo cuando usted nació de nuevo. Quizá haya sido criticón e implacable toda su vida, pero cuando recibió a Jesús como su SEÑOR; Él lo hizo una nueva criatura. Todas las cosas viejas pasaron, y éstas ya no tienen poder para gobernarlo.

Dios le ha delegado un gran llamado. Le ha entregado una gran vida para disfrutar y una ley que guardar. Pero también le dio la habilidad de expresarla de adentro hacia afuera. Lo invistió de la naturaleza del amor, y le dio al Espíritu Santo para enseñarle a vivir conforme a esa naturaleza.

Sabemos que la senda del amor es estrecha. Entonces, para permanecer en ella, no permita que las presiones del mundo lo lleven de un lado a otro. Deje que la PALABRA de Dios y el Espíritu Santo dirijan sus pasos. Esto demandará cierto esfuerzo espiritual, pero usted puede lograrlo. Recuerde, usted ha nacido del amor, y ésa es la única forma en que debe vivir.

Más poderosa que los sentimientos

«Bienaventurado el hombre que teme a Jehová, y en sus mandamientos se deleita en gran manera. Su descendencia será poderosa en la tierra; la generación de los rectos será bendita… resplandeció en las tinieblas luz a los rectos; es clemente, misericordioso y justo… no tendrá temor de malas noticias; su corazón está firme, confiado en Jehová. Asegurado está su corazón; no temerá, hasta que vea en sus enemigos su deseo»
(Salmos 112:1-2, 4, 7-8).

Muchos piensan que una persona compasiva es alguien que mima y consciente los sentimientos de los demás cuando las cosas les salen mal. Creen que demostrar amor, en tiempos de calamidad, es sentir lástima por otros, acariciarles las manos y decirles: "Me siento muy mal por ti. Dios bendiga tu pequeño y frágil corazón".

Sin embargo, de acuerdo con la Palabra, una verdadera persona compasiva no hace eso. Cuando el mal acecha y las circunstancias empeoran, el verdadero amor se niega a ser movido por las emociones del momento. Éste se aferra a la PALABRA por fe y permanece firme en ella hasta que derrota al diablo, y obtiene la victoria.

Por experiencia propia, sé que puede ser difícil. Sin embargo, por medio de la gracia de Dios, usted puede lograrlo. Hace algunos años, estábamos realizando la Convención de creyentes en Fort Worth cuando mi nieta, Jenny, sufrió un accidente automovilístico. En ese entonces, era sólo una niña; y sufrió serias heridas que tuvo que ser trasladada por avión a un hospital. El personal médico esperaba que muriera antes de que llegara.

Cuando me dieron la noticia, no lloré ni sentí lástima por esa bebé. Tampoco empecé a preocuparme ni a quejarme por lo triste que mi hija se sentiría si Jenny moría. Simplemente comencé a declarar la PALABRA. Cerré mi corazón a todos los informes negativos, y sólo me enfoqué en las promesas de Dios. Mantuve la PALABRA en mi boca y en mis oídos, hasta que mi corazón estuvo lleno de ella. No iba a permitir que mi mente pensara en algo más..

Por momentos, me cansaba de confesarla, e imaginé que las personas a mi alrededor también estaban cansadas. Pero eso no me importó. Tampoco permitiría que un cansancio físico o una emoción almática debilitaran mi postura de fe, y le dieran al diablo una oportunidad para robarme a mi nieta.

Si alguien me ofrecía su simpatía, le respondía: *Gracias, pero no la necesito. Mi nieta vivirá, no morirá, y declaro las obras del SEÑOR.*

Ella sobrevivió. Jenny está viva y se encuentra bien. Ella vive para Dios. Es la prueba viviente de que la compasión es más poderosa que los sentimientos. Es la demostración viva de lo que la fe y el amor pueden lograr.

Kenneth

  **Amor**
sin límites

No se quede de brazos cruzados, ¡diga algo!

«En el principio creó Dios los cielos y la tierra. Y la tierra estaba desordenada y vacía, y las tinieblas estaban sobre la faz del abismo, y el Espíritu de Dios se movía sobre la faz de las aguas. Y dijo Dios: Sea la luz; y fue la luz»
(Génesis 1:1-3).

La próxima vez que tenga problemas para amar a alguien, siga este consejo: Cada vez que piense en esa persona, declare que la ama. Dígalo en voz alta, con fe y como si en realidad lo sintiera.

¿Por qué? Porque cuando declara palabras de fe basadas en la PALABRA de Dios, el Espíritu Santo se mueve con poder y hace que se cumplan. Eso es lo primero que se nos enseña en la Biblia. En el primer versículo de Génesis, se nos revela que el Espíritu Santo puede estar presente, con todo Su maravilloso poder y capacidad. Él puede encontrarse allí, preparado y dispuesto a actuar y sin embargo, no hará nada hasta que alguien declare la PALABRA de Dios. Pues Su misión es cumplir la PALABRA.

Si usted ha nacido de nuevo, el Espíritu Santo se encuentra en su interior; dispuesto y con la habilidad de ayudarlo a amar a las personas más difíciles de amar. Pero, es necesario que usted declare las palabras correctas. No puede realizar mucho cuando usted expresa: "¡Esa persona me irrita! Creo que no me voy a llevar bien con ella. ¿Por qué me resulta tan difícil amar a esa persona?". Ésas no son palabras conforme a la voluntad de Dios, por tanto, el Espíritu Santo no las cumplirá.

No obstante, cuando usted hace que su boca esté de acuerdo con Dios, y declara: "El amor de Dios habita en mí, y amo a este hermano con el amor del SEÑOR. Soy compasivo con esa hermana. La amo, ¡así como Jesús me ama a mí!". Entonces el Espíritu Santo obrará en usted, ejerciendo Su grandioso poder para ayudarlo a alinear sus emociones y sus pensamientos con esa confesión de fe. Cuando Dios dijo: ¡Sea la luz!, el Espíritu Santo produjo luz en las tinieblas y cuando nosotros confesamos: "Sea el amor", el mismo Espíritu producirá el amor de Dios en usted.

Quizá usted argumente: "Pero, no siento amor hacia esa persona. Sería un mentiroso si dijera que sí".

No sería un mentiroso, sólo estaría imitando a su Padre celestial. En la Biblia leemos que Él llama las cosas que no existen como si existieran. Llamó a Abraham "el padre de muchas naciones", cuando aún no tenía hijos, y su esposa era estéril. Llamó a Gedeón un "poderoso hombre de valor", cuando se escondía por temor a sus enemigos. Llamó a David un rey cuando era tan sólo un pastor.

Por tanto, exprese algo amoroso. Comience a hablar como Dios, y el poder que convirtió a Abraham en padre, a Gedeón en un guerrero victorioso y a David en un rey; obrará en su alma. El Espíritu Santo hará que la naturaleza de Dios surja de su interior, y usted será una persona más amorosa.

Amor
sin límites

Todos vestidos y sin lugar a dónde ir

«Porque como desciende de los cielos la lluvia y la nieve, y no vuelve allá, sino que riega la tierra, y la hace germinar y producir, y da semilla al que siembra, y pan al que come, así será mi palabra que sale de mi boca; no volverá a mí vacía, sino que hará lo que yo quiero, y será prosperada en aquello para que la envié»
(Isaías 55:10-11).

Si usted declara lo que Dios afirma acerca del amor, la Biblia le garantiza que verá los resultados en su vida. Los rasgos de su testaruda personalidad, los cuales pensó que nunca cambiarían, comenzarán a ablandarse. Los hábitos poco amorosos que parecían indestructibles, comenzarán a desaparecer si se atreve a declarar fielmente 1 Corintios 13: "Soy paciente y bondadoso. No soy envidioso o celoso. No soy pretensioso ni rudo. No actúo de forma indecorosa, no insisto en lo que es mío. No soy susceptible, y no tomo en cuenta el daño que me hacen…".

Declarar la PALABRA de Dios activa la ley espiritual. Cuando ésta sale de nuestra boca, lleva a cabo lo que se le pidió. Prospera y cumple el plan de Dios en nuestra vida.

Quizá usted diga: "Sí, lo sé. He escuchado eso antes".

Entonces, ¿qué está haciendo al respecto? ¿Está actuando conforme a esa revelación? ¿Está haciendo lo que sabe hacer?

Todos tenemos que examinarnos en esa área, pues fácilmente podemos car en el asentimiento mental. Quizás pensemos que sólo estar de acuerdo con la PALABRA es suficiente. Nos ocupamos con otras cosas, y nos negamos a realizar lo que en la Biblia se nos pide. Al final, podremos ver que no estamos obteniendo ningún progreso espiritual.

Eso me recuerda a algo que nos ocurrió a Kenneth y a mí hace años. Salimos de nuestra habitación del hotel y tomamos el elevador, pero estábamos tan enfocados en nuestra conversación, que no estábamos poniendo atención a lo que estábamos haciendo. Minutos después, buscamos el indicador para ver en qué piso nos encontrábamos, y nos dimos cuenta de que el elevador no se había movido. Estábamos en el mismo lugar donde comenzamos, pues ni siquiera habíamos presionado el botón, o sin pensar presionamos el botón para ir al piso donde estábamos. Y allí estábamos, vestidos ¡y sin un lugar a dónde ir!

No permita que eso le suceda en el área del amor, no se quede vestido con el conocimiento de la PALABRA referente al amor de Dios en su interior… para luego quedarse sin un lugar a donde ir. Coméntele al SEÑOR qué hallo en Su PALABRA, confiésela y viva conforme a ella, a fin de que ésta lleve a cabo lo que debe hacer.

Amor
sin límites

No piense como un mendigo

«Temed a Jehová, vosotros sus santos, pues nada falta a los que le temen. Los leoncillos necesitan, y tienen hambre; pero los que buscan a Jehová no tendrán falta de ningún bien»
(Salmos 34:9-10).

Nuestro Padre celestial nos ama tanto, que ha prometido que nunca padeceremos necesidad. Estableció en Su palabra que no nos faltaría ningún bien. Pero en lugar de creer en Sus promesas y recibir sus beneficios por fe, la mayoría de cristianos viven como huérfanos sin tener a nadie que cuide de ellos y supla sus necesidades.

No tenemos que vivir como huérfanos cuando somos hijos de Dios, ni deberíamos pensar como mendigos. Aun si no tuviéramos recursos, no tenemos que ver nuestra situación financiera, y vernos en escasez. Lo que necesitamos es vernos por fe. Necesitamos confiar la Palabra, y vernos como hijos de amor ricamente BENDECIDOS y con toda la provisión de Dios.

Cuando la escasez muestre su horrible cabeza en nuestra vida, debemos verla como lo que es —un ataque del diablo, quien intenta robar LA BENDICIÓN, al quitar de en medio nuestra fe—. En vez de dudar del amor y de la fidelidad de Dios, necesitamos reprender las mentiras del diablo y confesar: "Escasez, te resisto en el nombre de Jesús. Vete de mi vida, no tengo por qué vivir contigo; pues eres una maldición y yo estoy redimido de la maldición. Dios me ha redimido de la pobreza y de la escasez. Y Él, de manera abundante, suple mis necesidades".

Recuerdo la primera vez que declaré esta confesión. Kenneth y yo habíamos alquilado una casa, y estábamos creyéndole a Dios por el dinero para comprarla. Teníamos un año para presentar una oferta, y en lo natural parecía que no podíamos lograrlo; pues la escasez seguía pisándonos los talones.

Pero un día, mientras estaba en la sala de esa casa, mirando a través de la ventana y pensando en nuestra situación, recordé cómo Dios en Su gran amor, nos había librado — por medio del plan de redención—, de toda opresión del diablo. Me acordé de cómo nos había redimido de las enfermedades y de las dolencias, de la pobreza y de la escasez. Entonces Dios me reveló que no había resistido la escasez como lo hacía con las enfermedades y las dolencias. Cuando la enfermedad atacaba nuestra familia, peleaba en su contra con todo mi corazón. La golpeaba con la PALABRA y con la fe hasta que huía.

Al instante, supe que debía hacer lo mismo con la escasez. A partir de ese día, tomé una agresiva postura contra ésta. Por fe, me aferré a lo que mi Padre celestial me había prometido, y comencé a confesar: *Escasez, vete de mi vida. Mi Dios suplirá todas mis necesidades de conforme a Sus riquezas en gloria en Cristo Jesús.*

¡Alabado sea Dios! Pagamos esa casa, y hemos pagado muchas más desde ese entonces. Ya no vivo como huérfana, y tampoco permito que el diablo me convierta en mendigo. Vivo en LA BENDICIÓN del amor de mi Padre.

Amor
sin límites

Cuando Dios se deleita

«Canten y alégrense los que están a favor de mi justa causa, Y digan siempre: Sea exaltado Jehová, Que ama la paz de su siervo»
(Salmos 35:27).

Jamás permita que nadie lo haga sentir mal por permanecer firme en fe y por creer que Dios lo BENDECIRÁ. Tampoco permita que las personas lo menosprecien por permanecer firme en las promesas de Dios y buscarlo, a fin de que supla comida para su mesa, dinero para su cuenta bancaria y le provea todo lo que necesite; de modo que usted pueda cumplir lo que Él lo ha llamado a realizar.

Dios no se ofenderá si usted espera esas bendiciones de parte de Él. (Quizá otras personas sí se molesten, pero Él no). Honramos a Dios cuando creemos en Su Palabra. Él se deleita en eso, pues su fe abre la puerta para que el Señor pueda derramar bendiciones sobre su vida. Debido a que Él lo ama, se deleita en prosperarlo.

Hace muchos años, decidí que quería agradar al Señor, determiné que permanecería firme creyendo que Dios me prosperaría en todas las áreas de mi vida. Y ésa es la manera en la que el Señor se deleita.

Por supuesto que el diablo me presionó e intentó disuadirme. Y también creó circunstancias y pruebas, a fin de hacerme dudar de la fidelidad y del amor de Dios. Intentó una y otra vez, hacerme claudicar y desistir.

Y lo mismo hará con usted. ¿Por qué? Porque sabe que si no logra hacerlo dudar del amor de Dios, ni evitar que crea en Sus promesas, usted terminará siendo un testimonio que inspire la fe de los demás. Las personas a su alrededor verán de qué manera obra el amor de Dios en su vida, y ¡empezarán a confiar en el SEÑOR!

Hace años, cuando descubrí en las Escrituras que Dios cuidaría de mí, no me pareció que me convertiría en una amenaza para el enemigo. Cuando comencé a creer que Dios me proveería el dinero para comprar en el supermercado y para suplir otras necesidades básicas, desconocía que mi fe afectaría más vidas, excepto la mía.

Sin embargo, años después, Kenneth y yo tuvimos la oportunidad de enseñarles a miles de personas acerca del amor y de la fidelidad de Dios. Compartimos los testimonios de lo que Dios había hecho por nosotros (y de lo que continúa haciendo).

¿Sabía usted que el diablo odia eso?

No obstante, ¿a quién le importa lo que el enemigo piensa? Es a Dios a quien nosotros queremos agradar, Él nos ama, y se deleita en prosperarnos. Entonces, permanezcamos creyendo en Su Palabra. Seamos de bendición para Él, al permitirle ser de BENDICIÓN para nosotros. Y de esa manera, ¡todos nos deleitaremos!

Amor sin límites

La mejor forma de bendecir al SEÑOR

«Y vio Jehová que la maldad de los hombres era mucha en la tierra, y que todo designio de los pensamientos del corazón de ellos era de continuo solamente el mal. Y se arrepintió Jehová de haber hecho hombre en la tierra, y le dolió en su corazón. Pero Noé halló gracia ante los ojos de Jehová… Noé, varón justo, era perfecto en sus generaciones; con Dios caminó Noé»
(Génesis 6:5-6, 8-9).

Al empezar a comprender cuánto lo ama el Señor, su amor hacia Él se desarrollará de manera natural. Deseará con todas sus fuerzas BENDECIRLO, y hacer todo lo que pueda para expresar su amor y su gratitud a Aquel que dio todo por usted.

Sin embargo, ¿qué le puede ofrecer usted a Dios, quien es el Creador y Dueño de todo? ¿Cómo puede BENDECIR a quien es la Fuente de toda BENDICIÓN?

Puede lograrlo por medio de su fe. Puede ser una de esas personas a las que se les llama extrañas, pues honran a Dios al creer en lo que Él dice; y se mantienen firmes en Su PALABRA, incluso cuando las circunstancias de este mundo se ven contradictorias. A pesar de las burlas del diablo, y las críticas de los escépticos, este tipo de personas afirman: "Creo en mi Padre celestial. ¡Tengo Su PALABRA y me aferraré a ésta; pues confiaré en ella sin importar las circunstancias!".

De esa manera actuaba Noé. Nadie había visto llover, cuando Dios le dijo que se aproximaba un diluvio, y le ordenó a Noé que construyera el Arca. La tierra se regaba con aguas subterráneas. Por consiguiente, cuando Noé comenzó a predicar acerca del Diluvio que se aproximaba, y que la única forma de sobrevivir ante esa catástrofe, era construyendo un barco del tamaño de un campo de fútbol; sin duda la gente se burló de él. Y es muy probable que hasta le hayan puesto por sobre nombre: "anciano loco", y que lo hayan etiquetado de extremista.

Transcurrían los años, y Noé seguía construyendo el arca. Tal vez no habían nubes que anunciaran una tormenta en el cielo, —tampoco señales climáticas de lo que Dios había dicho que ocurriría—. Sin embargo, eso no desmotivó a Noé. Él siguió creyendo y obedeciendo a Dios, aun cuando el resto del mundo no creyó. Cuando el Diluvio llegó, Noé y su familia ¡estuvieron a salvo en el Arca!

Si en realidad ama al SEÑOR, vivirá de esa manera. Cuando descubra algo en Su PALABRA, estará dispuesto a obedecer en fe. Por ejemplo, al leer que Dios ama al dador alegre, al generoso, al dadivoso y lo recompensa con abundancia; usted no dejará de dar sólo porque el balance de su cuenta bancaria no aumentó de la noche a la mañana. Se mantendrá actuando conforme a la PALABRA y confiando en el SEÑOR. Y lo hará porque lo ama, porque cree en Él y porque Dios desea BENDECIRLO.

Al Señor le agrada esa actitud de obediencia, pues en la Biblia se nos enseña que Sus ojos buscan por toda la Tierra a alguien que le obedezca. Dios vio ese tipo de actitud en Noé y si usted en realidad ama al SEÑOR, ¡Él también encontrará esa actitud de obediencia en usted!

Amor
sin límites

Quitando el enfoque
de nosotros mismos

«Sino que lo necio del mundo escogió Dios, para avergonzar a los sabios; y lo débil del mundo escogió Dios, para avergonzar a lo fuerte; y lo vil del mundo y lo menospreciado escogió Dios, y lo que no es, para deshacer lo que es, a fin de que nadie se jacte en su presencia. Mas por él estáis vosotros en Cristo Jesús, el cual nos ha sido hecho por Dios sabiduría, justificación, santificación y redención; para que, como está escrito: **El que se gloría, gloríese en el Señor»***
(1 Corintios 1:27-31).*

Muchas personas piensan que lo opuesto al amor es el odio. Sin embargo, lo correcto es decir que lo opuesto al amor es el egoísmo. El amor provoca que nos enfoquemos en los demás, mientras que el egoísmo causa que tengamos un enfoque egocentrista.

Por esa razón, para vivir en amor de manera exitosa, debemos quitar nuestra mirada de nosotros mismos, y comenzar a ver al SEÑOR. Es necesario que dejemos de ser egocéntricos, mejor centremos nuestra atención en Dios. Dejemos de confiar en nosotros mismos, y confiemos más en Dios.

En realidad, es un gran alivio admitir que es cierto lo que se afirma de nosotros en la Biblia. Pues en nuestras propias fuerzas, no somos nada, somos débiles, insensatos y nos equivocados. Por esa razón, Dios nos llamó. Él desea utilizar a las personas sin la capacidad de hacer algo que valga la pena con sus propias fuerzas, y a través de ellas realizar grandes cosas por medio de Su poder. A Él le agrada tomar los vasos ordinarios de la Tierra, y mostrar Su gloria a través de ellos.

¿Cómo lo logra? Al hacernos nuevas criaturas en Cristo Jesús, dándonos de Su justicia, de Su santidad, de Su sabiduría y de Sus habilidades. Dios depositó Su Espíritu en nosotros, a fin de que no dependamos de nosotros mismos, sino del Gran Yo Soy quien habita en nosotros.

Y durante ese proceso, apartemos nuestra mirada de nosotros mismos. La inseguridad y auto conmiseración vendrán a ser parte del pasado. Descubriremos que en realidad no importa quienes seamos, ni cuán inteligentes o talentosos podamos ser. Mantendremos puesta nuestra mirada en Jesús, sabiendo que a través de Su Espíritu, nos ha dado la habilidad de llevar a cabo cualquier cosa que Dios nos pida.

A medida que hagamos del SEÑOR el fundamento de nuestra vida, dejaremos de enfocarnos en lo que nos agrada, y buscaremos agradar a Dios. No perderemos el tiempo pensando "¿Qué quiero? o ¿qué me hará feliz?". Al contrario, buscaremos al Señor, a fin de descubrir qué desea Él que hagamos y nos interesaremos sólo en las cosas que lo hacen feliz a Él.

Antes que se lo diga, usted ya sabe a que me refiero: Al amor. Cuando nuestra vida está fundamentada en el Señor y no en el egoísmo, nuestro propósito principal es vivir en amor, no por nuestras propias fuerzas y habilidades, sino por las de Él. Dejaremos de preocuparnos por nosotros mismos, y permitiremos que nuestra debilidad sea sustituida por Su fuerza. Entonces, le daremos toda la gloria a Dios.

Un banquete continuo de la PALABRA

«Y él mismo constituyó a unos, apóstoles; a otros, profetas; a otros, evangelistas; a otros, pastores y maestros, a fin de perfeccionar a los santos para la obra del ministerio, para la edificación del cuerpo de Cristo, hasta que todos lleguemos a la unidad de la fe y del conocimiento del Hijo de Dios, a un varón perfecto, a la medida de la estatura de la plenitud de Cristo»
(Efesios 4:11-13).

Si queremos vivir en amor, debemos mantener nuestro espíritu fuerte, y de continuo, nutrir nuestro corazón con la PALABRA de Dios. Pues de la misma manera que nuestra fuerza natural se agota cuando nos esforzamos físicamente, también cuando nos esforzamos espiritualmente al vivir en amor (¡y sí que se toma un verdadero esfuerzo espiritual hacerlo!), nuestra fuerza espiritual se agota. Por consiguiente, debemos alimentarlo de forma continua con la PALABRA de Dios.

Por supuesto, una de las formas de hacerlo, es invirtiendo tiempo a solas leyendo la PALABRA. No tenemos que esperar que alguien más nos anime, pues podemos sumergirnos en ella sin la ayuda de nadie.

Sin embargo, también es importante para nosotros, asistir a un lugar donde podamos escuchar a alguien que ha sido llamado y ungido por Dios a enseñar y a predicar Su PALABRA. Al recibir la PALABRA de esa manera, estamos recibiendo una unción e impartición extra. Esa unción destruirá algunos de los pensamientos confusos que antes teníamos, y alineará y renovará nuestra mente. La unción que Dios le ha dado a ese ministro, añadirá algo más a nuestra vida espiritual, la cual no podíamos obtener nosotros solos.

Yo lo he experimentado. Por esa razón, voy a muchos servicios de la iglesia y a Convenciones de creyentes, y también tengo grandes cantidades de CDs y DVDs de enseñanzas en cada una de las habitaciones de mi casa. Algunas veces escucho mensajes que tienen 20 años de antigüedad. Los he escuchado muchas veces, pero cuando los escucho de nuevo, siguen teniendo la misma unción que me fortalece y que me edifica espiritualmente.

Algunas personas no lo comprenden. Piensan que deben escuchar a los ministros predicar la Palabra, a fin de obtener más conocimiento. Pero en realidad, deben escucharlos para obtener revelación. Por ejemplo, usted podría pensar que ya sabe todo acerca del amor. Sin embargo, si escucha a alguien predicar bajo la unción acerca del amor, recibirá más revelación acerca de ese tema. También recibirá más entendimiento y profundidad acerca del amor; y al salir de esa reunión (o al terminar de escuchar esa enseñanza) estará más investido de poder y mejor preparado para vivir en amor que antes.

Así como en Romanos 10:17, se nos enseña: *«Así que la fe es por el oír, y el oír, por la palabra de Dios»*. Entonces busque una buena y ungida prédica, y ¡mantenga su espíritu fuerte con un banquete continuo de la PALABRA de Dios!

Amor
sin límites

Lo imposible es fácil para Dios

«Mientras el músico tañía el arpa, la mano del SEÑOR vino sobre Eliseo, y éste dijo: —Así dice el SEÑOR: Abran zanjas por todo este valle, pues aunque no vean viento ni lluvia —dice el SEÑOR—, este valle se llenará de agua, de modo que podrán beber ustedes y todos sus animales." Esto es poca cosa para el SEÑOR, que además entregará a Moab en manos de ustedes»
(2 Reyes 3:15-18, *NVI*).

Cuando se encuentre en medio de una situación imposible de solucionar, o está atravesando un problema, y necesita un milagro; recuerde dos cosas: Dios lo ama, y realizar milagros es algo fácil para Él.

Eso le dijo el profeta Eliseo a los tres reyes, quienes necesitaban la ayuda del SEÑOR para derrotar al ejército de Moab. Ellos habían cometido grandes errores. No habían hecho todo lo que Dios les había ordenado que realizarán, y como resultado, estaban enfrentando una situación de vida o muerte. Sus ejércitos y animales estaban muriendo de sed. Se enfrentaban a un enemigo peligroso, y no contaban con las fuerzas necesarias para derrotarlos.

Aunque ellos mismos se metieron en esos problemas, Dios no los abandonó. Él no se quedó de brazos cruzados ni les dijo: "Yo no sé amigos, éste es un problema muy difícil, haré lo que pueda; pero no estoy seguro de poder ayudarlos".

No, Dios afirmó: "Resolver esta situación es fácil para Mí".

¿Acaso no es bueno saber que las cosas que usted piensa que son un gran desafío para su vida, resultan ser algo fácil para nuestro grandioso y amoroso Dios? Para Él es fácil sanar su cuerpo, estabilizar su situación financiera y resolver las situaciones imposibles. Para Dios no es difícil realizar ninguno de esos milagros. Ni siquiera detener el sol fue un desafío para Su fuerza. No luchó ni se estresó para abrir un camino en medio del Mar Rojo. Realizar esas hazañas es muy fácil para Dios.

La única dificultad que Dios enfrenta, es encontrar personas que confíen en Él y que crean en Sus palabras. Medítelo, y se sorprenderá de cuán cierta es esa verdad. Después de todo, Él es un Dios bueno. Durante miles de años, Él ha permanecido fiel y ha liberado a Su pueblo. ¿Entonces por qué es tan difícil para nosotros, tener paz y confiar en Él?

Porque el diablo, de manera constante nos miente acerca de Dios, y nos bombardea con pensamientos que aseguran que a Dios no le importa lo que suceda con nosotros. Nos presiona con circunstancias y promueve la idea de que Dios nos ha abandonado, y no nos ayudará en los tiempos de necesidad.

No acepte esas mentiras. Combátalas con la fe y con la PALABRA de Dios. Mantenga viva en su corazón, la verdad del amor de Dios y Su poder. Y cuando se enfrente a lo imposible, no entrará en pánico; pues sabrá que Dios lo cuidará, y que fácilmente obrará un milagro en su vida.

Amor
sin límites

Una dieta constante de las buenas nuevas

«Por tanto, no desmayamos; antes aunque este nuestro hombre exterior se va desgastando, el interior no obstante se renueva de día en día… no mirando nosotros las cosas que se ven, sino las que no se ven; pues las cosas que se ven son temporales, pero las que no se ven son eternas»
(2 Corintios 4:16, 18).

Por años, he enseñado que es absolutamente vital para nosotros invertir tiempo a diario en la PALABRA y tener comunión con el SEÑOR. Siempre lo repito una y otra vez. Si las personas se cansan de escucharlo, no me importa. Soy como Pedro, quien afirmó: "Todo el tiempo trato de recordarles estas cosas, aunque yo sé que ya las saben…" (2 Pedro 1:12, *AMP*).

Hoy en día, creo que apegarnos al SEÑOR es mucho más importante que antes. Pues a medida que este mundo se llena de tinieblas, más rodeados estamos del temor y de las malas noticias. Los medios de comunicación se aseguran de que nos enteremos de cada tragedia, de cada altibajo en la economía, y de cualquier circunstancia que pueda amenazarnos. Entrevistan a personas que han sido víctimas de algo, o que han perdido sus empleos, o aquellos que han tenido un trauma en algún aspecto de su vida. No obstante, pocas veces le dedican el tiempo suficiente a los reportajes acerca de personas que han vencido la tragedia, o que hayan recibido nuevos y mejores empleos, o a quienes salieron de algún problema de forma milagrosa.

Y debido al desarrollo de los medios de comunicación por satélite y cable, ahora tenemos la oportunidad de ver las malas noticias las 24 horas del día. (¡Qué gran avance!) Usted puede ver las malas noticias una y otra vez. Y si las ve, antes de darse cuenta, desviará su corazón de Dios, y pensará: *Tengo miedo de quedarme sin trabajo. Siento temor al pensar que no tendré el dinero suficiente para mi jubilación. Tengo miedo de que toda la problemática que está afectando al mundo entero, muy pronto afecte mi hogar.*

Por esa razón, si desea permanecer firme en su fe con respecto al amor de Dios, y en que Él fielmente cuidará de usted; necesita tener una dieta constante y balanceada de Su PALABRA, y renovar su ser interior de forma continua, a través de la comunión con Él en el espíritu día tras día.

Propóngase invertir tiempo para enfocarse, no en las cosas que se ven; sino en las verdades invisibles de Dios. Y recuerde que todas las malas noticias que informen los medios de comunicación, son sólo temporales, pues mañana algo diferente pasará. Como un ministro dijo: "¡Los periódicos son tan inestables que tienen que publicarlos a diario!".

No obstante, la verdad de Dios es eterna. Sus Escrituras contienen la misma enseñanza, lo mismo todos los días; pues Dios nunca cambia. Él seguirá amándolo, brindándole toda buena dádiva y todo don perfecto, ya que en Él: «*…no hay mudanza, ni sombra de variación*» (Santiago 1:17). Dios lo ama, y cuida de usted ahora y siempre.

Amor
sin límites

Deposite la Palabra en su corazón y en su boca

«Pero la justicia que es por la fe dice así: No digas en tu corazón: ¿Quién subirá al cielo? (esto es, para traer abajo a Cristo); o, ¿quién descenderá al abismo? (esto es, para hacer subir a Cristo de entre los muertos). Mas ¿qué dice? Cerca de ti está la palabra, en tu boca y en tu corazón. Esta es la palabra de fe que predicamos»
(Romanos 10:6-8).

"Si Dios me ama, ¿por qué no me sana? Si Dios en realidad tiene cuidado de mí, ¿por qué no me ayuda a salir de esta crisis financiera?".

Todos hemos escuchado a algunas personas formularse esas preguntas. Quizá hasta nosotros las hayamos preguntado. Sin embargo, en la Biblia hallamos respuestas claras a estas interrogantes. Nos enseña que Dios nos ama tanto que, a través de Jesús, Él ya se encargó de esas necesidades por nosotros. Él ya proveyó la sanidad y la liberación, incluso antes de que las necesitáramos. Luego, nos lo hizo saber por medio de Su PALABRA, a fin de que podamos recibir Su provisión cuando la necesitemos, sólo debemos depositar esa PALABRA en nuestro corazón y en nuestra boca.

Para mí, ¡eso es emocionante! Quiere decir que no tengo que pedirle a Dios que me sane, pues Él ya estableció: «*... por cuya herida fuisteis sanados*» (1 Pedro 2:24). No tengo que tratar de convencerlo de que me ayude con mi situación financiera, pues ya la resolvió: *«Mi Dios, pues, suplirá todo lo que os falta conforme a sus riquezas en gloria en Cristo Jesús»* (Filipenses 4:19).

Ante esa verdad, usted podría argumentar: "A lo mejor sea así, pero podría recibir más, si Jesús mismo viniera y se me apareciera. Tendría más fe si Él me diera algo más que sólo Su PALABRA".

No, no es necesario que lo haga. Pues en la Biblia se nos enseña que la fe viene por oír la PALABRA de Dios, y no por ver a Jesús en persona. Tampoco la recibimos si experimentamos un espectacular milagro sobrenatural. Cuando descubrí por primera vez esas verdades, el Señor me hizo ver que Sus palabras siguen teniendo la misma autoridad cuando las leo en la Biblia; pues es como si Jesús mismo se presentará en mi habitación, y me las dijera con Su propia boca. La Palabra de Dios siempre conlleva un poder creativo.

Si usted permite que ese poder creativo entre a su corazón y se exteriorice por su boca, fortalecerá su vida. Pues le proveerá todas las cosas que con tanto amor Dios desea suplirle. Seré muy sincera con usted: Lo único que puede impedir que reciba las promesas de Dios, es la pereza o la incredulidad.

Por tanto, a partir de hoy determine que no dejará que la pereza ni la incredulidad lo detendrán. Decida que nunca contristará la gracia y el amor de Dios al resistirse a recibir Su provisión. Deposite Su PALABRA en su corazón y en su boca. Reciba por fe todas las buenas dádivas que Él tiene para su vida.

Amor
sin límites

Cuando Dios se acerca a usted

« Acercaos a Dios, y él se acercará a vosotros»
(Santiago 4:8).

Es extraordinario saber que Dios nos ama. Es maravilloso estar bien cimentados en la verdad de la PALABRA, pues gracias a ella; ya sea que sintamos o no Su presencia cerca de nosotros, sabemos que Dios está ahí todos los días y que nos cuida a cada instante. Todo creyente necesita tener esa seguridad. Todo cristiano debe estar cimentado en fe en esa área, a fin de que el diablo nunca pueda alejarnos de la confianza que tenemos en el eterno amor de Dios.

Aun sabiendo eso, a veces en nuestro corazón deseamos experimentar una expresión de amor. Anhelamos tener un encuentro con el Señor que nos haga más conscientes de Su presencia, y que nos lleve al nivel que Pablo expresó en Efesios 3:18-19:

"Oro para que tengan el poder y la capacidad de comprender junto con todos los santos, [el pueblo devoto de Dios que experimenta ese tipo de amor] cual es la amplitud y la longitud, la estatura y la profundidad [de ese amor], y [que ustedes en realidad comprendan] conozcan [de manera práctica, y por experiencia propia] el amor de Cristo... el cual sobrepasa todo entendimiento" (*AMP*).

¿Cómo puede usted experimentar la presencia de Dios de esa manera? La respuesta es simple, siga las instrucciones que se encuentran en la Biblia. Acérquese a Dios y Él se acercará a usted.

Dios no irrumpirá en su habitación mientras usted mira un programa de televisión poco provechoso; ni le quitará el control remoto de la mano y le dirá: "¡Escucha, apaga eso! Quiero revelarte Mi amor, ahora". Él no es un intruso. Ni siquiera lo obligará a asistir a un servicio de la iglesia ni a tener un devocional diario si usted no lo desea. Tampoco lo obligará a apartar un tiempo para hablarle.

Si desea que el Espíritu de Dios se manifieste en su vida, dedíquele tiempo. Es necesario que busque a Dios creyendo firmemente que lo recompensará al revelarse de una manera más clara en su vida. Demuéstrele a Dios con su corazón, con su boca y con sus acciones que lo anhela.

Una de las cualidades del Señor es que Él está donde lo anhelan. Por consiguiente, si usted desea sentir Su presencia de una manera más profunda, necesita tomar la iniciativa. Aparte un tiempo para permanecer en silencio, y enfocar sus pensamientos en Él. Dígale con sinceridad y con un corazón honesto, cuánto lo ama, cuánto lo valora y cuán agradecido está de que Él lo ame. No lo presione para que se manifieste de manera sobrenatural. Sólo adórelo, y espere en silencio Su presencia.

Acérquese a Dios en fe. Y así como el SEÑOR lo prometió, Él se acercará a usted.

Amor
sin límites

Reciba su recompensa

«No perdáis, pues, vuestra confianza, que tiene grande galardón; porque os es necesaria la paciencia, para que habiendo hecho la voluntad de Dios, obtengáis la promesa»
(Hebreos 10:35-36).

¿Sabía usted que Dios prometió recompensar a aquellos que viven en amor? No sólo en esta vida (aunque existen suficientes personas que hacen que vivir en amor valga la pena), sino también en la eternidad. No sé con exactitud cuáles sean esas recompensas, pero debido a que conozco al Señor, ¡sé que serán buenas!

Jesús afirmó que cualquiera que dé un vaso de agua en Su nombre, no se quedará sin recompensa. Entonces, ¿puede imaginarse el tipo de recompensas que Dios tiene en mente para nosotros si, por Su causa, nos comprometemos a amar a las personas a diario? Ni usted ni yo podemos imaginarnos esas recompensas. Sin embargo, es seguro que no debemos perdérnoslas.

Aunque las perderemos si no ejercitamos la paciencia y la tolerancia mientras vivimos en amor. Y el diablo velará porque así sea. Habrá ocasiones en que él hará que las personas que nos rodean se vuelvan tan difíciles de amar que sintamos que estamos a punto de enfurecer y desistir. Y nos veremos tentados a decir: "El amor no está obrando en esta situación. Entre más amo a esa persona, más difícil se vuelve de amar. Ya no puedo más".

¿Qué debería hacer en situaciones como esa? Siga obedeciendo al Señor. Lleve a cabo lo que sabe que debe hacer. Permita que la fuerza de la paciencia, la cual se encuentra en su interior como un fruto del espíritu, obre en el problema y lo haga un vencedor.

De acuerdo con 1 Corintios 13:4, la paciencia es un atributo del amor. La palabra **paciencia** significa: "De buen temperamento y tolerante". La paciencia no se rinde ante las circunstancias o sucumbe ante las pruebas. No importa qué tan exasperante o que tan mala actitud tenga una persona, no logrará que usted mueva las manos en señal de rendimiento ni se dé por vencido; pues la paciencia no se lo permitirá. Ésta lo mantendrá viviendo en amor, aún cuando su carne quiera ceder ante la presión del momento y explotar.

Por tanto, permita que la paciencia obre en su vida. No espere hasta quedar vacío en su interior, de modo que se destruya y se desmorone la confianza que tenía en el poder del amor de Dios. Vuelva a estudiar lo que se nos enseña en LA PALABRA con relación al amor. Aliméntese y sumérjase en esa Palabra, hasta que obtenga la fuerza espiritual necesaria para llevar a cabo lo que sabe que debe hacer. En el nombre de Jesús, siga amando…y amando… y amando, aún a las personas más desagradables. Y Dios se encargará de que reciba su recompensa.

Amor
sin límites

Fuerza para ganar la batalla

«Para que andéis como es digno del Señor, agradándole en todo, llevando fruto en toda buena obra, y creciendo en el conocimiento de Dios; fortalecidos con todo poder, conforme a la potencia de su gloria, para toda paciencia y longanimidad»
(Colosenses 1:10-11).

En muchas ocasiones, cuando empezamos a vivir en amor; iniciamos con intensiones muy buenas. Entonces aparece alguien que nos provoca tanto o nos ofende más allá de lo que soportamos, y expresamos: "¡Ya fue suficiente! No tengo la paciencia para soportar esto. Le diré lo que estoy pensando".

Sin embargo, podemos prevenir ese problema: Ejercitar la fuerza de la paciencia. Podemos practicar la paciencia en los pequeños detalles de la vida, a fin de que cuando los grandes retos lleguen, tengamos la fuerza espiritual necesaria para obtener la victoria.

Al igual que cualquier otro aspecto del amor, la paciencia crece con la práctica. Mientras más la ejercitamos, más se fortalece. La paciencia es importante, pues nos da el poder para mantenernos en amor; incluso bajo presión, persecución, angustias y problemas. Ésta le brinda el poder para permanecer firme, soportando todos los maltratos sin caer en la ira y sin albergar pensamientos de venganza.

Lamentablemente, la mayoría de nosotros perdemos la paciencia, pues no aprovechamos las oportunidades para desarrollarla cada día. Yo caí en ese error. Hace poco, cuando me encontré en una situación, muy común para nosotros. Entré apresurada a un supermercado, con el fin de comprar un par de cosas que necesitaba. Kenneth se quedó afuera esperándome, ya que sólo tenía planeado estar ahí unos minutos.

Tomé lo que quería, me dirigí hacia la caja que tenía dos personas en la fila, pues parecía ser la mejor opción. Sin embargo, algo malo pasó y me quedé esperando…y esperando…y esperando. Mientras más tiempo pasaba, más irritada me sentía. Y comencé a pensar de forma irónica. Al observar un letrero cerca de mí que decía: "CAJAS RÁPIDAS", moví mi cabeza y murmuré en silencio: «Mejor deberían tener un letrero en esta fila donde diga: "SERVICIO LENTO"».

La peor parte de la historia es que días atrás, había escuchado un mensaje acerca de cómo ejercitar la paciencia. Había escuchado que el predicador dijo lo mismo que le estoy diciendo a usted: «Ejercite la paciencia, y ésta crecerá». Hasta que salí del supermercado me percaté que me había perdido la oportunidad de ejercitar la paciencia.

No cometa el mismo error. Aproveche cada oportunidad para desarrollar la fuerza de la paciencia. Úsela para vencer las cosas insignificantes de la vida, aunque parezcan no importar. Y como resultado, cuando enfrente una batalla importante en su vida de amor, tendrá la fuerza para ganar la batalla.

Amor
sin límites

Resista, soporte y triunfe

«BIENAVENTURADO el varón que soporta la tentación; porque cuando haya resistido la prueba, recibirá la corona de vida, que DIOS ha prometido a los que le aman. Cuando alguno es tentado, no diga que es tentado de parte de Dios; porque Dios no puede ser tentado por el mal, ni él tienta a nadie» (Santiago 1:12-13).

Tenga mucho cuidado con lo que piensa cuando enfrente tiempos de tentación y presión; pues el diablo tratará de tomar ventaja de su situación, y tratará de robarle su confianza en la fidelidad y en el amor de Dios. Por supuesto, el enemigo no es tan tonto como para ir corriendo a decirle que Dios no se interesa en sus necesidades. Si usted conoce a fondo la PALABRA, el diablo sabrá que no caerá en esa evidente mentira.

Por consiguiente, se vestirá como ángel de luz (2 Corintios 11:14), y aprovechará ese momento de presión y dolor para darle una explicación que parezca piadosa: "No te resistas ante las circunstancias, sólo déjate llevar por la corriente; pues es así como Dios quiere enseñarte una valiosa lección. Él fue quien te envió esas situaciones".

¡Ésa es un mentira! En la Biblia leemos claramente que Dios no envía ese tipo de situaciones. Él no tienta a nadie. El SEÑOR es el dador de toda buena dádiva, y de todo don perfecto, no de las cosas que nos traen angustia y destrucción.

Si usted permite que el diablo lo engañe, haciéndole creer que es Dios quien le hace daño, y que lo hace por su "propio bien"; al principio sentirá que es una nueva revelación. Pero a la larga ese tipo de pensamientos provocarán que su confianza en Dios se desvanezca paulatinamente. Y terminará lleno de confusión con respecto a qué es el amor en realidad. Y quizá, llegue a la conclusión de que si Dios, por amor, le hizo daño; usted podrá hacer lo mismo con los demás.

Como bien dice un antiguo dicho: "Con amigos así, ¿quién necesita enemigos?".

Ése es el objetivo de las mentiras del diablo. Por consiguiente, niéguese a creerlas. Cuando enfrente una prueba o una tribulación, jamás diga que fue Dios quien se la envió; pues quizás usted mismo se involucró en esa situación o se encuentra bajo un ataque directo del enemigo.

De cualquier forma, nunca culpe a Dios. Asuma su responsabilidad si fue usted quien creó el problema, y lleve a cabo la instrucción que se nos describe en Santiago 1:5. Pídale a Dios que le dé la sabiduría necesaria para vencer en esa área. Si Satanás le envía un ataque, resístalo con la PALABRA. Niéguese a darse por vencido ante el desánimo y la frustración. Resista el ataque en fe y en poder. Si confía firmemente en el amor de Dios, ¡vencerá la tentación y el diablo huirá de usted!

Día 312 Amor
sin límites

Aproveche cada oportunidad

"¡Despiértense, ustedes que duermen! Levántense de entre los muertos...vivan de manera poderosa, dignamente y con rectitud, no como los imprudentes e insensatos, sino sean sabios —sensibles e inteligentes—, aprovechando bien el tiempo [y cada oportunidad], porque los días son malos"
(Efesios 5:15-16, *AMP*).

Cuando sienta que está cediendo ante las presiones de la vida, y que está viviendo fuera del amor; no se rinda ni se desanime. No se condene por sus errores. ¡Anímese! Incremente su fuerza espiritual, alimentando su espíritu.

En otras palabras, invierta más tiempo con Dios en oración y meditando en Su PALABRA.

Si cree que no tiene tiempo, piénselo dos veces; pues estoy casi segura de que sí lo tiene. Si organiza su tiempo y aprovecha cada oportunidad para fortalecer su relación con el SEÑOR, se quedará sorprendido de la diferencia que marcará en su vida.

Por ejemplo, cuando se prepara en las mañanas para ir al trabajo, no desperdicie esos 15 minutos (si es hombre, y si es mujer le lleva más tiempo), dejando que su mente divague. Escriba algunos versículo, y péguelos en su espejo, medite en ellos y confiéselos. Añádales una melodía, y haga una canción.

Quizá usted se pregunte: "¿Tengo que realizar confesiones y canciones para mí?".

¡Claro que sí! En la Biblia se nos explica que debemos hacerlo. En Efesios 5:19, se nos instruye a que cantemos entre nosotros con salmos, himnos y cánticos espirituales; es decir, hacer melodías en nuestro corazón para el SEÑOR. Al principio, sentirá vergüenza, ¡pero supérelo! No existe nada vergonzoso en edificarse y actuar conforme a la PALABRA de Dios.

Cuando esté conduciendo hacia su trabajo, hacia la tienda o adondequiera que se dirija; escuche una buena y ungida enseñanza de la PALABRA. Si no tiene enseñanzas en audio, compre algunas. En caso de no contar con esa opción, invierta esos minutos orando en el espíritu, edificándose en su santísima fe (Judas 20).

Permítame advertirle que por muy fáciles que parezcan esas instrucciones, su carne se negará a realizarlas al principio. Su carne preferirá ceder ante la pereza, y no hacer nada; pues de esa manera le gusta actuar. Sin embargo, evite que lo detenga. No permita que esos pequeños deseos de la carne, le roben la fuerza espiritual y el poder que se encuentran a su disposición.

Sea activo. Viva con propósito, y propóngase una meta. Sea sabio y aproveche cada oportunidad. Mantenga su espíritu lleno de vida y su corazón en óptimas condiciones, a fin de que pueda vencer todos los obstáculos y pueda vivir en amor.

Día 313 Amor
s i n   l í m i t e s

Escrito está

«Por lo cual estoy seguro de que ni la muerte, ni la vida, ni ángeles, ni principados, ni potestades, ni lo presente, ni lo por venir, ni lo alto, ni lo profundo, ni ninguna otra cosa creada nos podrá separar del amor de Dios, que es en Cristo Jesús Señor nuestro»
(Romanos 8:38-39).

Algunas personas creen que Dios los ama y quiere protegerlos, sin embargo, permiten que las amenazas del diablo aparten su confianza del SEÑOR. Se asustan demasiado cuando el enemigo les habla por medio de pensamientos y circunstancias negativas, diciéndoles: "Arruinaré tus finanzas, me robaré a tus hijos, y te mataré". Permiten que el diablo les venda la idea de que él es tan grande y fuerte que los puede separar del amor de Dios.

Pero en la Biblia se nos enseña, de forma clara, que el diablo no puede lograrlo. Lo único que puede hacer, es llegar como un vendedor y ofrecer su producto para ver si lo compramos o no. Si lo aceptamos, él puede robarnos LA BENDICIÓN, pero si no lo compramos; no podrá hacer nada.

Él no tiene la autoridad, pues toda la autoridad en el cielo y en la Tierra, se le ha dado a Jesús; y a usted se le ha dado Su Nombre. Eso quiere decir que el diablo no tiene ningún derecho de pasar por encima de usted. Tiene que obtener su permiso —para presionarlo o para engañarlo—, pero no se lo dé. En lugar de eso, haga lo que se enseña en 1 Pedro 5:9. Resístalo afirmándose en la fe.

¿Por qué lo tenemos que resistir con firmeza? Porque el diablo es persistente, y seguirá fastidiándolo; por esa razón, tiene que resistirlo. Cuando lo ataque con dudas y temores, usted debe continuar respondiéndole con la PALABRA de Dios, 14,000 veces al día si es necesario. Manténgase confesando lo que Jesús dijo: «*...escrito está*».

Si usted lo hace, al final el diablo se asustará y huirá. Es verdad, cuando usted lo confronta con la PALABRA y en el nombre de Jesús, el diablo tiene que huir de su presencia. Por supuesto, las probabilidades de que usted enfrente al diablo en persona son pocas, pues el enemigo no es omnipresente. Sólo existe un diablo y puede estar en un sólo lugar a la vez, por eso tiene muchos demonios de bajo nivel trabajando para él. Ésos son los enanos que él le envía para atacarlo.

¡Analícelo! Usted ha nacido de nuevo, está lleno del Espíritu Santo, es hijo del Dios todopoderoso, y se le ha dado el poder del Nombre de Jesús y Su autoridad. ¿No cree que sería ridículo dejar que un insignificante demonio lo intimide? ¿No sería insensato permitir que él lo convenza de creer que Dios no puede librarlo ni protegerlo?

Seguro que sí. Ningún demonio en el mundo es tan grande como aparenta. Recuérdeselo la próxima vez que lo esté amenazando para hacerle algo. Dígale: *Escrito está diablo, nada me puede separar del amor de Dios y de la palabra, **nada;** ¡ni siquiera tú!*

Amor
sin límites

Formule las preguntas correctas

« Mas a Dios gracias, el cual nos lleva siempre en triunfo en Cristo Jesús, y por medio de nosotros manifiesta en todo lugar el olor de su conocimiento» (2 Corintios 2:14).

Algunas veces Dios no nos da las respuestas que deseamos escuchar, y esto se debe a que estamos formulando las preguntas incorrectas. Por ejemplo, cuando estamos en problemas, y sucede algo malo en nuestra vida, es muy probable que no escuchemos respuesta alguna de Él si lo cuestionamos: "¿Dios, por qué permitiste que me pasara esto?".

Si nos sentimos tentados a hacer esa pregunta, cerremos nuestra boca y evitémoslo. ¿Por qué? Porque esa pregunta está basada en una mentira del diablo y en la suposición de que Dios es el responsable de las cosas malas que suceden en nuestra vida (Lea Santiago 1:13).

Y eso no es cierto, pues Dios no es quien permite que cosas malas nos sucedan. Él nos ama, nos BENDICE y nos cuida. Si llegamos a caer en alguna desgracia o sufrimos algún daño, se debe a que nosotros le abrimos la puerta al enemigo; siendo desobedientes, faltos de conocimiento o incrédulos, o porque el diablo nos está atacando, y no lo estamos resistiendo como deberíamos.

Si lo desea, puede hacer las preguntas correctas, las que Dios sí responderá. Intente con esto: "SEÑOR, ¿qué puedo hacer para salir de este problema?, ¿cómo dejo de ser una víctima y empiezo a actuar como el vencedor que Tú me hiciste?"

Si lo piensa, ésa es la clase de preguntas que debe formular. Después de todo, realmente no importa qué lo metió en problemas. Lo más importante es cómo salir de éste es.

Si somos sinceros, la mayoría de veces sabemos la razón por la cual terminamos metidos en problemas. Y con facilidad podremos recordar y observar los errores que cometimos. Por ejemplo, cuando Kenneth y yo recibimos nuestra salvación, nos encontrábamos en una terrible crisis financiera. Estábamos tan endeudados que no había esperanza para nosotros, humanamente hablando. No era un misterio cómo habíamos llegado hasta allí. Por muchos años, Kenneth había prestado dinero. (¡Yo creo Kenneth que pedía dinero prestado desde que manejaba su triciclo!). Yo me casé con él y con sus deudas. Luego, yo lo ayudé a endeudarse más.

Gracias a Dios, aún en ese entonces, sabíamos que Dios no nos había llevado a esa condición. No sabíamos mucho al respecto, pero éramos conscientes de ello. Luego, descubrimos en la PALABRA que Él nos ama, y que esta dispuesto a ayudarnos. Entonces oramos: «SEÑOR, ¡indícanos el camino!, explícanos qué debemos hacer y te obedeceremos».

Usted debe estar plenamente seguro de que Dios le dará esa información. Por tanto, empiece a formularle las preguntas correctas. Preguntas basadas en su confianza de que él lo ama. Él siempre lo guiará hacia la victoria en Cristo Jesús, y le ¡mostrará qué debe hacer!

Amor
sin límites

Discúlpese por los demás

"Por tanto, prisionero por el SEÑOR, recurro a ustedes y les ruego andar (llevar una vida) digna del [divino] llamamiento, el cual han recibido [con la conducta que forma parte del Supremo llamamiento al servicio de Dios,… viviendo de una manera correcta] con completa humildad de la mente y mansedumbre (desinteresados, con templanza y bondadosos), con paciencia, soportándose y apoyándose los unos con los otros en amor" (Efesios 4:1-2, *AMP*).

La mayoría de nosotros no tenemos ningún problema con permitirnos cierto comportamiento. Cuando somos agresivos o somos groseros con alguien rápidamente excusamos nuestro mal comportamiento. Si alguien señala nuestras equivocaciones en nuestra vida de amor, le contestamos: "Bueno, no quise decírselo de esa forma. Es sólo que estoy cansado, y últimamente he estado bajo mucha presión. No fue mi intención hacerle daño a nadie".

Pero cuando se trata de lidiar con los demás, por lo general, no expresamos lo mismo. De hecho, muchas veces somos más rápidos en ser duros con los demás que en tranquilizarnos. Cuando alguien no es amable, es muy probable que nos molestemos, por el tono en que nos habló. Quizá digamos "¿Escuchaste el tono de voz que usó conmigo?, ¡fue muy rudo!, ¡prácticamente me insultó!".

Pero en la PALABRA se nos indica que debemos soportarnos los unos a los otros. En otras palabras, deberíamos ser más duros con nosotros mismos que con los demás. En lugar de justificarnos, admitamos que nos hemos equivocado y arrepintámonos. Cuando demostramos poco amor en nuestras palabras o en nuestro comportamiento, debemos disculparnos diciendo: "Siento mucho haberte hablado de esa forma. No tengo excusa para mi mala actitud. Por favor, perdóname, por haber sido poco amable".

Debemos ahorrarnos nuestras excusas con los demás. Si vivimos en amor, creamos lo mejor de ellos. El verdadero amor prácticamente hace imposible que las personas nos ofendan, pues en vez de acusarlos o maltratarlos, defendámoslos. Incluso, soportemos a las personas que intencionalmente actúan mal contra nosotros, y digamos: "No creo que esa persona en realidad haya querido actuar de esa manera. Yo creo que su corazón está en lo correcto, y sólo utilizó las palabras equivocadas. Además, es muy probable que esté teniendo un mal día".

Algunas personas piensan que ese tipo de tolerancia los hace menos inteligentes. Sin embargo, según la verdad bíblica, esa actitud forma parte de vivir en amor. Y tomar esa actitud no lo hace menos inteligente.

Amor
sin límites

Lo más saludable que puede hacer

«Panal de miel son los dichos suaves; suavidad al alma y medicina para los huesos"
(Proverbios 16:24).

Hoy en día, al parecer los médicos investigadores están descubriendo que alimentos deberíamos (y cuales no), y las formas en que podemos cambiar nuestro estilo de vida; a fin de ser más saludables. Todos esos descubrimientos son buenos y útiles. Pero si desea disfrutar de salud divina, lo mejor es creer y obedecer la PALABRA de Dios.

En mi opinión, estoy más interesada en lo que Dios tiene que decir en cuanto a la salud y a la sanidad, que en las investigaciones médicas. El Señor sabe más que ellos. Nadie está más calificado que Dios para decirnos cómo mantener nuestro cuerpo saludable. Después de todo, ¡Él fue quien nos creó!

De acuerdo con la prescripción de Dios, es la Biblia, vivir y hablar en amor no sólo BENDICE su alma; sino también estimula la salud en su cuerpo. Si vivimos y hablamos en amor, en lugar de enfermarnos y tener que acudir a Dios para recibir nuestra sanidad todo el tiempo, podremos vivir de continuo en salud divina.

John G. Lake, fue un ministro que descubrió algo fabuloso acerca del poder sanador de Dios. él escribió : «La sanidad es el proceso de eliminar, mediante el poder de Dios, las enfermedades que han llegado al cuerpo. La salud divina es vivir día tras día, hora tras hora en comunión con Dios para que la vida de Dios fluya en nuestro cuerpo, en nuestra mente y en nuestro espíritu»[14]

La sanidad es buena, sin embargo, ¡la salud divina es mejor! Ya que la recibimos al permanecer en continua comunión con Dios, y en la Biblia también se nos enseña que cuando permanecemos en amor, habitamos en Él. Eso significa que : ¡vivir en amor es una de las cosas más saludables que podemos hacer!

Esta verdad, también funciona a la inversa. Permitir que el egoísmo, la falta de perdón, la amargura y las palabras de ira tomen el control; no sólo estamos contaminando nuestra alma, sino que con el tiempo traerán enfermedad a nuestro cuerpo. La Biblia está llena de advertencias, como la que se encuentra en Proverbios 14:30: *«El corazón apacible es vida de la carne; mas la envidia es carcoma de los huesos».*

Usted puede permanecer libre de todos estos pecados, manteniendo su corazón lleno de la PALABRA de Dios, porque Sus palabras son buenas y agradables. Además, siempre le traerán buenas noticias. En Proverbios 15:30, leemos: *«...y la buena nueva conforta los huesos».*

Por consiguiente, mantenga todo el tiempo su atención en la PALABRA de Dios. Permita que llene su corazón, y que fluya de su boca con palabras de fe y amor. Llene su boca con las agradables palabras de Dios y exprésalas, pues es la única forma de permanecer fuerte, saludable y libre —en espíritu, alma y **cuerpo**—.

---

[14] *John G. Lake: His Life, His Sermons, His Boldness of Faith* (Fort Worth: Kenneth Copeland Publications, 1994) p.9-10.

Amor
sin límites

No pierda el control

«La palabra de Cristo more en abundancia en vosotros…»
(Colosenses 3:16).

En ocasiones, cuando usted le comparte a otro creyente lo que se nos enseña en la PALABRA con respecto al amor (o a cualquier otro tema), lo interrumpirá y le dirá: "Sí, ya lo sé. Yo mismo realicé un estudio completo acerca del amor. Me pase todo un año leyendo un devocional acerca del tema".

Pero lo que esas personas no entienden es lo siguiente: Sólo saber la PALABRA no cambiará su vida. Es necesario que la PALABRA viva en su interior ahora, que la declara sobre su ser interior y que ésta dirija sus pensamientos y su comportamiento. En pocas palabras, la única PALABRA que obrará en su vida, será la PALABRA que habite abundantemente en usted.

Cuando la PALABRA de Dios referente al amor habita de manera abundante en su interior, el diablo lo presionará con circunstancias difíciles o poniendo personas desagradables cerca de usted. Pero usted reaccionará basado en la que Dios habla acerca del amor, no en la presión ; sin embargo, lo primero que debe de venir a su mente, es lo que Dios habla acerca del amor. Esa PALABRA determinará su reacción, y no la presión o las emociones.

Como ya he dicho, no es fácil vivir en amor. Se requiere de esfuerzo, incluso si usted es un conocedor acerca de éste tema, deberá seguir alimentándose de él; pues vive rodeado de un mundo sin amor. Incluso se rodea de personas con la mentalidad del sistema del mundo, quienes ven el egoísmo como algo común y correcto. Y de continuo es acosado por el diablo, quien lo presionará para obligarlo a estar de acuerdo con ellos.

Si usted no permanece firme en la Palabra, y no mantiene su enfoque en lo que Dios le indique, su corazón y su mente empezarán a ceder ante la presión del mundo que lo rodea. Comenzará a dejar de depender del amor de Dios. Y poco a poco, comenzará a expresarse y actuará contrario al amor. Cuando enfrente una situación difícil que sólo se puede resolver con amor, pondrá su mirada en el problema; y no en la respuesta. Reaccionará ante la situación, no como un hijo del Dios viviente que vence al mundo, sino como una persona sin Cristo.

Por sorprendente que parezca, en la Biblia se nos afirma que incluso los cristianos maduros y llenos de poder, pueden caer en esa clase de inmadurez. En Hebreos 5:11-12, se nos explica que podemos volvernos tardos para oír, y necesitados que alguien nos enseñe una vez más los principios básicos de la PALABRA de Dios.

Sin embargo, eso jamás sucederá si permanece firme en la PALABRA de Dios, confesándola de continuo y permitiéndole que limpie sus pensamientos y gobierne sus acciones. Nunca se apartará del amor si guarda la PALABRA de manera abundante en usted.

Amor sin límites

Reciba la corrección como una persona sabia

«No reprendas al escarnecedor, para que no te aborrezca; corrige al sabio, y te amará. Da al sabio, y será más sabio; enseña al justo, y aumentará su saber»
(Proverbios 9:8-9).

Cuando lea la PALABRA de Dios, recíbala como el hombre sabio que se describe en ese versículo. Reciba la corrección de la Palabra de manera rápida. Si considera que ha estado hablando y actuando sin amor, no se moleste ni se ofenda con Dios por corregirlo. No tome una mala actitud, al contrario, siéntase agradecido.

En la Biblia se nos declara que la gracia de Dios nos enseña a rechazar la impiedad y a vivir en rectitud (Tito 2:12). La gracia de Dios causa que al leer las Escrituras o al escuchar una predica, nuestro corazón sea reprendido y convencido. Esa gracia motiva a que un amigo creyente, de manera amorosa, señale un área de nuestra vida en la que ciegamente estemos desobedeciendo la PALABRA de Dios y quebrantando la ley del amor.

Por tanto, cuando esto ocurra no nos enojemos por recibir esa corrección, sino démosle gracias a Dios por habernos mostrado dónde le estamos fallando; y de forma inmediata realicemos los ajustes necesarios.

Necesitamos tener un espíritu muy enseñable, ser muy flexibles y prontos para arrepentirnos. En el momento que nos demos cuenta que hemos fallado, oremos: *Perdóname SEÑOR. Recibo esa palabra de corrección, y a partir de hoy haré lo correcto.*

Algunas veces, somos corregidos y cambiamos nuestro comportamiento, pero lo hacemos con una mala actitud. Es decir, actuamos como un niño que continúa parándose de su silla cuando está sentado a la mesa, a pesar de que su madre lo ha regañado. Al final, la madre lo amenaza con un castigo severo por haber desobedecido. Pero la mirada en el rostro de ese niño le hará saber a su madre que aunque esté sentado, por dentro seguirá de pie.

Es muy fácil dejar esa actitud cuando vivimos en amor. Cuando Dios nos corrige y nos pide que seamos amables y que perdonemos a quienes nos han ofendido; algunas veces tratamos de cambiar nuestras acciones, sin cambiar nuestra actitud. Es como si dijéramos: "ESTA BIEN SEÑOR, seré amable con esa persona, pero no lo voy a disfrutar".

Cuando hacemos eso, nos estamos perdiendo de la BENDICIÓN de Dios. Por tanto, el SEÑOR nos declara: *«Si quisiereis y oyereis, comeréis el bien de la tierra»* (Isaías 1:19). Por esa razón, Dios nos corrige. Él espera que no sólo seamos obedientes, sino que también tengamos un corazón dispuesto. Sólo así disfrutaremos los beneficios que nos ha prometido.

No se prive a sí mismo de vivir en LA BENDICIÓN actuando de forma desagradable. Cuando Dios le muestre en qué está equivocado, haga rápido el ajuste. Reciba Su instrucción con amor y buena disposición, y ¡disfrute las ricas recompensas que recibe el hombre sabio!

Amor
sin límites

Mantenga su doctrina intacta

«Así habéis invalidado el mandamiento de Dios por vuestra tradición»
(Mateo 15:6).

Dios es amor. Todo cristiano cree en esa verdad a plenitud, incluso el diablo sabe que jamás podrá robarla por completo. El enemigo jamás convencerá a la Iglesia para hacerle creer que Dios la odia y que no la ama. Por esa razón, ni siquiera lo intenta. En cambio, escoge engañar a las personas, a fin de que tengan una definición diferente acerca del amor. Fomentando la tradición religiosa, ha podido engañar a las personas haciéndoles creer que Dios expresa Su amor en formas que no son amorosas.

La tradición religiosa aseguraría que debido a Su amor por nosotros, Dios nos enviará enfermedades para enseñarnos verdades, que de otra manera no podríamos aprender. Las personas cristianas han recibido y creído esas mentiras. Recuerdo haber escuchado el testimonio de una mujer que decía: "El cáncer que Dios me dio es una bendición disfrazada. Lo he padecido por nueve años, y he aprendido muchas cosas acerca de cómo andar con Dios, y ha sido gracias a esta enfermedad".

Sé que esta dama tenía buenas intenciones, sin embargo, tengo que admitir que lo primero que pensé fue: «¡Nueve años! Aunque Dios tratara de enseñarme algo a través de esa enfermedad, si no puedo aprender en nueve años ¿cuánto tiempo más me tomará aprender?».

Tradiciones como esa, hacen que la PALABRA referente al amor de Dios no tenga ningún efecto. Ésta roba lo que la verdad acerca del amor podría hacer por nosotros. Pues el propósito del amor es ¡inspirar nuestra fe! Y darnos a conocer que el deseo de Dios es ¡sanarnos, librarnos y suplir cada una de nuestras necesidades!

Quizá alguien se pregunte: "¿Acaso no se nos enseña en la Biblia que Dios instruye y corrige a quien ama?".

¡Sí! Pero no a través de la enfermedad ni de las dolencias. Lo hace a través de Su PALABRA. Tal y como se nos enseña en 2 Timoteo 3:16-17, donde leemos: *«Toda la Escritura es inspirada por Dios, y útil para enseñar, para redargüir, para corregir, para instruir en justicia, a fin de que el hombre de Dios sea perfecto, enteramente preparado para toda buena obra».*

Dios no nombra al cáncer como maestro de la iglesia. Ni envió la artritis para enseñarnos Sus caminos. Él envió a Su Espíritu Santo y a Su PALABRA —¡para que juntos puedan realizar la obra!—.

Si hoy en día, un padre de familia, encontrara la forma de hacer que su hijo se enfermara de cáncer a propósito para enseñarle una lección; sería arrestado y lo llevarían a prisión. ¿Por qué? Porque es incorrecto, y porque es contrario al amor.

Dios nunca hará algo como eso. ¡Nunca! Por tanto, no permita que el diablo le cambie la verdad de Dios por la mentira de una persona. Mantenga su doctrina basada en la PALABRA. Y simplemente crea que Dios es Amor.

Amor
sin límites

Renuncie a la autocompasión

«Entonces Caleb hizo callar al pueblo delante de Moisés, y dijo: Subamos luego, y tomemos posesión de ella; porque más podremos nosotros que ellos. Mas los varones que subieron con él, dijeron: No podremos subir contra aquel pueblo, porque es más fuerte que nosotros. Y hablaron mal entre los hijos de Israel, de la tierra que habían reconocido, diciendo: La tierra por donde pasamos para reconocerla, es tierra que traga a sus moradores; y todo el pueblo que vimos en medio de ella son hombres de grande estatura. También vimos allí gigantes, hijos de Anac, raza de los gigantes, y éramos nosotros, a nuestro parecer, como langostas; y así les parecíamos a ellos. Entonces toda la congregación gritó, y dio voces; y el pueblo lloró aquella noche»
(Números 13:30-33, 14:1).

La próxima vez que se sienta tentado a disfrutar de un poco de autocompasión, recuerde esta historia. Cuando se sienta pequeño, insignificante y derrotado por las circunstancias que lo rodean; y desee quejarse y llorar porque nadie lo ama o cuida de usted… tenga cuidado. Para Dios hablar de esa manera es quejarse.

Él no aumentará su incredulidad dándole una palmada en la espalda, y sintiéndose mal por usted; pues el SEÑOR no se regocijará por sus quejas. De hecho, es muy probable que le diga lo mismo que le expresó al pueblo de Israel: *«¿Hasta cuándo me ha de irritar este pueblo? ¿Hasta cuándo no creerán en Mí…?»* (Números 14:11).

Una vez que ha leído en la PALABRA que Dios lo ama, Él espera que usted crea, declare y actúe conforme a la PALABRA. Por consiguiente, no importa qué tantas cosas malas lo rodeen, no vuelva a decir: "Nadie me ama". No permita de nuevo que ese tipo de pensamiento entre a su mente.

Cuando sea tentado a sentirse del tamaño de un saltamontes, oprimido por las circunstancias a su alrededor, tome el control de su pensamiento y cambie esa imagen. ¡Véase como un gigante en el SEÑOR y un amado de Dios! Abra su boca y confiese: *¡Dios es bueno conmigo!*

Si usted lo confiesa, le aseguro que no pasará mucho tiempo para que los demás, también sean buenos con usted. A medida que reciba el amor de Dios, y actúe conforme a éste, será más amoroso con las personas y lo hará de forma natural. Pondrá en práctica la ley de la siembra y la cosecha. A medida que ame a su prójimo, ese amor será multiplicado y volverá a usted.

Si escoge seguir ese camino, no lo vencerán las circunstancias negativas que lo rodean. Se levantará como Caleb, y las vencerá. Superará su autocompasión, se aferrará al amor de Dios y celebrará en la Tierra Prometida.

Amor
sin límites

¡Siéntase alegre, no triste!

«Cantad alegres a Dios, habitantes de toda la tierra. Servid a Jehová con alegría; venid ante su presencia con regocijo. Reconoced que Jehová es Dios; Él nos hizo, y no nosotros a nosotros mismos; pueblo suyo somos, y ovejas de su prado. Entrad por sus puertas con acción de gracias, por sus atrios con alabanza; alabadle, bendecid su nombre»
(Salmos 100:1-4).

Creo que algunas personas han malinterpretado este versículo pues piensan que en el versículo se afirma que debemos servirle al SEÑOR con **tristeza**. Entonces expresan: "Sí, yo amo al SEÑOR, pero el camino es difícil, las cargas son pesadas, y la lucha nos está trayendo consecuencias". Es como si ellos pensaran que a Dios le complace el precio que están dispuestos a pagar por Él, y que mientras más sufran, más feliz estará Él.

¡Este tipo de pensamiento está muy alejado de la verdad! Pues Dios anhela que le sirvamos con alegría y no con tristeza. Él nos ama y es BENDECIDO cuando nos ve alegres y cantando Sus alabanzas. Él disfruta cuando nos acercamos a Su presencia con cánticos, ¡y no con suspiros!

Si usted medita al respecto, le será fácil comprenderlo. Después de todo, ¿no se siente usted bendecido cuando ve a sus hijos alegres y disfrutando de las cosas que les ha dado? ¿No sería doloroso para su corazón si todo el tiempo se arrastraran mientras comentan lo difícil que es para ellos ser su hijo? Si así fuera, usted expresaría: "Espera un minuto, yo te doy más de lo que me pides, trabajo duro para asegurarme de suplir todas tus necesidades y tienes todo lo necesario para gozar una vida llena de bienestar y felicidad. ¡Lo menos que podrías hacer es valorarlo y disfrutarlo!".

Sea con Dios como desea que sus hijos sean con usted. Cultive una actitud de gratitud y de gozo. Si ya la tiene, haga lo que un viejo himno nos enseña: "proclame sus bendiciones".

Quizás usted argumente: "Pero no tengo ganas de proclamar mis bendiciones, tengo serios problemas y necesito que Dios obre en mi vida".

Ésa es una razón más para recordarse de cuánto lo ama Dios, y agradézcale por Su fidelidad. Pues es sencillo para Dios obrar en su corazón cuando usted es agradecido. Y para usted será fácil tener fe cuando se regocija en Él.

Para el SEÑOR es difícil obrar en su vida, cuando usted se molesta con Él todo el tiempo, eso limita Su poder. También lo limita cuando se preocupa y declara: "¿Dios, por qué permitiste que éstas cosas malas me sucedieran?". Pensar de esa manera lo hará dudar y no tendrá fe.

Por tanto, lea esos versículos de manera correcta. Lleve a cabo lo que se le enseña, y sírvale al SEÑOR con alegría. Cántele y alábele por Su maravilloso amor. Dios no sólo será BENDECIDO por sus alabanzas, pues éstas le abrirán la puerta para que realice obras aún más maravillosas en su vida.

Amor
sin límites

Lo que usted habla marca la diferencia

«La muerte y la vida están en poder de la lengua, y el que la ama comerá de sus frutos»
(Proverbios 18:21).

Dios ha dicho una y otra vez que lo ama. Lo ha expresado en todas las formas posibles. Él ha prometido expresar ese amor BENDICIÉNDOLO, prosperándolo, sanándolo y satisfaciéndolo con larga vida. No hay duda al respecto. Eso es lo que Dios lo estableció.

Pero no sólo lo que Dios dice cuenta para que Sus palabras y promesas de amor lleguen a su vida, usted también debe proclamarlas. Jesús lo dijo: «*...de la abundancia del corazón habla la boca. El hombre bueno, del buen tesoro del corazón saca buenas cosas; y el hombre malo, del mal tesoro saca malas cosas*» (Mateo 12:34-35).

Muchos creyentes no disfrutan las maravillosas promesas y provisiones de Dios porque ignoran este principio. De forma literal, se ponen fuera del alcance de la bondad de Dios al hablar cosas negativas. Es normal que no se den cuenta que están hablando cosas malas. Piensan que hablar cosas malas, se refiere a blasfemar o expresar cosas feas y desagradables. Pero de acuerdo con la Biblia, las palabras de duda e incredulidad son calificadas como malas. (Lea Números 13:32). De hecho, cualquier palabra contraria a la PALABRA de Dios es una palabra corrompida.

El corazón de Dios se entristece mucho cuando nos ponemos en esa posición. Él nunca deja de amarnos, nunca deja de anhelar BENDECIRNOS y librarnos. Pero aún así, no quebranta sus propias leyes espirituales para demostrarnos Su amor. Y la verdad es que obtenemos lo que confesamos, ésa es una ley espiritual eterna.

Tampoco es una ley mala. ¡Es una buena ley! Es la ley que nos permite nacer de nuevo al confesar: "Jesús, te recibo como mi SEÑOR". Ésa es la ley la que nos permite depositar la PALABRA de Dios en nuestro corazón y en nuestra boca para poder superar cualquier ataque del enemigo. Pero si la usamos mal, obrará poderosamente en nuestra contra. Y si la usamos bien obrará a nuestro favor.

Un ministro contó acerca de un hombre que se encontraba en coma, y se le pidió que orara por él. El hombre había nacido de nuevo, sin embargo, las oraciones del ministro, no lo levantaron. A medida que el ministro continuó orando por él, el SEÑOR le habló y le dijo: *Las leyes espirituales que él activó hace mucho tiempo, no pueden anularse en la actualidad.*

Después, la madre y el hermano de este hombre le dijeron al ministro que desde su adolescencia, este hombre había confesado: "Nunca viviré hasta los 40". Lo repitió una y otra vez. De hecho, eso fue lo que le dijo a su madre antes de que cayera en coma. Y efectivamente, murió 4 meses antes de que cumpliera sus 40 años.

Es muy probable que este hombre no supiera confesar algo mejor. Pero usted sí lo sabe. Por tanto, actúe de forma correcta. No deje que las palabras de amor que Dios ha declarado acerca de usted queden sin efecto. Póngase de acuerdo con Él, y deposite esas palabras en su corazón y en su boca, y ¡traiga buenas cosas a su vida todos los días!

La verdad lo hará libre

«Dijo entonces Jesús a los judíos que habían creído en él: Si vosotros permaneciereis en mi palabra, seréis verdaderamente mis discípulos; y conoceréis la verdad, y la verdad os hará libres»
(Juan 8:31-32).

Dios nos ama y desea que seamos BENDECIDOS con buenas cosas en cada área de nuestra vida. Quiere que seamos libres de todo mal y de la opresión del diablo. Él quiere que disfrutemos una vida BENDECIDA y abundante.

Sin embargo, la única opción para que Dios nos manifieste Su bondad es a través del conocimiento de la Verdad. Mientras más conozcamos y actuemos conforme a Su Verdad, más libres seremos para vivir en mayor BENDICIÓN. Ahora bien, mientras menos sepamos y actuemos en Su verdad, menos libertad y BENDICIÓN disfrutaremos.

No existe otra alternativa, ésa es la única.

Si en algún área de nuestra vida no abunda el amor y la bondad de Dios, no es Su culpa, sino la nuestra. Ya sea que estemos en desobediencia, o que nos falte revelación de la verdad en esa área. En algunas ocasiones, cuando las personas no han logrado recibir su sanidad o algún otro beneficio de LA BENDICIÓN de Dios, acuden a mí quejándose. Tratan de echarle la culpa a Dios, y dicen: "¡Hice todo lo que sé hacer! Pero aún no he recibido lo que necesito".

Yo les respondo: "Entonces usted no sabe lo suficiente".

Quizá esa no sea la respuesta que desean escuchar, pero es la verdad. Si permanecemos atentos y actuamos de acuerdo con esa verdad, nos ayudará porque siempre podemos aprender más. Como el viejo dicho dice: "No es pecado carecer de conocimiento, pero ¡sí lo es mantenerse así!".

No tenemos excusa alguna para permanecer faltos de conocimiento de la Verdad de Dios. Después de todo, Él nos ha entregado una Biblia entera llena de Su Verdad y nos ha dado al Espíritu Santo para enseñárnosla y explicárnosla. Nos ha dado un espíritu nacido de nuevo con la capacidad de aprender y escuchar Su voz. Además de todo ello, nos ha extendido una invitación abierta para llegar a Él y recibir, cada vez más conocimiento de la Verdad. *«Clama a mí, y yo te responderé y te enseñaré cosas grandes y ocultas que tú no conoces»* (Jeremías 33:3). Ésa fue Su promesa para nosotros.

No existe ninguna forma en que usted pueda hacer que el amor que Dios le tiene crezca. Tampoco puede hacer que lo BENDIGA más de lo que ya lo ha bendecido, y no hay necesidad de que lo haga. Pues Su deseo de BENDECIRLO es infinito. ¡No existe límite para Su amor!

Sin embargo, lo que sí puede hacer, es incrementar su capacidad para recibir el conocimiento de Su Verdad. Usted puede poner en primer lugar la PALABRA de Dios, en su corazón y en su vida. Y con el Espíritu Santo, como su Guía, puede buscar todos los días en la Biblia y: "si buscas la Sabiduría como a la plata, y escudriñas su conocimiento como tesoros escondidos" (Proverbios 2:4, *AMP*). De seguro Él se la revelará.

Amor
sin límites

Una expresión eterna del amor de Dios

«Y por haber oído estos decretos y haberlos guardado y puesto por obra,
Jehová tu Dios guardará contigo el pacto y la misericordia que juró
a tus padres. Y te amará, te bendecirá y te multiplicará... Y quitará
Jehová de ti toda enfermedad...»
(Deuteronomio 7:12-13, 15).

Si usted cree en la Biblia, entonces no puede separar el amor de Dios de la sanidad y de la prosperidad. En toda la Biblia, desde el primer libro hasta el último, Dios expresa Su deseo de sanar, prosperar, proteger y librar a todo Su pueblo obediente.

Meditemos en este hecho, hasta que en nuestro pensamiento, LA BENDICIÓN esté tan ligada al amor de Dios por nosotros que nadie pueda disuadirnos de lo contrario. Debemos tenerlo bien claro en nuestro corazón, al punto de que simplemente nos causen risa las viejas mentiras religiosas que afirman que Dios nos mantiene enfermos para enseñarnos algo, o que nos hace vivir en pobreza porque nos ama. Con el debido respeto que merecen quienes sin darse cuenta, han sido engañados por esas religiones; debo manifestarle que, bajo la luz del conocimiento de la PALABRA de Dios, esas doctrinas son tontas.

Se lo digo de forma compasiva, pues yo también las creí. Me criaron en una iglesia donde pensaban que ya había pasado el tiempo de los milagros. (Voy a admitir que no era muy buen miembro, pero asistía de vez en cuando). Ellos enseñaban que Dios dejó de sanar en el instante que el último apóstol murió. Yo pensé que tenían razón, porque no sabía algo mejor. Pero ahora que conozco las verdades bíblicas, esas ideas suenan absurdas para mí.

Dios siempre ha sanado y ha obrado milagros para Su pueblo. Por tanto, los milagros no podrían desaparecer sin que Dios los someta a un cambio significativo. Y nosotros sabemos que eso es imposible porque en las Escrituras se nos muestra que no hay sombra de variación en Él. El SEÑOR siempre es el mismo. Dios siempre ha sanado desde el Antiguo Testamento hasta el ministerio de Jesús, y a través del libro de Hechos.

¿Puede imaginarse a Dios anunciando esto un día?: *Hoy a media noche, la sanidad dejará de existir. Será mejor que cada uno de ustedes escoja otro plan de salud, porque me retiro del negocio de la sanidad. Yo sé que dije que Soy el Dios que sana en Éxodo 15:26, pero he decidido que ya no seré ese Dios.*

¡Eso es ridículo!, ¿no cree? ¿Cómo podría el Dios que siempre ha sanado, prosperado y BENDECIDO a Su pueblo; dejar de hacer esas cosas? ¡No podría!, ¡No lo ha hecho!, ¡Y jamás lo hará! LA BENDICIÓN es una eterna expresión de Su inalterable amor.

Colmado con beneficios cada día

«Bendito el Señor; cada día nos colma de beneficios. El Dios de nuestra salvación. Selah»
(Salmos 68:19).

Algunas personas siempre posponen LA BENDICIÓN de Dios para otro día. En vez de creer que la recibirán ahora, declaran: "Uno de estos días Dios me prosperará. Uno de estos días Dios me sanará y uno de estos días BENDECIRÁ mi vida".

Pero en la Biblia leemos algo diferente. Se nos enseña que Dios nos ama tanto, que ¡nos colma de beneficios **cada día**!

¿Qué clase de beneficios nos da? El beneficio de la salvación, el cual incluye el nuevo nacimiento, liberación del pecado, sanidad y prosperidad. En realidad la palabra **salvación** significa: "solidez o integridad en cada área de la vida", "ser libres del peligro temporal o eterno".

Muy a menudo las personas se emocionan cuando trabajan en una compañía en donde les proveen un buen plan de beneficios para los empleados. Se sienten emocionados cuando obtienen un buen plan de salud o de retiro. Pero no importa qué tan buenos sean esos planes, sólo proveen el servicio de vez en cuando, y todo el tiempo son limitados.

Las personas del mundo tienen que conformarse con esos planes, pero ¡usted no! Usted es un hijo de Dios y no tiene que vivir como el mundo. Usted tiene algo que ellos no tienen: posee un pacto en la sangre de Jesús con un Dios que lo ama y que desea ser bueno con usted. Él ha provisto para usted el mejor plan en la historia de la humanidad. Y usted puede aprovechar esos beneficios, no sólo de vez en cuando; sino cada día.

¡Sólo piense! No importa cuántos hijos de Dios tomen esos beneficios a la vez, éstos jamás se agotarán. Él siempre tiene suficiente para cuidar y suplir la necesidad de cada creyente.

Si no me cree, lea la historia de cómo Dios sacó a los israelitas de la esclavitud de Egipto. Ellos vivían como esclavos, siendo maltratados y con mucho trabajo. Eran pobres, y sin duda alguna, muchos de ellos estaban enfermos y lastimados.

Pero cuando aplicaron la sangre del cordero de la Pascua sobre sus casas, de forma instantánea llegaron a ser beneficiarios del gran plan de BENDICIÓN de Dios. En pocas horas, no sólo fueron libres; sino también sanos y prósperos. En la Biblia leemos que: *«Los sacó con plata y oro; y no hubo en sus tribus enfermo»* (Salmos 105:37).

Esto no fue una pequeña hazaña. ¡Ellos eran más de un millón de personas! Pero Dios tenía suficiente para cuidarlos a todos. Tenía más que suficiente poder para colmar a cada uno de ellos con beneficios. Entonces, agite su fe y reclame todos los días lo que su amoroso Dios le ha proveído. Con seguridad, Él hará lo mismo por usted.

Gloria

Día 326 **Amor**
sin límites

Lo que suceda después depende de usted

«Desarmó a los poderes y a las potestades, y por medio de Cristo los humilló
en público al exhibirlos en su desfile triunfal»
(Colosenses 2:15).

"¿Por qué les suceden cosas malas a las personas buenas?".Al parecer, cada vez que sucede una tragedia, las personas empiezan a hacer esa pregunta.Actúan como si fuera un profundo misterio indescifrable. Pero es una pregunta con una simple respuesta.

Las cosas malas pasan por el diablo. El enemigo es malo y cruel, viene a robar, a matar y a destruir. Llega con las personas buenas y malas, y trae maldad a cualquiera que se lo permita.

Quizá alguien pregunte:"Pero si Dios es amor, ¿Por qué no hace nada al respecto?".

Él ya lo hizo. Envió a Jesús a la Tierra a pelear a nuestro favor en contra del diablo, vino a desarmarlo y lo anuló (Hebreos 2:14).Y a través de Su muerte, Su entierro y Su resurrección, fue como Jesús lo consiguió. Él derrotó al diablo en su propio terreno, lo despojó de todos sus derechos y de su autoridad en la Tierra.Y canceló toda demanda legal, pagando el precio del pecado para que no tuviera más poder sobre ninguna persona que reciba a Jesús como su SEÑOR.

¿Entonces por qué continúa el diablo causándole tantos problemas a los creyentes? Es porque él no respeta las leyes. Piense en esto en términos naturales, y podrá entenderlo con facilidad. En nuestro país, tenemos leyes en contra de los asesinos, de los narcotraficantes y de los ladrones. Pero si la ley no se cumple, los criminales continuarán haciendo fechorías, ¿no cree? Harán cualquier cosa corrupta para que puedan salirse con la suya.

El diablo actúa de la misma forma. Es un asesino, un ladrón y toma lo que no le pertenece. Entonces, aunque él no tenga el derecho legal de hacerle cosas malas a las buenas personas, las realizará si nosotros se lo permitimos. Robará nuestra autoridad y la usará en nuestra contra con las palabras de nuestra boca. Nos presionará a decir cosas que legalmente le abrirán la puerta a sus destructivos planes.

Aunque Dios nos ama profundamente y pagó un alto precio para asegurar nuestra libertad, si no conseguimos que Su PALABRA se cumpla en nuestra vida, Satanás continuará dominándonos. Pondrá enfermedades en nosotros sino hacemos que se cumpla la PALABRA referente a la sanidad. Pondrá pobreza en nuestra vida si no hacemos que se cumpla la PALABRA de Dios referente a la prosperidad.

Simplemente no podemos sentarnos y esperar que Dios haga algo con el diablo. Eso no es bíblico. Porque en la Biblia leemos que Dios ya cumplió Su parte. Lo que pase después depende de nosotros. Podemos continuar permitiendo que el diablo opere de forma ilegal en nuestra vida, o podemos llevar a cabo lo que se nos enseña en la Biblia y resistirlo. Podemos echarlo de nuestra vida con la PALABRA de Dios.Y ver como se va con las manos vacías.

Amor
sin límites

Permita que Jesús toque a otros a través de usted

«Y yendo, predicad, diciendo: El reino de los cielos se ha acercado. Sanad enfermos, limpiad leprosos, resucitad muertos, echad fuera demonios; de gracia recibisteis, dad de gracia»
(Mateo 10:7-8).

Esas fueron las instrucciones que Jesús le dio a Sus discípulos durante Su ministerio en la Tierra. Él les pidió que hicieran lo mismo que nos encomendó a nosotros en Marcos 16. Nos pidió que hablemos las buenas nuevas acerca de Jesús, que echemos fuera demonios, que impongamos nuestras manos sobre los enfermos y ellos sanarán.

¿Por qué Jesús nos dio esas instrucciones?, ¿porque quería que nosotros saliéramos y le mostráramos al mundo cuánto poder espiritual poseemos? ¿Cree usted que Él deseaba que hiciéramos cosas sobrenaturales sólo para probarle a los demás que estamos en lo correcto, y que ellos están equivocados?

¡Ciertamente no! Nos ordenó que realizáramos esas obras por la misma razón que se lo pidió a Sus primeros apóstoles —porque las multitudes estaban desamparadas y dispersas como ovejas sin pastor, y cuando Él las vio: *"fue movido a compasión por ellas..."* (Mateo 9:36)—.

Jesús nos dio instrucciones para ministrar a las personas porque Él las ama, y la única forma de desarrollar ese ministerio de forma efectiva, es amándolas también. Si nosotros somos mal humorados e insensibles con las personas, y después tratamos de orar e imponer nuestras manos sobre ellos pidiendo sanidad, no podremos obrar en el poder de Dios con esa actitud.

Por otro lado, si salimos todos los días con nuestro corazón lleno del amor de Dios, somos amables y tenemos compasión de las personas en cualquier aspecto de la vida; entonces sí podremos ministrarlos con el poder sobrenatural de Dios. Nuestro amor los llevará a Jesús y estarán ansiosos y deseosos por recibirlo.

Quizás usted argumente: "Pero yo soy sólo un creyente, no soy un apóstol o un evangelista. ¡Yo no puedo ministrar a las personas de esa manera!".

De acuerdo con la Biblia sí puede. Pues en ella se nos enseña que los creyentes ministrarán sanidad, no dice que sólo los apóstoles o evangelistas lo harán. Sino afirma que los creyentes impondrán sus manos sobre los enfermos, y éstos sanarán. Ése es su trabajo. ¡Es lo que se supone que debe hacer!

Si usted comienza a imponer sus manos sobre las personas, con una fe simple, sólo porque las ama y desea que sean BENDECIDAS; se asombrará al ver cuántas personas sanarán. Jesús aún es movido a compasión por las multitudes como lo estuvo hace 2,000 años. Aun quiere enseñarles, tocarlos y sanarlos. Lo único que Él necesita es que usted fluya en amor y en fe, y Él realizará esas obras en ellos a través de usted.

Amor
sin límites

Dele la verdadera gloria a Dios

«Pasó Jesús de allí y vino junto al mar de Galilea; y subiendo al monte, se sentó allí. Y se le acercó mucha gente que traía consigo a cojos, ciegos, mudos, mancos, y otros muchos enfermos; y los pusieron a los pies de Jesús, y los sanó; de manera que la multitud se maravillaba, viendo a los mudos hablar, a los mancos sanados, a los cojos andar, y a los ciegos ver; y glorificaban al Dios de Israel»
(Mateo 15:29-31).

Me asombra que alguien pueda pensar que nuestro maravilloso y amoroso Dios se glorifica por la enfermedad, la pobreza o por el dolor de Sus hijos. Pero algunas personas sí lo piensan. Por tanto, cuando el diablo se presenta, los ataca y les roba LA BENDICIÓN de su herencia en Jesús; en lugar de pelear contra él, sólo se agachan y dejan que él los arrolle.

Ellos expresan: "Pienso que estoy sufriendo por causa del SEÑOR. Trataré de ser dulce y agradecido por eso, y así podré mostrarle al mundo cuánto amo a Dios y cuánto lo glorifico".

Jamás permita que ese tipo de pensamientos tomen lugar en su mente, pues no son bíblicos y difaman por completo el carácter y la naturaleza de Dios. En lugar de darlo a conocer como un Padre tierno, infinito y amoroso, que no desea hacer nada más que el bien para Sus hijos; ese tipo de teología presenta a Dios como alguien cruel, tirano y sin sentimientos que de alguna forma se complace del sufrimiento de Su propio pueblo obediente. Esas ideas no sólo entristecen Su corazón, sino también interponen una gran distancia entre Dios y el incrédulo mundo.

El mundo no se impresiona al ver cómo sufrimos. Tampoco está buscando a un Dios que los ayude a padecer sus enfermedades con gracia. No buscan a un Dios que los aflija con pobreza y dolor… y que luego los fortalezca para soportar esas circunstancias.

El mundo busca una salida ante esos males. Busca sanidad y liberación. Y con desesperación buscan una salida para vivir y ser BENDECIDOS.

Si desea glorificar a Dios, permita que Su poder para sanar, liberar y prosperar obre por completo en usted. Cuando el diablo venga a robarle la BENDICIÓN de Dios, sea agresivo para pelear en su contra en la fe y en la PALABRA. Aférrese fuerte a lo que ya le pertenece en Jesús. Resista al diablo, y él huirá de usted.

Mantenga su lugar hasta que la completa manifestación de la BENDICIÓN de Dios llegue a su vida, y su cuerpo estará sano y completo, su familia estará feliz y BENDECIDA, sus finanzas fluirán de forma abundante. Conviértase en una prueba viviente del amor de Dios para que los demás puedan conocer ese amor, y Dios pueda ser realmente glorificado a través de usted.

Usted será BENDECIDO hoy

«Gustad, y ved que es bueno Jehová; dichoso el hombre que confía en él»
(Salmos 34:8).

Una vez que usted empieza a ver en la PALABRA que en realidad Dios lo ama… una vez que su corazón comienza a comprender cuán bueno es Él, lo que debe hacer para recibir LA BENDICIÓN es simple: crea en Su amor.

Créale, en vez de quejarse y de preocuparse por las circunstancias que lo amenazan. Créale, en lugar de intentar averiguar cómo lo librará. Crea en Él, en vez de estar luchando en contra de quienes le causan problemas. Crea en Él, con toda confianza que de alguna forma Él llevará la BENDICIÓN a su vida.

Creer en Dios como un niño, es la fuerza más poderosa en la Tierra. Ni el diablo ni las personas podrán impedirán que la fe obre. Absolutamente no se puede negar.

Hace alguno años, Oral Roberts narró la historia de un niño de 11 años que asistió a una de sus pláticas con ese tipo de fe. Oral Roberts ni siquiera lo había visto hasta que la reunión terminó. Para entonces, ya había puesto sus manos sobre muchas personas que no tenía casi nada de fuerza. Mientras Oral se encaminaba para salir del edificio, el niño, quien se encontraba sentado con sus muletas a su lado, atrajo su atención. "¿Qué estás haciendo aquí hijo? Le preguntó el hermano Roberts.

El niño contestó: "estoy aquí porque hoy seré sano".

Con tristeza, Oral Roberts comenzó a pedirle disculpas y le dijo: "Desearía poder ayudarte, pero no tengo las fuerzas para orar por otra persona más".

El niño le respondió: "Yo no sé nada de eso, todo lo que sé es que hoy seré sano".

Oral Roberts sabía por experiencia que esa simple creencia en Dios podía sanarlo. Entonces, cansado y sudoroso, puso su mano sobre el niño y oró mientras el niño creía y recibía su sanidad. Lo último que supe, fue que ese niño creció y continua sano e íntegro.

Sólo piense en las maravillosas obras que Dios puede hacer por nosotros ¡si le creemos de esa forma! Imagínese los milagros que ocurrirían si nos deshacemos de esos complejos y preguntas que debilitan nuestra fe, y simplemente esperamos que Dios lo haga como prometió que lo haría. Ni el mismo diablo podría impedir que recibamos los beneficios del amor de Dios. Cuando nos amenace con calamidades o quiera hacernos creer que en esa ocasión Dios quizá no está disponible, respondámosle como lo hizo el niño.

Declaremos: "Yo no sé nada al respecto. Todo lo que sé es que mi Padre me ama, y hoy seré BENDECIDO".

Amor
sin límites

El plan completo del amor

> "Ciertamente Él llevo nuestras aflicciones (enfermedades, debilidades
> y angustias) y sufrió nuestras penas y dolores [del castigo], y nosotros
> [ignorantemente] le tuvimos por azotado, herido y afligido por Dios…Mas
> Él herido fue por nuestras rebeliones, Él fue molido por nuestra culpa e
> iniquidades; el castigo [que era necesario tener] de nuestra paz y bienestar
> fue sobre Él, y por Sus llagas [que lo hirieron] fuimos sanos"
> (Isaías 53:4-5, *AMP*).

Cuando el profeta Isaías escribió estos versículos, vio hacia el futuro en el espíritu, anticipándose a lo que Jesús haría por nosotros un día en la Cruz. En ese momento, él vio lo que muchos creyentes aún no han visto hoy. Vio a Jesús, por medio de Su sacrificio, BENDICIENDO cada parte del ser humano. BENDICIÉNDONOS al llevar el castigo por nuestro pecado. BENDICIENDO nuestra alma, pagando el precio por nuestra paz. Y BENDICIÉNDONOS físicamente tomando sobre Sí mismo nuestras enfermedades y dolores, para que podamos ser sanos y libres.

Ésa es una de las cosas que más aprecio del amor de Dios. Lo tiene todo. Dios no sólo se interesa por uno o dos aspectos de nuestra vida. Él no está preocupado sólo por nuestro bienestar espiritual, pues Su amor cubre cada parte de nosotros —espíritu, alma y cuerpo—.

Medite al respecto. Jesús no pagó el precio por su espíritu y dejó su cuerpo bajo el dominio de la enfermedad y el dolor. Él no pagó el precio por su cuerpo y abandonó su mente para que fuera atormentada por la ansiedad y la culpa. Jesús pagó el precio por un persona completa. Cuando Él fue a la cruz, obtuvo justicia para su espíritu, paz para su mente y sanidad para su cuerpo. No dejó ninguna parte de su ser fuera del plan de redención.

A eso le llamamos ¡un evangelio completo! La única razón por la que muchas personas no están recibiendo el beneficio de Su sacrificio, se debe a que no se les ha predicado abiertamente. En vez de eso, la religión nos ha convencido de predicar un evangelio parcial. Y como resultado, la mayoría de cristianos piensan que el plan de redención es algo parecido a un seguro de automóvil o a un plan de salud ideado por el hombre.

Esos planes son exclusivos. Están llenos de estipulaciones que dejan una gran cantidad de áreas de su vida sin cobertura. Contienen bastantes letras pequeñas que establecen que si usted se involucra en cualquier situación, el plan no lo ayudará; y no recibirá los beneficios.

Dios nunca nos dará un plan de redención como esos. Él se interesa tanto en cada detalle de nuestra vida, que estaba obligado a proveernos un plan completo, el cual supliría cada necesidad en todas las situaciones. Un plan que nos mantendrá cubiertos por completo para siempre —espíritu, alma y cuerpo— por medio de Su amor, el cual jamás falla.

Día 331

Amor
sin límites

El secreto del éxito sobrenatural

«Pero cuando se celebraba el cumpleaños de Herodes, la hija de Herodías danzó en medio, y agradó a Herodes, por lo cual éste le prometió con juramento darle todo lo que pidiese. Ella, instruida primero por su madre, dijo: Dame aquí en un plato la cabeza de Juan el Bautista. Entonces el rey se entristeció; pero a causa del juramento, y de los que estaban con él a la mesa, mandó que se la diesen, y ordenó decapitar a Juan en la cárcel»
(Mateo 14:6-10).

El temor al fracaso, nos ha perseguido a todos en algún momento de nuestra vida. La psicología moderna nos aconseja que nos amoldemos y aprendamos a vivir con éste. Después de todo, el fracaso, hasta cierto punto, es inevitable; ¿cierto?

No, de acuerdo con la PALABRA de Dios, existe una manera de vivir sin fracasar, y es por medio del amor. En 1 Corintios 13:8, leemos con claridad que el amor nunca falla.

Para aquellos que piensan que el amor se expresa sólo a través de emociones, esa verdad les puede parecer absurda. Pues las emociones no pueden convertir el fracaso en éxito. Ahora bien, el verdadero amor no sólo se expresa a través de emociones, también se demuestra con acciones. Y una acción correcta puede marcar la diferencia.

Podemos ver un ejemplo de cómo actúa el verdadero amor en Mateo 14. Jesús enfrentó una de las situaciones más difíciles en Su vida terrenal —el asesinato de Su amado primo, Juan—.

¿Qué haría usted en una situación tan dolorosa como esa? Al principio, es probable que realice lo mismo que Jesús hizo. Cuando Él escuchó las noticias, se apartó para estar solo. Sin embargo, la multitud fue insensible a Su dolor, y lo siguieron.

Cualquier otra persona, se hubiera enojado. Los habría reprendido, y les hubiera dicho: "¿Podrían dejarme solo?". Pero Jesús no reaccionó así.

Al contrario, en la Biblia se nos enseña que tuvo compasión, y sanó a los enfermos. Jesús se negó a rendirse ante la autocompasión o a actuar con ira. En lugar de ello, se enfocó en su verdadero enemigo, y contraatacó a Satanás.

Peleó contra el enemigo en el ámbito espiritual, destruyendo sus obras de enfermedades y dolencias. Atacó el dolor y el sufrimiento, con la compasión de Dios; sanando y librando a quienes el diablo había oprimido.

Cuando el diablo, a través del asesinato de Juan, atacó al SEÑOR con un cruel y trágico golpe, Jesús lo venció con el poder de la compasión. Convirtió un potencial fracaso en un éxito sobrenatural. Realizó lo que todo creyente, que desea vivir de continuo en victoria, debe hacer. Derrotó el odio con el amor.

Amor
sin límites

Reconociendo a su verdadero enemigo

«Porque no tenemos lucha contra sangre y carne, sino contra principados, contra potestades, contra los gobernadores de las tinieblas de este siglo, contra huestes espirituales de maldad en las regiones celestes»
(Efesios 6:12).

¿Alguna vez se ha preguntado cómo pudo Jesús ver con misericordia a aquellos que lo estaban crucificando, —a quienes se burlaron de Él, lo escupieron y lo sentenciaron a muerte— y orar por ellos, de la siguiente manera: *«Padre, perdónalos porque no saben lo que hacen»* (Lucas 23:24)? ¿Cómo pudo en medio de tal sufrimiento responder con tan grande amor? ¿Por qué no se enojo ni actúo con amargura en contra de esas personas, la causa de la conducta tan ruín que tenían hacia Él?

Porque Jesús sabía que ellos no eran sus verdaderos enemigos. Cristo vivió conforme al espíritu, comprendió que el reino espiritual es más real que el reino natural. El reino espiritual es donde sus verdaderos enemigos, el diablo y todas sus fuerzas demoniacas, obran. Sus enemigos fueron quienes en realidad presionaron e incitaron a la gente a gritar: "¡Crucifíquenlo!". Utilizaron a las personas, a fin de llevar a cabo su perversa labor.

Por tanto, Jesús los contraatacó con el arma más efectiva del arsenal de cielo: el poder del amor.

Si Jesús hubiera respondido con amargura y falta de perdón hacia las personas que lo crucificaron, el diablo habría frustrado todo el plan de salvación. Hubiera conseguido que Jesús pecara, y no habría sido el Cordero sin mancha para el sacrificio.

Sin embargo, Jesús no cayó en esa trampa. Reconoció que Su lucha no era contra carne ni sangre, sino contra principados, potestades, gobernadores de las tinieblas y espíritus inmundos en las regiones celestes. Y Él ganó esa guerra, con la compasión de Dios. La ganó porque sus emociones no lo gobernaron, Jesús obedeció al Espíritu Santo de Dios quien es la Compasión en persona. Como siempre, Jesús obedeció a Su Padre y, de ese modo, actuó en amor.

Quizá usted exprese: "Pero ése era Jesús, tenía una comunicación directa con el Padre. ¡Y yo no!". Usted también podría tenerla. Posee la habilidad, por medio del mismo Espíritu Santo que habitó en Jesús, para actuar motivado por la compasión de la misma manera en que Él lo hizo. En Romanos 5:5, se nos enseña que el amor de Dios se ha derramado en nuestro corazón por el Espíritu Santo. Sólo debemos tomar la decisión de actuar motivados por Su amor, no por nuestros sentimientos.

No importa con cuánta ferocidad ruja el diablo contra nosotros, podemos vencerlo al usar las armas espirituales —no contra las personas que nos lastiman, sino contra las fuerzas de las tinieblas—. Podemos levantarnos como más que vencedores, y obtener la victoria con el poder del amor.

Amor
sin límites

Obedezca la PALABRA del amor

«Pero el que guarda su palabra, en éste verdaderamente el amor de Dios se ha perfeccionado...»
(1 Juan 2:5).

Muchas personas, incluyendo a los creyentes, piensan que amar significa tener buenos sentimientos hacia las personas. Creen que el amor es algo meramente emocional. Sin embargo, el amor no es un sentimiento, y los sentimientos no son evidencia del amor. El amor es una Persona, y la acción es la evidencia.

Dios es amor (1 Juan 4:8). Por consiguiente, cuando actuamos por amor, nuestra motivación no son los sentimientos; sino Dios. ¿A qué nos motiva el SEÑOR? A obedecer Su Palabra, pues quien guarda la Palabra; en él se perfeccionan el amor de Dios.

¿Qué relación tiene guardar la PALABRA con vivir en amor? Medite en esa pregunta por un momento. La PALABRA es Dios mismo. Y debido a que Dios es amor, todo lo que se encuentra en la PALABRA nos guía hacia el amor. Por tanto, si deseamos vivir en amor, debemos actuar conforme a la PALABRA. Es necesario que realicemos todo lo que ahí se establece.

Si seguimos esa sencilla instrucción, y ponemos la PALABRA en primer lugar; podremos atravesar en victoria las situaciones más complicadas y desafiantes. Podremos vencer cada estrategia del diablo, pues el amor nunca falla. Y no falla, porque Dios es amor, y Él nunca falla.

Ame a las personas de manera incondicional actuando conforme a la PALABRA de Dios, y verá milagros manifestándose a su alrededor. No sólo verá a otras personas siendo BENDECIDAS, sino también se verá a sí mismo viviendo en la más grande BENDICIÓN que haya experimentado.

Vivir en amor al obedecer la Palabra, hará que sus finanzas aumenten. Un amigo experimentó ese principio hace años. Él se introdujo al mundo de los negocios de la radio y la televisión. Él deseaba comprarle una estación a un hombre judío, y le dijo: *«En la PALABRA de Dios se afirma que si yo lo bendigo, Dios me BENDECIRÁ. Por tanto, me encargaré de que reciba la mejor parte de este trato».* La mayoría de personas sentiría temor de decir tal cosa. Pues, les daría miedo que se aprovecharan de ellos.

Sin embargo, ese negocio resultó ser excepcionalmente lucrativo para ambos. Mi amigo fue de gran testimonio para su amigo judío, y ahora juntos predican el evangelio de Jesucristo en la radio. Cuando el amor gobierna, la prosperidad fluye.

Comprométase a vivir conforme al amor de Dios hoy, obedeciendo la PALABRA sin importar qué suceda. Después, observe a Dios convertir el fracaso en éxito una y otra vez. En su hogar, en su trabajo y en cualquier situación, podrá comprobar por usted mismo que ¡el amor nunca falla!

Kenneth

El milagroso reino del amor

«De cierto, de cierto os digo: El que en mí cree, las obras que yo hago, él las
hará también; y aun mayores hará, porque yo voy al Padre»
(Juan 14:12).

Todo verdadero creyente, en algún momento de su vida, anhela vivir en el reino de lo milagroso. Ansía actuar conforme al poder sobrenatural y, de esa manera, cumplir con las palabras de Jesús: realizar las obras que Él hizo, y ¡aún mayores! Tiene ese anhelo, pues ése es el destino divino de cada hijo de Dios.

Sin embargo, el SEÑOR me indicó algo hace algunos años, a fin de que cumplamos a plenitud ese destino. Primero necesitamos tener una mayor revelación de Su amor. Él me expresó: *Una revelación de Mi amor, es lo más grande que necesita recibir la Iglesia, pues Yo soy Amor.* Una revelación del amor de Dios, no sólo se trata de saber quién es Dios, y qué puede hacer; también es una revelación de Dios mismo.

Por esa razón, Dios le está revelando Su amor como nunca antes a Su pueblo. El día de su venida se aproxima, y ya es tiempo de que llevemos a cabo nuestro destino. Creo con todo mi corazón que la revelación del amor de Dios en la Iglesia, marcará el comienza de la gran Resurrección.

Cuando el Espíritu del SEÑOR me habló al respecto, me dijo: *Mi pueblo debe aprender a vivir en amor. Deben percatarse de que Mi amor está vivo y es poderoso, que la fe obra por el amor y que en el amor no hay tropiezo. Deben entender que pueden vivir y ser perfeccionados en el amor antes de que vengan al cielo; al comprenderlo, ese amor los protegerá. Quiero que comprendan la verdad de MI PALABRA, en la cual se afirma: Sobre todas las cosas, tengan un ferviente amor los unos con los otros.*

En el griego original de 1 Pedro 4:8, dice:"Sobre todas las cosas, mantengan activo el amor los unos por los otros". En la Biblia se nos enseña que somos bautizados con el Espíritu Santo y con fuego (Lucas 3:16). Ese fuego es el amor consumidor de Dios. Éste consumirá el pecado y la muerte, y destruirá las obras de Satanás y las extinguirá por completo.

Hoy día, un ejército de hombres y mujeres ha tomado la decisión de llevar a cabo las obras de Jesús. Se han comprometido a vivir, y a andar en el reino de lo milagroso. El amor de Dios es la clave para vivir en ese reino. Hay cosas que sólo podemos obtener cuando vivimos en amor.

En estos últimos días, como pueblo de Dios, debemos tomar nuestra posición, dedicarnos al SEÑOR y renovar nuestra mente con la PALABRA. Apartémonos de las sendas carnales del mundo, y comprometámonos a vivir de acuerdo con el amor de Dios. Pues al hacerlo, avanzaremos hacia nuestro destino eterno, a través de la revelación del amor de Dios.

Amor
sin límites

Cuídese usted mismo por causa del amor

«Porque vosotros, hermanos, a libertad fuisteis llamados; solamente que no uséis la libertad como ocasión para la carne, sino servíos por amor los unos a los otros. Porque toda la ley en esta sola palabra se cumple: Amarás a tu prójimo como a ti mismo»
(Gálatas 5:13-14).

La vida de amor es una entrega continua de sí mismo hacia los demás. Es centrarse en Dios y en los demás, en lugar de centrarse en sí mismo. Cuando vivimos en amor, y necesitamos tomar una decisión; nuestro primer pensamiento no debe ser: *¿Qué deseo hacer en esta situación? ¿Qué me hará feliz?* No, necesitamos preguntarnos: *¿Qué desea el SEÑOR que hagamos en esta circunstancia? ¿Qué decisión me permitirá ser de BENDICIÓN?*

Ahora bien, eso no significa que debamos dejar de cuidar de nosotros mismos. Tampoco quiere decir que ignoremos nuestras necesidades físicas y espirituales. Eso no forma parte del amor ni tampoco es justo seguir trabajando sin descanso a favor de los demás. Si trabaja a favor de los demás por mucho tiempo, su condición física lo volverá inefectivo en lo espiritual. Acabará en la quiebra, sin tener nada que dar. Y en lugar de ser una BENDICIÓN para otros, será una carga.

En este tipo de situaciones no existe nada de amor.

Años atrás, cometí ese error en el ministerio. Deseaba tanto servirle al SEÑOR, y predicar la PALABRA a quienes estuvieran hambrientos por escucharla que me sobrecargué. Predicaba toda la semana sin siquiera tomar un día para descansar, y eso no es bíblico. Y todo lo que no sea bíblico, no puede realizarse en amor.

Después de un tiempo, estaba tan cansado que con dificultad podía caminar hacia las gradas del avión, a fin de dirigirme a mi próxima reunión. Recuerdo que pensaba: *Debo ser el hombre más cansado de este mundo. ¿Por qué me sentía así?* Porque estaba extrayéndole fuerza a mi espíritu, entregándome todo el tiempo, sin pensar en un tiempo para descansar y retomar fuerzas. Creo que si hubiera continuado así, ese ritmo de vida me habría matado a una temprana edad.

Pero, gracias a Dios, el Espíritu Santo me mostró mi error. Me arrepentí y cambié. Han transcurrido años desde entonces, y continúo fortaleciéndome, sirviéndole al SEÑOR y ministrando a las personas.

A medida que aprenda a vivir en amor, recuerde que sólo puede ser una BENDICIÓN para los demás si cuida bien de sí mismo. Tome un tiempo para fortalecer su espíritu, para refrescar su alma y para sanar su cuerpo. No lo haga por egoísmo, sino porque desea ser de BENDICIÓN para los demás. Por amor a su prójimo, asegúrese de amarse a sí mismo. De esa manera, no sólo estará dispuesto; sino también podrá servirles por muchos años más.

Amor
sin límites

Permanezca conectado al espíritu

«Estos son los que causan divisiones; los sensuales, que no tienen al Espíritu.
Pero vosotros, amados, edificándoos sobre vuestra santísima fe, orando en
el Espíritu Santo, conservaos en el amor de Dios...»
(Judas 19-21).

En la Biblia se nos enseña con claridad cuán seguros estamos en el amor de Dios. En ésta se afirma que el amor es tan fuerte que ni la muerte, ni la vida, ni ángeles, ni principados, ni potestades, ni ninguna cosa presente o por venir; ni lo alto, ni lo profundo, ni ninguna otra cosa creada podrá separarnos de su amor (Romanos 8:38-39).

Ésa es una declaración poderosa. Nada, absolutamente nada podrá separarlo a usted de Su amor.

Dios jamás dejará de amarlo. El diablo nunca podrá impedir que el amor de Dios lo alcance. Sin embargo, usted sí puede separarse de ese amor —y muchos creyentes lo hacen—.

¿Cómo? Al mantener conductas sensuales y carnales. La mayoría de las personas asocian la sensualidad con pecados morales muy graves. Pero en realidad, ser sensual, en su concepto más básico, significa actuar o ser guiado por los instintos naturales y carnales más que por la PALABRA, y el Espíritu de Dios. Cuando comenzamos a permitirle a nuestros sentidos, o a nuestra carne, que gobiernen nuestro comportamiento; siempre estaremos en pecado. Además, nos exponemos al engaño; pues estamos fundamentando nuestra vida en el mundo natural que nos rodea. Satanás, quien es el dios de este mundo, puede ejercer con facilidad sus artimañas sobre nosotros allí.

Cuando permitimos que nuestra comunión con Dios decaiga, y no fortalecemos nuestra vida espiritual invirtiendo tiempo en la PALABRA y en oración; a menudo comenzamos a creer que algunos pensamientos provienen de Dios, cuando en realidad se originaron en nuestra mente carnal. He visto personas fundamentando su ministerio en errores como ése. Luego se paran en el púlpito, y declaran: "Después de sufrir mi infarto y de estar en un hospital, Dios me dijo que Él me había enviado ese infarto, a fin de que disminuyera mi ritmo de vida, y para enseñarme algo".

¡Dios no le envía infartos a Su pueblo! Sin embargo, cuando nos sumergimos en pensamientos sensuales y carnales; podemos ser engañados, y creer que sí los envía. Y cuando comenzamos a pensar de esa manera, podemos separarnos del amor de Dios. Y al final, terminaremos desconectándonos de Su BENDICIÓN y de Su poder, al ser guiados por nuestros propios pensamientos, los cuales son naturales e impuros; y no por Su Espíritu y Su Palabra, la cual edifica nuestra fe.

No permita que eso le suceda. Permanezca firme en el amor de Dios. Manténgase conectado a Su Espíritu y a Su verdad, orando en el Espíritu Santo y habitando en Su PALABRA. Sea espiritual, no sensual; sólo así, permanecerá conectado al amor de Dios. Y nadie podrá robarle LA BENDICIÓN.

Amor
sin límites

Un vaso útil para el Maestro

«Pero el fundamento de Dios está firme, teniendo este sello: Conoce el Señor a los que son suyos; y: Apártese de iniquidad todo aquel que invoca el nombre de Cristo. Pero en una casa grande, no solamente hay utensilios de oro y de plata, sino también de madera y de barro; y unos son para usos honrosos, y otros para usos viles. Así que, si alguno se limpia de estas cosas, será instrumento para honra, santificado, útil al Señor, y dispuesto para toda buena obra»
(2 Timoteo 2:19-21).

Algunos creyentes, que saben bien las Escrituras y cómo funciona la fe, creen que están listos para realizar grandes obras para Dios. Sin embargo, aún están esperando la oportunidad de hacer algo en el ministerio; y se preguntan por qué nunca llega esa oportunidad.

Muy a menudo, se debe a que aún no se han apartado de la iniquidad. No se han limpiado de los pecados imperceptibles como la amargura y la falta de perdón. Y tampoco se han consagrado a vivir en amor.

La peor parte es que ni siquiera se dan cuenta. Se impresionarían si alguien les advirtiera que hay pecado en su vida. No obstante, en la Biblia se nos enseña de manera clara que Dios considera la falta de perdón sobre las ofensas más pequeñas, una debilidad de nuestra parte. Pues las pequeñas deudas que no perdonamos, le dan lugar a Satanás en nuestra vida —lo más mínimo que podamos realizar y decir en contra de alguien, palabras hirientes y comentarios sarcásticos—. Muchas veces estos incidentes ofensivos ocurren con personas que ni conocemos personalmente. Los olvidamos con facilidad, pero jamás los perdonamos.

Un día, mientras oraba por esta situación, el Espíritu de Dios me mostró qué sucede cuando permitimos que cosas como ésas se queden en nuestro espíritu. Vi una tubería que se extendía entre Dios y yo. Ésta era un canal que llevaba el poder de Dios. Del lado del Señor, el poder fluía con abundancia; en cambio del mío, apenas destilaba.

Suciedad e inmundicia obstruían la tubería. Él me explicó que esa inmundicia era la falta de perdón, y las malas actitudes. Las cuales poco a poco se habían quedado estancadas en la tubería (la cual representaba mi espíritu). Dios no impedía que Su poder fluyera hacia mí, pues éste sí fluía. Pero la tubería estaba tan sucia que Su poder no podía pasar a través de éste.

Si queremos ministrar el evangelio de manera eficaz; es decir, llevar las buenas nuevas del SEÑOR Jesucristo al mundo; debemos permitir que el poder de Dios fluya a través de nosotros sin obstáculos. El Espíritu Santo no puede usarnos a plenitud, cuando nuestro espíritu está tapado con amargura, resentimiento y falta de perdón.

A fin de ser vasos útiles para el Maestro, necesitamos abrirle nuestro corazón a Dios, y limpiarnos de toda inmundicia. Estaremos preparados para ministrar a los demás cuando vivamos conforme al amor de Dios.

Kenneth

Amor
sin límites

La contienda detendrá el poder

«Esfuércense por mantener la unidad del Espíritu mediante el vínculo de la
paz. Hay un solo cuerpo y un solo Espíritu…»
(Efesios 4:3-4).

La contienda es la principal estrategia que Satanás utiliza contra el Cuerpo de Cristo. Pues los creyentes que trabajan juntos en fe y amor, que obran en los dones del Espíritu, y que actúan bajo el poder de Dios; tienen el potencial de destruir las obras del enemigo. Para detenerlos, el diablo tiene que detener el fluir del Espíritu Santo en medio de ellos.

Y ¿cómo puede lograrlo? Podría enviar nueve diferentes espíritus malignos en contra de cada don del Espíritu, sin embargo, eso es innecesario. En realidad, sólo necesita hacer una cosa: Provocar contienda, a fin de interrumpir la unidad del espíritu; la cual mantiene a los creyentes en armonía y en común acuerdo. Si lo logra, puede impedir que el poder de Dios obre a través de la Iglesia, y que el Cuerpo de Cristo pierda su objetivo.

Por esa razón, como miembros del Cuerpo de Cristo, entrar en contienda es lo más peligroso que podemos hacer. Eso causará que todo lo que realice en el ámbito espiritual no tenga efecto. Por ejemplo, cuando el amor no obra en una congregación, el don de lenguas no tiene valor. Quizá hayan manifestaciones de ese don, pero no tendrán poder alguno. Será como un címbalo que resuena —como un sonido vacío—. Sin amor, los dones de profecía, de sabiduría, de conocimiento y de fe no sirven de nada. Incluso, nuestros dones se vuelven improductivos. Sembrar sin amor es una pérdida, pues no se obtiene una cosecha; ya que la línea de provisión ha sido cortada.

Lo que me asombra más, es el constante éxito que tiene el diablo al utilizar cosas aparentemente espirituales; a fin de sembrar contienda entre las congregaciones. La mayoría de los miembros de las iglesias no pelean porque uno le haya robado el automóvil a otro, o porque alguien le haya picado la nariz a alguien más. El diablo divide a los creyentes con temas espirituales. El enemigo toma ventaja sobre ellos, tratando de controlarlos y hacerles decir cosas como: "Si no estás de acuerdo conmigo en todo lo que digo, no podré llevarme bien contigo". O: "Ésta es el área de la iglesia que Dios me asignó. Entonces haremos las cosas a mi manera, sin importar lo que tú quieras hacer".

Sin importar cuánto tratemos de espiritualizar nuestras excusas, éstas no son nada mas que contienda. El egoísmo y la posesividad, no concuerdan con el amor de Dios. Su amor permite que las personas sean libres, y jamás los oprime. El Espíritu de Dios nunca crea una atmósfera posesiva ni de dominio, es el espíritu del diablo quien hace eso.

Por consiguiente, no le abra la puerta a la contienda en su iglesia. Pues ésta nace en la mente de Satanás y es mortal. Realice lo que sea necesario para mantener la unidad del Espíritu con los creyentes que lo rodean. Si vivimos en armonía y en fe como un Cuerpo, nada será imposible para nosotros.

Amor
sin límites

Dios lo tiene rodeado

«¿A cuál de los ángeles dijo Dios jamás: "Siéntate a mi derecha, hasta que ponga a tus enemigos por estrado de tus pies"? ¿No son todos los ángeles espíritus dedicados al servicio divino, enviados para ayudar a los que han de heredar la salvación?»
(Hebreos 1:13-14, *NVI*).

Algo maravilloso que Dios en su gran amor nos ha provisto, son las huestes angelicales que ha designado para nuestro servicio. Quizá nunca podamos verlos con nuestros ojos naturales, sin embargo, de acuerdo con la Biblia, sabemos que cuando vivimos en fe y en amor; ellos siempre estarán con nosotros velando porque se cumplan los mandamientos de Dios en nuestra vida. En Salmos 34:7, leemos: *«El ángel de Jehová acampa alrededor de los que le temen»* .

Analícelo, su Padre lo ama y lo aprecia tanto que lo ha rodeado con un ejército invisible de seres celestiales; a fin de que lo acompañen todo el tiempo. Ellos trabajan de continuo para protegerlo, para traerle favor, y para velar por usted, mientras declara la PALABRA de Dios en fe; a fin de que todo enemigo que se levante en su contra fracase. El trabajo de los ángeles es ayudar a que LA BENDICIÓN se cumpla en su vida. Ya sea que se dé cuenta o no, como hijo de Dios ¡no irá a ningún lado sin un escolta celestial!

Cuando enfrente un peligro o un problema, debe permanecer tranquilo como el profeta Eliseo, cuando lo rodearon los ejércitos del enemigo (2 Reyes 6). Su siervo entró en pánico, y exclamó: *«¡Ah, señor mío! ¿qué haremos?»*. Y Eliseo le respondió: *«No tengas miedo, porque más son los que están con nosotros que los que están con ellos»* (versículos 15-16).

Eliseo oró para que el SEÑOR abriera los ojos de su siervo, a fin de que él pudiera ver esa situación en el ámbito espiritual: *«Entonces Jehová abrió los ojos del criado, y miró; y he aquí que el monte estaba lleno de gente de a caballo, y de carros de fuego alrededor de Eliseo»* (versículo 17). Esos ángeles no aparecieron de pronto cuando el siervo los miró. Ellos habían estado allí todo el tiempo. Seguían a Eliseo adondequiera que él iba, pues era un valioso siervo de Dios.

Por esa razón, Eliseo no tenía miedo. Sabía que los ejércitos de Dios estarían allí cuando los necesitara, pues Dios así lo había prometido. Eliseo vivía por fe en la PALABRA del SEÑOR.

Es posible que usted piense: *¡Sí, pero yo no soy Eliseo! No soy un gran profeta de la actualidad o un predicador. Sólo soy un creyente común y corriente.*

Ante los ojos de Dios, no existen los creyentes comunes y corrientes. Jesús afirmó que la persona "más pequeña", una persona nacida de nuevo por medio de la fe en Jesús, ante los ojos de Dios, es mayor que el más grande profeta que haya existido (Mateo 11:11). Eso quiere decir que usted y yo somos tan amados y preciosos como lo fue Eliseo. Por tanto, podemos descansar seguros de que Dios también nos rodea con Sus ángeles.

Kenneth

Día 340

Amor
sin límites

Salga en un resplandor de gloria

«Así que, sigamos lo que contribuye a la paz y a la mutua edificación»
(Romanos 14:19).

Como creyentes, debemos buscar de continuo edificarnos los unos a los otros. Como se nos enseña en Efesios 4:16, necesitamos crecer constantemente a medida que nos edifiquemos en amor unos a otros. El término griego traducido como **edificar**, significa: "Cargar, como si cargara una batería". Cuando nos edificamos mutuamente nos cargamos de poder. Crecemos en fuerza y en madurez, y comenzamos a hablar y a actuar como Jesús.

Mientras más nos acerquemos al final de esta era, debemos unirnos más; pues Jesús no viene por una Iglesia débil, enferma ni gobernada por la contienda; a la cual Satanás haya derrotado y aplastado. Él viene por una Iglesia victoriosa que viva conforme al amor divino, y bajo el poder sobrenatural de Dios. Cuando sea el arrebatamiento y dejemos esta Tierra, ¡saldremos en un resplandor de gloria!

Pero no entraremos a esa clase de gloria, si no tomamos el mandamiento de amor como debemos: como un mandamiento de Dios. Quebrantar el mandamiento de amor es tan serio como romper el mandamiento que nos expresa: "No robarás" o "no matarás", o cualquier otro de los mandamientos de Dios. De hecho, guardar el mandamiento del amor lo ayudará a cumplir los demás. Por tanto, éste es más importante que todos los demás juntos.

Mientras pensemos que el mandamiento del amor es opcional, jamás viviremos en amor. La presión es demasiado grande, pues en el instante que intentemos llevar una vida de amor, Satanás enviará muchos obstáculos a nuestro camino; a fin de que no podamos vivir conforme a éste. Por esa razón, Dios nos ordenó que amáramos. Él sabía que para llevarlo a cabo, tendríamos que saber que no tenemos otra opción.

Cuando aceptamos el amor como un mandamiento, éste se convierte en una guía en nuestra boca; la cual nos lleva en la dirección correcta en tiempos de presión. Debemos sacar el amor del ámbito de la conveniencia, donde amamos sólo cuando somos tratados de manera justa o donde nuestros sentimientos no son lastimados; y llevarlo hacia el ámbito del compromiso, donde vivimos en amor, sin importar qué suceda.

Cuando recibimos el amor como un mandamiento, amamos ya sea que los demás amen o no. No importa qué envíe el diablo en nuestra contra, nos acercamos a la gracia de Dios y al manantial de amor que está en nuestro interior; y obedecemos ese gran mandamiento. Mientras más amemos, más cargados estaremos del poder de Dios. Nos levantaremos como una nueva raza de creyentes, y viviremos en el milagroso poder y en la autoridad que Dios nos ha dado en el nombre de Jesús. Seremos la Iglesia victoriosa que Dios diseñó que fuéramos, marchando hacia delante de manera triunfal en el resplandor de Su gloria.

Amor
sin límites

El que **quiera**... Soy yo

«Y llamando a la gente y a sus discípulos, les dijo: Si alguno quiere venir en pos de mí, niéguese a sí mismo, y tome su cruz, y sígame. Porque todo el que quiera salvar su vida, la perderá; y todo el que pierda su vida por causa de mí y del evangelio, la salvará»
(Marcos 8:34-35).

Jesús expresó esas palabras una y otra vez en el Nuevo Testamento: *«Porque todo el que quiera...»*. Él nos enseña que cuando se trata de tomar decisiones difíciles, depende de nosotros marcar la diferencia. No importa cuánto luche nuestra mente contra nosotros, ni cuánto nuestro cuerpo quiera rebelarse; si mantenemos nuestra voluntad firme, podremos tomar las decisiones correctas, y obedecer al SEÑOR.

Nuestra voluntad determina todo lo que realizamos, incluso nuestro éxito o nuestros fracasos. De nuestra voluntad, depende si le abrimos o le cerramos la puerta al poder y a la gracia de Dios en nuestra vida. Nuestra voluntad determina todo lo que hemos sido, y todo lo que seremos en el futuro. Es decir, seremos lo que **deseamos** ser.

Como creyentes nacidos de nuevo, si rendimos nuestra voluntad a una vida de amor; podremos lograrlo. Por esa razón, Dios hizo del amor un mandamiento, no una recomendación. En una ocasión, le pregunté al SEÑOR: *«¿Cuál es Tu definición de un mandamiento?»* Y Él me respondió: *Un mandamiento es una orden que doy, en la cual no hay vuelta atrás ni otra opción.*

Por esa razón, necesitamos recibir un mandamiento que afecte nuestra voluntad lo suficiente, a fin de vencer nuestras emociones. Entonces, una vez que recibamos a plenitud ese mandamiento de amor y nos dispongamos a cumplirlo, ni el mismo infierno podrá detenernos.

Siempre que pienso en el poder de la voluntad humana, me recuerdo de cuando era niño y mi padre me prometía llevarme a pescar. Pasaba toda la noche preparando mi caja con todos los accesorios de pesca, e incluso, antes de que él se levantara a la mañana siguiente; yo me levantaba, me vestía y me recostaba sobre la cama para estar listo cuando él me llamara. Cuando me llamaba, yo saltaba de la cama aunque fueran las cuatro de la mañana; tomaba mi equipo de pesca, y nos íbamos.

Por otro lado, si mi padre me decía: "Mañana te levantaré muy temprano para trabajar en el patio", la historia era diferente. Él debía llamarme, por lo menos tres veces para levantarme. Aun así, me sentía tan cansado que apenas podía moverme. Mi mente se confundía y mi cuerpo se sentía cansado. ¿Por qué? Porque yo tenía la disposición de ir a pescar, pero no tenía la disposición para trabajar en el patio.

Recuerde lo siguiente, su mente y su cuerpo responderán a su voluntad. Realizarán cualquier cosa que ésta les indique. Por tanto, dispóngase a vivir conforme al amor de Dios, pues ése es el mandamiento de Dios para su vida. Atrévase a decirle a Jesús: *¡El que **quiera**... Soy yo!*.

Kenneth

Amor
sin límites

Todo es posible

«...al que cree todo le es posible»
(Marcos 9:23).

En el Nuevo Testamento el Señor nos dio un solo mandamiento: Amarnos unos a otros. Sin embargo, éste conlleva una doble instrucción. Debemos creer en el SEÑOR Jesucristo, y **vivir** en amor (1 Juan 3:23). Puesto que la fe obra por el amor, cuando usted activa estos mandamientos en su vida, todo le es posible.

Un hombre o una mujer de fe, motivados por el amor de Dios, no se detienen por nada ni por nadie. Y realizan obras que, en lo natural, son literalmente imposibles de llevar a cabo.

Un amigo me compartió su testimonio hace algunos años. Él y su hijo trabajaban juntos limpiando un terreno. Conducían un pequeño tractor, con el cual halaban un tronco. Pero el tronco se quedó atrapado en algo, y el tractor volcó hacia atrás; atrapando al padre y al hijo debajo de éste. Al final, el padre se esforzó para liberarse, y se arrastró fuera de los escombros.

Cuando salió, el tractor se incendió con su hijo aún atrapado debajo de éste. Corrió hacia la parte trasera del tractor, lo tomó por la defensa e hizo su mejor esfuerzo para levantarlo; sin embargo, no tuvo éxito. La situación era desesperante, pero de pronto, el amor de ese padre por su hijo y su fe en Dios cobraron vida en su interior, y exclamó: «Muy bien, Dios. Si me has ayudado antes, ¡volverás a ayudarme ahora!». Entonces tomó el tractor, lo levantó y sacó a su hijo.

Si ese padre no hubiera sido un hombre de fe, jamás habría podido rescatar a su hijo. Es probable que se hubiera quedado allí, sin poder hacer nada mientras su hijo moría —y luego, habrían culpado a Dios—. Las personas hubieran exclamado: "¿Me pregunto por qué Dios no salvó a ese joven? ¿Me preguntó por qué Dios permitió que muriera así?".

El amor por sí sólo no habría realizado el trabajo en esa situación. Pues se necesitó de la fe y del amor. Pero gracias a Dios, ese padre tenía ambas. Estaba preparado para enfrentar los problemas y triunfar sobre ellos, pues él vivía conforme a la PALABRA de Dios; no sólo ese día, sino todos los días. Él creyó en Jesús, no sólo como su SEÑOR, sino como EL SEÑOR de toda situación. Él creyó que se le había entregado toda autoridad en el cielo y en la Tierra. Por tanto, anduvo en esa autoridad, y esperó que Dios le entregara todo el poder necesario para salvar a su hijo aquel día.

El amor lo motivó a caminar entre las llamas, y su fe en Dios le ayudó a levantar ese tractor. El amor y la fe Juntos, se convirtieron en una fuerza invencible, y transformaron una tragedia en un triunfo. Si activa esa fuerza, realizará lo mismo en su vida, y todo le será posible.

Amor
sin límites

No apague la luz

«Esto, pues, digo y requiero en el Señor: que ya no andéis como los otros gentiles, que andan en la vanidad de su mente, teniendo el entendimiento entenebrecido, ajenos de la vida de Dios por la ignorancia que en ellos hay, por la dureza de su corazón»
(Efesios 4:17-18).

Como creyentes, no debemos vivir como lo hacen las personas del mundo. Para ellos, el egoísmo, la amargura, el enojo, la contienda y los chismes (Efesios 4:31) son una parte normal de la vida. Su entendimiento está en tinieblas, y su corazón está cegado; por tanto, no pueden ver otro estilo de vida.

Como cristianos, la luz de Dios ha brillado en nuestro corazón y nos ha revelado la verdad y el amor de Dios. Sin embargo, cuando estamos dispuestos a vivir en esas antiguas formas de pensar y de comportamiento, nuestra mente también es cegada. Cuando permitimos que esas antiguas actitudes vuelvan, terminamos viviendo en tinieblas hasta que nos arrepentimos.

Entonces, si nos apartamos de la vida de Dios no podremos recibir sanidad cuando la necesitemos. Y cuando necesitemos la sabiduría divina para resolver un problema en nuestra vida, simplemente nos parecerá que ya no podremos obtenerla. Pues nos hemos desconectado de la luz de Dios y de Su PALABRA —Su revelación—, y éstas no podrán fluir de nuestro espíritu hacia nuestra mente o hacia nuestro cuerpo.

Quizá alguien pregunte: "Espere un minuto, ¿cómo puede ser eso posible? Yo pensaba que Dios en nosotros es luz absoluta, y que en Él no hay nada de tinieblas".

Ésa es la absoluta verdad. No existen tinieblas que puedan vencer la luz de Dios en su espíritu. No importa cuánta oscuridad llegue a haber en el mundo o a su alrededor, ésta jamás podrá atenuar la luz que usted posee en Él. Cuando toma la decisión por voluntad propia de vivir en esa luz, ninguna proporción de tinieblas puede penetrarla.

Pero cuando elige apagar esa luz, al vivir en contienda y no en amor; tropezará una vez más en las tinieblas. Cuando vive en falta de perdón, discordia o envidia; se interrumpe la corriente de poder espiritual que fluye de Dios hacia usted. Y aunque Él aún desee BENDECIRLO y ayudarlo, Sus manos estarán atadas y Su poder no podrá obrar. Usted se quedará sin Su luz y sin Su protección, por tanto, el diablo podrá inmiscuirse en su vida para robar, matar y destruir.

La decisión es suya. Usted decide vivir en la luz o vivir en tinieblas. Dios ha *«...puesto delante la vida y la muerte, la bendición y la maldición...»*, la luz y las tinieblas (Deuteronomio 30:19). Por tanto, ¡escoja vivir en la luz!

Kenneth

Día 344 Amor sin límites

Cuando el amor nos lleva a doblar nuestras rodillas

«Si alguno viere a su hermano cometer pecado que no sea de muerte, pedirá, y Dios le dará vida...»
(1 Juan 5:16).

Observe que en este versículo no dice que si vemos a nuestro hermano pecar, debemos llamar a un amigo y contarle al respecto. Tampoco leemos que tengamos que reunirnos en una cafetería después de la iglesia, y criticarlo por su mal comportamiento. No, ahí dice que debemos orar por él, y Dios le dará vida.

Orar de manera genuina y con todo nuestro corazón por un hermano que ha tropezado y caído en pecado, es una de las más poderosas expresiones de amor. Esa oración, le abre la puerta al Espíritu de Dios; a fin de que Él pueda acceder a la vida de las personas a quienes el diablo ha atado con falta de conocimiento y engaño. Nuestra oración de intercesión puede destruir las obras de Satanás en la vida de nuestros hermanos y hermanas en Cristo, de modo que el perfecto plan de Dios se cumpla en la vida de ellos. ¡Nuestras oraciones pueden hacerlos libres!

Si nos ponemos a disposición del Espíritu Santo para orar por los demás en amor, Él nos mostrará, mediante el espíritu, cuando alguien necesite oración. Aun si no sabemos con exactitud por qué orar, podemos interceder perfectamente en otras lenguas hasta tener la seguridad en nuestro corazón de que la voluntad de Dios se ha cumplido. A ese hecho, se refería el apóstol Pablo en Romanos 8:26-28:

Y de igual manera el Espíritu nos ayuda en nuestra debilidad; pues qué hemos de pedir como conviene, no lo sabemos, pero el Espíritu mismo intercede por nosotros con gemidos indecibles. Mas el que escudriña los corazones sabe cuál es la intención del Espíritu, porque conforme a la voluntad de Dios intercede por los santos. Y sabemos que a los que aman a Dios, todas las cosas les ayudan a bien, esto es, a los que conforme a su propósito son llamados.

Muchas personas piensan que esos versículos se refieren a que las obras del diablo funcionarán para bien en los hijos de Dios. Sin embargo, Pablo en ningún momento mencionó al diablo. Él se refería a las cosas de Dios: el nombre de Jesús, los dones del Espíritu, la PALABRA de Dios, y todas las demás armas espirituales de la milicia que Jesús envió a la Tierra; a fin de fortalecer y darle la victoria al Cuerpo de Cristo.

Si comenzamos a usar esas armas en oración unos por otros, todas juntas obrarán para llevar a cabo el buen plan de Dios para nuestra vida; y las malignas conspiraciones de Satanás no funcionarán. Cuando el amor nos lleva a postrarnos a interceder por nuestro hermano que ha pecado, en lugar de llamar por teléfono para hablar de él; experimentaremos las más grandes victorias que hayamos visto.

Amor
sin límites

Armado y peligroso

«Pero si andamos en luz, como él está en luz, tenemos comunión unos con otros, y la sangre de Jesucristo su Hijo nos limpia de todo pecado»
(1 Juan 1:7).

Mientras más aprendamos a vivir conforme al mandamiento del amor de Dios, más resplandecerá la luz de Dios en nuestra vida. La sangre de Jesús nos mantendrá limpios de todo pecado, y cuando el diablo intente hacernos caer; no tropezaremos ni caeremos en sus trampas. La luz de Dios resplandecerá en nuestro interior, y nos mostrará con exactitud qué hacer, y la forma correcta de hacerlo. Además sabremos cómo manejar cada situación.

El único obstáculo que se interpone entre nosotros, y todo lo que hay en la gloria de Dios es nuestro compromiso de vivir bajo el mandamiento del amor. Cuando nos determinamos a vivir en amor, se nos confía más y más el poder de la unción de Dios. El SEÑOR puede confiarnos un mayor grado de prosperidad material cuando vivimos conforme al amor.

La abundancia de la provisión de Dios que tengamos, y el poder que experimentemos en cada área de nuestra vida; se determinará por cuánto amor demostremos, cuando haya presión y las cosas se tornen difíciles. Por esa razón, debemos determinarnos a vivir en amor, ya sea que alguien más lo haga o no. Y es necesario que cumplamos con el mandamiento del amor como una orden que viene de Dios, y tomar la decisión de calidad de vivir en la plenitud de ese mandamiento.

Deberíamos expresarnos a nosotros mismos:"No tengo otra opción, viviré conforme al mandamiento del amor". Al momento en que de todo corazón tomemos esa decisión, el poder de Dios nos respaldará y nos ayudará a cumplirla. Entonces, aun en tiempos de debilidad, la gracia de Dios será suficiente para nosotros. Incluso cuando nuestra propia fuerza falle, la fuerza de Dios nos mantendrá viviendo en amor.

Cuando nos armamos de amor, nos volvemos peligrosos para Satanás. El enemigo tiembla cada vez que damos pasos de fe, pues él sabe que nuestra fe funcionará. Al vivir en amor, controlamos sus obras. Le quitamos todo lo que ha robado, y derribamos las fortalezas espirituales que le ha tomado años construir. La vida, la luz y el amor de Dios obrando en nosotros, destruirán las obras del diablo, y lo dejarán totalmente indefenso.

Cuando andamos conforme al amor de Dios, activamos la ley de vida; así que manos a la obra. Convirtámonos en la poderosa fuerza que Dios anhela que seamos. Dejemos de vivir conforme al ámbito natural, pues ahí nuestros sentimientos se interponen en el camino; mejor vivamos conforme al reino espiritual, donde nos amamos unos a otros porque Dios nos ama. Movámonos hacia el milagroso reino del amor, donde juntos podemos obrar a plenitud conforme al poder sobrenatural de Dios.

Gloria

Día 346 **Amor**
sin límites

¡Sea una persona más amable y gentil!

«Que a nadie difamen, que no sean pendencieros, sino amables, mostrando
toda mansedumbre para con todos los hombres»
(Tito 3:2).

Algunas personas, por naturaleza, poseen una lengua afilada y una personalidad descortés. A menudo, son toscos con los demás y hieren sus sentimientos. Y se excusan diciendo: "No puedo evitarlo. Así soy yo. No suavizo las palabras que expreso. Sólo digo las cosas como son. Si los demás se ofenden, es problema de ellos".

Sin embargo, esa actitud no es aceptable una vez que haya nacido de nuevo. Dios espera que nosotros, como Sus hijos, vivamos en amor. También espera que seamos amables, pues Él es amable, y porque ha depositado Su espíritu de amabilidad en nosotros. Incluso, si hemos sido cortantes y bruscos toda nuestra vida, Dios nos pide que eliminemos esos antiguos hábitos, viviendo conforme a nuestra nueva naturaleza y siendo benignos unos con otros (Efesios 4:32).

¿Qué significa ser amable en realidad?

Durante mis tiempos de estudio acerca de ese tema, descubrí algunas asombrosas definiciones. Medite en ellas y permita que el Espíritu Santo las plasme en su corazón. Éstas le ayudarán a amoldarse a la personalidad de Dios —la cual se encuentra en su interior—, y a comportarse de manera amable.

De acuerdo con el Diccionario expositivo de términos bíblicos *Vine*[15] [[y la Concordancia exhaustiva de la Biblia Strong[16]],], la **amabilidad** también puede traducirse como **bondad**; y significa: «Algo justo, correcto. Y no sólo la bondad como una cualidad, sino la bondad en acción; expresándose a sí misma en hechos, en gracia, en ternura y en compasión; en la dulzura de la disposición, en el trato amable hacia los demás, en benevolencia y en cordialidad. El término nos describe la habilidad de actuar por el bien, de quienes agotan nuestra paciencia".

En el diccionario *Webster*, leemos que **bondad** es: "El estado, la cualidad o el hábito de ser amable, simpático, amigable, gentil, cariñoso, generoso, afectuoso, estar dispuesto, y ser cortés".

En lo particular, me gusta la manera en que este diccionario describe la palabra hábito, pues cuando en realidad vivimos de acuerdo con la amorosa bondad de Dios, ésta fluye de nosotros de forma habitual. Ni siquiera debemos esforzarnos en ser amables, sino debemos expresar la bondad de Dios con naturalidad. En otras palabras, cede ante nuestra nueva naturaleza, y no ante nuestra carne.

Si usted fue severo y brusco en el pasado, quizá necesite un cambio total de personalidad. Dios puede ayudarlo, por medio de Su Espíritu; el cual habita en su interior. Él puede investirlo de poder para deshacerse de su vieja naturaleza, y entregarle una nueva. Y a medida que se rinda al SEÑOR, Él podrá hacer de usted una persona ¡más amable y gentil!

---

[15] W.E. Vine, *Vine's Expository Dictionary of Biblical Words*, ed. Merrill F. Unger, William White (Nashville: Thomas Nelson Publishers, 1985) p. 343.
[16] James Strong, *The New Strong's Exhaustive Concordance of the Bible* (Nashville: Thomas Nelson Publishers, 1984) G 5543.

Amor
sin límites

Proteja su corazón

«No pondré delante de mis ojos cosa injusta. Aborrezco la obra de los que se desvían; ninguno de ellos se acercará a mí. Corazón perverso se apartará de mí; no conoceré al malvado»
(Salmos 101:3-4).

Gran parte de la programación que usted encuentra en la televisión y en las películas, no edifica su vida de amor. El entretenimiento secular está lleno de lenguaje obsceno, de egoísmo y de contienda. Y si desea edificar su vida de amor, el Espíritu de Dios lo guiará más y más a apagar esa programación desagradable.

¿Por qué? Porque cuando usted alimenta su mente mirando y escuchando, una y otra vez, ese tipo de programas; se vuelve insensible al mensaje pecaminoso que transmiten. Luego, éste se abre camino a través de su mente y de su corazón… y, cuando menos se lo espere, comenzará a actuar conforme a ese mensaje pecaminoso.

En la Biblia leemos que debemos eliminar de nuestra vida esa clase de comunicación indecente, por ejemplo: la ira, el enojo, los malos sentimientos hacia los demás; los insultos, las calumnias, las ofensas, y tampoco debemos decir groserías y palabras deshonestas" (Colosenses 3:8, *AMP*). No hace falta ser un genio para saber que no debemos ver telenovelas, programas de entrevistas, y muchos otros programas que las personas mundanas ven. Esa programación, carece de amor y es tan perversa que no debemos darle lugar en lo absoluto en nuestra vida. Necesitamos ser conscientes que esas cosas son las que utiliza el diablo, para llevar a las personas a las tinieblas. Y es necesario que declaremos lo mismo que el salmista: *«No pondré delante de mis ojos cosa injusta»*.

He descubierto que el simple hecho de cambiar el canal, no nos protege de esas cosas. Mientras vivamos en este mundo, siempre habrá personas que hablen y se comporten según esas influencias. Y como dijo un ministro: "cerremos la puerta para que no se contamine nuestra naturaleza". Dios nos ayudará a cerrar nuestro corazón ante tales influencias, a fin de que no entren en nosotros.

Sin embargo, si por voluntad propia vemos esas cosas impías, nos salimos de la protección de Dios. Tomamos la decisión de abrirle la puerta de nuestra naturaleza a la basura del diablo. Y de forma consciente, elegimos sembrar para la carne; y en la Biblia se nos enseña que cuando sembramos para la carne, cosechamos corrupción (Gálatas 6:8). Ésa es la inalterable ley de Dios, y se activará en nuestra vida nos guste o no.

No le dé ¡libertad a Satanás en su vida. Ni tampoco le dé la oportunidad de corromper su vida de amor y de sembrar contienda en su corazón. Cuando vea algo en la televisión que pueda ensuciar su espíritu nacido de nuevo, apáguela. Si se encuentra en el cine, váyase. No permita que los caminos impiadosos del mundo formen parte de su vida.

Amor
sin límites

Esfuércese por ser amable

«Cuando cayere tu enemigo, no te regocijes, y cuando tropezare, no se alegre tu corazón; no sea que Jehová lo mire, y le desagrade...» (Proverbios 24:17-18).

En la Biblia se nos enseña que Dios tiene: «...*voluntad para con los hombres*» (Lucas 2:14), y si vamos a vivir conforme a Su amor, nosotros también debemos tener buena voluntad para con los demás. No sólo con quienes son buenos con nosotros y hacen lo que nos agrada, sino también con quienes nos hayan hecho daño. No nos demos el lujo carnal de desear que alguien los lastime, de la misma forma que ellos lo hicieron con nosotros. Y tampoco debemos alegrarnos cuando escuchemos que están pasando por tiempos difíciles.

En las Escrituras leemos que Dios se desagrada de ese tipo de actitud. Él nos desaprobará si nos ve gozándonos de la calamidad de nuestros enemigos, y diciendo: "No siento ni un poco de pena por ellos. Después de todo, les han hecho mucho daño a los demás, ¡y todos cosechamos lo que sembramos!".

El SEÑOR espera que adoptemos la misma actitud que Él. Pues en la Biblia se nos enseña que Él no se agrada de la calamidad del impío, sino que de continuo desea, incluso que la persona más impías se arrepientan de sus caminos; a fin de que puedan vivir y ser BENDECIDOS (Ezequiel 33:11).

Dios espera que nosotros hagamos lo mismo. Eso significa que en lugar de desear que ellos reciban lo que se merecen, les extendamos buena voluntad. Debemos orar por ellos para que el Señor los ayude y BENDIGA.

Tener buena voluntad con alguien no significa sólo perdonarlo y rechazar la amargura o el deseo de lastimarlo. Claro que la buena voluntad inicia con esas acciones, pero eso no es todo.

Tener buena voluntad con una persona, significa que debemos tratarla con amabilidad. Y alegrarnos y deleitarnos cuando es BENDECIDA. En la definición del diccionario *Webster* leemos que buena voluntad es: "Comprender a una persona, ofrecer un gesto de conciliación, mostrar cortesía o respeto. Expresar entusiasmo por los beneficios que otro recibe, esforzarse por ser amigable, pacífico y amable".

Recuerde lo siguiente: el verdadero amor no sólo es la ausencia de cosas negativas, tales como el odio, el resentimiento y la falta de perdón. El amor es la presencia de la bondad, la amabilidad y de LA BENDICIÓN. Por tanto, tómese un tiempo de vez en cuando, para examinarse. Pídale al Espíritu Santo que le revele si tiene mala voluntad hacia alguien. Si es así, no se contente sólo con perdonarlo y olvidar la situación. Dé un siguiente paso, pregúntele al SEÑOR si hay algo que pueda hacer o decir con amor, y amabilidad para esa persona. Esfuércese por ser cortés y amigable con las personas. Sea como su Padre, y extienda la buena voluntad para con sus enemigos, no sólo con sus amigos.

Amor
sin límites

Actuar en amor lo hará libre

«Entonces Jesús dijo a sus discípulos: Si alguno quiere venir en pos de mí, niéguese a sí mismo, y tome su cruz, y sígame. Porque todo el que quiera salvar su vida, la perderá; y todo el que pierda su vida por causa de mí, la hallará»
(Mateo 16:24-25).

He notado que un gran número de personas —incluso los cristianos— tienen problemas con la depresión en estos días. Esta situación quizá no sea nada nuevo. Sin embargo, lo que sí es nuevo es que las voces profesionales del mundo le ponen nombres fantasiosos, y la llaman: "Una condición"; y les hacen creer a las personas que está bien padecerla.

No sólo lo están haciendo con la depresión, sino también con el enojo. En estos días, si alguien deja que su enojo se salga de control, lo aceptamos, y decimos que tuvo "una discusión mientras conducía en el tráfico" o "tuvo un mal momento", y los disculpamos como si fueran las víctimas, por actuar de una manera que no pudieron evitar.

Como creyentes, debemos rechazar esa clase de razonamientos. No debemos aceptar los nombres que los profesionales nos dan, ni rendirnos a éstos, y expresar: "Bueno, creo que soy una víctima de la depresión clínica o del desequilibrio químico, y no hay nada que pueda hacer al respecto".

Claro que sí, ¡usted puede hacer algo al respecto! Primero, recordemos de donde provienen esos padecimientos. La depresión y la ira de cualquier clase, provienen del diablo. Éstas son señales de que el enemigo viene para robar, matar y destruir nuestra vida. Y podemos detenerlo, al escudriñar la PALABRA de Dios —prestándole atención y obedeciéndola— e invirtiendo tiempo de comunión con el SEÑOR en oración. Podemos levantarnos, resistir al diablo; y de acuerdo con la Biblia, él huirá de nosotros.

Resistimos al diablo cuando nos desenfocamos de nosotros mismos, y nos enfocamos en el SEÑOR y en las buenas obras que Él ha realizado por nosotros. También podemos ocupar nuestra mente, y nuestro cuerpo atendiendo a alguien más que a nosotros. La mayoría de personas que se encuentran deprimidas tienen una visión de túnel. Todo lo que pueden ver es a sí mismos, y pensar: "Las cosas no están bien para mí. No me siento bien, ni siquiera hago bien las cosas. Soy un fracaso. Soy una persona sin amor. he sido maltratado… Soy… Soy…".

Cualquiera puede deprimirse si piensa demasiado en sí mismo de esa manera. Por tanto, deje de pensar así. Si enfrenta problemas con la depresión, infúndase ánimo usted mismo, y realice algo para ayudar a alguien más. Comience a dar de sí y escuche la PALABRA de Dios día y noche. Active su fe, y espere en Dios; Él lo hará sentirse pleno en espíritu, alma y cuerpo. Préstele atención, y actúe conforme a la verdad de Su amor y ¡esa verdad lo hará libre!

Amor
sin límites

Mantenga encendido
el fuego interior

"Nunca se demoren en mostrar entusiasmo y empeño, en resplandecer y ser fervientes en espíritu, sirviendo al Señor"
(Romanos 12:11, *AMP*).

La mayoría de nosotros iniciamos nuestra vida espiritual con una ferviente pasión por el SEÑOR. Nos sentíamos muy agradecidos porque nos libró del infierno, nos llevaría al cielo, nos limpió del pecado y nos dio esperanza para nuestro futuro. Y nos sentíamos así, a tal punto que rebosábamos de amor por el Único que lo hizo todo posible, y sólo anhelábamos servirle.

Sin embargo, a medida que transcurrió el tiempo, el fuego en nuestro interior comenzó a disminuir. Empezamos a ocuparnos de otras actividades y a perder nuestro interés en Él. A mí me sucedió pocos años después de ser salva. Y lo noté hasta que un ministro muy respetado profetizó acerca del poderoso ejército del SEÑOR de los últimos tiempos. Él expresó: *Levántense y aviven su fuego... y podrán ser parte de ese ejército.* Mientras analizaba sus palabras, comprendí que mi entusiasmo por Dios ya no era tan ferviente.

No me encontraba en pecado, ni hacía nada malo. Simplemente me distraje con las actividades naturales de la vida. En esa época, Kenneth y yo teníamos casi cinco años de haberle entregado nuestra vida al SEÑOR, y ya no vivíamos en miseria como cuando fuimos salvos. Nos sentíamos cómodos y BENDECIDOS. Durante los primeros días, nuestra desesperación nos hizo buscar fervientemente a Dios. Él era nuestra única esperanza. Sin embargo, después que le servimos por un tiempo, y comenzamos a prosperar; esa desesperación inicial se desvaneció, y con ella, también mi fuego interior.

Aunque aún leía la PALABRA a diario, no la atendía con el mismo entusiasmo que al principio. Por consiguiente, le dije al SEÑOR: *¡Deseo cambiar esta situación! Quiero arder espiritualmente con el deseo que antes tenía por Ti. Además, ¡anhelo que ese deseo crezca!*

Comencé a invertir más tiempo con el Señor. Empecé a leer libros inspiradores que Él me indicaba. que leyera. Y de esa manera, cuidé de nuevo mi fuego interior. Cuando necesitaba ser avivada, acudía al Señor; y Él me decía qué hacer para agregar más combustible espiritual, y me hacía arder más.

Usted puede realizar lo mismo —si desea formar parte del poderoso ejército de Dios de los últimos tiempos—. ¿Por qué? Porque ese ejército no será conformado por creyentes que se interesen a medias en las cosas de DIOS. No será un grupo compuesto de cristianos que han permitido que sus sentimientos los alejen del SEÑOR, y que se han enamorado de las cosas de este mundo.

Vivirán en lo sobrenatural y formarán parte de este gran ministerio de señales y maravillas, aquellos cuya pasión por el SEÑOR haya consumido su vida, y le hayan servido de corazón. Yo me he propuesto estar entre ellos. ¿Y usted?

Día 351 **Amor**
s i n   l í m i t e s

En todo dad gracias

«Estad siempre gozosos… Dad gracias en todo, porque esta es la voluntad de
Dios para con vosotros en Cristo Jesús»
(1 Tesalonicenses 5:16, 18).

Cuando hablamos de vivir en amor, por lo general, pensamos en cómo comportamos con los demás. Pero quien merece en primer lugar nuestro amor es Dios. Siempre debemos tratarlo con cortesía, aprecio y respeto, no sólo los domingos. No nos conformemos con alzar nuestras manos y expresarle al SEÑOR lo mucho que lo amamos y lo honramos mientras estamos en la iglesia… y luego cuando salimos renegamos entre nosotros acerca de las cosas pésimas que nos han sucedido.

Todos hemos actuado así en algunas ocasiones. Decimos un fuerte "¡amen!" durante la enseñanza cuando el pastor afirma que Dios suplirá todas nuestras necesidades de acuerdo con Sus riquezas en gloria en Cristo Jesús (Filipenses 4:21). Y luego, cuando llegamos a casa, le expresamos a nuestro cónyuge: "¡No sé por qué Dios no cuida de nosotros! Tenemos todas estas cuentas por pagar, y Él no ha hecho nada para ayudarnos. A veces me pregunto ¡si se recuerda de que estamos aquí!".

¿Sabe usted cómo se le llama a esa clase de comentarios? Murmuración o reclamos, y en la Biblia leemos que a Dios no le agradan. De hecho, en 1 Corintios10:10 se nos enseña que cuando los israelitas murmuraron, fueron destruidos. Ésa es razón suficiente para evitar una actitud de ingratitud. Sin embargo, la mejor razón para evitar murmurar es simple: tratar a nuestro Dios con amor.

Una de las principales formas de demostrarlo es gozarnos de continuo y dar gracias a Dios en todo. Eso significa que no nos deprimiremos ni nos desanimaremos. Debemos mantener una perspectiva positiva, y una fe expectante.

Cuando algo negativo nos suceda, démosle gracias a Dios en medio de esa situación. No le demos gracias **por** las malas cosas —porque él no es el autor de las cosas malas, es el diablo—. Sin embargo, podemos permanecer agradecidos con Dios mientras atravesemos por dicha situación.

No importa qué tan malas sean las cosas, siempre tendremos algo para estar agradecidos con Dios. Si no tuviéramos algo para estar agradecidos, démosle gracias porque tenemos vida y aliento en nuestro cuerpo. Y tenemos Su Palabra, en la cual se nos enseña cómo atravesar cualquier situación en victoria. Por tanto, podemos declarar: "SEÑOR, éste es un momento difícil, pero te doy gracias porque es pasajero. Puedo permanecer firme en Tu PALABRA, ¡y las cosas cambiarán! Estoy agradecido porque nunca me dejarás ni me abandonarás. Estarás conmigo, ¡y me verás salir en victoria!".

Ésa es la clase de palabras que le agradan al SEÑOR. Cuando las confesamos, y lo tratamos con el amor que Él merece.

Amor
sin límites

Algo muy insensato de realizar

«El siguiente día de descanso, comenzó a enseñar en la sinagoga, y muchos de los que lo oían quedaban asombrados. Preguntaban: «¿De dónde sacó toda esa sabiduría y el poder para realizar semejantes milagros?». Y se burlaban: «Es un simple carpintero, hijo de María y hermano de Santiago, José, Judas y Simón. Y sus hermanas viven aquí mismo entre nosotros». Se sentían profundamente ofendidos y se negaron a creer en él. Y, debido a la incredulidad de ellos, Jesús no pudo hacer ningún milagro allí, excepto poner sus manos sobre algunos enfermos y sanarlos»
(Marcos 6:2-3. 5, NTV).

Es imposible vivir en amor cuando se siente ofendido con otra persona. Sin embargo, ¿ha considerado que su vida de amor también se ve afectada cuando se ofende con **Dios**? Cuando comienza a culparlo por las cosas que andan mal en su vida, diciendo: "No sé porque Dios permite que esto me pase a mí…". Tomar esa actitud lo aparta del amor, y al entrar en contienda; usted se dirigirá hacia la nada.

Si lo analiza, se dará cuenta que enfadarse con Dios es una de las cosas más insensatas que podemos hacer. En la Biblia se nos enseña con claridad, que Él es perfecto en todos Sus caminos (Deuteronomio 32:4). Dios jamás se equivoca. Él siempre es bueno y actúa justo a tiempo. Por tanto, si las cosas no están funcionando, debemos examinarnos. También necesitamos escuchar las palabras que confesamos con nuestra boca, pues generalmente cuando hay un problema; podemos encontrarlo en nuestras confesiones. Entonces descubriremos que nos hemos rendido ante la presión de nuestra situación, y que hemos comenzado a hablar duda y temor, en lugar de confesar la PALABRA de Dios. Nos daremos cuenta de que hemos impedido que el SEÑOR realice poderosas obras a nuestro favor, debido a nuestras propias palabras de incredulidad.

Esa actitud tomó la gente en Nazaret cuando Jesús estuvo allí. En lugar de amarlo y apreciar el poder de Dios que obraba en Él, se ofendieron. Pues el Mesías no actuó como ellos esperaban. Jesús no hizo ni dijo las cosas que ellos pensaron que haría. Por consiguiente, se ofendieron y se negaron a confiar en Él.

Sin duda, eso entristeció al Señor; sin embargo, ¿sabe usted quien pagó el precio más alto en esa situación? La gente de Nazaret. No recibieron su sanidad ni los milagros que Jesús deseaba realizar entre ellos. Tampoco recibieron la liberación que necesitaban. ¡Y todo porque se ofendieron!

La próxima vez que sea tentado a enfadarse con Dios, y a molestarse con Él por algo malo que le haya sucedido; rechace la tentación de ofenderse. En cambio, siga amando al Señor y confiando en Él. Continúe confesando Su bondad, crea en Su Palabra, ¡y Él realizará poderosas obras para usted!

Amor
sin límites

¡Nuestro amoroso Dios puede obrar milagros como éste!

«No moriré, sino que viviré, y contaré las obras de JAH»
(Salmos 118:17).

Cuando hablamos acerca de la bondad y del amor del SEÑOR (en especial cuando estamos con personas del mundo o con gente muy religiosa), siempre alguien cuenta una historia en la cual Dios queda en mal. Ellos declaran: "Si Dios es tan amoroso, ¿porqué permitió que nuestra supersanta hermana muriera de esa terrible enfermedad? ¿Por qué no realizó algo para salvarla?".

Jamás permita que esas historias lo hagan titubear. Apéguese a la Palabra, y permanezca fuerte en su fe con respecto a la naturaleza de amor de Dios... y comience a recopilar algunas inspiradoras historias que usted haya experimentado.

Reúna historias como la de la hermana Pearl. Ella asistió a una de nuestras reuniones de sanidad en Denver hace algunos años. Pero no asistió para recibir sanidad, sino para que su hija y su nieta contaran su testimonio acerca de lo que el SEÑOR ya había realizado en su vida.

Unos meses antes, llevaron a Pearl a la sala de emergencias y le diagnosticaron meningitis espinal. Incluso antes de que su hija llegara al hospital, la hermana Pearl ya había entrado en coma. Ella relata: «Lo único que recuerdo es que cerré mis ojos. No sentí ningún dolor, y fui a un bello lugar donde sólo había paz y descanso».

En ese momento, quizás Pearl se sentía feliz de volver a casa, al cielo, y estar con el SEÑOR. Sin embargo, su hija y su nieta no estaban dispuestas a que eso sucediera. La hermana las educó conforme a la PALABRA de Dios. Les había enseñado la verdad acerca del amor de Dios, y de Su poder sanador. Ella las había preparado, a fin de que vivieran en fe.

Así que en ese momento crítico, ¡esa formación se notó! Cuando los médicos indicaron que el corazón de Pearl no funcionaba de forma correcta, se negaron a sentir temor. Cuando les dijeron que sus pulmones estaban fallando y que su cerebro estaba lleno de fluidos, continuaron creyendo que Pearl no moriría; sino que viviría, y declararon las obras del SEÑOR. Los médicos estaban confundidos, y preguntaron: "¿Acaso no ven los informes? ¿No entienden qué significan los resultados de los exámenes y de la resonancia magnética?".

La hija y la nieta respondieron: "Nosotras no vemos las cosas con nuestros ojos naturales, sólo vemos la PALABRA de Dios; en la cual leemos que por la llaga de Jesús, ¡ella es sana!".

Pocos días después, la salud de Pearl cambió. Su corazón, sus pulmones y su cerebro volvieron a la normalidad. A pesar de las nefastas predicciones de los médicos, ella ni siquiera camina con un bastón. No tiene ningún daño cerebral, y se sintió mejor que nunca cuando le dieron de alta en el hospital.

Cuando una persona se atreve a creer, y a actuar conforme a la PALABRA, ¡nuestro amoroso Dios puede obrar milagros como éste!

Amor
sin límites

Ame... y sea feliz

«No hay cosa mejor para el hombre sino que coma y beba, y que su alma se alegre en su trabajo. También he visto que esto es de la mano de Dios»
(Eclesiastés 2:24).

El SEÑOR nos ordena que vivamos en amor, pues Él desea que seamos felices. Dios anhela que disfrutemos nuestra vida, y mientras más amemos, ¡más la disfrutaremos!

Cuando nos apartamos del amor, y entramos en contienda, tenemos falta de perdón y aceptamos la ofensa; la miseria viene a nuestra vida. Cuando vivimos conforme a estas influencias, le tendemos una alfombra de bienvenida al diablo. Le entregamos una invitación abierta para que venga a atormentarnos, y a causar estragos en cada área de nuestra vida. Le abrimos la puerta a las enfermedades, a las dolencias y a toda clase de aflicciones mentales y emocionales. En lugar de disfrutar nuestra vida, nos encontramos luchando sólo para sobrevivir.

Dios no desea que eso nos ocurra, Él anhela que ¡disfrutemos nuestra vida! No quiere que vivamos bajo la influencia de algún demonio que nos diga qué hacer. Y mucho menos que un demonio tome el control de nosotros, y arruine nuestra vida. ¡Tampoco quiere que vivamos estresados y deprimidos! Dios desea que seamos libres.

Él anhela que cada día nos levantemos con una canción en nuestro corazón, y que declaremos: *Éste es el día que ha hecho el SEÑOR. ¡Me regocijaré y me alegraré en él!*

Algunos creen que a Dios no le interesa nuestra comodidad y nuestra felicidad, pero sí le interesa. Él toma cuidado de las cosas grandes como de las pequeñas. En la Biblia leemos que Dios tiene tanto cuidado de nosotros, que incluso tiene contados los cabellos de nuestra cabeza!

El SEÑOR, a través del ministerio de Jesús, nos reveló lo deseoso que está de bendecirnos y ayudarnos. Lea los Evangelios, y verá cuánto anhelaba ayudar a las personas. Ni siquiera tuvieron que obligarlo o pedirle una cita. Sólo corrían hacia Él en la calle, y exclamaban: "¡SEÑOR, sáname!", y Jesús los sanaba. Mientras caminaba, vió a una madre llorar en el funeral de su hijo; y resucitó a ese joven sólo para que esa madre no sufriera. Cuando vio a la gente con hambre, obró un milagro ¡sólo para que no tuvieran que marcharse para comer!

Hoy en día ¡Él continúa con la misma disposición! No ha cambiado —excepto que ahora, es más poderoso que nunca—. Ahora, Jesús es el SEÑOR resucitado de toda la Tierra, sentado a la diestra del Padre; y todo el poder y la autoridad es suya.

No sólo está dispuesto, también anhela que ese poder esté disponible para nosotros y a través de nosotros. Él se encargará de que seamos una BENDICIÓN para los demás, y de que disfrutemos Su bondad todos los días de nuestra vida —sólo si vivimos en amor—.

Amor
sin límites

Olvide sus pecados

«Porque seré propicio a sus injusticias, y nunca más me acordaré de sus pecados y de sus iniquidades»
(Hebreos 8:12).

Dios nos ama tanto que cuando nos limpia de nuestros pecados, no sólo nos perdona; sino ¡se olvida por completo de ellos! Y, si Él no los recuerda, tampoco nosotros debemos recordarlos. Jamás permitamos que el diablo nos deprima, al recordarnos los pecados de nuestro pasado.

El enemigo se esforzará por oprimirlo de esa manera. Al instante en que él lo vea prosperar y vivir conforme a la justicia que Dios le ha dado; le recordará su pasado diciéndole: "¿Cómo esperas realizar algo por Dios, después de todas las cosas malas que has hecho?".

Cuando eso suceda, manténgase firme en la fe. Pues cuando usted, se arrepintió, la sangre de Jesús borró esos pecados. No permita que el diablo llene su cabeza con esos pensamientos. No permita que se los recuerde.

Mejor, realice lo que Jesús declaró en Lucas 17:32. ¡Y recuerde lo que le pasó a la esposa de Lot!

En ese versículo Jesús se refería al momento en que Dios envió a un ángel a sacar a Lot y a su familia de la ciudad de Sodoma, pues era una ciudad pecaminosa e iba a ser destruida. El ángel les dio instrucciones que los llevarían a salvo a su destino. Él les indicó: *«no mires hacia atrás...»* (Génesis 19:17, *NVI*).

Sin embargo, su esposa desobedeció. Ella volteó a ver ese lugar pecaminoso, y quedo atrapada ahí. De acuerdo con la Biblia, en ese lugar se convirtió en una estatua de sal. La esposa de Lot nunca llegó al lugar que Dios la llevaba, pues se negó a dejar su pasado atrás.

Hace algunos años, Kenneth y yo escuchamos una historia acerca de un niño en la escuela dominical que reaccionó a ese relato con gran emoción. Después de que su maestro enseñó de que forma la esposa de Lot miró atrás y se convirtió en estatua de sal, él levantó su mano con entusiasmo y exclamó: «¡Eso no es nada! Cuando mi mamá conducía el otro día, miro hacia atrás, ¡y se convirtió en un **poste telefónico**!».

Es claro que el niño malentendió la historia bíblica, pero por extraño que parezca; el mensaje es el mismo. Cuando permitimos que nuestro pasado nos distraiga, y fijamos nuestra mirada en eventos del pasado; nos salimos del camino y nos metemos en problemas. Y terminamos atrapados en el ayer, incapaces de cumplir la voluntad de Dios para nuestra vida.

No permita que eso le suceda. Tome ventaja de que Dios en Su amor, olvida sus pecados. Siga Su ejemplo, y no recuerde más sus pecados. Manténgase alejado de las estatuas de sal y de los postes telefónicos, ponga su mirada en Jesús, ¡y siga avanzando hacia su destino en Él!

Amor
s i n   l í m i t e s

Levántese y sea sano

«[Jesús] quien llevó él mismo nuestros pecados en su cuerpo sobre el madero,
para que nosotros, estando muertos a los pecados, vivamos a la justicia; y
por cuya herida fuisteis sanados»
(1 Pedro 2:24).

Por miles de años, el diablo ha utilizado la enfermedad y las dolencias para que las personas duden del amor de Dios. Una y otra vez, él ha señalado con su dedo acusador, y ha expresado: "Si a Dios le interesa tanto Su pueblo, ¿por qué les permite padecer enfermedades y dolencias? Cuando ellos oran por sanidad, ¿por qué a menudo Él demora en dárselas o incluso se niega a enviárselas?".

Según la Biblia, eso no es cierto.

Quizá alguien argumente: "Espere un minuto. Mi querida abuelita oró para recibir sanidad de artritis, y Dios le respondió que debía esperar por un tiempo. Le dijo que la artritis era para enseñarle algo".

Con todo el respeto que la abuelita merece, puedo asegurarle que Dios nunca dijo tal cosa. Él no expresó tales palabras, pues Él proveyó la sanidad para la abuelita, y para todos nosotros, hace más de 2000 años; cuando envió a Jesús a llevar nuestras enfermedades y nuestras dolencias (Isaías 53:5). Ni tampoco se demora en enviárnosla, pues en lo que a Él respecta; ésta ya nos pertenece. Nosotros sólo debemos creer y recibirla. Y si no la obtenemos, no debemos esperar a que Dios haga algo; pues somos nosotros quienes debemos hacer algo.

Kenneth y yo lo sabemos, no sólo porque lo hemos leído en la PALABRA, sino también por experiencia propia. Cuando iniciamos nuestra relación con Dios, aprendimos de inmediato que Él realiza milagros. Los habíamos visto de forma directa. Pero cuando escuchamos a Oral Roberts predicar acerca de éstos, creímos. Sin embargo, nosotros aún luchábamos contra la enfermedad.

No obstante, un día escuchamos una prédica de Kenneth E. Hagin acerca de 1 Pedro 2:24. Descubrimos que cuando Jesús fue a la cruz, Él compró para nosotros, no sólo salvación para nuestro espíritu y nuestra alma; sino también sanidad para nuestro cuerpo. Cuando creímos en esa enseñanza, toda nuestra perspectiva cambió. Dejamos de vernos como enfermos que intentan que Dios los sane; y comenzamos a visualizarnos como personas sanas en el SEÑOR. Comprendimos que la sanidad ya nos pertenecía, y cuando el diablo vino a robarla atacándonos con enfermedades y dolencias, lo resistimos, ¡y nos negamos a recibirlas!

Como resultado, no sólo nosotros comenzamos a vivir en sanidad divina y en salud, sino también nuestros hijos; pues ni una sola vez los hemos llevado al médico por enfermedades o dolencias. Los habríamos llevado, de haber sido necesario, pero jamás lo fue. Cada vez que comenzaban a enfermarse, orábamos y; ¡ ellos recibían su sanidad!

Si usted desea que esta verdad sea una realidad para su vida, deje de anhelar; y comience a creer. Reciba por fe lo que Dios, en Su inmenso amor, ya le ha provisto. ¡Levántese y sea sano en el nombre de Jesús!

Amor
sin límites

La verdad os hará libres

«Gracia y paz os sean multiplicadas, en el conocimiento de Dios y de nuestro Señor Jesús. Como todas las cosas que pertenecen a la vida y a la piedad nos han sido dadas por su divino poder, mediante el conocimiento de aquel que nos llamó por su gloria y excelencia, por medio de las cuales nos ha dado preciosas y grandísimas promesas, para que por ellas llegaseis a ser participantes de la naturaleza divina, habiendo huido de la corrupción que hay en el mundo a causa de la concupiscencia»
(2 Pedro 1:2-4).

¿Alguna vez ha deseado ser absolutamente libre del egoísmo? ¿Ha anhelado deshacerse de la esclavitud de la carne, y de cada estorbo que le ha impedido vivir a plenitud en amor?

Aunque parezca asombroso, ¡podemos lograrlo!

Jesús nos enseñó cómo: *«Si vosotros permaneciereis en mi palabra, seréis verdaderamente mis discípulos; y conoceréis la verdad, y la verdad os hará libres»* (Juan 8:31-32).

Por esa razón, debemos meditar una y otra vez, en los versículos referentes a que somos partícipes de la naturaleza divina y de amor. Necesitamos incrementar nuestra revelación acerca de que el amor de Dios ha sido derramado en nuestro corazón. A medida que conozcamos esa verdad, por completo y a profundidad, ¡más libres seremos!

Tratar de liberarnos de esos hábitos y comportamientos faltos de amor, utilizando la disciplina humana; no funcionará. Tampoco funcionará "intentar ser amables" en nuestras propias fuerzas. Pues fallaremos de forma inevitable, nos frustraremos y nos desanimaremos. Y como consecuencia, terminaremos más molestos y malhumorados ¡que cuando empezamos!

La única manera de tener éxito al vivir en amor, es cuando lo hacemos basados en la gracia de Dios que se encuentra en nuestro interior. La única manera de amar como Jesús es permitiendo que Su naturaleza, la cual habita en el interior de nuestro espíritu humano renacido, fluya a través nuestro. Entre más sepamos de Su naturaleza, más podremos amar como Él.

En 2 Pedro 1:2, leemos que la gracia de Dios se multiplica por medio del conocimiento de Dios y de Jesús ¡nuestro SEÑOR! Esa verdad se aplica en cada área de la vida cristiana. No podemos recibir nada de Dios, sin tener el conocimiento. Primero, debemos escucharlas y cuando las escuchemos, la fe vendrá. A medida que creamos y comencemos a actuar basados en Sus promesas, veremos Su poder obrando en nuestra vida.

Por tanto, escudriñe la PALABRA y descubra más acerca de la naturaleza de amor de Dios la cual mora en usted. Medite en ella, confiésela y declare: ¡El amor de Dios habita en mí! Después, comience a actuar por fe, y las ataduras de la carne serán destruidas. Entonces, ¡conocerá la verdad, y ésta lo hará libre!

Gloria

Amor
sin límites

Véase a través de los ojos de Dios

«Porque si estas cosas están en vosotros, y abundan, no os dejarán estar ociosos ni sin fruto en cuanto al conocimiento de nuestro Señor Jesucristo. Pero el que no tiene estas cosas tiene la vista muy corta; es ciego, habiendo olvidado la purificación de sus antiguos pecados»
(2 Pedro 1:8-9).

Los versículos que preceden estas escrituras, mencionan muchos de los frutos del espíritu —el más importante de todos es el **amor**—. Los frutos nos permiten saber que si el amor de Dios no abunda ni crece en nuestra vida, es por una razón: Nos hemos olvidado de que fuimos limpios de nuestros antiguos pecados.

Hablando en lo espiritual, nos hemos olvidado de quienes somos.

¿Cómo es posible que lo olvidemos? En realidad, es sencillo. Sólo debemos permitir que los detalles diarios de la vida nos atrapen, para no tener el tiempo de sentarnos y vernos en el espejo de la PALABRA (Santiago 1:23-25). Y perder comunión con nuestro espíritu renacido, y comenzar a pensar de nosotros mismos como simples seres humanos naturales.

No es un proceso que dure años, pues puede suceder en tan sólo un día.

Pues el diablo trabaja de manera constante para cegarnos ante la verdad del espíritu. De forma continua, se afana para llenar nuestra mente con los hechos de este mundo físico. El enemigo quiere que nos involucremos demasiado en este mundo temporal, al punto que perdamos de vista lo eterno e invisible. Cuando cometemos ese error, olvidamos en quienes deseaba Dios que nos convirtiéramos y cedemos ante lo que la externa evidencia natural declara que debemos ser.

Cuando tropezamos y actuamos con falta de amor, comenzamos a pensar que, de hecho, somos personas sin amor y desagradables. Cuando experimentamos sentimientos naturales de egoísmo y molestia, comenzamos a asumir que somos así por naturaleza, en lugar de vernos como en la PALABRA se nos afirma que somos —como nuestro Padre— compasivos, amables y pacientes.

¿Y cuál es la solución? ¡Es simple! Jamás se olvide quién es en Cristo Jesús. Nunca permita que un día termine, sin acercarse a Dios en Su PALABRA y en oración, a fin de que Él pueda recordarle quién deseaba que usted sea.

Es sencillo crecer en amor cuando se le ha recordado que el Dios de amor lo recreó a usted a Su imagen. Es fácil sacudirse los hábitos egoístas, y el pecado cuando vive consciente de que Él, quien no conoció pecado, fue hecho pecado por usted, a fin de que fuera hecho la justicia de Dios. Usted no vivirá conforme al mundo ni en falta de amor cuando guarda su mente de acuerdo con la verdad que afirma que se encuentra lleno del Espíritu de su Padre celestial, y que está destinado a ser como Él.

Si olvida estas revelaciones, su vida se volverá estéril. Por tanto, ¡no las olvide! Abra su Biblia con frecuencia, y véase en el espejo de la PALABRA. Véase cada día a través de los ojos de Dios.

Amor
sin límites

Gane al mundo con amor

«Honrad a todos. Amad a los hermanos. Temed a Dios. Honrad al rey»
(1 Pedro 2:17).

La razón por la que nosotros, como hijos de Dios, vivimos en este mundo es para establecer el reino de Dios. Ciertamente, Él desea bendecirnos y darnos una vida maravillosa, pero si eso es todo lo que anhela realizar, nos llevaría al cielo en el instante en que aceptamos a Jesús como el SEÑOR de nuestra vida. Después de todo, lo menos que el cielo tiene para ofrecernos supera lo mejor que tenemos en la Tierra.

Sin embargo, Dios nos deja aquí para que influenciemos a los demás, a fin de que los alcancemos para Su Reino. Nos pidió que compartiéramos el evangelio con los inconversos, para que puedan nacer de nuevo. Una de las formas más poderosas en que podemos lograr esa tarea es amándolos.

El amor de Dios es una de las fuerzas más evangelistas de todas. El mundo entero busca amor todo el tiempo, adondequiera que van. Quizá no se haya percatado de eso, si ha sido cristiano todo el tiempo. Y es posible que piense en el amor como un hecho seguro. Lo sé, porque en ocasiones lo hago. Toda mi familia, todos mis amigos y todas las personas con las que trabajo son salvos… y puesto que todos ellos tienen el amor de Dios fluyendo a través de sí, casi siempre estoy rodeada de amor.

Las personas del mundo no han tenido esa experiencia. Se encuentran rodeadas por una sociedad egoísta y en constante competencia. No han sido muy expuestas al amor de Dios, y están hambrientas por ese amor.

Si tan sólo permite que el amor de Dios, el cual está en su interior, fluya hacia esas personas; se sorprenderá de cuánto los ministrará. Si las honra y las respeta, y las trata como si fueran los seres más preciosos y valiosos en el mundo; el amor de Dios las tocará y abrirá su corazón. Entonces, cuando usted tenga la oportunidad de compartirles el evangelio, estarán dispuestas a escuchar las buenas nuevas. Y estarán preparadas y listas para recibir.

En tiempos pasados, la Iglesia cometía grandes equivocaciones en esta área. Nos enfocamos demasiado en el pecado de la gente que comenzamos a ignorarlos y a menospreciarlos. Desarrollamos una actitud interna de desprecio hacia quienes estaban en rebelión contra Dios y no habían nacido de nuevo.

Sin embargo, en la Biblia no se nos enseña que actuemos de esa manera, pues en ella leemos que debemos honrarlos a todos. También se nos enseña que necesitamos ser como nuestro Padre quien amó mucho, no sólo a los justos; sino a todo el mundo, y envió a Jesús a morir por sus pecados. Incluso en nuestra condición de caídos y deshonrados, Dios vio en nosotros a los maravillosos seres que Él diseñó. Él recordó lo que éramos antes de la caída, nos vio con ojos de amor, y vio que, por medio de Su redención, podríamos volver a ser lo que antes éramos.

Cuando comencemos a ver al inconverso bajo el conocimiento de esa revelación, lo amaremos como Dios lo ama… y ese amor lo acercará al Padre.

Gloria

Día 360

Una eficiente cura espiritual

«Digo, pues: Andad en el Espíritu, y no satisfagáis los deseos de la carne.
Porque el deseo de la carne es contra el Espíritu, y el del Espíritu es contra
la carne; y éstos se oponen entre sí, para que no hagáis lo que quisiereis»
(Gálatas 5:16-17).

¿Ha escuchado usted alguna vez el antiguo dicho: "Comer un hielo mata la fiebre"? Algunas personas aseguran que esto ayuda a curar los síntomas de la enfermedad en su cuerpo. No sé si sea verdad o no, sin embargo, puedo darle una fórmula parecida; la cual es una cura segura cuando está enfermo espiritualmente. Ésta le ayudará a vencer los síntomas de egoísmo en su vida de amor.

¡Alimente su espíritu, y mate su carne!

Quizá eso no se escuche muy poético, sin embargo, es absolutamente bíblico. Y, por experiencia, ¡puedo asegurarle que funciona!

Ésta es la razón. Una vez que ha nacido de nuevo, recibe en su interior un espíritu renacido y puro. Por dentro, usted es una nueva persona recreada en Cristo Jesús, hecho con el fin de vivir en amor. Pero por fuera, viste la misma y antigua carne que siempre ha tenido. Y hasta que renueve su mente con la PALABRA de Dios, tendrá los mismos viejos pensamientos.

Es claro que todo esto creará un conflicto. La carne (la cual está conformada de su mente no renovada, y de su cuerpo muerto en lo espiritual) lo llevará hacia una dirección —**el camino incorrecto**— y su espíritu lo llevará a otra. En la Biblia leemos que: "Ambos son contrarios entre sí"; y hasta que lleguemos al cielo o seamos arrebatados, siempre serán contrarios.

Si su espíritu tiene el dominio, vencerá los deseos de la carne. Vencerá al egoísmo y vivirá en amor. Si su carne tiene el dominio, realizará las mismas viejas cosas que hacía antes de nacer de nuevo. La pregunta es: ¿Qué lado ganará?

La respuesta es obvia. El lado que sea más fuerte siempre tendrá la ventaja.

Eso significa que si usted renueva su mente con la PALABRA de Dios, abastece su corazón con alimento espiritual y lo edifica orando en lenguas; teniendo comunión con Dios, y fortaleciéndose, y congregándose en una iglesia ungida, Su espíritu se levantará y vencerá su carne. Si se da a sí mismo una ventaja extra apartándose de los placeres del mundo —sí, placeres, cosas desagradables como las películas que acostumbra mirar y esas sesiones de chismes en la oficina— su carne se debilitará más y más; y su espíritu ganará la batalla con facilidad.

Recuerde esto cuando comience a sufrir síntomas de egoísmo, y tropiece en su vida de amor. Tome la cura. Alimente su espíritu y mate su carne; y entonces será más fuerte en lo espiritual y ¡estará saludable muy pronto!

Amor
sin límites

Dígale **sí** al Espíritu, y **no** a la carne

«Así que, hermanos, deudores somos, no a la carne, para que vivamos conforme a la carne; porque si vivís conforme a la carne, moriréis; mas si por el Espíritu hacéis morir las obras de la carne, viviréis. Porque todos los que son guiados por el Espíritu de Dios, éstos son hijos de Dios»
(Romanos 8:12-14).

Si aprendemos a ser guiados por el Espíritu Santo, disfrutaremos una vida de amor. De hecho, podemos ver la medida real de cómo somos guiados por el Espíritu, a través del amor que fluye de nosotros en nuestra vida diaria. Puesto que Dios mismo es amor, Su Espíritu siempre nos guiará para ser amables y gentiles con las personas. Él nos permitirá verlos, brindarles una cálida sonrisa y decirles hola, en lugar de pasar delante de ellos de forma grosera cuando nos dirigimos a "servirle al SEÑOR".

El Espíritu Santo también aumentará nuestra vida de amor guiándonos para negarnos (o como se afirma en este pasaje: darle muerte) a nuestra carne cuando ésta se levante y desee actuar de manera egoísta y en desamor. Cuando nuestro cuerpo esté cansado y nos sintamos malhumorados y molestos con los demás, el Espíritu Santo nos guiará para negarnos a que estos sentimientos nos gobiernen. Él nos dará la sabiduría y la fortaleza para someter a nuestro cuerpo y hacerlo obedecer la ley del amor.

Algunas personas parecen no comprenderlo. Piensan que lo único que se necesita para vivir en el espíritu de forma exitosa es decir **sí** a Dios de todo corazón cuando oran: "Oh, SEÑOR. En realidad deseo disfrutar una vida de amor. Me rindo por completo ante Ti. Ayúdame, SEÑOR, a ser más amoroso hoy".

Esa oración es buena y es maravillosa… pero sólo es una parte. Si vamos a vivir en amor, no sólo debemos decirle sí al SEÑOR, pues debemos, a través de Su gracia, ¡expresar un **NO** igualmente poderoso! a las presiones de la carne. Una vez que le hayamos pedido al SEÑOR que nos ayude, ¡eso será lo primero que Él nos guíe a realizar!

En la PALABRA leemos que los deseos de la carne son contrarios a los del espíritu. Eso significa que si permite que su carne haga lo que desea, jamás vivirá de manera consistente en amor. Por tanto, cuando nuestra naturaleza carnal comience a poner demandas sobre nosotros, debemos levantarnos en el espíritu y sujetarla a la PALABRA. Declaremos: ¡*Carne, no!* No harás eso. ¡*Detente, en el nombre de Jesús!*

Tenemos que seguir el ejemplo del apóstol Pablo quien manifestó: «*…golpeo mi cuerpo, y lo pongo en servidumbre, no sea que habiendo sido heraldo para otros, yo mismo venga a ser eliminado*» (1 Corintios 9:27). Al decir **sí** al espíritu y **no** a la carne, seremos aptos para ministrar a otros, y disfrutaremos la vida de amor.

Amor
sin límites

Edificado sobre la roca

«Todo aquel que viene a mí, y oye mis palabras y las hace, os indicaré a quién es semejante. Semejante es al hombre que al edificar una casa, cavó y ahondó y puso el fundamento sobre la roca; y cuando vino una inundación, el río dio con ímpetu contra aquella casa, pero no la pudo mover, porque estaba fundada sobre la roca. Mas el que oyó y no hizo, semejante es al hombre que edificó su casa sobre tierra, sin fundamento; contra la cual el río dio con ímpetu, y luego cayó, y fue grande la ruina de aquella casa»
(Lucas 6:47-49).

¡Yo amo las verdades de la PALABRA de Dios! Y atesoro el conocimiento adquirido por revelación. Sin embargo, sólo conocer lo que se nos enseña en la Biblia acerca del amor —o cualquier otra área de la vida que sea importante— no es suficiente. Podemos sabernos cada escritura referente al amor y estar confiados de que el amor de Dios habita en nosotros. Podemos ser conscientes que, como creyentes, nuestro gran mandamiento es vivir en amor. Es posible que sepamos todas estas cosas y sigamos siendo lo peor que existe. Eso es verdad. Con todo ese conocimiento, podemos terminar viviendo como prisioneros de nuestra carne egoísta.

Quizá usted pregunte: "¿Cómo puede pasar eso? ¿Acaso no dijo Jesús que la verdad nos haría libres?".

Sí, pero en un versículo antes Él condicionó esa declaración: "Si habitan en Mi PALABRA [toman Mis enseñanzas y viven conforme a ellas], en verdad son Mis discípulos. Y conocerán la verdad y la verdad los hará libres" (Juan 8:31-32, *AMP*).

No es sólo el conocimiento de la PALABRA lo que lo hace libre. Sino también actuar en base a lo que sabe, y mantener la PALABRA viva en usted constantemente, lo hará libre. Mientras más escuche de la PALABRA y actúe conforme a ella, más inamovible se volverá. Será como el hombre que edificó su casa sobre la roca. Luego, cuando las tormentas de la vida vengan, permanecerá fuerte y sólido sobre la PALABRA, y será BENDECIDO.

Sin embargo, si falla en actuar conforme a lo que escucha, comenzará a pensar que es fuerte y sólido porque tiene la cabeza llena de conocimiento, pero, en realidad, se encontrará sobre suelo inestable. Entonces, cuando las presiones de la vida lo azoten o el diablo lo golpee, la torre de conocimiento que edificó caerá.

Por consiguiente, a medida que continúe estudiando y meditando en la PALABRA de amor, asegúrese de actuar en base a lo que aprendió. Analícese a sí mismo de forma frecuente para ver qué está haciendo diferente como resultado de su estudio en el amor, y pregúntese: "¿Qué hábitos y tendencias de desamor estoy superando de forma efectiva en estos días? ¿Qué estoy haciendo ahora que antes no realizaba?". No sólo sea un oidor… sino sea un hacedor. Edifique su casa sobre la Roca. Escuche y **viva** de acuerdo con la ley de amor.

Día 363 **Amor** sin límites

Más que suficiente

«Engrandeced a Jehová conmigo, y exaltemos a una su nombre»
(Salmos 34:3).

En ocasiones, cuando les expresa a las personas que Dios las ama (en especial cuando se encuentran en medio de un problema o de una prueba), actúan como si no fuera algo relevante. Ellas no se sienten cómodas ni animadas porque han permitido que sus problemas sean mucho más grandes en su mente que Dios. Han engrandecido las circunstancias y no al SEÑOR, por consiguiente, no creen que Su amor sea suficiente para que salgan adelante.

Sin embargo, en la Biblia se nos enseña que hagamos lo contrario: ¡Engrandezca al SEÑOR! ¿Cómo? Enfocando nuestro corazón, nuestra mente y nuestra boca en Él hasta que sea lo más grande en nuestra vida. Lo hacemos grande a nuestros ojos hablando de Su gran poder y amor.

No importa cuánto engrandezcamos a Dios, jamás podremos hacerlo tan grande como Él es en realidad. Nunca podremos sobrevalorar Su amor. El amor de Dios es tan grande que pasaríamos toda la eternidad explorándolo. Él es tan bueno que no importa cuán bueno pensemos que es… ¡continuaremos descubriendo que es mejor de lo que pensamos!

Hace algún tiempo, Kenneth y yo recibimos una carta de una señorita en Rusia quien había estado sintonizando nuestro programa televisivo. Su carta me bendijo en gran manera. Aunque tenía más problemas de los que la mayoría de nosotros tendrá, estaba feliz porque confiaba en el amor de Dios, y creía que Él podía hacer cualquier cosa por ella.

Nos contó cómo Dios había puesto comida en su mesa y le había dado un lugar para vivir. Nos escribió acerca de lo mucho que su vida había mejorado desde que descubrió la bondad de Dios y aceptó a Jesús como su SEÑOR. Entonces relató algo que me hizo reír mucho. Al parecer en uno de los programas que miró, uno de los ministros había expresado que Dios puede darnos un avión (Para algunos de nosotros quienes hemos sido llamados a predicar por todo el mundo ¡un avión es de gran ayuda!).

En respuesta, ella escribió algo como esto: "Me gusta todo lo que enseñan y estoy de acuerdo con ello. Sin embargo, no sé qué haría con un avión. Representaría un gran problema para mí. Tendría que contratar a un piloto y buscar un hangar donde pueda guardarlo. No se imaginan lo complicado que sería para mí. Si no les importa, pienso que podría evadir esa bendición, pues no creo que necesite un avión".

¿No es maravilloso? Jamás se le habría ocurrido a esta señorita llena de fe que Dios no estaría dispuesto o no podría darle su avión. Ella sabía cuán grande y amoroso es Él. Ella lo había engrandecido en su vida y en su corazón. En su mente, sus problemas no eran gran cosa, pues había engrandecido al SEÑOR, y sabía que ¡Él es más que suficiente!

Amor
sin límites

Hable el lenguaje de amor de Dios

"Por tanto, por medio del Él, ofrezcamos continuamente y en todo tiempo sacrificio de alabanza a Dios, el cual es fruto de labios que agradecen con conocimiento".
(Hebreos 13:15, *AMP*).

Para Dios, la alabanza es el **lenguaje de amor**. Por tanto, si desea que Dios sepa que usted lo ama a Él, lleve a cabo lo que se nos indica en este versículo y alábelo constantemente… en todo tiempo. No sea agradecido un día y reniegue al siguiente. Agradezca y regocíjese por lo que el SEÑOR ha hecho en su vida.

De acuerdo con Efesio 5:18-20, ésa no es tan sólo una buena idea, sino es la voluntad de Dios para nosotros. Él nos pide que de continuo estemos llenos con el Espíritu: *«Hablando entre vosotros con salmos, con himnos y cánticos espirituales, cantando y alabando al Señor en vuestros corazones; dando siempre gracias por todo al Dios y Padre, en el nombre de nuestro Señor Jesucristo».* Debemos expresar nuestro amor a Dios cantando y declarando Sus alabanzas —en la ducha, en nuestro automóvil, incluso cuando vamos a nuestra trabajo—. Ya sea que lo hagamos en voz alta o de manera silenciosa en nuestro corazón, alabémosle todo el tiempo.

Así desea Dios que seamos, que estemos llenos de victoria de modo que rebosemos de gratitud hacia Él. El SEÑOR anhela que estemos tan llenos de Sus alabanzas que nadie tenga que guiarnos o motivarnos, alabémosle porque sin Él no podemos ayudarnos a nosotros mismos.

Quizá usted exprese: "No sé cómo pueda llevarlo a cabo, pues tengo tantos problemas que no siento alabar al SEÑOR. Y ahora no me siento muy feliz".

Entonces quizá deba comenzar por decidir hacerlo. Quizá tenga que expresar: "Alabaré al SEÑOR ya se que sienta hacerlo o no". Pero si lo alaba de todo corazón, en breve sentirá que le gusta. Comenzará a recordar qué tan mal estaban las cosas cuando Dios lo encontró. Y comenzará a meditar en lo que Él ha hecho por usted desde entonces. Se emocionará por lo que Él realizará en los días futuros… ¡y deseará cantar y gritar!

Cuanto más continúe alabando al SEÑOR y ande con Él, más razones tendrá para alabarlo. Y, uno de estos días, observará a su alrededor y verá el amor de Dios derramándose en cada área de su vida. Contemplará Su bondad adondequiera que mire. Comenzará a vivir en Su plan, disfrutará Su provisión y habitará en el lugar que el preparó especialmente para usted.

Usted será la prueba viviente que: *«Felices de verdad son los que tienen a Dios como el SEÑOR»* (Salmos 144:15, *DHH*). Y estará feliz de haber escogido ofrecer sacrificio de alabanza cuando los tiempos eran difíciles.

No vea hacia atrás

«...pero una cosa hago: olvidando ciertamente lo que queda atrás, y extendiéndome a lo que está delante, prosigo a la meta, al premio del supremo llamamiento de Dios en Cristo Jesús»
(Filipenses 3:13-14).

El diablo siempre intentará robarle su confianza en el amor de Dios tentándolo para que vea al pasado. Le quitará su atención de las maravillosas provisiones y promesas de Dios recordándole sus fracasos, dolores y desilusiones de ayer.

Pero mirar atrás no es la forma de avanzar en el reino de Dios. Tampoco es la forma de tomar los premios celestiales. Por tanto, no permita que el diablo lo persuada.

Tome su Biblia y busque qué declara Dios con respecto a su futuro. Él afirma que usted es sano, por tanto, regocíjese porque en su futuro tendrá un cuerpo saludable. Dios declara que usted es más que vencedor, por consiguiente, en su futuro disfrutará la victoria en cada área de su vida. Él manifiesta que lo ama y que posee una vida gloriosa delante de usted justo aquí en la Tierra —¡y una mejor vida le espera después de ésta!—.

Siempre recuerde que esta vida terrenal, la cual ahora disfrutamos, es sólo una situación temporal. Si vivimos por 120 años, ese tiempo será sólo un momento en la eternidad. ¡Pues vamos hacia el cielo! Debemos disfrutar una vida saludablemente BENDECIDA y prospera mientras estemos aquí, porque ésa es la voluntad de Dios. Sin embargo, a pesar de ello, necesitamos recordar que sólo estamos de paso.

Siempre tenemos que ser conscientes que durante este tiempo de vida realizaremos funciones temporales para Dios. Estamos aquí para trabajar para Él y para establecer Su Reino sobre la Tierra. Justo ahora, estamos guardando recompensas para el cielo. No podremos obtener la misma clase de recompensas una vez que lleguemos al cielo, porque allí no existirá ninguna presión. Ni habrá un diablo que intente pisotear nuestra cabeza, que nos haga enfermar y que robe nuestros recursos.

Ahora mismo, tenemos una breve oportunidad de glorificar a Dios permaneciendo fuertes en Su PALABRA y viviendo en amor justo frente a todas las presiones y mentiras que el diablo pueda enviarnos. Tenemos la oportunidad de expresar: "Está bien, diablo, lánzame tu mejor ataque. Cuando termines, continuaré aquí firme, creyendo que Dios me ama. Seguiré alabándolo y presionaré ¡hasta llegar al premio!".

Si comenzamos a pensar de esa manera, podremos permanecer más exitosos contra los intentos del diablo por detenernos. Cuando intente hacernos ver al pasado, sigamos viendo hacia adelante en fe. Sabiendo cuánto nos ama Jesús, llegaremos a nuestro futuro ¡llenos de las promesas y de la provisión de Dios!

Oración para recibir salvación y el bautismo del Espíritu Santo

Padre celestial, vengo a Ti en el nombre de Jesús. Tu Palabra dice: «Y todo aquel que invocare el nombre del Señor, será salvo» (Hechos 2:21). Jesús, yo te invoco y te pido que vengas a mi corazón y seas el Señor de mi vida de acuerdo con Romanos 10:9–10: «Que si confesares con tu boca que Jesús es el Señor, y creyeres en tu corazón que Dios le levantó de los muertos, serás salvo. Porque con el corazón se cree para justicia, pero con la boca se confiesa para salvación». Yo confieso ahora que Jesús es el Señor, y creo en mi corazón que Dios le resucitó de entre los muertos.

*¡Ahora he nacido de nuevo! ¡Soy cristiano, hijo del Dios todopoderoso! ¡Soy salvo! Señor, Tú también afirmas en Tu Palabra: «Pues si vosotros, siendo malos, sabéis dar buenas dádivas a vuestros hijos, ¿**cuánto más** vuestro Padre celestial dará el Espíritu Santo a los que se lo pidan?» (Lucas 11:13). Entonces te pido que me llenes con Tu Espíritu. Santo Espíritu, engrandécete dentro de mí a medida que alabo a Dios. Estoy plenamente convencido de que hablaré en otras lenguas, según Tú me concedas expresar (Hechos 2:4). En el nombre de Jesús, ¡amén!!*

En este momento, comience a alabar a Dios por llenarlo con el Espíritu Santo. Pronuncie esas palabras y sílabas que recibe, no hable en su idioma, sino en el lenguaje que el Espíritu Santo le da. Debe usar su propia voz, ya que Dios no lo forzará a hablar. No se preocupe por cómo suena, pues ¡es una lengua celestial!

Continúe con la bendición que Dios le ha dado, y ore en el espíritu cada día.

Ahora, usted es un creyente renacido y lleno del Espíritu Santo. ¡Usted nunca será el mismo!

Busque una iglesia donde se predique la Palabra de Dios valientemente, y obedezca esa Palabra. Forme parte de la familia cristiana que lo amará y cuidará, así como usted ame y cuide de ellos.

Necesitamos estar conectados unos con otros, lo cual aumenta nuestra fuerza en Dios, y es el plan del Señor para nosotros.

Adquiera el hábito de ver el programa de televisión La voz de victoria del creyente, y vuélvase un hacedor de la Palabra. Usted será bendecido al ponerla en práctica (lea Santiago 1:22–25).

Acerca de los autores

Kenneth y Gloria Copeland son los exitosos autores de más de 60 libros *best seller*. También han compartido la autoría de numerosas publicaciones como: *Promesas para la familia* y *Crezcamos de fe en fe: Una guía diaria para la victoria*. También son los fundadores de los Ministerios Kenneth Copeland, de Fort Worth, Texas. Desde 1967, han predicado la Palabra de Dios no adulterada por todo el mundo; así como también un estilo de vida victoriosa para cada cristiano.

Su programa de televisión *La voz de victoria del creyente* se transmite de lunes a viernes y los domingos en más de 500 estaciones alrededor del planeta. La revista *La voz de victoria del creyente,* alcanza un promedio de 600,000 creyentes en toda la Tierra. Su ministerio internacional de prisiones alcanza a más de 20,000 nuevos reclusos cada año; y se reciben más de 20,000 cartas mensuales de presidiarios. Asimismo, usted puede encontrar los mensajes de los esposos Copeland en la Internet. Adicionalmente, con la ayuda de sus colaboradores de las oficinas de Estados Unidos, Canadá, Inglaterra, Australia, Sudáfrica, Ucrania y Singapur, sus materiales de enseñanza —libros, revistas, audios y videos— han sido traducidos a 26 idiomas para alcanzar a la humanidad con el amor de Dios.

Cuando el SEÑOR le indicó a Kenneth y Gloria Copeland que iniciaran la revista *La voz de victoria del creyente*...

Les dijo: *Ésta es su semilla. Envíensela a todo el que responda a su ministerio, y ¡jamás permitan que alguien pague por una suscripción!*

Por casi 40 años, ha sido un gozo para los Ministerios Kenneth Copeland llevarles las buenas nuevas a los creyentes. Los lectores disfrutan las enseñanzas de ministros que escriben acerca de vidas en comunión con Dios, y testimonios de creyentes que experimentan la victoria en su vida diaria a través de la Palabra.

Hoy, la revista *LVVC* es enviada mensualmente por correo, llevando ánimo y bendición a los creyentes de todo el mundo. Incluso muchos de ellos la utilizan como una herramienta para ministrar, se la obsequian a otras personas que ¡desean conocer a Jesús y crecer en su fe!

Solicite hoy una suscripción GRATUITA para recibir la revista *La voz de victoria del creyente!*

Escríbanos a: Kenneth Copeland Ministries, Fort Worth, TX 76192-0001.
También puede suscribirse llamándonos al **1-800-600-7395** (dentro de E.U.A.)
o al **1-817-852-6000** (fuera de E.U.A.).

¡Estamos aquí para usted!®

Su crecimiento en la PALABRA de Dios y su victoria en Jesús son el centro mismo de nuestro corazón. Y en cada área en que Dios nos ha equipado, le ayudaremos a enfrentar las circunstancias que está atravesando para que pueda ser el **victorioso vencedor** que Él planeó que usted sea.

La misión de los Ministerios Kenneth Copeland, es que todos nosotros crezcamos y avancemos juntos. Nuestra oración es que usted reciba el beneficio completo de todo lo que el SEÑOR nos ha dado para compartirle.

Dondequiera que se encuentre, puede mirar el programa *La voz de victoria del creyente* por televisión (revise su programación local) y por la Internet visitando kcm.org.

Nuestro sitio web: **kcm.org,** le brinda acceso a todos los recursos que hemos desarrollado para su victoria. Y, puede hallar información para comunicarse con nuestras oficinas internacionales en África, Asia, Australia, Canadá, Europa, Ucrania, y con nuestras oficinas centrales en Estados Unidos de América.

Cada oficina cuenta con un personal dedicado, preparado para servirle y para orar por usted. Puede comunicarse con una oficina a nivel mundial más cercana a usted para recibir asistencia, y puede llamarnos para pedir oración a nuestro número en Estados Unidos, 1-817-852-6000, ¡las 24 horas del día, todos los días de la semana!

Le animamos a que se comunique con nosotros a menudo y ¡nos permita formar parte de su andar de fe de cada día!

¡Jesús es el SEÑOR!

Kenneth y Gloria Copeland

CPSIA information can be obtained at www.ICGtesting.com
Printed in the USA
LVOW12s0408111113

360773LV00004B/6/P